ANDREAS FIEBIG

Der Ermessensspielraum der Einigungsstelle

Schriften zum Sozial- und Arbeitsrecht

Band 112

Der Ermessensspielraum der Einigungsstelle

Von

Andreas Fiebig

Duncker & Humblot · Berlin

Die Deutsche Bibliothek – CIP-Einheitsaufnahme

Fiebig, Andreas:
Der Ermessensspielraum der Einigungsstelle / von Andreas Fiebig. – Berlin : Duncker und Humblot, 1992
(Schriften zum Sozial- und Arbeitsrecht ; Bd. 112)
Zugl.: Göttingen, Univ., Diss., 1990
ISBN 3-428-07316-9
NE: GT

Fremddatenübernahme und Druck:
Berliner Buchdruckerei Union GmbH, Berlin 61
Printed in Germany

ISSN 0582-0227
ISBN 3-428-07316-9

Vorwort

Die im Frühjahr 1990 abgeschlossene Arbeit wurde im Wintersemester 1990/91 von der Juristischen Fakultät der Georg-August-Universität in Göttingen als Dissertation angenommen. Später veröffentlichte Literatur und Rechtsprechung sind soweit wie möglich noch berücksichtigt worden.

Angeregt und betreut wurde die Arbeit von Herrn Prof. Dr. *Hansjörg Otto,* bei dem ich mich an dieser Stelle sehr herzlich bedanke. Er hat mir nicht nur den Freiraum für die Erstellung einer selbständigen wissenschaftlichen Arbeit und die für die Bearbeitung des Themas erforderliche Zeit eingeräumt, sondern auch die Arbeit selbst durch wertvolle Anregungen und Kritik nachhaltig gefördert.

Mein besonderer Dank gilt meiner Verlobten für die wertvolle Unterstützung bei der Datenerfassung und den geistigen Rückhalt, den sie mir zuteil werden ließ, sowie meinen Eltern, die mir den Weg zu dieser Promotion geebnet haben.

Göttingen, im Mai 1991

Andreas Fiebig

Inhaltsübersicht

Inhaltsverzeichnis

Abkürzungsverzeichnis

a. A.	=	anderer Ansicht
a. E.	=	am Ende
a. F.	=	alte Fassung
AiB	=	Arbeitsrecht im Betrieb
allg.	=	allgemeines
Alt.	=	Alternative
ArbNErfG	=	Arbeitnehmererfindungsgesetz
ArbR	=	Arbeitsrecht
ArbRdGw.	=	Arbeitsrecht der Gegenwart
ARS	=	Arbeitsrechtssammlung
AS	=	Allgemeines Schuldrecht
AT	=	Allgemeiner Teil
AuR	=	Arbeit und Recht
bes.	=	besonderes
BetrR	=	Der Betriebsrat
BetrVR	=	Betriebsverfassungsrecht
BlStSozArbR	=	Blätter für Steuerrecht, Sozialversicherung und Arbeitsrecht
BR	=	Bürgerliches Recht
BReg.	=	Bundesregierung
BT	=	Bundestag
DB	=	Der Betrieb
ders.	=	derselbe
dies.	=	dieselben
Diss. iur.	=	Juristische Dissertation
DJT	=	Deutscher Juristentag
Drucks.	=	Drucksache
EzA	=	Entscheidungssammlung zum Arbeitsrecht
Fn.	=	Fußnote
FS	=	Festschrift für
Gem. Senat	=	Gemeinsamer Senat der obersten Gerichtshöfe des Bundes
gew.	=	gewerkschaftliche
GK	=	Gemeinschaftskommentar
GrS	=	Großer Senat
GS	=	Gedächtnisschrift für
HausratsVO	=	Hausratsverordnung
h. L.	=	herrschende Lehre
h. M.	=	herrschende Meinung
HS	=	Halbsatz

i. d. R.	= in der Regel
i. e. S.	= im engeren Sinne
i. S. d.	= im Sinne des
i. S. v.	= im Sinne von
i. V. m.	= in Verbindung mit
m. E.	= meines Erachtens
MitbestG	= Mitbestimmungsgesetz
MitbGespr.	= Das Mitbestimmungsgespräch
MK	= Münchener Kommentar zum BGB
m. w. N.	= mit weiteren Nachweisen
n. F.	= neue Fassung
o. g.	= oben genannt
ÖRdA	= Das Recht der Arbeit
R	= Rückseite
RegE	= Regierungsentwurf
S.	= Seite
s.	= siehe
saarl.	= saarländisch(er)
SoldatenG	= Soldatengesetz
V	= Vorderseite
v.	= vom, von
Var.	= Variante
VerfR	= Verfassungsrecht
VerwProzR	= Verwaltungsprozeßrecht
VerwR	= Verwaltungsrecht
WiR	= Wirtschaftsrecht
ZHR	= Zeitschrift für das gesamte Handels- und Wirtschaftsrecht
ZiP	= Zeitschrift für Wirtschaftsrecht
ZRP	= Zeitschrift für Rechtspolitik
ZSEG	= Gesetz über die Entschädigung von Zeugen und Sachverständigen

Im übrigen wird auf das Abkürzungsverzeichnis I im BGB-Kommentar von Palandt verwiesen.

§ 1 Einführung

Bei der Neufassung des BetrVG 1972 wurde der Bereich der zwingenden Mitbestimmung des Betriebsrats im Vergleich zum BetrVG 1952 nicht unerheblich erweitert. Damit einher ging eine entsprechende Erweiterung des Betätigungsfeldes der betrieblichen Einigungsstelle. Daraus resultierte die Befürchtung, die Konfliktfälle unter Beteiligung der Einigungsstelle würden erheblich zunehmen.[1]

Gleichwohl beschäftigten die Gerichte kaum Fälle, in denen die Stellung der Einigungsstelle oder ihre Ermessensausübung in Streit stand. Zumeist ging es um deren Zuständigkeit und damit um die Frage, ob in der fraglichen Angelegenheit ein Mitbestimmungsrecht des Betriebsrats bestand. Nur ein einigungsstellenspezifischer Streit hat die Gerichte und Literatur Ende der 70er Jahre stark beschäftigt, und zwar die Problematik der Einigungsstellenkosten.

Erst seit Mitte der 80er Jahre ist zu verzeichnen, daß die Überprüfung des Ermessens der Einigungsstelle größeren Raum in der Rechtsprechung einnimmt. Es geht dabei vielfach um Sozialpläne, vorzugsweise im Konkurs, und die Einführung technischer Einrichtungen. Angesichts der gegenwärtigen wirtschaftlichen Entwicklung wird für die Zukunft eher eine Zu- als eine Abnahme der Bedeutung der Einigungsstelle erwartet.

Kernstück der vorliegenden Arbeit ist der Ermessensspielraum der betrieblichen Einigungsstelle. Dieser stellt die Probe aufs Exempel der echten Mitbestimmung dar. Können Arbeitgeber und Betriebsrat sich in solchen Angelegenheiten nicht einigen, sieht das BetrVG die Anrufung der Einigungsstelle vor. Gelingt es dieser nicht, eine befriedende Entscheidung zu treffen, ginge die Kritik rasch über den konkreten Spruch hinaus und richtete sich gegen die Einigungsstelle als Institution und die betriebliche Mitbestimmung insgesamt.

Welchen Inhalt die von der Einigungsstelle zu treffende Entscheidung aufweisen soll, kann der Gesetzgeber für sämtliche denkbaren Fallgestaltungen allenfalls sehr unbestimmt angeben. Sogar im einzelnen Fall sind angesichts der Fülle der zu beachtenden Umstände und Interessen von Arbeitgeber und Arbeitnehmern viele Entscheidungen möglich, von denen zudem eine Mehrzahl zur Beilegung der Meinungsverschiedenheit nahezu gleich geeignet erscheint. Daher wäre es nicht sinnvoll, von Gesetzes wegen nur einen bestimmten Spruchinhalt als richtig anzuerkennen. Folgerichtig hat der Gesetzgeber der betrieblichen Einigungsstelle

---

[1] Auffarth, AuR 1972, 38.

einen Spielraum verliehen, innerhalb dessen mehrere Entscheidungen in gleicher Weise als zulässig und rechtmäßig zu erachten sind.[2]

Andererseits ist der Einigungsstelle das Ermessen nicht schrankenlos eingeräumt. Bis wohin der nach Ermessensgrundsätzen auszufüllende gerichtskontrollfreie Gestaltungsraum reicht, wird weder abstrakt[3] noch im konkret zu entscheidenden Fall „kaum jemals deutlich auszumachen sein".[4] Zu vielfältig sind die möglichen Abwägungsposten und deren Relation zueinander.

Gleichwohl soll hier nach gut fünfzehn Jahren Erfahrungen mit dem BetrVG 1972 der Versuch unternommen werden, ein wenig Licht in das diffuse Feld des Einigungsstellenermessens zu bringen. Von diesem ist in § 76 V 3, 4 BetrVG[5] die Rede. Dort heißt es:

> „Die Einigungsstelle faßt ihre Beschlüsse unter angemessener Berücksichtigung der Belange des Betriebs und der betroffenen Arbeitnehmer nach billigem Ermessen. Die Überschreitung der Grenzen des Ermessens kann durch den Arbeitgeber oder den Betriebsrat nur binnen einer Frist von zwei Wochen, vom Tage der Zuleitung des Beschlusses an gerechnet, beim Arbeitsgericht geltend gemacht werden."

Es wird mithin darauf ankommen, das „billige Ermessen" im Sinne von § 76 V 3 und die „Überschreitung der Grenzen des Ermessens" im Sinne von § 76 V 4 näher zu bestimmen. Dieser Zweiteilung des Gesetzes folgend soll zunächst im 3. Teil der Arbeit dargelegt werden, zur Beachtung welcher Ermessensbindungen das Gesetz die Mitglieder der Einigungsstelle aufruft. Erst hernach läßt sich sinnvoll entscheiden, was gilt, wenn die Bemühungen der Einigungsstelle, den gesetzlichen Erwartungen zu entsprechen, fehlschlagen. So ist im 4. Teil der Arbeit darüber zu befinden, die Verletzung welchen Ge- oder Verbots als Ermessensfehler i. S. v. § 76 V 4 anzusehen ist und dementsprechend der gerichtlichen Ermessenskontrolle unterliegt.

Dabei ist zum einen zu untersuchen, ob lediglich das Ergebnis der Ermessensausübung oder auch der dorthin führende Vorgang kontrollierbar ist. In letzterem Fall wäre die „Überschreitung der Grenzen des Ermessens" in § 76 V 4 „untechnisch" zu verstehen, also nicht gleichbedeutend mit der „Ermessensüberschreitung" im Sinne von § 114 1. Alt. VwGO. Zum anderen wird es erforderlich sein festzustellen, welche Fehler den Bereich der Ermessensbetätigung betreffen.

Dahinter steht, daß das Gesetz Ermessens- und allgemeine Rechtsfehler des Einigungsspruchs unterscheidet und daran abweichende Gerichtsschutzmöglich-

---

2 Vgl. zum Ermessen der Verwaltung BVerwG v. 27.5.1981, BVerwGE 62, 241; Erichsen / Martens, Allg. VerwR, S. 208 f.; v. Hoyningen-Huene, Billigkeit, S. 41 mit Fn. 36.

3 Vgl. BAG v. 31.8.1982, AP Nr. 8 zu § 87 BetrVG 72 Arbeitszeit, Bl. 7R.

4 Dütz, JuS 1972, 689.

5 §§ des Betriebsverfassungsgesetzes v. 15.1.1972 werden im folgenden regelmäßig ohne nähere Bezeichnung zitiert. Die Angabe des Gesetzes erfolgt ausnahmsweise dann, wenn es dem leichteren Verständnis dienen kann.

keiten anknüpft. Die gerichtliche Ermessenskontrolle wird nach § 76 V 4 zweifach eingeschränkt: personell, indem nur Arbeitgeber und Betriebsrat berechtigt sind, ein arbeitsgerichtliches Beschlußverfahren über den Spruch einzuleiten, und zeitlich, da für die Einleitung dieses Verfahrens eine Ausschlußfrist von zwei Wochen gilt. Demzufolge könnte es etwa im Interesse eines einzelnen Arbeitnehmers, der von dem Einigungsspruch betroffen, aber seinerseits Ermessensfehler der Einigungsstelle nicht geltend zu machen berechtigt ist, liegen, daß der Bereich der Ermessensausübung zugunsten der allgemeinen Rechtsanwendung möglichst klein ausfällt. Dies darf nicht verwechselt werden mit einer Beschneidung des Ermessensspielraums: Dessen Verengung vermehrte lediglich die Zahl der (Ermessens-)Fehler, auf die sich der einzelne Arbeitnehmer vor dem Arbeitsgericht gerade nicht berufen kann.

Diese Fragen werden behandelt auf der Grundlage von Erkenntnissen über die verfahrensrechtliche, rechtstatsächliche und funktionale Situation der Einigungsstelle (Teile 1 und 2 der Arbeit). Damit soll das Umfeld beschrieben werden, in dem die Ermessensausübung steht. Insbesondere die gesetzlichen Aufgaben der Einigungsstelle, die deren gesamte Tätigkeit bestimmen, können für die Auslegung des Ermessensspielraums Bedeutung erlangen.

1. Teil

Grundlegung: Die verfahrensrechtliche und rechtstatsächliche Situation der Einigungsstelle

Im ersten Teil der Untersuchung soll zunächst das verfahrensmäßige Umfeld näher umrissen werden, in dem die Tätigkeit der betrieblichen Einigungsstelle steht. Anschließend soll ein Blick auf rechtstatsächliche Erkenntnisse im Zusammenhang mit der Einigungsstelle und deren Ermessensspielraum geworfen werden.

§ 2 Das Verfahren vor der Einigungsstelle und die Geltendmachung der Fehlerhaftigkeit des Einigungsstellenspruches

I. Anrufung der Einigungsstelle

Die Einigungsstelle kann zur Beilegung von Meinungsverschiedenheiten zwischen Arbeitgeber und Betriebsrat, Gesamtbetriebsrat oder Konzernbetriebsrat angerufen werden (§ 76 I 1). Sofern nicht ein verbindliches Einigungsverfahren in Rede steht (§ 76 V 1), wird die Einigungsstelle nur tätig, wenn beide Seiten es beantragen oder mit ihrem Tätigwerden einverstanden sind (§ 76 VI 1).

Einigungsstellen werden regelmäßig nur „bei Bedarf" gebildet.[1] Ein solcher Bedarf liegt vor, wenn eine Meinungsverschiedenheit zwischen den Betriebspartnern nicht selbständig beigelegt werden kann. Hierzu gehört auch der Fall, daß einer der Betriebspartner eine unmittelbare Verhandlung überhaupt oder jedenfalls in vertretbarer Frist ablehnt.[2] Entscheidend ist, daß die Selbsthilfekräfte der Betriebspartner eine Lösung der Probleme nicht erwarten lassen.[3]

II. Zusammensetzung der Einigungsstelle

Die Einigungsstelle besteht aus einer gleichen Anzahl von Beisitzern, die vom Arbeitgeber und Betriebsrat bestellt werden, und einem unparteiischen Vorsitzenden (§ 76 II 1).

---

1 Pünnel, Einigungsstelle, Rd.-Nr. 12.

2 Pünnel, Einigungsstelle, Rd.-Nr. 9.

3 LAG Baden-Württemberg v. 4.10.1984, NZA 1985, 164.

1. Bestellung der Mitglieder der Einigungsstelle

a) Normalfall: Bestellung durch die Betriebspartner

Das Gesetz geht davon aus, daß im Regelfall Arbeitgeber und Betriebsrat sich auf die Zahl der Beisitzer und die Person des Vorsitzenden der Einigungsstelle einigen (§ 76 II 1, 3). Mit der Einigung auf den Vorsitzenden stellen die Betriebspartner zugleich dessen Unparteilichkeit fest.[4]

Die Beisitzer der Einigungsstelle werden von beiden Seiten je zur Hälfte bestellt. Arbeitgeber bzw. Betriebsrat können diejenigen Personen auswählen, von denen sie sich eine möglichst effektive Vertretung ihrer Interessen versprechen.[5] Eine Ablehnung der Beisitzer durch die Gegenseite kommt nicht in Betracht.[6]

b) Konfliktfall: Einschaltung des Arbeitsgerichts

Einigen sich Arbeitgeber und Betriebsrat nicht auf die Zahl der Beisitzer oder die Person des Vorsitzenden der Einigungsstelle, so entscheidet das Arbeitsgericht (§ 76 II 2 und 3), und zwar der Vorsitzende der nach dem Geschäftsverteilungsplan zuständigen Kammer allein (§ 98 I 1 ArbGG).

Der Antrag ist zurückzuweisen, wenn die Einigungsstelle in der fraglichen Angelegenheit offensichtlich unzuständig ist (§ 98 I 2 ArbGG), d. h. wenn ihre Zuständigkeit bei fachkundiger Beurteilung durch das Gericht sofort erkennbar unter keinem rechtlichen Gesichtspunkt als möglich erscheint.[7] Das ist etwa dann der Fall, wenn sich die umstrittene Angelegenheit unter keinen der Tatbestände für ein verbindliches Einigungsstellenverfahren subsumieren läßt und die Einschaltung der Einigungsstelle auch nicht einvernehmlich erfolgt. Ebenso verhält es sich, wenn noch gar keine Meinungsverschiedenheit vorliegt, weil dem Betriebsrat die zur Meinungsbildung erforderliche Kenntnis von der Wirkungsweise der abgelehnten Überwachungseinrichtung fehlt.[8] Zurückzuweisen ist die Mitwirkung an der Errichtung der Einigungsstelle durch das Arbeitsgericht auch, wenn ein ernsthafter Einigungsversuch unter den Betriebspartnern noch gar nicht stattgefunden hat.[9]

In der Regel wird das Arbeitsgericht an der Bildung der Einigungsstelle mitwirken. Im Hinblick auf die Festsetzung der Zahl der Einigungsstellenbeisitzer wird

---

4 Fitting / Auffarth / Kaiser / Heither, § 76, Rd.-Nr. 10.

5 Vgl. BAG v. 18.4.1967, BAGE 19, 319 noch zu §§ 50, 56 II BetrVG 1952.

6 LAG Düsseldorf v. 3.4.1981, EzA Nr. 30 zu § 76; Dietz / Richardi, § 76, Rd.-Nr. 38 m. w. N.; Schönfeld, Verfahren, S. 86.

7 LAG Berlin v. 18.2.1980, AP Nr. 1 zu § 98 ArbGG 1979; Fitting / Auffarth / Kaiser / Heither, § 76, Rd.-Nr. 11; Pünnel, Einigungsstelle, Rd.-Nr. 31.

8 LAG Baden-Württemberg v. 4.10.1984, NZA 1985, 164.

9 Dietz / Richardi, § 76, Rd.-Nr. 51.

es sich an den Gegebenheiten des Streitfalles orientieren.[10] Hinsichtlich des zu bestellenden Vorsitzenden ist besonders auf dessen Unparteilichkeit zu achten.[11] Daß der Vorsitzende mit den konkreten betrieblichen Verhältnissen nicht vertraut ist, disqualifiziert ihn für das Amt nicht,[12] sofern er nur über die erforderliche Sachkunde in betriebsverfassungsrechtlichen Fragen verfügt.[13] Gegen die Entscheidung des Arbeitsgerichts kann innerhalb von zwei Wochen beim LAG Beschwerde eingelegt werden (§ 98 II 1, 2 ArbGG). Auch hier entscheidet der Vorsitzende der zuständigen Kammer allein (§ 98 II 3 ArbGG). Kommt es in der Beschwerdeinstanz zu einer Einigung der Betriebspartner auf einen Einigungsstellenvorsitzenden, ist dieser zu bestellen, auch wenn an der Unparteilichkeit des vom Arbeitsgericht bestellten Vorsitzenden nicht zu zweifeln ist, die Beschwerde gegen die Entscheidung des Arbeitsgerichts also an sich unbegründet ist.[14]

Auch außerhalb der Bestellungsverfahrens können die Betriebspartner jederzeit einvernehmlich einen vom Arbeitsgericht bestellten Vorsitzenden durch einen anderen ersetzen.[15]

2. Rechtsstellung der Einigungsstellenmitglieder

Die ausgewählten Mitglieder der Einigungsstelle sind frei in der Entscheidung, ob sie das ihnen angesonnene Amt annehmen oder nicht.[16] Sie haben ihre Tätigkeit nach bestem Wissen und Gewissen auszurichten. An Weisungen sind sie nicht gebunden.[17]

Abgesichert wird die Entscheidungsfreiheit durch die strafbewehrten Schutzbestimmungen des § 78: Die Mitglieder der Einigungsstelle dürfen in der Ausübung ihrer Tätigkeit weder gestört noch behindert und deretwegen weder begünstigt noch benachteiligt werden. Letzteres gilt auch — und das ist für betriebsangehörige Beisitzer von Belang — für die berufliche Entwicklung.

Auf der anderen Seite unterliegen die Einigungsstellenmitglieder der Verpflichtung, Betriebs- und Geschäftsgeheimnisse, die ihnen wegen ihrer Tätigkeit und Zugehörigkeit zur Einigungsstelle bekanntgeworden und die vom Arbeitgeber ausdrücklich als geheimhaltungsbedürftig bezeichnet worden sind, weder zu offenbaren noch zu verwerten (§ 79). Verstöße gegen die Schweigepflicht, die auch nach Abschluß des Einigungsstellenverfahrens nicht endet (§ 79 I 2, II), können

10 Fitting / Auffarth / Kaiser / Heither, § 76, Rd.-Nr. 8.

11 Dietz / Richardi, § 76, Rd.-Nr. 40; Schönfeld, DB 1988, 1998 f.

12 A. A. offenbar Wisskirchen, BABl. 1972, 291.

13 Vgl. LAG Hamm v. 16.8.1976, EzA Nr. 7 zu § 76 BetrVG 1972, S. 41.

14 LAG Köln v. 20.6.1984, DB 1984, 2203.

15 GK-Kreutz, § 76, Rd.-Nr. 55; Lepke, BB 1977, 51.

16 Etzel, HzA, Gruppe 19, Rd.-Nr. 1233.

17 Fitting / Auffarth / Kaiser / Heither, § 76, Rd.-Nr. 15.

mit Freiheitsstrafe oder Geldstrafe geahndet werden (§ 120 I Nr. 1). Dieselbe Strafe droht Einigungsstellenmitgliedern, die unbefugt ein Geheimnis eines Arbeitnehmers offenbaren, das ihnen bei ihrer Tätigkeit bekannt geworden ist.[18]

a) Vergütungsanspruch

Von besonderem Interesse für die Praxis sind Fragen der Vergütung der Einigungsstellentätigkeit.[19] Zu tragen sind die Honorare nach einhelliger Auffassung vom Arbeitgeber.[20] Mit der Einfügung des § 76a in das BetrVG wurde die bisherige Rechtslage im wesentlichen bestätigt und auf eine gesetzliche Grundlage gestellt.

So erhalten die Beisitzer, die dem Betrieb angehören, nach wie vor keine Vergütung; sie sind lediglich ohne Minderung des Arbeitsentgeltes von ihrer beruflichen Tätigkeit freizustellen (§§ 76a II 1, 37 II). Der Honoraranspruch gegenüber dem Arbeitgeber bleibt auf den Vorsitzenden und die betriebsfremden Beisitzer beschränkt (§ 76a III 1). Die Höhe der Vergütung richtet sich seit dem 1. 1. 1989 insbesondere nach dem erforderlichen Zeitaufwand, der Schwierigkeit der Streitigkeit sowie dem Verdienstausfall (§ 76a III 2, IV 3).[21] Dabei sind die berechtigten Interessen der Mitglieder der Einigungsstelle mit denen des Arbeitgebers abzuwägen (§ 76a III 2, IV 5). Darin ist eine Abkehr von der bisherigen Rechtsprechung zu sehen,[22] die wenig überzeugend eine pauschale Bemessung der Honorare nach den Sätzen der BRAGO und damit nach dem Gegenstandswert des Konfliktes zugelassen hat.[23] Gemäß § 76a IV 1 kann die Vergütung im übrigen vom Bundesminister für Arbeit und Sozialordnung durch Rechtsverordnung geregelt werden.

Von der beschriebenen Vergütungsregelung kann vorrangig durch Tarifvertrag, unter Umständen auch in einer Betriebsvereinbarung abgewichen werden (§ 76a V), in einer einzelvertraglichen Vereinbarung jedoch nur zugunsten des Arbeitgebers. Die weitergehende Auffassung von Löwisch[24] widerspricht dem Wortlaut und dem Schutzzweck der Norm. Dieser muß gerade dann zum Tragen kommen, wenn der Arbeitgeber sich im Hinblick auf die Zusammensetzung der Einigungs-

---

18 So Etzel, HzA, Gruppe 19, Rd.-Nr. 1235 unter Hinweis auf § 120 II.

19 Vgl. die Entscheidungen des BAG in der AP unter Nr. 1 bis 8, 12, 13, 15, 19 zu § 76.

20 BAG v. 1. 12. 1983, AP Nr. 13 zu § 76, Bl. 1R; Pünnel, Einigungsstelle, Rd.-Nr. 156 m. w. N.

21 Als weitere Orientierungshilfe für die Honorarhöhe will Löwisch (DB 1989, 224) die Sätze von § 3 ZSEG heranziehen (zustimmend Bengelsdorf, NZA 1989, 495; ablehnend Bauer / Röder, DB 1989, 225 f.; Fitting / Auffarth / Kaiser / Heither, § 76a, Rd.-Nr. 7; Pünnel, Einigungsstelle, Rd.-Nr. 174).

22 Bengelsdorf, NZA 1989, 493; Löwisch, DB 1989, 223; Wlotzke, DB 1989, 117.

23 BAG v. 15. 12. 1978, AP Nr. 5 zu § 76, Bl. 2; v. 31. 7. 1986, AP Nr. 19 zu § 76, Bl. 2.

24 DB 1989, 224; kritisch auch Bauer / Röder, DB 1989, 226; Engels / Natter, BB 1989, Beilage 8, S. 27.

stelle, bei der jede Stimme den Ausschlag geben kann und jede Verärgerung ihrer Mitglieder zu vermeiden ist, gegenüber Honorarforderungen effektiv nicht erwehren konnte.[25]

Aus alledem ergibt sich, daß die Entgeltregelungen für die Einigungsstellenmitglieder durchaus dazu angetan sind, deren Unabhängigkeit und die Sachbezogenheit ihrer Entscheidungen zu fördern.

b) Haftung

Ein in besonderem Maße noch zu durchdringender Aspekt der Rechtsstellung der Einigungsstellenmitglieder ist die Frage ihrer Haftung.[26] Eine solche kommt in Betracht für Schäden infolge eines fehlerhaften Einigungsstellenspruches oder einer Verletzung etwa der Geheimhaltungspflicht (§ 79) durch ein Einigungsstellenmitglied. Es stellen sich dann insbesondere zwei Fragen, die hier kurz beleuchtet werden sollen: Haftet der Staat oder das betreffende Einigungsstellenmitglied? Kommt eine Haftungsprivilegierung in Betracht?

Eine Staatshaftung gemäß § 839 BGB, Art. 34 GG setzte voraus, daß die Tätigkeit der Einigungsstelle als hoheitlich zu qualifizieren wäre. Dies bejaht in der Tat Küchenhoff[27] da es sich beim gesetzlich vorgesehenen Schlichten um eine überbetriebliche, dem Staat obliegende Aufgabe handele. Demgegenüber wird die Einigungsstellentätigkeit von der ganz überwiegenden Meinung mit Recht als privatrechtlich angesehen.[28]

Mag es auch eine typischerweise dem Staat obliegende Aufgabe sein, einen Mechanismus zur Konfliktlösung vorzusehen, so ist die den Konflikt bereinigende Tätigkeit selbst nicht notwendigerweise hoheitlicher Natur, sondern teilt die Rechtsnatur der Tätigkeit, die im konfliktfreien Normalfall anzunehmen wäre. Entscheidend ist daher, daß die Kompetenzen, derer sich die Einigungsstelle bei ihrer Spruchtätigkeit bedient, niemals originäre Kompetenzen des Staates gewesen sind; vielmehr handelt es sich um Befugnisse, die früher dem Arbeitgeber allein zugestanden haben (arbeitsvertragliches Direktionsrecht)[29] und mit der Einführung der betrieblichen Mitbestimmung vom Gesetzgeber Arbeitgeber und Betriebsrat gemeinsam zugewiesen worden sind. Diese Befugnisse sind also aus dem Privatrecht hervorgegangen und verbleiben dort, auch wenn sie von der Einigungsstelle wahrgenommen werden.[30]

---

25 Zur möglichen Ohnmacht des Arbeitgebers gegenüber Honorarwünschen vgl. Weiss, ArbRdGw., Bd. 22, S. 46 f.; Nipperdey, DB 1982, 1321.

26 Ausführlicher allein Bischoff, Einigungsstelle, S. 151 ff.

27 Küchenhoff, BetrVG, § 76, Rd.-Nr. 3.

28 BAG v. 22.1.1980, BAGE 32, 357; Dietz / Richardi, § 76, Rd.-Nr. 5; GK-Kreutz, § 76, Rd.-Nr. 65; Lepke, BB 1977, 49 f.; Gnade / Kehrmann / Schneider / Blanke, § 76, Rd.-Nr. 1; Herschel, AuR 1974, 258.

29 Vgl. BAG v. 12.10.1961, AP Nr. 84 zu § 611 BGB Urlaubsrecht.

30 Zutreffend Leipold, FS Schnorr von Carolsfeld, S. 282.

Da im übrigen eine zwangsweise Durchsetzung der Entscheidungen der Einigungsstelle erst aus dem Beschluß des Arbeitsgerichts, das den Spruch der Einigungsstelle bestätigt, stattfindet und nicht aus dem Spruch selbst,[31] verfügt die Einigungsstelle auch nicht über typischerweise einem Hoheitsträger eigentümliche hoheitliche Zwangsbefugnisse.[32] Eine Qualifizierung der Einigungsstellentätigkeit als hoheitlich scheidet daher aus. Der Staat kann für Fehler der Einigungsstellenmitglieder nicht haftbar gemacht werden.

Haftungsrechtlicher Schuldner kann bei positiver Forderungsverletzung seines Geschäftsbesorgungsvertrages[33] allenfalls das betreffende Mitglied der Einigungsstelle sein. Mit Recht wird darauf hingewiesen, daß die Mitglieder der Einigungsstelle einer möglichst unbelasteten Position bedürfen[34], damit die Meinungsverschiedenheit zwischen den Betriebspartnern durch eine ausgewogene Entscheidung nachhaltig bereinigt werden kann. Gerade im Hinblick auf die Erzielung einer möglichst „billigen" Entscheidung ist ein Anreiz zu unbefangenem Agieren der Beisitzer zu schaffen. Dementsprechend ist die haftungsrechtliche Möglichkeit zur Inpflichtnahme des Beisitzers von „seiner Seite" zu begrenzen. Auch dürften Personen für eine Einigungsstellentätigkeit bei einer Haftung nach den strengen Maßstäben des § 276 BGB nur schwerlich zu gewinnen sein.[35]

Andererseits wird eine extreme Haftungsfreistellung, etwa entsprechend dem Spruchrichterprivileg i. S. v. § 839 II BGB[36], dem Verhältnis der Einigungsstellenmitglieder zu der durch den fehlerhaften Spruch oder den Geheimnisverrat belasteten Partei kaum gerecht.[37] Vermittelnd wird daher eine Beschränkung der Haftung auf Vorsatz und grobe Fahrlässigkeit vorgeschlagen.[38]

Festzuhalten bleibt, daß eine Haftung der Einigungsstellenmitglieder für ihre Tätigkeit grundsätzlich in Betracht kommt, ihnen jedoch eine Haftungsbeschränkung zugute kommt, die ihre Verantwortung verdeutlicht, auf die Einhaltung des Ermessensspielraums achtzugeben.

---

31 Dütz, ZfA 1972, 266.

32 Anders Obermayer, DB 1971, 1720 unter Hinweis auf die Verbindlichkeit der Einigungsstellensprüche; dagegen mit Recht Herschel, AuR 1974, 259.

33 Wenig praktisch erscheint ein neuer Vorschlag Heinzes: Danach ermächtige § 2 I Betriebsrat und Arbeitgeber bzw. die Einigungsstelle zur treuhänderischen Wahrnehmung der Interessen von Belegschaft und Unternehmen und bestimme zugleich die inhaltlichen Grenzen dieser Ermächtigung (ZfA 1988, 55 ff., 78). Überschreite eine Regelung der Einigungsstelle diese Grenzen, so hafteten deren den Spruch tragenden Mitglieder „unter entsprechender Anwendung der Vorschriften zum Mißbrauch der Vertretungsmacht gemäß den §§ 177, 179 BGB"(RdA 1990, 276; ZfA 1988, 78, 88 f.).

34 Bischoff, Einigungsstelle, S. 158; Gaul, Einigungsstelle, S. 238.

35 Bischoff, Einigungsstelle, S. 158.

36 Dafür Lepke, BB 1977, 54; jetzt auch Gaul, AiB, S. 363.

37 So zutreffend Gaul, Einigungsstelle, S. 238 f.

38 Pünnel, Einigungsstelle, Rd.-Nr. 47; Fitting / Auffarth / Kaiser / Heither, § 76, Rd.-Nr. 16. Für eine noch weitergehende „stillschweigende" Haftungsbeschränkung Bischoff, Einigungsstelle, S. 157 f.; Hess / Schlochauer / Glaubitz, § 76, Rd.-Nr. 78.

III. Das Verfahren vor der Einigungsstelle[39]

1. Gang des Verfahrens

Abgesehen von Abstimmungsmodalitäten bei der Beschlußfassung enthält das BetrVG 72 keine Regelungen über das Verfahren vor der Einigungsstelle. Soweit auch keine Betriebsvereinbarung solche Regelungen trifft (§ 76 IV), liegt die Verfahrensregelung im freien Ermessen der Einigungsstelle.[40]

Dabei hat die Einigungsstelle allerdings rechtsstaatliche Prinzipien zu beachten.[41] So ist etwa den Verfahrensbeteiligten ausreichend Gelegenheit zu geben, ihre unterschiedlichen Auffassungen in rechtlicher und tatsächlicher Hinsicht vorzutragen und Vorschläge zur Beilegung des Konfliktes zu machen.[42] Der in Art. 103 I GG verankerte rechtsstaatliche Grundsatz des rechtlichen Gehörs findet auch im Verfahren vor der Einigungsstelle Anwendung.[43] Nur aus einer eingehenden Anhörung der Betriebspartner ergibt sich oft die Basis für eine gütliche Einigung,[44] zumindest aber für eine ausgewogene Entscheidung der Einigungsstelle.

In der Verhandlung vor der Einigungsstelle ist zweckmäßigerweise zunächst mit den Parteien der Streitstand zu erörtern. Dies soll den Gedankenaustausch zwischen Arbeitgeber und Betriebsrat fördern und dazu beitragen, die eigentlichen Streitpunkte und ihre sachliche Substanz herauszuarbeiten, Mißverständnisse auszuräumen und Verständigungsmöglichkeiten auszuloten. Soweit es tunlich erscheint, sollte der Vorsitzende der Einigungsstelle dann einen Vorschlag zur gütlichen Einigung unterbreiten, der gegebenenfalls mit beiden Seiten getrennt zu beraten ist.[45] Schon bei diesem Vorschlag wird der Vorsitzende auf die Ermessensgrenzen der Einigungsstelle achten und den Betriebspartnern kaum eine Regelung ansinnen, die als verbindlicher Spruch ermessensfehlerhaft wäre.[46] Erforderlichenfalls wird die Einigungsstelle eine Beweisaufnahme vornehmen, bei der ihr alle herkömmlichen Beweismittel[47] zur Verfügung stehen, jedoch keinerlei Zwangsmittel.[48] Nach der Verhandlung beraten die Mitglieder der Einigungsstelle mündlich über die zu treffende Entscheidung. Dabei sind auch rechtliche Vorfragen, wie die Reichweite des die Zuständigkeit der Einigungsstelle bestimmenden Mitbestimmungstatbestandes zu klären. Im Interesse der gerichtli-

---

[39] Ausführlich dazu Schönfeld, Verfahren, S. 49 ff.

[40] Pünnel, Einigungsstelle, Rd.-Nr. 48.

[41] Schönfeld, NZA 1988, Beilage 4, S. 8 f.

[42] Hess / Schlochauer / Glaubitz, § 76, Rd.-Nr. 46 m. w. N.

[43] Pünnel, Einigungsstelle, Rd.-Nr. 50; Schönfeld, Verfahren, S. 145 m. w. N.

[44] Bischoff, Einigungsstelle, S. 104; Pünnel, AuR 1973, 261.

[45] Pünnel, Einigungsstelle, Rd.-Nr. 90.

[46] Otto, ZfA 1985, 78.

[47] s. dazu Pünnel, Einigungsstelle, Rd.-Nr. 92 ff.; Schönfeld, Verfahren, S. 212 ff.

[48] GK-Kreutz, § 76, Rd.-Nr. 80 m. w. N.

chen Überprüfbarkeit der Beachtung der Ermessensgrenzen (§ 76 V 4) sollte der gesamte Verfahrensablauf in den wesentlichen Teilen protokolliert werden.[49]

2. Beendigung des Einigungsstellenverfahrens

Das Verfahren vor der Einigungsstelle wird regelmäßig durch die Einigung der Betriebspartner oder den Spruch der Einigungsstelle beendet.

a) Einigung

Da ein Einigungsspruch äußerstenfalls die Einigung zwischen Arbeitgeber und Betriebsrat ersetzen kann, ist dort, wo eine solche bereits erzielt ist, kein Raum mehr für weitere Tätigkeit der Einigungsstelle.[50] Die Einigung ist daher gleichsam „Königin der Beendigungsgründe" für Einigungsstellenverfahren.

b) Spruch der Einigungsstelle

Kommt es zu keiner Einigung der Betriebspartner, muß die Einigungsstelle entscheiden.

aa) Beschlußfassung

Die Einigungsstelle stellt zunächst ihre Beschlußfähigkeit fest. Diese ist gegeben, wenn auf eine rechtzeitige Ladung alle Einigungsstellenmitglieder anwesend sind; im verbindlichen Verfahren genügt das Erscheinen des Vorsitzenden und aller Beisitzer einer Seite (vgl. § 76 V 2).[51] Ist die Einigungsstelle sonach beschlußfähig, entscheidet sie mit Stimmenmehrheit (§ 76 III 1), wobei sich der Vorsitzende der Stimme enthält (§ 76 III 2 1. HS). Erst an einer etwa erforderlichen erneuten Abstimmung nach einer weiteren Beratung nimmt der Vorsitzende teil (§ 76 III 2 2. HS).[52]

Außerordentlich umstritten ist, ob die Beisitzer der Einigungsstelle sich bei den Abstimmungen der Stimme enthalten dürfen[53] und wie eine solche Enthaltung

---

49 Gaul, AiB, S. 376; Schönfeld, Verfahren, S. 180 ff.; a. A. GK-Kreutz, § 76, Rd.-Nr. 80, dem zuzugeben ist, daß die Nichtbeachtung der Protokollvorschrift keinen wesentlichen Verfahrensmangel darstellt, der allein bereits die Wirksamkeit des Einigungsspruchs beeinträchtigen könnte.

50 Vgl. BAG v. 22.1.1980, DB 1980, 1403 = AP Nr. 7 zu § 111, Bl. 2V.

51 Schönfeld, Verfahren, S. 245 m. w. N.

52 Zum Abstimmungsverfahren s. BAG v. 18.4.1989, NZA 1989, 807 ff.

53 Verneinend Dietz / Richardi, § 76, Rd.-Nr. 84; Galperin / Löwisch, § 76, Rd.-Nr. 32; Gnade / Kehrmann / Schneider / Blanke, § 76, Rd.-Nr. 45; Jäcker, S. 134 f.; bejahend Fitting / Auffarth / Kaiser / Heither, § 76, Rd.-Nr. 19a; Hess / Schlochauer / Glaubitz, § 76, Rd.-Nr. 49; Heinze, RdA 1990, 275; überkonstruiert Schönfeld, Verfahren, S. 249 ff.

gegebenenfalls zu werten ist, als nicht zu zählende[54] oder als Nein-Stimme.[55] Indes ist dieser Streit nur schwer verständlich. Sollen die Bestimmungen des § 76 V 2, III 2 einen Sinn haben, ist als „Stimmenmehrheit" i. S. v. § 76 III 1, 2 die Mehrheit der Mitgliederstimmen zu verstehen;[56] *die* Beisitzer einer Seite hätten gegenüber *dem* Vorsitzenden stets die Mehrheit der Stimmen der anwesenden Einigungsstellenmitglieder. Das Gesetz will aber das Diktat eines Spruchs durch eine Seite verhindern, auch wenn sich die andere Seite an dem Verfahren nicht beteiligt. Diese soll nur mittelbar zur Mitarbeit gezwungen werden,[57] ihr soll die Verhinderung verbindlicher Einigungsstellenentscheidungen verwehrt werden,[58] sie soll aber wegen der Nichtteilnahme ihrer Beisitzer an der Einigungsstellensitzung nicht von vornherein als überstimmt betrachtet werden. Daher bedarf jeder Spruch der Einigungsstelle, der die Einigung zwischen Betriebsrat und Arbeitgeber ersetzen soll, der Zustimmung von mindestens einer Stimme mehr als jede Seite durch von ihr bestellte Beisitzer erzielen kann, also die absolute Mehrheit der Stimmen. Entscheidend ist also die Erreichung einer hinreichenden Anzahl an Ja-Stimmen für den zur Abstimmung stehenden Regelungsvorschlag. Es kommt nicht darauf an, ob deren Nichterreichung darin begründet ist, daß ein Beisitzer der Sitzung fernbleibt, an der Abstimmung nicht teilnimmt oder sich der Stimme enthält.[59] Zur Abgabe eines Votums gezwungen werden kann ein Beisitzer ohnehin nicht.[60]

bb) Inhalt des Spruches

(1) Sprüche ohne materielle Entscheidung der Streitfrage

Die Einigungsstelle lehnt eine inhaltliche Entscheidung ab, wenn das Verfahren vor ihr unzulässig ist, weil für ihr Tätigwerden (noch) kein Bedarf besteht,[61] also beispielsweise noch keine konkrete Meinungsverschiedenheit vorliegt[62] oder eine Einigung der Betriebspartner noch nicht ernsthaft versucht worden ist.[63] Die Einigungsstelle kann eine materielle Entscheidung auch ablehnen, indem sie sich für unzuständig erklärt und das Verfahren einstellt.[64]

---

54 Pünnel, Einigungsstelle, Rd.-Nr. 115; Fitting / Auffarth / Kaiser / Heither, § 76, Rd.-Nr. 19a; Heinze, RdA 1990, 275; Hess / Schlochauer / Glaubitz, § 76, Rd.-Nr. 50.

55 Dietz / Richardi, § 76, Rd.-Nr. 84; Gnade / Kehrmann / Schneider / Blanke, § 76, Rd.-Nr. 45; Gnade, AuR 1973, 44; Jäcker, S. 135; GK-Kreutz, § 76, Rd.-Nr. 85; Weiss, § 76, Rd.-Nr. 10.

56 Im Ergebnis ebenso GK-Kreutz, § 76, Rd.-Nr. 85; Dietz / Richardi, § 76, Rd.-Nr. 81; verfehlt Weiss, § 76, Rd.-Nr. 10.

57 Dietz / Richardi, § 76, Rd.-Nr. 82; Fitting / Auffarth / Kaiser / Heither, § 76, Rd.-Nr. 24.

58 Pünnel, Einigungsstelle, Rd.-Nr. 122.

59 GK-Kreutz, § 76, Rd.-Nr. 85.

60 Schönfeld, Verfahren, S. 250 f. m. w. N.

61 Vgl. o. I.

62 Vgl. LAG Baden-Württemberg v. 4.10.1984, NZA 1985, 164.

63 Dietz / Richardi, § 76, Rd.-Nr. 51.

Es ist darauf hinzuweisen, daß die Einigungsstelle die Kompetenz und Pflicht hat, die Vorfrage der rechtlichen Grenzen ihres Handelns zu prüfen.[65] Einerseits wäre es sinnlos und rechtlich nicht geboten, führte die Einigungsstelle ein Verfahren mit allem damit verbundenen Aufwand durch, obwohl nach der Rechtsprechung die Unzuständigkeit der Einigungsstelle im verbindlichen Verfahren offensichtlich ist und ein freiwilliges Verfahren nicht in Rede steht.[66] Andererseits würde eine generelle Einschaltung des Arbeitsgerichts zur Klärung („Begutachtung") der Zuständigkeitsgrenzen der Einigungsstelle nicht nur den Grundsätzen der Prozeßökonomie zuwiderlaufen und die Wiederherstellung des Betriebsfriedens über Gebühr verzögern,[67] sondern oftmals am fehlenden Rechtsschutzbedürfnis scheitern.[68] Das ändert nichts daran, daß in Einzelfällen auch schon vor Abschluß des Einigungsstellenverfahrens („vorab") eine gerichtliche Prüfung der rechtlichen Grenzen der Zuständigkeit der Einigungsstelle möglich sein muß und geboten sein kann.[69]

Bei der *Zuständigkeitsprüfung* ist zu unterscheiden: Im erzwingbaren Verfahren ist die Zuständigkeit der Einigungsstelle deckungsgleich mit dem Mitbestimmungsrecht des Betriebsrats[70] und insofern von diesem abhängig (akzessorisch).[71] Im freiwilligen Verfahren ist die Einigungsstelle für jede betriebliche Meinungsverschiedenheit zwischen Arbeitgeber und Betriebsrat zuständig, sofern beide Betriebspartner mit dem Tätigwerden der Einigungsstelle einverstanden sind und der Streit durch Vereinbarungen der Parteien beigelegt werden kann.[72] Im Rahmen der Zuständigkeitsprüfung ist zu berücksichtigen, daß der von der konkreten Meinungsverschiedenheit vorgegebene Entscheidungsrahmen durch eine deutlich erkennbare Einigung der Betriebspartner erweitert werden kann.[73]

---

64 Pünnel, Einigungsstelle, Rd.-Nr. 83; Fitting / Auffarth / Kaiser / Heither, § 76, Rd.-Nr. 42a.

65 BAG v. 8.3.1983, AP Nr. 14 zu § 87 Lohngestaltung, Bl. 2R; Löwisch, BetrVG, § 76, Rd.-Nr. 9; Schönfeld, Verfahren, S. 184 f. m. w. N.

66 Moll, AP Nr. 3 zu § 87 Lohngestaltung, Bl. 7R.

67 Vgl. BAG v. 24.11.1981, AP Nr. 11 zu § 76, insbesondere Bl. 3: kein Rechtsschutzbedürfnis für die Erstattung eines Rechtsgutachtens über bloße Regelungsvorstellungen einer Seite; BAG v. 13.10.1987, NZA 1988, 249 f.

68 BAG v. 18.3.1975, AP Nr. 1 zu § 111, Bl. 3V.

69 Überzeugend BAG v. 6.12.1983, EzA Nr. 1 zu § 87 Bildschirmarbeitsplatz, S. 10; ebenso Matthes, DB 1984, 453; Heinze, SAE 1985, 245; Fitting / Auffarth / Kaiser / Heither, § 76, Rd.-Nr. 42; a. A. Gamp, SAE 1982, 230; Rossmanith, AuR 1982, 344 f.; kritisch auch Ehmann, EzA Nr. 1 zu § 87 Bildschirmarbeitsplatz, S. 63 ff.

70 BAG v. 8.3.1983, AP Nr. 14 zu § 87 Lohngestaltung, Bl. 2R; Pünnel, Einigungsstelle, Rd.-Nr. 81; Gaul, Einigungsstelle, S. 63.

71 Zur Fiktion der Zustimmung des Betriebsrats bei einem Streitfall im Bereich des § 87, wenn jener eine erforderliche Zustimmung offensichtlich rechtsmißbräuchlich verweigert s. Hanau, NZA 1985, Beilage 2, S. 8 f.

72 Fitting / Auffarth / Kaiser / Heither, § 76, Rd.-Nr. 28; GK-Kreutz, § 76, Rd.-Nr. 18 ff.

73 LAG Frankfurt v. 13.11.1984, DB 1985, 1535.

(2) Sprüche mit materieller Entscheidung der Streitfrage

Wird ein Einigungsstellenverfahren durch einen Spruch abgeschlossen, so enthält dieser im Regelfall eine inhaltliche Entscheidung hinsichtlich der Meinungsverschiedenheit, zu deren Beilegung die Einigungsstelle angerufen worden ist. Welchen Bindungen diese dabei unterliegt, wird noch ausführlich zu erörtern sein.

cc) Formvorschriften

Die Beschlüsse der Einigungsstelle sind gemäß § 76 III 3 schriftlich niederzulegen, vom Vorsitzenden zu unterschreiben und den Betriebspartnern zuzuleiten. Ersetzt der Spruch der Einigungsstelle eine Betriebsvereinbarung, ist er wie diese vom Arbeitgeber im Betrieb auszulegen (§ 77 II 3),[74] ohne daß davon allerdings die Wirksamkeit des Spruchs abhinge.[75]

Umstritten ist, ob eine schriftliche Begründung des Einigungsspruchs zu dessen Wirksamkeit erforderlich[76] oder ihr Fehlen immerhin als Indiz für die Ermessensfehlerhaftigkeit des Spruchs zu werten ist[77]. Die Entscheidung schriftlich zu begründen, erscheint zweckmäßig, da anderenfalls die Einhaltung der Grenzen des Ermessens durch die Einigungsstelle nur schwerlich nachzuprüfen wäre.[78] Eine rechtliche Pflicht zur Begründung wird gleichwohl überwiegend abgelehnt, da eine gesetzliche Bestimmung fehle und die tragenden Gründe des Spruchs im Arbeitsgerichtsprozeß auch anderweitig ermittelt werden könnten.[79]

dd) Wirkung des Spruchs der Einigungsstelle

Ein Spruch der Einigungsstelle mit materieller Entscheidung der Streitfrage ersetzt im erzwingbaren Einigungsstellenverfahren die Einigung zwischen Arbeitgeber und Betriebsrat. Im freiwilligen Verfahren tritt solche Ersetzung nur ein, wenn die Betriebspartner den Spruch nachträglich annehmen oder sich ihm im voraus unterworfen haben (§ 76 VI 2); ansonsten hat der Spruch die Wirkung eines unverbindlichen Einigungsvorschlages[80].

---

[74] GK-Thiele, 3. Bearbeitung, § 76, Rd.-Nr. 99.

[75] Weiss, § 77, Rd.-Nr. 17 f.

[76] ArbG Lörrach v. 9.8.1976, DB 1977, 1371.

[77] Blomeyer, EzA Nr. 1 zu § 87 Lohn und Arbeitsentgelt, S. 17; Beuthien, FS G. Müller, S. 25; wohl auch Rieble, S. 209 f.

[78] BAG v. 30.10.1979, AP Nr. 9 zu § 112, Bl. 2R; Fitting / Auffarth / Kaiser / Heither, § 76, Rd.-Nr. 21 a; Gaul, Einigungsstelle, S. 268.

[79] BAG v. 30.10.1979, AP Nr. 9 zu § 112, Bl. 2R; LAG Berlin v. 22.4.1980, ZiP 1981, 88; Hess / Schlochauer / Glaubitz, § 76, Rd.-Nr. 53; GK-Kreutz, § 76, Rd.-Nr. 89; Galperin / Löwisch, § 76, Rd.-Nr. 34; Fitting / Auffarth / Kaiser / Heither, § 76, Rd.-Nr. 21 a; Schroeder-Printzen, ZiP 1983, 265 ff.; s. auch BVerfG v. 18.10.1987, DB 1987, 2361.

[80] GK-Kreutz, § 76, Rd.-Nr. 102 ff.

Soweit mit ihm Rechte und Pflichten zwischen dem Arbeitgeber und den Arbeitnehmern begründet, aufgehoben oder abgeändert werden sollen, die Regelung der Meinungsverschiedenheit also des Abschlusses einer Betriebsvereinbarung bedarf, hat auch der die Übereinkunft der Betriebspartner ersetzende Spruch der Einigungsstelle die Wirkung einer Betriebsvereinbarung.[81] Wie eine solche ist der Einigungsspruch kein Vollstreckungstitel,[82] aus ihm erwachsende Ansprüche können nicht gleichzeitig auch aus ihm vollstreckt werden.

c) Versäumnisverfahren

Im „Versäumnisverfahren" ergehen Sprüche der Einigungsstelle, wenn einer der Betriebspartner keine Mitglieder für die Einigungsstelle benennt oder die bestellten Beisitzer einer Seite der Sitzung trotz rechtzeitiger Ladung fernbleiben (§ 76 V 2).[83] Diese Sprüche sind in jeder Hinsicht den im Normalverfahren ergehenden gleichwertig. Sie sind jedoch nur im erzwingbaren Einigungsstellenverfahren (§ 76 V 2) zulässig und bedürfen der Stimmen aller anwesenden Einigungsstellenmitglieder,[84] da nur so die geforderte absolute Mehrheit der Stimmen zu erreichen ist.

3. Vorläufige Regelungen

Die Einigungsstelle kann in dringenden Eilfällen bis zu ihrer endgültigen Entscheidung eine vorläufige Regelung treffen.[85]

Eine solche ist nicht unproblematisch, da sie die Einigungsbemühungen in der Hauptsache zu Lasten der von der vorläufigen Regelung benachteiligten Seite präjudizieren könnte. Die bevorteilte Seite wird die Eilregelung als „Minimallösung" ihrer Verhandlungsführung zugrunde legen. Andererseits können die mit der vorläufigen Regelung gesammelten Erfahrungen bei der Suche eines sachgerechten Spruches in der Hauptsache nützlich sein. Kann eine vorläufige Regelung durch die Einigungsstelle nicht abgewartet werden, kommt ausnahmsweise der Erlaß einer einstweiligen Verfügung durch das Arbeitsgericht in Betracht.[86] Einseitige Anordnungen des Arbeitgebers sind allenfalls in sog. Notfällen zulässig.[87]

---

[81] GK-Thiele, § 76, Rd.-Nr. 106; Kehrmann, MitbGespr. 1975, 211.

[82] Gaul / Bartenbach, NZA 1985, 343; Schönfeld, Verfahren, S. 261 m. w. N.

[83] Pünnel, Einigungsstelle, Rd.-Nr. 122.

[84] Vgl. o. b) aa).

[85] ArbG Bielefeld v. 16.6.1987, NZA 1987, 757; Dietz / Richardi, § 76, Rd.-Nr. 26; Olderog, NZA 1985, 759; Küttner / Schmidt, DB 1988, 706; Heinze, RdA 1990, 279 f.

[86] Olderog, NZA 1985, 761; wohl auch Otto, SAE 1979, 149 f.; eine weitergehende Anwendbarkeit einstweiliger Verfügungen befürworten Dietz / Richardi, § 76, Rd.-Nr. 26; Dütz, ZfA 1972, 265 f.; Bischoff, Einigungsstelle, S. 57; Stege / Weinspach, § 87, Rd.-Nr. 10; dagegen mit Recht ArbG Hamburg v. 9.4.1985, NZA 1985, 404; ArbG Siegburg v. 3.3.1975, DB 1975, 555; Fitting / Auffarth / Kaiser / Heither, § 76, Rd.-Nr. 43; Galperin / Löwisch, § 87, Rd.-Nr. 23; Simitis / Weiss, DB 1973, 1244.

[87] Dazu Küttner / Schmidt, DB 1988, 704; Fitting / Auffarth / Kaiser / Heither, § 87, Rd.-Nr. 22 m. w. N.

IV. Gerichtliche Überprüfung des Spruches der Einigungsstelle

Daß die Sprüche betrieblicher Einigungsstellen der gerichtlichen Überprüfung unterliegen, folgt letztlich schon aus dem rechtsstaatlichen Gebot eines umfassenden und effektiven gerichtlichen Rechtsschutzes, das auch im Privatrecht gilt.[88] In § 76 VII wird dies klargestellt,[89] indem dort das Primat des Rechts gegenüber Sprüchen der Einigungsstelle und dessen Absicherung durch die Offenhaltung des Rechtsweges betont wird. Für die Geltendmachung von Ermessensfehlern der Einigungsstelle ist der Gerichtsschutz nach Maßgabe des § 76 V 4 gegeben.

1. Zuständigkeit des Arbeitsgerichts

Zur Entscheidung über die Fragen, ob die Einigungsstelle die rechtlichen Grenzen ihres Handelns eingehalten und die Rechtmäßigkeit des vor ihr durchgeführten Verfahrens gewahrt hat, sind die Gerichte für Arbeitssachen ausschließlich zuständig (§ 2a I Nr. 1 ArbGG, § 76 V 4) und befinden im Beschlußverfahren (§§ 2a II, 80 ff. ArbGG). Das schließt eine Rechtskontrolle der Wirksamkeit eines Einigungsstellenspruches als Vorfrage in einem Urteilsverfahren zwischen dem Arbeitgeber und einem einzelnen Arbeitnehmer (§ 2 I Nr. 3, V ArbGG) nicht aus.[90]

2. Beteiligte des Verfahrens

An dem Beschlußverfahren über den Spruch der Einigungsstelle ist jeder beteiligt, der durch die Entscheidung des Arbeitsgerichts in seiner betriebsverfassungsrechtlichen Rechtsposition unmittelbar betroffen wird oder werden kann.[91] Solche materielle Betroffenheit ist hinsichtlich der Betriebspartner als Antragsteller und Antragsgegner des Verfahrens anzunehmen, des weiteren allenfalls hinsichtlich eines einzelnen Arbeitnehmers, dessen Belange unmittelbar von der Entscheidung über die Wirksamkeit des Einigungsstellenspruches berührt werden (vgl. § 87 I Nr. 5, 9),[92] und der Tarifpartner, deren Regelungskompetenz mißachtet sein könnte.[93] Die Einigungsstelle ist an dem Verfahren über den von ihr gefällten Spruch nicht beteiligt.[94] Sie nimmt nur hilfs- und ersatzweise und damit

[88] Dütz, DB 1972, 388 f.; ders., Gerichtsschutz, S. 207, 95 ff.; Jäcker, S. 143.

[89] Dietz / Richardi, § 76, Rd.-Nr. 96; BT-Ausschuß für Arbeit und Sozialordnung zu BT-Drucks. VI / 2729, S. 10.

[90] GK-Kreutz, § 76, Rd.-Nr. 112; Pünnel, Einigungsstelle, Rd.-Nr. 139.

[91] BAG v. 28.4.1981, AP Nr. 1 zu § 87 Vorschlagswesen, Bl. 2 V; Hess / Schlochauer / Glaubitz, § 76, Rd.-Nr. 87; Grunsky, ArbGG, § 83, Rd.-Nr. 10 m. w. N.

[92] GK-Thiele, § 76, Rd.-Nr. 114.

[93] Vgl. BAG v. 16.9.1960, AP Nr. 1 zu § 2 ArbGG 1953 Betriebsvereinbarung; BAG v. 8.12.1970, AP Nr. 28 zu § 59 BetrVG 1952, Bl. 2.

[94] BAG v. 28.4.1981, AP Nr. 1 zu § 87 Vorschlagswesen, Bl. 2 m. w. N.; Fitting / Auffarth / Kaiser / Heither, § 76, Rd.-Nr. 41 a; GK-Kreutz, § 76, Rd.-Nr. 117; Pünnel,

subsidiär Aufgaben wahr, die eigentlich den Betriebspartnern obliegen, die diese aber nicht erfüllen können.[95] Die Regelungsmacht der Einigungsstelle steht bis zum Erlaß des Spruches zur Disposition der Betriebspartner. Einigen diese sich vor Abschluß des Einigungsstellenverfahrens, wird die Einigungsstelle funktionslos.[96] Daraus wird deutlich, daß der Spruch der Einigungsstelle die materiellen Rechtspositionen der Betriebspartner betrifft und nicht auch solche der Einigungsstelle.

3. Umfang der gerichtlichen Kontrolle

Hinsichtlich des Umfanges des Gerichtsschutzes sind Rechts- und Ermessenskontrolle zu unterscheiden.

a) Rechtsschutz

Allgemeine Rechtsverletzungen durch die Einigungsstelle können nach § 76 VII von jedem Betroffenen in jedem Verfahren jederzeit geltend gemacht werden.[97] Darunter fallen etwa die Verkennung der Zuständigkeit der Einigungsstelle, die Unvereinbarkeit ihres Spruchs mit höherrangigen Normen, wie Tarifvertrag und Gesetz, sowie wesentliche Verfahrensmängel.[98] So kann sich z. B. der einzelne Arbeitnehmer im Urteilsverfahren bzgl. der Erteilung seines Erholungsurlaubes auf die Verletzung des § 7 BUrlG durch den von der Einigungsstelle schon im Vorjahr beschlossenen Urlaubsplan berufen.

Abzulehnen ist die von Leipold[99] vorgeschlagene Unterscheidung von „externen" und „internen" Mängeln. Wenn dabei Verfahrensmängel und die fehlende Zuständigkeit der Einigungsstelle mit der Ermessensüberschreitung in einer Gruppe zusammengefaßt werden, ist das mit der Einteilung des Gesetzes nicht zu vereinbaren und führt zu dem allgemein als unzutreffend erkannten[100] Ergebnis, daß dem einzelnen Arbeitnehmer die gerichtliche Geltendmachung der Unzuständigkeit der Einigungsstelle versagt ist[101].

Einigungsstelle, Rd.-Nr. 151 f.; Gnade / Kehrmann / Schneider / Blanke, § 76, Rd.-Nr. 41; Galperin / Löwisch, § 76, Rd.-Nr. 45; Etzel, HzA, Gruppe 19, Rd.-Nr. 1265; a. A. LAG Hamm v. 21. 10. 1977, EzA Nr. 19 zu § 76, S. 76 f.; Weber, SAE 1981, 114 ff.; Lepke, BB 1977, 54 f.

95 BAG v. 22. 1. 1980, AP Nr. 7 zu § 111, Bl. 3 V.

96 BAG v. 22. 1. 1980, AP Nr. 3 zu § 87 Lohngestaltung, Bl. 3 V; BAG v. 28. 4. 1981, AP Nr. 1 zu § 87 Vorschlagswesen, Bl. 2.

97 Vgl. statt aller BAG v. 11. 3. 1976, AP Nr. 1 zu § 95, Bl. 2; GK-Thiele, 3. Bearbeitung, § 76, Rd.-Nr. 109 ff.; Schönfeld, Verfahren, S. 117 m. w. N.

98 Hess / Schlochauer / Glaubitz, § 76, Rd.-Nr. 80 f.; Etzel, HzA, Gruppe 19, Rd.-Nr. 1266; näher dazu Heinze, RdA 1990, 277 f.; vgl. auch BT-Ausschuß für Arbeit und Sozialordnung, zu BT-Drucks. VI / 2729, S. 10.

99 FS Schnorr von Carolsfeld, S. 291 ff.

100 Etzel, HzA, Gruppe 19, Rd.-Nr. 1266; GK-Thiele, 3. Bearbeitung, § 76, Rd.-Nr. 109, 116; Hess / Schlochauer / Glaubitz, § 76, Rd.-Nr. 81 f.; vgl. auch BT-Ausschuß für Arbeit und Sozialordnung, zu BT-Drucks. VI / 2729, S. 28.

101 Leipold, FS Schnorr von Carolsfeld, S. 295 f.

b) Ermessenskontrolle

Gemäß § 76 V 4 unterliegen die Sprüche der Einigungsstelle — zumindest im erzwingbaren Verfahren — neben der Rechts- auch der Ermessenskontrolle durch das Arbeitsgericht. Diese unterliegt im Vergleich zur Rechtskontrolle in zweifacher Hinsicht einer Beschränkung.

aa) Ausschlußfrist, § 76 V 4 BetrVG

Gemäß § 76 V 4 können Ermessensfehler der Einigungsstelle nur innerhalb von zwei Wochen, vom Tage der Zuleitung[102] des Beschlusses an gerechnet, geltend gemacht werden. Es handelt sich um eine materiellrechtliche Ausschlußfrist, bei deren Versäumung eine Wiedereinsetzung in den vorigen Stand (§§ 80 II, 46 II ArbGG i. V. m. §§ 459, 233 ff. ZPO) nicht in Betracht kommt.[103] Auch die Begründung des Antrags muß in der Frist erfolgen.[104] Danach kann, vorbehaltlich des Vorliegens anderer Mängel, die Rechtswirksamkeit eines ermessensfehlerhaften Spruches nicht mehr angezweifelt werden, weder in einem Beschluß- noch als Vorfrage in einem Urteilsverfahren.[105] Sinn und Zweck dieser rigiden gesetzlichen Regelung ist es, gerade hinsichtlich des schwer faßbaren Terrains der Ermessensbetätigung möglichst rasch Rechtsklarheit und Rechtssicherheit zu schaffen und damit den Rechtsfrieden im Betrieb wiederherzustellen.[106] Daß damit das „rechtsphilosophische Anliegen der materiellen Gerechtigkeit"[107] zurücktreten muß, hat der Gesetzgeber in Kauf genommen.

bb) Antragsberechtigung für Ermessenskontrolle

Für die arbeitsgerichtliche Ermessenskontrolle bestimmt § 76 V 4, daß diese lediglich von Arbeitgeber und Betriebsrat angestrengt werden kann. Das bedeutet, daß der einzelne von dem Spruch der Einigungsstelle betroffene Arbeitnehmer dessen Ermessensfehlerhaftigkeit auch innerhalb der zweiwöchigen Ausschlußfrist nicht geltend machen kann, weder im Wege der Inzidentprüfung im Urteils- noch im Beschlußverfahren.[108]

---

102 ArbG Neumünster v. 12.7.1985, NZA 1985, 788: Übergabe an Betriebspartner oder deren Verfahrensbevollmächtigte in der Sitzung der Einigungsstelle ist ausreichend.

103 BAG v. 26.5.1988, DB 1988, 2154; Fitting / Auffarth / Kaiser / Heither, § 76, Rd.-Nr. 33.

104 BAG v. 26.5.1988, DB 1988, 2154; anders noch BAG v. 14.5.1985, EzA Nr. 35 zu § 76, S. 197.

105 Pünnel, Einigungsstelle, Rd.-Nr. 146; GK-Kreutz, § 76, Rd.-Nr. 125.

106 Pünnel, Einigungsstelle, Rd.-Nr. 146; GK-Kreutz, § 76, Rd.-Nr. 125; vgl. auch BT-Ausschuß für Arbeit und Sozialordnung, zu BT-Drucks. VI / 2729, S. 10.

107 Gaul, Einigungsstelle, S. 297.

108 GK-Thiele, 3. Bearbeitung, § 76, Rd.-Nr. 106, 109, 114, 120; Heinze, NJW 1980, 152.

c) Verwirkung

Die prozessuale Verwirkung des Rechts, gegen einen Einigungsspruch das Arbeitsgericht anzurufen[109] setzte voraus, daß infolge eines gewissen Zeitablaufs und weiterer Umstände ein Vertrauenstatbestand entstanden ist und daß das Erfordernis des Vertrauensschutzes das Interesse des anderen Teiles an der sachlichen Prüfung der dem Gericht unterbreiteten Angelegenheit überwiegt.[110] Angesichts der Kürze der Ausschlußfrist des § 76 V 4 wird eine Verwirkung der Geltendmachung von Ermessensfehlern grundsätzlich nicht in Betracht kommen.[111] [112]

4. Die Entscheidung des Arbeitsgerichts

a) Aufhebung des Spruches

Nach h. M. ist ein rechtswidriger Spruch der Einigungsstelle nicht aufzuheben, sondern seine Unwirksamkeit festzustellen.[113] Zur Begründung verweist das BAG[114] einmal darauf, daß nur Entscheidungen eines Gerichts oder einer dem Gericht vorgeschalteten Instanz aufhebbar wären, die Einigungsstelle aber keine solche Stelle sei. Im übrigen habe der Spruch einer Einigungsstelle keinen grundsätzlich anderen Rechtscharakter als eine entsprechende Vereinbarung der Betriebspartner, so daß er wie eine Betriebsvereinbarung, die mit der Rechtsordnung nicht in Einklang steht, schlicht keine Rechtswirkungen äußere, ohne daß es einer Aufhebung des Spruches bedürfte. Demgegenüber wird in der Literatur vorgeschlagen, bei fehlerhaften Einigungssprüchen nichtige und aufhebbare zu unterscheiden, mit der Folge, daß bei ersteren die Unwirksamkeit des Einigungsspruches festzustellen, während bei letzteren der Spruch aufzuheben sei.[115] Die Unterscheidung wird teils zwischen externen und internen Mängeln des Eini-

---

[109] Dazu Dütz, NJW 1972, 1025 ff.; s. auch BVerfG v. 26.1.1972, NJW 1972, 675.

[110] BAG v. 2.11.1961, AP Nr. 1 zu § 242 BGB Prozeßverwirkung, Bl. 2V.

[111] Anders möglicherweise, wenn der Arbeitgeber bereits geraume Zeit unbeanstandet nach einem Einigungsstellenspruch verfährt, der dem Betriebsrat nicht zugeleitet worden ist, so daß für diesen die Frist des § 76 V 4 noch nicht zu laufen begonnen hat.

[112] Zur Verwirkung neben einer Ausschlußfrist s. BAG v. 9.1.1986, DB 1986, 1339 f.

[113] BAG v. 30.10.1979, AP Nr. 9 zu § 112, Bl. 1R, 2V; BAG v. 27.5.1986, EzA Nr. 16 zu § 87 Kontrolleinrichtung, S. 149 f.; BAG v. 30.1.1990, SAE 1990, 349; Etzel, HzA, Gruppe 19, Rd.-Nr. 1263; Pünnel, Einigungsstelle, Rd.-Nr. 153; Fitting / Auffarth / Kaiser / Heither, § 76, Rd.-Nr. 32b; GK-Kreutz, § 76, Rd.-Nr. 134 ff.; Galperin / Löwisch, § 76, Rd.-Nr. 46; Gnade / Kehrmann / Schneider / Blanke / Klebe, Basiskommentar, § 76, Rd.-Nr. 8.

[114] BAG v. 30.10.1979, AP Nr. 9 zu § 112, Bl. 1R, 2V; BAG v. 27.5.1986, EzA Nr. 16 zu § 87 Kontrolleinrichtung, S. 149 f.

[115] Pünnel, Einigungsstelle, Rd.-Nr. 149; Dütz, AuR 1973, 365 (nicht mehr aufgegriffen in Dütz, ArbR, Rd.-Nr. 807); Leipold, FS Schnorr von Carolsfeld, S. 295 ff.; Dietz / Richardi, § 76, Rd.-Nr. 110 f.

gungsspruchs getroffen[116] teils in Anlehnung an verwaltungsrechtliche Grundsätze nach Schwere und Offenkundigkeit der Fehler[117].

Die h. M. vermag lediglich zu überzeugen, wenn allgemeine Rechtsverstöße geltend gemacht werden. Geht es jedoch um Ermessensfehler, versagt die Parallele zur freiwillig ausgehandelten Betriebsvereinbarung. Anders als z. B. ein kompetenzwidriger erwächst ein ermessensfehlerhafter Spruch mit Ablauf der Ausschlußfrist des § 76 V 4 in Bestandskraft und ist dann *voll* wirksam. Er kann daher nicht „schlicht unwirksam" sein, sondern bedarf der Anfechtung. Entsprechend der gesetzlichen Unterscheidung von Ermessens- und Rechtsfehlern hat mithin ein stattgebender Beschluß des Arbeitsgerichts im Verfahren nach § 76 V 4 auf Aufhebung und im Verfahren nach § 76 VII auf Feststellung der Unwirksamkeit des Spruchs zu lauten.

b) Feststellung nur teilweiser Unwirksamkeit bzw. nur teilweise Aufhebung

Die meisten Einigungssprüche enthalten mehr als eine regelnde Bestimmung. Daher ist es denkbar, daß lediglich einzelne Bestimmungen zu beanstanden und damit unwirksam bzw. aufzuheben sind. Dann stellt sich die Frage, ob der unbeanstandete Regelungsteil aufrechterhalten bleiben kann.

Zu denken ist in diesem Zusammenhang an eine entsprechende Anwendung des § 139 BGB,[118] der im Zweifel Gesamtnichtigkeit anordnet, allerdings im Arbeitsrecht im Hinblick auf den Schutzzweck der die teilweise Nichtigkeit anordnenden Norm, den Arbeitnehmerschutz, keine Anwendung findet.[119]

Die Rechtsprechung[120] geht jedoch einen anderen Weg: Daß die Teilunwirksamkeit einer Betriebsvereinbarung oder eines diese ersetzenden Einigungsspruchs nicht notwendig zu deren Gesamtunwirksamkeit führt,[121] ergäbe sich aus deren Normencharakter. Dieser gebiete es, im Interesse der Kontinuität und Rechtsbeständigkeit eine normative Ordnung soweit aufrechtzuerhalten, als sie ihre ordnende Funktion auch ohne den unwirksamen Teil noch erfüllen könne. Entscheidend für die Beibehaltung des wirksamen Teiles sei, ob dieser ohne die

116 Leipold, FS Schnorr von Carolsfeld, S. 297 f.; ähnlich Dietz / Richardi, § 76, Rd.-Nr. 110 f.

117 Dütz, AuR 1973, 365; noch anders Pünnel, Einigungsstelle, Rd.-Nr. 149.

118 Für eine Anwendung des § 139 BGB Fitting / Auffarth / Kaiser / Heither, § 77, Rd.-Nr. 30a; BAG v. 15.5.1964, BAGE 16, 39; ausdrücklich dagegen LAG Hamm v. 27.3.1985, NZA 1985, 632.

119 BAG v. 9.9.1981, NJW 1982, 462.

120 BAG v. 22.10.1985, SAE 1986, 251; BAG v. 11.3.1986, EzA Nr. 15 zu § 87 Kontrolleinrichtung, S. 129; LAG Berlin v. 16.6.1986, LAGE Nr. 24 zu § 76, S. 32 f.; LAG Hamm v. 27.3.1985, NZA 1985, 632.

121 Ebenso in der Literatur GK-Kreutz, § 77, Rd.-Nr. 140; Dietz / Richardi, § 77, Rd.-Nr. 37; Galperin / Löwisch, § 77, Rd.-Nr. 18; s. auch schon Neumann-Duesberg, BetrVR, S. 370.

unwirksame(n) Bestimmung(en) eine sinnvolle und in sich geschlossene Regelung enthalte.[122]

Indes sind diese Kriterien zu kurz gegriffen. Sie berücksichtigen nicht ausreichend den Kompromißcharakter, der Betriebsvereinbarungen[123] und Einigungsstellensprüchen häufig zu eigen ist.[124] Der Wille der Betriebspartner zur Geltung einer Betriebsvereinbarung hängt vielfach gerade von dem vorliegenden Geflecht der Einzelregelungen ab, die nur in ihrem Zusammenspiel übereinkunftsfähig sind. Ähnlich verhält es sich bei Einigungsstellensprüchen. Sie beziehen ihre Geltungskraft nicht aus einer Übereinkunft der Betriebspartner, sondern u. U. aus einer gesetzlichen Geltungsanordnung. Diese ist jedoch auf solche Sprüche beschränkt, die den Ermessensspielraum der Einigungsstelle nicht überschreiten. Dessen Einhaltung hängt ihrerseits u. a. von der Ausgewogenheit der Gesamtregelung ab. Zusätzlich zu den vom BAG aufgestellten Kriterien ist daher zu verlangen, daß die verbleibende Restregelung des Spruches für sich genommen ohne Ermessensfehler ergehen könnte, also innerhalb des Ermessens der Einigungsstelle liegt.

Das Arbeitsgericht stellt die teilweise Unwirksamkeit eines Einigungsspruches fest bzw. hebt diesen teilweise auf, wenn der verbleibende wirksame Teil des Spruches eine sinnvolle und in sich geschlossene Regelung enthält, die die Einigungsstelle ermessensfehlerfrei hätte treffen können.

c) Vorläufige Regelung durch das Arbeitsgericht

Wird der Einigungsspruch vor dem Arbeitsgericht angegriffen, kommt dem keine suspensive Wirkung zu.[125] Zur vorläufigen Aussetzung seines Vollzuges kann allerdings eine einstweilige Verfügung erwirkt werden (§ 85 II ArbGG i. V. m. § 940 ZPO).[126]

5. Besonderheiten im freiwilligen Verfahren

Da der Spruch im freiwilligen Verfahren nur durch Hinzutreten eines Konsenses der Betriebspartner Geltungskraft zu erlangen vermag, könnte die Zulässigkeit der Anrufung des Gerichts wegen der Fehlerhaftigkeit des Einigungsspruches beschränkt sein. Dabei ist zu unterscheiden:

---

122 BAG v. 22.10.1985, SAE 1986, 251; BAG v. 11.3.1986, EzA Nr. 15 zu § 87 Kontrolleinrichtung, S. 129.

123 Vgl. ArbG Rheine v. 26.6.1985, NZA 1985, 604.

124 M. E. unterschätzt von LAG Hamm v. 27.3.1985, NZA 1985, 632.

125 LAG Berlin v. 6.12.1984, BB 1985, 1199; Fitting / Auffarth / Kaiser / Heither, § 76, Rd.-Nr. 33b; Auffarth, AuR 1972, 42; Gnade, AuR 1973, 46; GK-Kreutz, § 76, Rd.-Nr. 141; Dütz, ZfA 1972, 268 f.; Kaven, S. 110; Schmitt-Rolfes, ArbRdGw., Bd. 19, S. 77; jetzt auch Gaul, AiB, S. 383 f.; anders Gaul, Einigungsstelle, S. 279.

126 Dütz, ZfA 1972, 268 f.; Fitting / Auffarth / Kaiser / Heither, § 76, Rd.-Nr. 43; kritisch Gaul / Bartenbach, NZA 1985, 343.

a) *Vorherige Unterwerfung (§ 76 VI 2 1. Variante BetrVG)*

Haben sich Arbeitgeber und Betriebsrat dem Spruch der Einigungsstelle im voraus unterworfen, kann die arbeitsgerichtliche Kontrolle nicht anders erfolgen, als wenn der Spruch im erzwingbaren Verfahren ergangen wäre.[127] Für die Kontrolle auf Rechtsfehler ist das unmittelbar einsichtig, da die Unterwerfungserklärungen von Arbeitgeber und Betriebsrat nicht die Akzeptanz von rechtsfehlerhaften Entscheidungen beinhalten.[128] [129] Entsprechendes hat für die Ermessenskontrolle zu gelten,[130] da die vorherige Unterwerfung unter den Einigungsspruch nicht eine Entbindung der Einigungsstelle von den allgemeinen Grundsätzen einer neutralen Schlichtung einschließt,[131] wie sie im erzwingbaren Verfahren gelten. Vielmehr erfolgt die Unterwerfung gerade in dem Vertrauen, daß die Grundsätze des § 76 V 3 von der Einigungsstelle eingehalten werden.

b) *Nachträgliche Annahme (§ 76 VI 2 2. Variante BetrVG)*

Haben die Betriebspartner den Spruch der Einigungsstelle nachträglich angenommen, ist die Rechtslage im Vergleich zum verbindlichen Verfahren insofern anders, als die Betriebspartner den Spruch in (möglicher) Kenntnis seiner Mängel akzeptiert haben. Im Interesse des Rechtsschutzes wird man die Rechtskontrolle des Einigungsspruchs auch in dieser Variante des freiwilligen Verfahrens für zulässig erachten müssen.[132] Dabei ist zu berücksichtigen, daß die Betriebspartner durch ihre Übereinkunft hinsichtlich der Annahme des Einigungsspruches selbst auf die Rechtslage gestaltend einwirken können, soweit sie über den Gegenstand der Rechtskontrolle disponieren können und die Vertragsbindung reicht.[133]

Auch die Ermessenskontrolle sollte nicht gänzlich ausgeschlossen werden,[134] wenngleich i. d. R.[135] davon ausgegangen werden kann, daß in der Annahme des

---

127 Pünnel, Einigungsstelle, Rd.-Nr. 148; Rieble, S. 209; gegen die Anwendung der in § 76 V 4 genannten Beschränkungen allerdings GK-Kreutz, § 76, Rd.-Nr. 99.

128 Jäcker, S. 148.

129 Die Zulässigkeit einer Rechtskontrolle ergibt sich aus § 76 VII, der aufgrund seiner systematischen Stellung auch für im freiwilligen Verfahren ergehende Einigungssprüche gilt. Einer analogen Anwendung des § 110 ArbGG (dazu Dütz, Gerichtliche Überprüfung, S. 84 f.) bedarf es nicht mehr. Daß deren Befürworter (LAG Hamm v. 4.12.1985, LAGE § 76 Nr. 22, S. 17; Dietz / Richardi, § 76, Rd.-Nr. 109; Etzel, HzA, Gruppe 19, Rd.-Nr. 1267) zu einer abweichenden, „eingeschränkten Überprüfbarkeit" (LAG Hamm, ebenda) der Einigungssprüche gelangen, erscheint angesichts der Weite des § 110 I ArbGG zweifelhaft.

130 Jäcker, S. 148.

131 V. Hoyningen-Huene, Billigkeit, S. 51; GK-Kreutz, § 76, Rd.-Nr. 99; G. Müller, DB 1973, 77.

132 Pünnel, Einigungsstelle, Rd.-Nr. 148; GK-Kreutz, § 76, Rd.-Nr. 122.

133 Dietz / Richardi, § 76, Rd.-Nr. 107.

134 Ähnlich Jäcker, S. 149; für eine noch weitergehende Kontrolle Leipold, FS Schnorr von Carolsfeld, S. 293 f.; a. A. Pünnel, Einigungsstelle, Rd.-Nr. 148; Galperin / Löwisch, § 76, Rd.-Nr. 38; Rieble, S. 208 f.

Einigungsspruches ein Verzicht auf die Geltendmachung von Ermessensfehlern zu sehen ist.[136] [137] Wenn schon das Schweigen auf einen Einigungsspruch zu einer Heilung von Ermessensfehlern führen kann (§ 76 V 4), muß das erst recht für die Erklärung der Annahme eines Spruches gelten.

6. Ersetzung des unwirksamen Einigungsspruch(teile)s

Hat das Arbeitsgericht festgestellt, daß der Einigungsspruch ganz oder teilweise unwirksam bzw. aufzuheben ist, stellt sich die Frage, wer zur Regelung der streitigen Angelegenheit berufen ist — sofern nicht das Arbeitsgericht das Fehlen einer Regelungskompetenz auf Betriebsebene festgestellt hat; in diesem Fall wäre der rechtskräftige Beschluß des Arbeitsgerichts „das letzte Wort" in der Angelegenheit.[138]

Besteht eine Regelungskompetenz auf Betriebsebene, kann diese vom Arbeitgeber allein nur wahrgenommen werden, soweit sein Direktionsrecht reicht[139], insbesondere keine verbindliche Mitbestimmung des Betriebsrats angeordnet ist. Im übrigen können die Betriebspartner das weitere Verfahren durch eine einvernehmliche Regelung ohne weiteres beenden.[140] Andernfalls ist die betriebliche Einigungsstelle zu erneutem Tätigwerden berufen.[141] Denkbar wäre auch, dem Arbeitsgericht zu überlassen, in der Sache selbst zu entscheiden und den unwirksamen Spruch(teil) durch eine eigene Regelung zu ersetzen.[142] Dies bedeutete aber, daß das Arbeitsgericht in die — von der Einigungsstelle nur ersatzweise wahrgenommene — Kompetenz der Betriebspartner eingriffe und sein eigenes Ermessen an die Stelle des vom Gesetz der Einigungsstelle verliehenen Ermessens setzte. Dies wird von der h. M.[143] mit Recht abgelehnt.

---

135 Damit wird lediglich die empirische Regel beschrieben, die sich aus der besonderen Situation der nachträglichen Annahme eines Einigungsspruchs ergibt. Der rechtliche Grundsatz der Zulässigkeit einer gerichtlichen Ermessenskontrolle bleibt davon unberührt.

136 Leipold, FS Schnorr von Carolsfeld, S. 294.

137 Soweit in der Literatur z. T. abweichend formuliert wird, bedeutet dies zumeist keine Abweichung in der Substanz; vgl. etwa Gnade / Kehrmann / Schneider / Blanke, § 76, Rd.-Nr. 72; Fitting / Auffarth / Kaiser / Heither, § 76, Rd.-Nr. 29.

138 Dietz / Richardi, § 76, Rd.-Nr. 114; Dütz, DB 1972, 389.

139 Zu Grenzen und zum Fehlgebrauch des Direktionsrechts s. BAG v. 27.3.1980, BAGE 33, 76 f.

140 Vgl. BAG v. 22.1.1980, AP Nr. 7 zu § 111, Bl. 2R, 3V.

141 Zum Verfahren GK-Kreutz, § 76, Rd.-Nr. 139 m. w. N.; BAG v. 30.1.1990, SAE 1990, 352 (anders noch BAG v. 25.8.1983, AP Nr. 14 zu § 59 KO, Bl. 2R).

142 Leipold, FS Schnorr von Carolsfeld, S. 287 f.; wohl auch G. Müller, DB 1973, 77.

143 BAG v. 25.8.1983, AP Nr. 14 zu § 59 KO, Bl. 2R; Hess / Schlochauer / Glaubitz, § 76, Rd.-Nr. 83; Dietz / Richardi, § 76, Rd.-Nr. 113; Jäcker, S. 150; Bischoff, Einigungsstelle, S. 164; Fitting / Auffarth / Kaiser / Heither, § 76, Rd.-Nr. 33, 33a m. w. N.; Dütz, ArbR, Rd.-Nr. 807.

Im Bereich der Regelungskompetenz auf Betriebsebene ist nicht das Arbeitsgericht zur Ersetzung des unwirksamen Einigungsspruch(teile)s befugt, sondern die Betriebspartner oder hilfsweise die Einigungsstelle.

V. Tarifliche Schlichtungsstelle

Gemäß § 76 VIII kann durch Tarifvertrag bestimmt werden, daß die Funktionen der betrieblichen Einigungsstelle von einer tariflichen Schlichtungsstelle wahrgenommen werden. Sofern der Tarifvertrag nicht Abweichendes regelt, deckt sich deren Zuständigkeit in betriebsverfassungsrechtlichen Angelegenheiten mit derjenigen der Einigungsstelle.[144] Die gerichtliche Überprüfung ihrer Sprüche erfolgt nach denselben Grundsätzen wie die Kontrolle der Einigungsstellensprüche.[145] Insbesondere sind die tariflichen Schlichtungsstellen auch an die Ermessensgrenzen des § 76 V 3, 4 gebunden;[146] ihre Entscheidungen haben keine „Vermutung der Richtigkeit" für sich.[147]

§ 3 Rechtstatsächliche Erkenntnisse

Seit Inkrafttreten des BetrVG 1972 haben mehrere empirische Untersuchungen stattgefunden, mit deren Hilfe die Stellung und Tätigkeit der Einigungsstelle näher erfaßt werden sollte. Es sind dabei zu nennen die Arbeiten von Bischoff[1] (1975), Schank[2] (1980), Knuth / Büttner / Schank[3] (1983), Glaubitz[4] (1983),

---

144 GK-Kreutz, § 76, Rd.-Nr. 146; Pünnel, Einigungsstelle, Rd.-Nr. 135 f.; Hess / Schlochauer / Glaubitz, § 76, Rd.-Nr. 25 f.

145 BAG v. 22.10.1981, AP Nr. 10 zu § 76, Bl. 1 R, 3 V; ArbG Duisburg v. 5.12.1985, NZA 1986, Beilage 2, S. 19; ArbG Wuppertal v. 13.6.1985, NZA 1985, 675; Dietz / Richardi, § 76, Rd.-Nr. 145; Fitting / Auffarth / Kaiser / Heither, § 76, Rd.-Nr. 39 a; G. Müller, ZfA 1972, 234 f.; Galperin / Löwisch, § 76, Rd.-Nr. 50; Hess / Schlochauer / Glaubitz, § 76, Rd.-Nr. 29; GK-Kreutz, § 76, Rd.-Nr. 150; Pünnel, Einigungsstelle, Rd.-Nr. 137.

146 ArbG Duisburg v. 5.12.1985, NZA 1986, Beilage 2, S. 19.

147 G. Müller, ZfA 1972, 235; GK-Kreutz, § 76, Rd.-Nr. 150; anders Fitting / Auffarth / Kaiser / Heither, § 76, Rd.-Nr. 39 a für nichtbetriebsverfassungsrechtliche Angelegenheiten: insoweit sei § 319 I BGB anzuwenden.

1 Bischoff, Einigungsstelle, S. 166 ff.

2 Schank, Die Einigungsstelle als Möglichkeit innerbetrieblicher Konfliktaustragung, Saarl. Arbeitnehmer 1981, 307 ff., 317 ff.; ders., Die Praxis der Einigungsstelle, AiB 1981, 117 ff.

3 Knuth / Büttner / Schank, Zustandekommen und Analyse von Betriebsvereinbarungen und praktische Erfahrungen mit Einigungsstellen, S. 257 ff.; Knuth, BetrVG und betriebliche Normsetzung, in: Nutzinger, Mitbestimmung und Arbeiterselbstverwaltung, S. 345 ff.

4 Glaubitz, DB 1983, 555 ff.

Oechsler[5] (1983) und Oechsler / Schönfeld[6] (1985). Demgegenüber sind die Ergebnisse von Niedenhoff[7] (1979) und Zachert[8] (1979) weniger ergiebig und z. T. schwer nachvollziehbar.[9] Sie können daher im folgenden außer Betracht bleiben.

Den übrigen Untersuchungen ist gemeinsam, daß sie nur eine relativ geringe Zahl von Einigungsstellenverfahren (zwischen 14 und 179) erfaßt haben. Gleichwohl weisen ihre Befunde ein hohes Maß an Übereinstimmung auf, so daß gewisse Tendenzen erkennbar sind.[10] Im einzelnen können folgende Aussagen getroffen werden.

I. Häufigkeit von Einigungsstellenverfahren

Obwohl die Anzahl von Einigungsstellenverfahren im Zuge der Ausweitung der Mitbestimmungsrechte des Betriebsrats durch das BetrVG 1972 gegenüber dem BetrVG 1952[11] naturgemäß gestiegen ist, kommen auf 100 abgeschlossene Betriebsvereinbarungen lediglich 1,1 Verfahren vor der Einigungsstelle.[12] In kaum mehr als 1 % der Fälle, in denen die Betriebspartner zur Kooperation aufgerufen waren, mußte also die Einigungsstelle eingeschaltet werden.

II. Beendigung der Einigungsstellenverfahren

Auffällig ist, daß trotz Einschaltung der Einigungsstelle die Konflikte seltener durch deren Spruch bereinigt werden als durch gütliche Einigung der Betriebspartner.[13] Nur in etwa 1/3 der Verfahren kommt es zu einer mehrheitlichen Entscheidung unter Beteiligung des neutralen Vorsitzenden.[14] Soweit die mehrheitlich beschlossenen Einigungssprüche auf ihren „Gewinner" hin untersucht worden sind, fielen sie im Verhältnis 9:5 zugunsten der Arbeitgeber aus.[15]

---

[5] Oechsler, Personalwirtschaft 1983, 272 ff.

[6] Oechsler / Schönfeld, Bedeutung von Einigungsstellen, S. 54 ff.

[7] Niedenhoff, Praxis der betrieblichen Mitbestimmung, S. 108 ff.

[8] Zachert, Betriebliche Mitbestimmung, S. 50 f.

[9] Vgl. die Kritik an Zachert bei Oechsler / Schönfeld, S. 48.

[10] Oechsler / Schönfeld, S. 44.

[11] Unter der Herrschaft des BetrVG 1952 erfolgte die Anrufung der Einigungsstelle „relativ selten" (Gnade, AuR 1973, 43; s. auch Brill, BB 1964, 1347).

[12] Knuth, BABl. 1983, Heft 9, S. 12.

[13] Schank, Saarl. Arbeitnehmer 1981, 311; Knuth, BABl. 1983, Heft 9, S. 14; Oechsler / Schönfeld, S. 61, 70 f.; Nitschki, Saarl. Arbeitnehmer 1986, 31.

[14] Schank, Saarl. Arbeitnehmer 1981, 311; Oechsler / Schönfeld, S. 61, 70 f.

[15] Schank, Saarl. Arbeitnehmer 1981, 311.

III. Gegenstände der Einigungsstellenverfahren

Einigungsstellenverfahren betreffen am häufigsten Gegenstände der Mitbestimmung in sozialen Angelegenheiten (§ 87). Sie erreichen gemeinsam mit den Meinungsverschiedenheiten über Sozialpläne in allen Untersuchungen einen Anteil zwischen 60% und 80%.[16] Freiwillige Einigungsstellenverfahren konnten je Untersuchung lediglich eines[17] bzw. zwei[18] festgestellt werden. Das rechtfertigt es, in der vorliegenden Abhandlung die Tätigkeit der Einigungsstelle im Bereich der sozialen und notwendigen Mitbestimmung nach § 87 in den Vordergrund zu stellen.

IV. Kosten der Einigungsstelle

Einen Hauptstreitpunkt im Zusammenhang mit der Einigungsstelle bildeten geraume Zeit deren Kosten.[19] Verallgemeinerungsfähige Aussagen lassen sich auf der Grundlage der vorliegenden Untersuchungen nicht treffen. Zu vielfältig sind die zu berücksichtigenden Kostenfaktoren[20], wobei die Honorare der betriebsfremden Einigungsstellenmitglieder besonders zu Buche schlagen;[21] zu wenig werden andererseits mit dem Einigungsstellenverfahren verbundene Nutzenaspekte[22] berücksichtigt.[23]

Als Anhaltspunkt mag der Betrag von durchschnittlich 5.000 DM an externen Ausgaben für ein Einigungsstellenverfahren[24] tauglich sein. Erhellend ist in jedem Fall die Relation der Einigungsstellenkosten zu den anderen Kosten der Betriebsverfassung. Hierzu hat Niedenhoff[25] herausgearbeitet, daß die Gesamtkosten der Betriebsverfassung 1986 pro Mitarbeiter und Jahr 439,93 DM betragen haben, von denen lediglich 12,70 DM (= 2,8%) auf die Einigungsstelle entfallen sind, weniger als auf die Jugendvertretung (14,60 DM), Prozeßkosten (14,87 DM), die Betriebsratswahl (27,32 DM) und Betriebsversammlungen (81,65 DM).

---

16 Oechsler / Schönfeld, S. 51; vgl. auch Zachert, Betriebliche Mitbestimmung, S. 50; Niedenhoff, Praxis der betrieblichen Mitbestimmung, S. 110 f.

17 Schank, Saarl. Arbeitnehmer 1981, 308.

18 Knuth, BABl. 1983, Heft 9, S. 13.

19 Vgl. Herschel, DB 1982, 1984 f.; Nipperdey, DB 1982, 1321 ff.; Gaul, DB 1983, 1148 f.; Glaubitz, DB 1983, 555 ff.

20 s. die Aufschlüsselung bei Oechsler / Schönfeld, S. 60.

21 Dazu insbesondere Glaubitz, DB 1983, 557.

22 Für den Arbeitgeber nutzbringend ist insbesondere die endgültige Bereinigung eines Konfliktes, die Wiederherstellung des Betriebsfriedens und die Verhinderung einer Störung des Betriebsablaufes. Die Durchführung eines Einigungsstellenverfahrens kann überdies positive Auswirkungen auf die Kooperation der Betriebspartner in künftigen Konfliktfällen haben (vgl. Oechsler / Schönfeld, S. 83 f.).

23 Oechsler / Schönfeld, S. 104, 83 ff., 93 f.

24 Knuth / Büttner / Schank, S. 282 f.

25 Kosten der Mitbestimmung, S. 13 (korrigierte Angabe).

V. Häufigkeit der Einschaltung des Arbeitsgerichts

Die Anrufung des Arbeitsgerichts im Zusammenhang mit dem Einigungsstellenverfahren betrifft weit überwiegend die Begleitkonflikte um die Zuständigkeit und die Besetzung der Einigungsstelle.[26] Der Einigungsspruch wurde kaum[27] bzw. gar nicht[28] angegriffen. Die Geltendmachung der Überschreitung des billigen Ermessens durch die Einigungsstelle wird erstmals in der Erhebung von Oechsler / Schönfeld[29] festgestellt. Diese Möglichkeit, eine endgültige Konfliktbereinigung durch die Einigungsstelle zu vereiteln, scheinen die Betriebspartner erst in den letzten Jahren „entdeckt" zu haben.

VI. Gerichtliche Kontrolle des Einigungsstellenermessens

Wie die vorstehenden Ausführungen zeigen, liegen rechtstatsächliche Erkenntnisse über die gerichtliche Kontrolle der Ermessensausübung seitens der Einigungsstelle praktisch nicht vor. Daher hat es sich als erforderlich erwiesen, im Rahmen dieser Arbeit eine empirische Untersuchung vorzunehmen, um den Bereich des Ermessens der Einigungsstelle durch einige rechtstatsächliche Schlaglichter zu erhellen.

Als Basis der Untersuchung fungieren sämtliche 68 Entscheidungen aus der Arbeitsgerichtsbarkeit, die im Zeitraum von 1972 bis zum 31.12.1989 in juristischen Zeitschriften und Entscheidungssammlungen veröffentlicht worden sind und die Überprüfung eines Einigungsstellenspruchs zum Gegenstand hatten. Da die Erfassung der Daten zunächst die Entscheidung einer Schriftleitung voraussetzte, den betreffenden Gerichtsbeschluß zu veröffentlichen, können die Befunde gleichwohl nicht den Anspruch erheben, die Rechtswirklichkeit authentisch und repräsentativ wiederzugeben. Die Ergebnisse der Untersuchung im einzelnen:

(1) Bei der gerichtlichen Überprüfung von Einigungsstellensprüchen werden in 83,8 % der Fälle Rechtsfehler geltend gemacht.

(2) In 70,5 % der Fälle werden Ermessensfehler der Einigungsstelle geltend gemacht, allerdings lediglich in 22,9 % ohne gleichzeitige Bemängelung von Rechtsfehlern.

(3) Der Angriff gegen den Einigungsspruch geht überwiegend von Arbeitgeberseite[30] aus (64,7 % der Fälle); dies gilt insbesondere, wenn mit dem Angriff Ermessensfehler geltend gemacht werden (70,8 %).

---

26 Vgl. Oechsler / Schönfeld, S. 61.

27 Michaelis, BetrR 1980, 455.

28 Bischoff, Einigungsstelle, S. 176.

29 S. 61.

30 Inklusive vom Konkursverwalter angestrengte Verfahren.

Übersicht

Gerichtliche Geltendmachung der Fehlerhaftigkeit von Einigungssprüchen

	Gesamt	Angriffe seitens Arbeitgeber	Betriebsrat	ohne Angabe
Angriffe gegen Einigungssprüche	68	44	21	3
davon mit Erfolg	24	12	10	2
Geltendmachung von Rechtsfehlern	57	34	22	2
davon mit Erfolg	17	9	7	1
Geltendmachung von Ermessensfehlern	48	34	12	2
davon mit Erfolg	11	7	2	2

Stand: 31.12.1989

(4) Die Geltendmachung von Rechts- (70,2%) wie von Ermessensfehlern (77,0%) bleibt weitgehend erfolglos.

(5) Der Bestand eines Einigungsspruches ist bei einer gerichtlichen Ermessenskontrolle eindeutig weniger gefährdet (22,9%) als bei einer Rechtskontrolle (29,8%).

(6) Auf Initiative der Arbeitgeber[31] gehen 70,8% der angestrengten, aber nur 63,6% der erfolgreichen Ermessensüberprüfungen zurück.

Zu den Ergebnissen der Untersuchung ist zweierlei zu bemerken: Erstens kann die Tatsache, daß die Ermessensentscheidungen weit überwiegend einer gerichtlichen Überprüfung standhalten, ein Zeichen für eine weitgehend ordnungsgemäße Ermessensausübung sein. Dies mag zwar bisweilen darauf beruhen, daß die konkret entscheidende Einigungsstelle eine besonders glückliche Hand besessen hat. Auf die Vielzahl der untersuchten Fälle gesehen liegt es jedoch näher, die Nichtbeanstandung der Ermessensausübung darauf zurückzuführen, daß der überprüfte Spielraum als relativ weit aufzufassen ist.

Zweitens wird aus der Tatsache, daß Ermessensfehler weit häufiger vom Arbeitgeber als vom Betriebsrat gerichtlich geltend gemacht werden, deutlich, daß die Arbeitgeber sich mit den Sprüchen der Einigungsstelle schlechter abfinden können als der Betriebsrat. Der Bereich der Entscheidungen, die im Konfliktfall von beiden Seiten gleichermaßen als noch hinnehmbar angesehen werden, wird also häufiger zu Lasten der Arbeitgeber verfehlt. Dies kann seinen Grund darin haben, daß die Einigungsstellen die Interessen der Arbeitnehmer tendenziell zu

[31] Inklusive vom Konkursverwalter angestrengte Verfahren.

stark bzw. die der Arbeitgeber zu wenig berücksichtigen. Mancher Arbeitgeber mag den Verlust von Entscheidungsbefugnissen durch die betriebliche Mitbestimmung bereits als schmerzlich genug empfinden, so daß ihm im konkreten Mitbestimmungsfall schon eine Regelung mit geringfügigen Vorteilen für die Arbeitnehmerseite als nicht mehr hinnehmbar erscheint. Wieder andere Arbeitgeber — die von der angegebenen Statistik nicht erfaßt werden — mögen im Hinblick auf die Weite des Entscheidungsspielraums der Einigungsstelle und mögliche Kosten eines Einigungsverfahrens den Forderungen des Betriebsrats weitgehend nachgegeben haben.

2. *Teil*

Funktionen der Einigungsstelle

Wertvolle Hinweise für eine mögliche Beschränkung des Handlungsspielraums der Einigungsstelle können sich aus deren Funktionen ergeben.[1] Dabei ist zu unterscheiden zwischen den Funktionen, die der Einigungsstelle von Rechts wegen, und denen, die ihr im Rahmen der Betriebspolitik rechtstatsächlich zukommen.

§ 4 Die rechtlichen Funktionen der Einigungsstelle

Die Herleitung der rechtlichen Funktionen der Einigungsstelle hat bei den Regelungen über das Verfahren der Einigungsstelle anzusetzen. Diese Regelungen geben nicht nur die Tätigkeit der Einigungsstelle an, sondern verleihen der Einigungsstelle zugleich ihren Sinn und Zweck im Bereich der betrieblichen Mitbestimmung.

Welche Funktionen die Einigungsstelle wahrnimmt, wird aus den spärlichen gesetzlichen Regelungen in § 76 allerdings nicht ohne weiteres deutlich. In Betracht zu ziehen sind immerhin dreizehn Einigungsstellenfunktionen. Zur besseren Orientierung und Übersicht sollen zunächst die zentralen und letztlich auch unbestrittenen Funktionen erläutert werden. Im Anschluß daran werden der Einigungsstelle möglicherweise zukommende weitere Funktionen untersucht.

I. Die Hauptfunktionen der Einigungsstelle

1. Konfliktlösungsfunktion

Der Einigungsstelle kann Konfliktlösungsfunktion zugesprochen werden, wenn sie nach der Konzeption des Gesetzes zur Beilegung von Konflikten im Rahmen der Betriebsverfassung berufen ist.

a) Der Ausgangskonflikt

Den Ausgangskonflikt, die Meinungsverschiedenheit i. S. v. § 76 I 1, bildet der „natürliche Interessengegensatz“ zwischen Arbeitnehmerschaft und Arbeitge-

[1] Vgl. unten § 7 VIII.

ber.[2] Auch losgelöst vom Lohnkonflikt, den zu regeln nicht dem Zuständigkeitsbereich der Einigungsstelle unterfällt, kann das Interesse auftreten, möglichst wenig von dem zu geben, was der andere Teil erhalten möchte, und möglichst viel von dem zu erhalten, was man selbst anstrebt.

Dabei sei zunächst an die Installierung einer technischen Überwachungseinrichtung im Betrieb gedacht. Regelmäßig zielt der Arbeitgeber nicht auf einen mit der Anwendung der Einrichtung verbundenen Eingriff in den Persönlichkeitsbereich des Arbeitnehmers ab, er nimmt einen solchen lediglich im Interesse der Rationalisierung des Arbeitsprozesses oder der Produktivitätssteigerung in Kauf. Für den betroffenen Arbeitnehmer bedeutet dies, daß er nach Installierung der Überwachungseinrichtung mehr von seiner Persönlichkeit preisgeben muß als vorher. Entsprechend dem angesprochenen Grundkonflikt hat der Arbeitnehmer ein natürliches Interesse daran, die Einführung der Überwachungsanlage und damit die Eingriffe in seinen Persönlichkeitsbereich zu verhindern. Dem trägt das BetrVG dadurch Rechnung, daß solche Einrichtungen nur mit Zustimmung des Betriebsrats oder aufgrund eines Spruchs der Einigungsstelle eingeführt werden dürfen (§ 87 I Nr. 6, II).

Ähnlich verhält es sich generell mit Einschränkungen der Handlungsfreiheit der Arbeitnehmer. Jeder Arbeitnehmer sieht ein, daß in einem Betrieb mit arbeitsteiliger Produktion der Produktionsvorgang gesteuert werden muß und daß im Zuge dessen auch Weisungen an Arbeitnehmer erfolgen müssen. Gleichwohl bleibt es ein Interesse der Arbeitnehmer, die Fälle der Weisungsunterworfenheit möglichst gering zu halten oder zumindest an den Weisungsentscheidungen beteiligt zu sein, unmittelbar oder unter Einschaltung des Betriebsrats als Belegschaftsvertretung. Dieses Interesse hat der Gesetzgeber gesehen und in einer Reihe von Angelegenheiten an die Stelle von Direktionsentscheidungen des Arbeitgebers ein Mitbestimmungsrecht des Betriebsrats gesetzt.

b) Notwendigkeit zur Beilegung der Meinungsverschiedenheit

Die Notwendigkeit, die typischerweise gegenläufigen Interessen von Arbeitgeber und Betriebsrat zum Ausgleich zu bringen, basiert auf der schon zu § 56 BetrVG 1952 überwiegend vertretenen[3] und heute herrschenden Auffassung,[4] daß eine dem echten Mitbestimmungsrecht des Betriebsrats unterliegende Maßnahme des Arbeitgebers ohne Zustimmung des Betriebsrats nicht nur rechtswidrig, sondern unwirksam ist („Theorie der notwendigen Mitbestimmung" oder

---

[2] Hunold, DB 1978, 2363; Kreutz, Betriebsautonomie, S. 236; Oechsler / Kerzel, S. 4, 6; G. Müller, DB 1973, 78; Bischoff, Einigungsstelle, S. 33.

[3] Vgl. BAG v. 16.12.1960, BAGE 10, 262; Fitting / Kraegeloh / Auffarth, BetrVG 52, § 56, Rd.-Nr. 3; sowie die Nachweise bei Hess / Schlochauer / Glaubitz, § 87, Rd.-Nr. 74.

[4] So Hess / Schlochauer / Glaubitz, ebenda.

„Unwirksamkeitstheorie").[5,6] Damit wäre im Falle der Nichteinigung der Betriebspartner mangels Rechtswirksamkeit einer einseitigen Maßnahme ein regelungsloser Zustand auf Dauer von Rechts wegen festgeschrieben. Nicht nur Betriebsabläufe[7] würden blockiert, sondern auch soziale Vergünstigungen[8] und Maßnahmen zum Schutz der Arbeitnehmer[9]. Dies kann im wohlverstandenen Interesse keines der Betriebspartner liegen und wirkt um so befremdlicher, wenn Arbeitgeber und Betriebsrat immerhin Einigkeit darüber erzielt haben, *daß* ein Zustand zu regeln ist, allerdings zu einer Übereinkunft, *wie* dies zu geschehen hat, nicht in der Lage sind.

c) Konfliktregulierung nach dem BetrVG

Da vom Gesetzgeber weder eine Hemmung noch eine Blockierung von Betriebsabläufen oder sozialen Schutzrechten gewollt ist,[10] fragt es sich, wie auftretende Konflikte im Rahmen der Betriebsverfassung zu lösen sind.

Das BetrVG ist geprägt von einer sozialpartnerschaftlichen Harmonievorstellung.[11] Diese kommt zum Ausdruck in dem Grundsatz der vertrauensvollen Zusammenarbeit nach § 2 I, der weiterhin als „Magna Charta"[12] der Betriebsverfassung bezeichnet werden kann,[13] sowie in der Leitlinie des § 74 I 2, nach der Arbeitgeber und Betriebsrat über strittige Fragen mit dem ernsten Willen zur Einigung zu verhandeln und Vorschläge für die Beilegung von Meinungsverschiedenheiten zu unterbreiten haben. Die Kooperationsmaxime wird ergänzt durch eine Friedenspflicht, nach der den Betriebspartnern nicht nur Arbeitskampfmaß-

---

5 BAG v. 5.7.1976, AP Nr. 10 zu § 12 AZO, Bl. 3V; v. 31.1.1984, DB 1984, 1353; Gnade / Kehrmann / Schneider / Blanke, § 87, Rd.-Nr. 4; Fitting / Auffarth / Kaiser / Heither, § 87, Rd.-Nr. 23; GK-Wiese, § 87, Rd.-Nr. 75 ff.; Jahnke, SAE 1983, 147; Gamillscheg, ArbR II, S. 362 (Nr. 411); Galperin / Löwisch, § 87, Rd.-Nr. 16; *ablehnend* Dietz / Richardi, § 87, Rd.-Nr. 80 ff.; Hess / Schlochauer / Glaubitz, § 87, Rd.-Nr. 74 ff.; *modifizierend* Sahmer, § 87, Anm. 2. (S. 176c) unter Berufung auf Adomeit, BB 1972, 53 f. (anders in: Hanau / Adomeit, S. 123).

6 Die Theorie der notwendigen Mitbestimmung betrifft unmittelbar nur § 87; nichts anderes kann jedoch für die anderen Fälle echter Mitbestimmung gelten (Löwisch, AP Nr. 2 zu § 95, Bl. 4R, 5V). Nicht anzuwenden ist die Unwirksamkeitstheorie im Bereich bloßer Mitwirkungsrechte des Betriebsrats. Dort ist eine Maßnahme in ihrer Wirksamkeit lediglich von der ordnungsgemäßen Beteiligung des Betriebsrats abhängig (vgl. z. B. § 102 I 3).

7 Z. B. die Regelung von Passierscheinen für sicherheitsempfindliche Bereiche (§ 87 I Nr. 1), die Lage von Pausen (§ 87 I Nr. 2) und die Anwendung von Bildschirmgeräten am Arbeitsplatz (§ 87 I Nr. 6).

8 Z. B. die Zuweisung einer Werkswohnung (§ 87 I Nr. 9).

9 Z. B. die Vornahme einer Gesundheitsschutzmaßnahme (§ 87 I Nr. 7).

10 Vgl. Knuth / Schank, MitbGespr. 1981, 292; Schneider, Die Quelle 1972, 358; Sbresny-Uebach, AR-Blattei Einigungsstelle, A. (Bl. 1).

11 Oechsler / Kerzel, S. 3.

12 Neumann-Duesberg, BetrVR, S. 126 zu § 49 I BetrVG 1952.

13 Kreutz, BlStSozArbR 1972, 60 f.

nahmen untersagt werden, sondern alle Betätigungen, die den Arbeitsablauf oder den Betriebsfrieden stören könnten (§ 74 II 1, 2).

Gleichwohl vermag auch die auf Kooperation angelegte Konzeption des BetrVG nicht zu verhindern, daß eine Konfliktlösung durch Konsensfindung bisweilen ausbleibt. Der vorhandene „ernste Wille zur Einigung" (§ 74 I 2) kann die Einigung selbst weder garantieren noch bewirken.[14] Der Gesetzgeber kann jedoch anordnen, wie ersatzweise die Konsenswirkung und damit die Konfliktlösung zu erzielen ist. So bestimmt das BetrVG in einer Vielzahl von Angelegenheiten, daß die Einigung von Arbeitgeber und Betriebsrat durch den Spruch der Einigungsstelle ersetzt werden kann. Diese trägt daher wie der Konsens der Betriebspartner selbst zur Konfliktlösung bei.[15]

2. Hilfsfunktion

Der Einigungsstelle wird ganz überwiegend Hilfsfunktion zugesprochen.[16] Gemeint ist damit die Hilfestellung, die die Einigungsstelle bietet, damit Arbeitgeber und Betriebsrat die Meinungsverschiedenheit selbst beilegen.[17]

Die Hilfsfunktion der Einigungsstelle ergibt sich sowohl aus § 76 I 1[18] als auch aus § 76 III 2. Wenn in § 76 I 1 als Aufgabenstellung der Einigungsstelle allgemein die Beilegung von Meinungsverschiedenheiten genannt ist, schließt das die Möglichkeit ein, daß die Einigungsstelle lediglich Forum und Mittler einer Verständigung unter den Betriebspartnern ist. Dann leistet sie „Vertragshilfe".[19] § 76 III 2 regelt die Beschlußfassung der Einigungsstelle sowohl für das freiwillige als auch für das verbindliche Verfahren dahingehend, daß eine Mehrheitsfindung zunächst unter den von beiden Seiten in die Einigungsstelle entsandten Beisitzern gesucht wird. Daraus wird deutlich, daß vorrangig auch im Verfahren vor der Einigungsstelle noch auf eine Einigung zwischen Arbeitgeber und Betriebsrat hingewirkt werden soll;[20] auch wenn Arbeitgeber und Betriebsrat an der Beschlußfassung der Einigungsstelle nicht selbst beteiligt sind, sondern ledig-

14 GK-Kreutz, § 76, Rd.-Nr. 1.

15 Schneider, MitbGespr. 1981, 291; Sbresny-Uebach, AR-Blattei Einigungsstelle, A. (Bl. 1); Hunold, DB 1978, 2363; Eich in: Jobs / Samland, Personalinformationssysteme, S. 224 f.; GK-Kreutz, § 76, Rd.-Nr. 1 m. w. N.; Zöllner, ArbR, S. 441; Weiss, § 76, Rd.-Nr. 2; Galperin / Löwisch, § 76, Rd.-Nr. 1; v. Hoyningen-Huene, BetrVR, S. 108; Rieble, S. 173; Schönfeld, NZA 1988, Beilage 4, S. 6 m. w. N.

16 BAG v. 22.1.1980, AP Nr. 7 zu § 111, Bl. 3V; Stege / Weinspach, § 76, Rd.-Nr. 1; Zöllner, ArbR, S. 441; Gaul, Einigungsstelle, S. 36; Lepke, BB 1977, 49; Herschel, DB 1982, 1984; Kreutz, SAE 1982, 226; Heinze, RdA 1990, 264; Löwisch / Röder, AP Nr. 7 zu § 111, Bl. 5R.

17 Vgl. Jäcker, S. 16.

18 GK-Kreutz, § 76, Rd.-Nr. 5.

19 Zöllner, ArbR, S. 441; Herschel, DB 1982, 1984; Löwisch / Röder, AP Nr. 7 zu § 111, Bl. 5R.

20 Stege / Weinspach, § 76, Rd.-Nr. 14.

lich indirekt über die von ihnen entsandten Beisitzer, wird ihnen deren mehrheitliche Verständigung unmittelbar zugerechnet.[21] Gelingt bereits mit der ersten Abstimmung die Beilegung der Meinungsverschiedenheit, leistet die Einigungsstelle „Verständigungshilfe". Schließlich spricht auch die Bezeichnung „Einigungs"-stelle für deren Funktion, Hilfe zu leisten, und die Betriebspartner bei Meinungsverschiedenheiten einer Einigung zuzuführen.[22]

Vielfach wird der Einigungsstelle auch *Vermittlungsfunktion* zugesprochen.[23] Gemeint ist damit, daß die Einigungsstelle den Abschluß einer Vereinbarung zur Beendigung einer Streitigkeit zwischen den Betriebspartnern herbeizuführen hilft.[24] Der Sache nach handelt es sich dabei um die Hilfsfunktion der Einigungsstelle.

3. Substitutionsfunktion (Ersatzfunktion)

Daß die Einigungsstelle Substitutions- oder Ersatzfunktion wahrnimmt, entspricht allgemeiner Meinung[25] und ergibt sich insbesondere aus der gesetzlichen Anordnung, daß ihr Spruch die Einigung zwischen Arbeitgeber und Betriebsrat ersetzt. Diese Anordnung findet sich für das freiwillige Verfahren in § 76 VI und für das verbindliche Verfahren in der Norm, in der auch die materielle Zuständigkeit der Einigungsstelle begründet wird.[26] Wird die Tätigkeit der Einigungsstelle daher als „ersatzweise" bezeichnet,[27] deutet dies nicht nur auf eine Subsidiarität ihrer Tätigkeit[28] hin, sondern auch darauf, daß mit ihr ein Ersetzen, ein An-die-Stelle-treten verbunden ist.

Unterstrichen wird dieser Befund durch Bestimmungen wie § 39 I 3 oder § 87 II 1, wo es heißt: „Kommt eine Einigung (...) nicht zustande, so entscheidet die Einigungsstelle." Die Entscheidungsfunktion in der Mitbestimmungsangelegenheit wird also zunächst von Arbeitgeber und Betriebsrat wahrgenommen und geht dann im Nichteinigungsfalle auf die Einigungsstelle über.[29] Zumindest für

21 Leipold, FS Schnorr von Carolsfeld, S. 276; Nause, S. 70; G. Müller, FS Barz, S. 499.

22 Pünnel, Einigungsstelle, Rd.-Nr. 5.

23 Gaul, Einigungsstelle, S. 21; Weiss, § 76, Rd.-Nr. 4; Vogt, BB 1985, 2331 f.

24 Vgl. Gaul, Einigungsstelle, S. 36; Lepke, BB 1977, 49.

25 BAG v. 11.5.1976, AP Nr. 2 zu § 76, Bl. 1R; BAG v. 27.5.1986, EzA Nr. 16 zu § 87 Kontrolleinrichtung, S. 149; LAG Düsseldorf v. 3.4.1981, EzA Nr. 30 zu § 76, S. 153; Löwisch / Röder, AP Nr. 7 zu § 111, Bl. 5R; Schmitt-Rolfes, ArbRdGw., Bd. 19, S. 72; Fitting / Auffarth / Kaiser / Heither, § 76, Rd.-Nr. 3; Dietz / Richardi, § 76, Rd.-Nr. 92 f.; Gaul, AiB, S. 357 f.

26 §§ 37 IV 5 (i. V. m. §§ 37 VII 3, 65 I), 38 II 6, 39 I 4 (i. V. m. § 69 Satz 3), 47 VI 2 (i. V. m. § 55 IV 2), 72 VI 2, 85 II 2, 87 II 2, 91 Satz 3, 94 I 3 (i. V. m. II), 95 I 3, II, 98 IV 2, 109 Satz 2, 112 IV 2, 116 III Nr. 2 Satz 5, Nr. 4 Satz 3, Nr. 8 Satz 3.

27 Z. B. von Fitting / Auffarth / Kaiser / Heither, § 76, Rd.-Nr. 3.

28 So etwa BAG v. 22.1.1980, AP Nr. 7 zu § 111, Bl. 3V.

29 BAG v. 22.1.1980, AP Nr. 7 zu § 111, Bl. 3V; Schmitt-Rolfes, ArbRdGw., Bd. 19, S. 72; Pünnel, Einigungsstelle, Rd.-Nr. 5; Fitting / Auffarth / Kaiser / Heither, § 76, Rd.-Nr. 3.

das verbindliche Verfahren kann die Substitutionsfunktion der Einigungsstelle als gesichert angesehen werden.

Fraglich könnte die Ersatzfunktion im freiwilligen Verfahren nach § 76 VI 2 2. Variante sein. Dort verschafft erst die Annahme des Einigungsstellenspruchs, also eine nachfolgende Einigung der Betriebspartner auf die im Spruch getroffene Regelung, diesem Geltung; der Spruch tritt nicht schon aus sich selbst heraus mit Zuleitung an die Stelle der Einigung von Arbeitgeber und Betriebsrat.

Mit Blick auf die nachträgliche Annahme des Einigungsstellenspruchs die Substitutionsfunktion für das freiwillige Verfahren in Frage zu stellen, hieße, die Substitution auf die Erlangung der Geltungskraft des Spruches zu beziehen. Nicht anders als im Verfahren nach § 76 VI 2 2. Variante gewinnt der Einigungsspruch jedoch auch im obligatorischen Verfahren, für das die Substitution unbestritten ist, seine Geltungskraft nicht aus sich heraus, sondern erst aus einer besonderen gesetzlichen Anordnung (z. B. § 87 II 2). Die Substitution betrifft die Ebene der Konsensfindung. Die Einigungsstelle bestimmt — an Stelle der Betriebspartner —, *wie* der Konflikt beigelegt wird. Insofern greift die Substitution auch im freiwilligen Verfahren voll ein. Daß der Spruch, um Privatrechtsgeltung entfalten zu können, zusätzlich von einem Willen getragen sein muß, dem der beteiligten Parteien oder dem des Gesetzgebers, beeinträchtigt die Substitutionsfunktion der Einigungsstelle nicht.

Mit der Substitutionsfunktion verbunden ist die *Subsidiarität* der Tätigkeit der Einigungsstelle: Ersetzt diese die den Betriebspartnern obliegende Verständigung und trifft an deren Stelle nur dann eine Entscheidung, wenn zwischen Arbeitgeber und Betriebsrat keine Einigung zustandekommt, dann wird die Einigungsstelle eben lediglich nachrangig tätig.

Dies wird bestätigt durch § 76 I 1 und § 76 III 2: Die Einigungsstelle kann nach § 76 I 1 nicht fakultativ angerufen werden, sondern lediglich „bei Bedarf", d. h. im Falle des Versagens der Selbsthilfekräfte der Betriebspartner.[30] Nach § 76 III 2 wird der Vorrang einer Einigung zwischen Arbeitgeber und Betriebsrat noch bis in das Abstimmungsverfahren über den Einigungsspruch fortgesetzt,[31] indem einem mehrheitlichen Entscheid der von den Betriebspartnern in die Einigungsstelle entsandten Beisitzer die Priorität gegenüber einem Beschluß eingeräumt wird, bei dem die Stimme des neutralen Vorsitzenden möglicherweise den Ausschlag gibt. Die Einigungsstelle wird daher nur subsidiär tätig, soweit die Betriebspartner die ihnen obliegenden Aufgaben mangels Einigung nicht erfüllen können.[32]

---

30 LAG Baden-Württemberg v. 4. 10. 1984, NZA 1985, 164.

31 Leipold, FS Schnorr von Carolsfeld, S. 276.

32 H. M. BAG v. 22. 1. 1980, AP Nr. 7 zu § 111, Bl. 3 V; LAG Düsseldorf v. 3. 4. 1981, EzA Nr. 30 zu § 76, S. 153; Schroeder-Printzen, ZiP 1983, 267; Kreutz, SAE 1982, 226; Stege / Weinspach, § 76, Rd.-Nr. 1; Schaub, S. 1489.

4. Schlichtungsfunktion

Der Einigungsstelle wird vielfach Schlichtungsfunktion zugesprochen.[33] Unter Schlichtung versteht man die Hilfeleistung zur Beendigung einer Gesamtstreitigkeit durch Abschluß einer Gesamtvereinbarung, also eines Tarifvertrages oder einer Betriebsvereinbarung.[34]

Eine solche Hilfsfunktion der Einigungsstelle wurde bereits festgestellt.[35] Uneingeschränkt entspricht dem Leitbild der Schlichtung jedenfalls das Einigungsstellenverfahren nach § 76 VI 2 2. Var.[36] Wird im verbindlichen Verfahren die Gesamtstreitigkeit ohne Zustimmung der Betriebspartner durch den Spruch der Einigungsstelle beendet, handelt es sich dem Wesen nach um betriebliche „Zwangsschlichtung".[37] Die Einigungsstelle erfüllt daher die Funktion betrieblicher (Zwangs-)Schlichtung, die allerdings inhaltlich mit der Hilfs- und der Substitutionsfunktion bereits vollständig beschrieben wird.

II. Nebenfunktionen der Einigungsstelle

1. Friedensfunktion

Galperin[38] hat die friedensstiftende Wirkung der Einigungsstelle bestritten. In der „Hypertrophie der Einigungsstelle" manifestiere sich die Betriebsverfassung als eine am Klassenkampf orientierte Konfliktordnung, die das Ende einer sachgemäßen Ordnung des betrieblichen Zusammenwirkens bedeute.

Galperins Einwände gegen die Ausweitung der Zuständigkeit der Einigungsstelle sind jedoch im Grunde gegen die Aushöhlung der Alleinbestimmungsbefugnisse des Arbeitgebers[39] und damit gegen die gleichberechtigte Mitbestimmung selbst gerichtet.[40] Es darf nicht übersehen werden, daß die vor der Einigungsstelle zu behandelnden Konflikte nicht erst durch diese geschaffen werden, sondern

---

[33] BAG v. 15.1.1960, AP Nr. 3 zu § 56 BetrVG 1952 Wohlfahrtseinrichtungen, Bl. 2 V; LAG Düsseldorf v. 27.2.1975, EzA Nr. 1 zu § 87 Lohn und Arbeitsentgelt, S. 4 f.; Fitting / Auffarth / Kaiser / Heither, § 76, Rd.-Nr. 3; Dietz / Richardi, § 76, Rd.-Nr. 18; GK-Kreutz, § 76, Rd.-Nr. 5 m. w. N.; Gaul, Einigungsstelle, S. 21; Weiss, § 76, Rd.-Nr. 2; Schmitt-Rolfes, ArbRdGw., Bd. 19, S. 72; Leipold, FS Schnorr von Carolsfeld, S. 283; Otto, ZfA 1976, 392; v. Hoyningen-Huene, BetrVR, S. 108; Bengelsdorf, NZA 1989, 494; Rieble, S. 164; Schönfeld, NZA 1988, Beilage 4, S. 5 f. m. w. N.

[34] Hueck / Nipperdey, Lehrbuch des ArbR, Bd. II/1, S. 722, 731 f.; Schmitt-Rolfes, ArbRdGw., Bd. 19, S. 72; Söllner, ArbR, S. 112.

[35] Oben 2.

[36] GK-Kreutz, § 76, Rd.-Nr. 5.

[37] LAG Düsseldorf v. 27.2.1975, EzA Nr. 1 zu § 87 Lohn und Arbeitsentgelt, S. 4; Dütz, DB 1972, 387; ders., ArbR, Rd.-Nr. 806; Dietz / Richardi, § 76, Rd.-Nr. 15.

[38] DB 1971, 1308.

[39] Vgl. Galperin, Regierungsentwurf, S. 48 f.

[40] Bischoff, Einigungsstelle, S. 32.

im Betrieb bereits latent vorhanden sind.[41] Dann kann es aber nur darum gehen, unter Wahrung des Vorranges des Konsenses von Arbeitgeber und Betriebsrat ein Verfahren zur Regulierung der bestehenden Konflikte bereitzustellen, um deren Austragung auf unfriedlichen, vom Gesetz nicht gewollten Wegen zu verhindern.[42] Ebendies tut die betriebliche Einigungsstelle und stiftet damit Frieden.[43]

Die Einigungsstelle erfüllt mit ihrem konfliktlösenden und schlichtenden Wirken zugleich Friedensfunktion.

2. Rechtsetzungsfunktion

Wenn die Einigungsstelle mit ihrem Spruch einem regelungslosen Zustand in der Meinungsverschiedenheit abhilft, versieht sie Rechtsetzungsaufgaben.[44] Dies gilt jedenfalls dann, wenn die Regelung Rechtsnormcharakter aufweist, also unabhängig vom Willen des einzelnen Normunterworfenen diesem gegenüber gilt.[45,46]

An solchem Rechtsnormcharakter fehlt es, wenn die rechtliche Regelung durch die Einigungsstelle sich nur an Arbeitgeber und Betriebsrat wendet. Keine Rechtsetzung betreibt die Einigungsstelle zudem, soweit sie in Rechtsfragen zuständig ist (z. B. §§ 37 VI, 109 [47]).[48] Sie ist dort auf einen Normenvollzug in der betreffenden Angelegenheit beschränkt,[49] aber nicht berechtigt, etwa den unbestimmten Rechtsbegriff der „Berücksichtigung der betrieblichen Notwendigkeiten" aus § 37 VI umzugestalten.[50]

Soweit der Spruch der Einigungsstelle Normen einer Betriebsvereinbarung schafft, erfüllt die Einigungsstelle Rechtsetzungsfunktion.

---

41 Schneider, BABl. 1972, 294.

42 Hunold, DB 1978, 2363; Bischoff, Einigungsstelle, S. 32 f.

43 Hunold, ebenda; Bischoff, ebenda; Söllner, ZfA 1982, 9; Schönfeld, DB 1988, 1999.

44 Gaul, Einigungsstelle, S. 37.

45 Kreutz, Betriebsautonomie, S. 54 f. m. w. N.; Larenz, AT, S. 7.

46 Auf die Frage, ob die Normenwirkung der Betriebsvereinbarung bereits aus deren Charakter als autonome Satzung (zur „Satzungstheorie" Herschel, RdA 1956, 161 ff., 168) folgt, oder ob sie ihr erst im Wege staatlicher Ermächtigung (so die h. M., vgl. BAG v. 16.3.1956, BAGE 3, 1 ff., 4 f.; Säcker, Gruppenautonomie, S. 344; Fitting / Auffarth / Kaiser / Heither, § 77, Rd.-Nr. 17) oder auf anderem Wege zu entnehmen ist, kann hier nicht näher eingegangen werden. S. dazu GK-Thiele, 3. Bearbeitung, § 77, Rd.-Nr. 31 ff., 37 ff. Zur „Betriebsvereinbarung als Akt der Rechtssetzung" s. Kreutz, Betriebsautonomie, S. 76 ff.

47 Anders jetzt BAG v. 8.8.1989, NZA 1990, 153 ff.: Die Einigungsstelle entscheide im Rahmen von § 109 nicht über „Rechtsfragen"; ebenso Rieble, S. 171 ff.

48 GK-Kreutz, § 76, Rd.-Nr. 11; Schneider, MitbGespr. 1975, 191.

49 Dietz / Richardi, § 76, Rd.-Nr. 20.

50 Vgl. GK-Kreutz, § 76, Rd.-Nr. 12.

3. Rechtsprechungsfunktion

Rechtsprechende Tätigkeit wird der Einigungsstelle durchweg abgesprochen.[51] Dies geht auf eine Unterscheidung zurück, die Hugo Sinzheimer bereits 1927 geprägt hat. Sinzheimer vertrat die Auffassung „Schlichten ist kein Richten" und stellte die Anwendung bestehenden Rechts („richten") und die Schaffung neuen Rechts („schlichten") als unversöhnliche Gegensätze dar.[52] In der Tat kann dieselbe Tätigkeit nicht zugleich Schaffung einer rechtlichen Regelung und Erkenntnis derselben Regelung als schon bestehendes Recht sein. Gleichwohl stellt sich der Hinweis auf diese Antinomie als Scheinargument heraus.[53] Diese besteht nämlich nur insoweit, als es sich um dieselbe Tätigkeit handelt, besagt aber nichts darüber, ob nicht dieselbe Stelle bei einer Mehrzahl von Aufgaben teils rechtsschöpfend und teils rechtserkennend tätig ist.

Normvollziehend und nicht rechtsgestaltend wird die Einigungsstelle tätig, soweit ihr vom Gesetz Rechtsfragen zur verbindlichen Entscheidung zugewiesen sind,[54] und zwar nicht lediglich als Vorfragen von Regelungsstreitigkeiten, sondern als Hauptfrage (z. B. §§ 37 VI, 38 II, 109). Insofern könnten der Einigungsstelle auch rechtsprechende Aufgaben zufallen.[55]

Wesentliches materielles Kennzeichen der Rechtsprechung i. S. d. Grundgesetzes ist es, daß sie nicht nur für die Erkenntnis, sondern auch für die Verwirklichung und Durchsetzung des Rechts sorgt.[56] Die Fähigkeit zu letztverbindlichen, mindestens latenter Rechtskraft fähigen Entscheidungen besitzt die Einigungsstelle nicht. Ihr Spruch entfaltet weder Rechtskraft zwischen den Betriebspartnern[57] noch stellt er einen Vollstreckungstitel dar.[58] Verbindliche Grundlage zur Durchsetzung des Rechts ist erst eine arbeitsgerichtliche Entscheidung über den Einigungsspruch oder einen aus diesem folgenden Anspruch.

---

[51] BVerfG v. 18.10.1987, DB 1987, 2361; BAG v. 15.10.1979, AP Nr. 5 zu § 111, Bl. 2V; Söllner, ZfA 1982, 4 f.; Herschel, DB 1982, 1985; Falkenberg, DB 1972, 777; Schmitt-Rolfes, ArbRdGw., Bd. 19, S. 73; Schaub, S. 1489; Weiss, § 76, Rd.-Nr. 2; Gnade, AuR 1973, 46; vgl. auch BT-Ausschuß für Arbeit und Sozialordnung, zu BT-Drucks. VI/2729, S. 10.

[52] Sinzheimer, Grundzüge des ArbR, S. 300.

[53] Kritisch auch Rieble, S. 158 f.

[54] Dütz, AuR 1973, 358; Gnade, AuR 1973, 46; Dietz / Richardi, § 76, Rd.-Nr. 19; Leipold, FS Schnorr von Carolsfeld, S. 285, Fn. 42; mißverständlich Zöllner, ArbR, S. 442.

[55] Leipold, FS Schnorr von Carolsfeld, S. 283, zieht dies immerhin in Erwägung.

[56] Vgl. W. Meyer in: v. Münch, GG, Art. 92, Rd.-Nr. 9; Thoma, in: Anschütz / Thoma, Bd. II, S. 130; Reuss, DVBl. 1955, 312 f., der betont, ratio legis der Zuweisung der Streitentscheidungen an den Richter sei die „Ingangsetzung der staatlichen Vollstreckungsgewalt".

[57] BAG v. 15.10.1979, AP Nr. 5 zu § 111, Bl. 2V; Schmitt-Rolfes, ArbRdGw., Bd. 19, S. 75; Birk, AP Nr. 5 zu § 111, Bl. 4R.

[58] Gaul / Bartenbach, NZA 1985, 343; Fitting / Auffarth / Kaiser / Heither, § 76, Rd.-Nr. 3a; Dietz / Richardi, § 76, Rd.-Nr. 95.

Betätigt sich die Einigungsstelle innerhalb ihres Gestaltungsspielraumes, entlastet sie das Arbeitsgericht nicht etwa von dessen Aufgaben, sondern nimmt eine ihr selbst vom Gesetz zugebilligte Kompetenz wahr, die dem Arbeitsgericht von vornherein verschlossen ist.[59,60] Der Einigungsstelle kann nach alledem Rechtsprechungsfunktion nicht zugesprochen werden.

4. Gutachterfunktion

Befindet die Einigungsstelle in Rechtsfragen, wendet sie Normen an, ohne letztverbindlich zu entscheiden.[61] Ihr könnte daher Rechtsgutachterfunktion zukommen. Unter einem Gutachten versteht man eine Ausarbeitung, die eine gerichtliche Entscheidung vorbereitet.[62] Soweit ihre Zuständigkeit reicht, ist die Einigungsstelle jedoch selbst zur Entscheidung berufen und nicht lediglich zur Vorbereitung eines Arbeitsgerichtsprozesses. (Rechts-)Gutachterfunktion nimmt sie mithin nicht wahr.[63]

5. Vorverfahrensfunktion

Hat die Einigungsstelle im Rahmen ihrer Zuständigkeit Rechtsfragen mitzuentscheiden, erfüllt sie die Funktion eines der gerichtlichen Entscheidung vorgeschalteten Verfahrens.[64] Obligatorisch ist dieses allenfalls,[65] wenn die Zuständigkeit der Einigungsstelle im verbindlichen Verfahren begründet ist.[66] Die rechtliche Vorfrage der Zuständigkeit der Einigungsstelle kann dem Arbeitsgericht „vorab" zur Klärung vorgelegt werden,[67] wenngleich die Verursachung doppelter Kosten von Einigungsstellen- und „Vorabentscheidungsverfahren" den Arbeitgeber von letzterem „abschrecken" könnte,[68] so daß die Zuständigkeitsfrage erst im „Nach-

59 Vgl. Fitting / Auffarth / Kaiser / Heither, § 76, Rd.-Nr. 32.

60 Lehnte man einen Gestaltungsspielraum der Einigungsstelle in Rechtsfragen ab, stellte sich die — im Text verneinte — Frage nach einer Aufgabenentlastung der Arbeitsgerichte durch die Einigungsstelle nicht. Für einen Gestaltungsspielraum der Einigungsstelle bei § 109, allerdings unter Einschränkung des Bereichs der „Rechtsfragen", BAG v. 8.8.1989, NZA 1990, 153 ff.

61 Vgl. o. 2., 3.

62 Creifelds-Guntz, Rechtswörterbuch, S. 520.

63 Ebenso BAG v. 28.6.1984, BlStSozArbR 1985, 167.

64 Söllner, ZfA 1982, 14; Dütz, AuR 1973, 368; Ramm, ÖRdA 1973, 157.

65 Ob die direkte Anrufung des Arbeitsgerichts in den Fällen, in denen der Einigungsstelle Rechtsstreitigkeiten als Hauptfragen zur verbindlichen Entscheidung zugewiesen sind (§§ 37 VI, VII, 38 II, 91, 109), im Hinblick auf das Einigungsstellenverfahren unzulässig ist, kann hier nicht näher erörtert werden, dürfte aber wohl aus Gründen der Gleichbehandlung der verbindlichen Einigungsstellenverfahren zu bejahen sein (so wohl auch Falkenberg, DB 1972, 777).

66 Dütz, AuR 1973, 368; Grunsky, AP Nr. 11 zu § 76, Bl. 4R.

67 s. dazu o. § 2 III. 2. b) bb) (1).

68 Ehmann, EzA Nr. 1 zu § 87 Bildschirmarbeitsplatz, S. 65.

verfahren" der gerichtlichen Überprüfung des Einigungsspruchs vor das Arbeitsgericht gelangte.

Entscheidet die Einigungsstelle Rechtsfragen (mit), erfüllt sie mithin die Funktion eines außergerichtlichen, in der Regel fakultativen, unechten Vorverfahrens.

6. Vergleichsfunktion

Da die Einigungsstelle zur Beilegung von Meinungsverschiedenheiten im Wege des Ausgleichs widerstreitender Interessen berufen ist (vgl. § 76 I 1, V 3), könnte ihr Vergleichsfunktion zukommen. Dies setzte voraus, daß der Spruch der Einigungsstelle einen Vergleich darstellte. Ein solcher ist gekennzeichnet als ein Vertrag, durch den der Streit oder die Ungewißheit der Parteien über ein Rechtsverhältnis im Wege gegenseitigen Nachgebens beseitigt wird (§ 779 I BGB). Wesentlich ist die „gütliche Beilegung" der Differenz, also die Übereinkunft der Parteien.[69]

Von einer gütlichen Einigung der Betriebspartner auf den Inhalt des Einigungsspruchs kann nicht gesprochen werden, wenn dieser im verbindlichen oder im freiwilligen Verfahren nach § 76 VI 2 1. Var. ergangen ist. Ein dem Wesen des Vergleichs entsprechender Konsens liegt lediglich im freiwilligen Einigungsstellenverfahren mit nachträglicher Annahme des Spruchs vor. In dieser Verfahrensvariante ist es aber nicht der Einigungsspruch, der die Übereinkunft bewirkt, sondern dessen nachträgliche Annahme durch Arbeitgeber und Betriebsrat. Der Spruch stellt lediglich einen Vergleichsvorschlag dar. Die Einigungsstelle erfüllt daher Vermittlungs-, nicht jedoch Vergleichsfunktion.

Ist sie rechtsschöpfend tätig, fehlt es im übrigen als Grundlage für den Vergleich an einer umstrittenen oder ungewissen Ausgangsrechtslage. Diese ist von der Einigungsstelle erst zu schaffen. Vergleichsfunktion erfüllt die Einigungsstelle nach alledem nicht.

7. Selbstbestimmungsfunktion

Daß die Einigungsstelle nicht unmittelbar die Funktion wahrnimmt, einen Beitrag zur Verwirklichung von Selbstbestimmung des Arbeitgebers oder der Arbeitnehmer zu leisten, liegt auf der Hand. Allenfalls mittelbar könnte sie der Selbstbestimmung dienen. Aufgrund ihrer Substitutionsfunktion erfüllt sie mittelbar dieselben Zwecke, die das Zusammenwirken der Betriebspartner im Rahmen der betrieblichen Mitwirkungsrechte selbst beherrschen. Allein durch ihre Existenz als Konfliktlösungsmittel dient sie der Absicherung der Mitbestimmungsrechte der Arbeitnehmerschaft und damit letztlich auch der *Absicherung der Mitbestimmungszwecke*. Die Einigungsstelle erfüllt daher mittelbar Selbstbestim-

---

[69] Vgl. Soergel-Lorentz, § 779, Rd.-Nr. 2, 12.

mungsfunktion — sofern die betriebliche Mitbestimmung ihrerseits der Selbstbestimmung dient.

Über die Zwecke der betrieblichen Mitbestimmung herrscht allerdings wenig Einigkeit: Als solche werden u. a. genannt die Ermöglichung einer herrschaftsfreien Ordnung der Arbeitsverhältnisse[70], die Verwirklichung einer Selbstbestimmungsordnung im Bereich der abhängigen Arbeit[71], die Teilhabe der Arbeitnehmer an Leitung und Gestaltung der Ordnung im Betrieb[72], die Vermittlung des Bewußtseins am Zustandekommen der Entscheidungen durch eigene Vertreter beteiligt zu sein als Teil der Freiheit der Arbeitnehmer[73], der Schutz und die Förderung des Wohls der einzelnen Arbeitnehmer[74] und der vorbeugende Schutz der Arbeitnehmer vor nicht ausreichender Berücksichtigung ihrer Interessen durch den Arbeitgeber[75]. Aus diesen Umschreibungen scheint der Selbstbestimmungsgedanke als Mitbestimmungszweck mehr oder weniger deutlich hervor, und sei es als Schutz der Arbeitnehmer vor übermäßiger Fremdbestimmung durch den Arbeitgeber.

Losgelöst von den Nuancierungen jener Umschreibungen wird man die Problematik des Erfordernisses und damit auch des Zweckes betrieblicher Mitbestimmung wie folgt umreißen können: Angesichts der Fremdbestimmtheit der Arbeitsleistung der weisungsunterworfenen Arbeitnehmer besteht die latente Gefahr, daß die Arbeitnehmer sich einem willkürlichen, schikanösen oder zumindest übermäßigen Gebrauch des Direktionsrechts oder einer nicht ausreichenden Berücksichtigung ihrer rechtlich anerkannten Interessen durch den Arbeitgeber gegenübersehen.[76] Dies könnte zu einer Herabwürdigung der Arbeitnehmer zu einem bloßen Produktionsfaktor und Objekt von Leitungs- und Kontrollmaßnahmen des Arbeitgebers führen.[77] Eine solche Stellung der Arbeitnehmer wäre mit einer Werteordnung nicht vereinbar, die den Schutz der Würde des Menschen (Art. 1 I GG) und die freie Entfaltung der Persönlichkeit jedes einzelnen (Art. 2 I GG) zu gewährleisten sucht. Die Werteordnung des Grundgesetzes fordert daher, nicht zuletzt als Ausfluß des Selbstbestimmungsprinzips, nach dem jeder einzelne seine Angelegenheiten rechtlich selbst und nach seinem Willen ordnen kann,[78] eine Beteiligung der Arbeitnehmer an den sie betreffenden Entscheidun-

---

70 Richardi, Kollektivgewalt und Individualwille, S. 124.

71 GK-Thiele, Einleitung, Rd.-Nr. 22; ähnlich Hueck / Nipperdey / Säcker, Lehrbuch des ArbR, Bd. II/2, S. 1063.

72 Jobs, AuR 1986, 148; Konzen, ZfA 1985, 469.

73 Seidel, MitbGespr. 1970, S. 163.

74 Zöllner, ArbR, S. 404.

75 Kreutz, Betriebsautonomie, S. 190.

76 Vgl. Kreutz, Betriebsautonomie, S. 189; Söllner, RdA 1968, 437 f.; BReg, Stellungnahme zum Bericht der Mitbestimmungskommission, RdA 1971, 36.

77 Vgl. Kreutz, Betriebsautonomie, S. 189; Söllner, RdA 1968, 437; Hueck / Nipperdey / Säcker, Lehrbuch des ArbR, Bd. II/2, S. 1063; GK-Thiele, Einleitung, Rd.-Nr. 20.

78 GK-Thiele, Einleitung, Rd.-Nr. 37.

gen des Arbeitgebers,[79] also Mitbestimmung. Demnach ließe sich festhalten, daß die betriebliche Mitbestimmung und damit mittelbar die Einigungsstelle u. a. auch der Selbstbestimmung der Arbeitnehmer dient.

Dieser Befund ist jedoch Bedenken ausgesetzt: Soweit der Spruch der Einigungsstelle den Charakter einer Betriebsvereinbarung besitzt, handelt es sich wie bei dieser um ein privatheteronomes Rechtsgeschäft, also um einen Akt der Fremdbestimmung, wie Kreutz[80] für die Betriebsvereinbarung überzeugend nachgewiesen hat. Betriebsvereinbarung wie Einigungsspruch kommen nämlich unabhängig vom Willen der regelungsunterworfenen Arbeitnehmer zustande und beanspruchen diesen gegenüber Geltung allein aufgrund ihrer Zugehörigkeit zum Betrieb und nicht aufgrund eines Willensaktes, wie etwa dem Beitritt zu dem vertragsschließenden Verband.[81] Es erscheint daher, als würde mit der Betriebsratsmitbestimmung lediglich eine Art der Fremdbestimmung, die durch den Arbeitgeber, gegen eine andere, die durch den Betriebsrat, ausgetauscht — ein Sachverhalt, der die Bezeichnung „Selbstbestimmung" wohl kaum verdienen dürfte. Diese Bedenken vermögen jedoch weder zu überzeugen noch die angesprochene Problematik zu erschöpfen. Hierzu ist folgendes anzumerken:

Erstens erweist sich das Festhalten am Prinzip uneingeschränkter Selbstbestimmung jedes einzelnen Arbeitnehmers in Fragen kollektiver Mitwirkung als wirklichkeitsfremd. Wenn man erkennt, daß dort, wo von einer zu regelnden Angelegenheit mehrere Arbeitnehmer betroffen sind, diese alle ein Selbstbestimmungsrecht hinsichtlich der zu treffenden Regelung besitzen, wird die Selbstbestimmung des einzelnen Arbeitnehmers zur „Mitbestimmung"[82]; der Arbeitnehmer hat keine Allein-, sondern neben anderen Kollegen nur eine Mitzuständigkeit für die Selbstbestimmung in der zu regelnden Angelegenheit.[83] Dann käme eine uneingeschränkte Wahrung des Selbstbestimmungsprinzips nur in Betracht, verlangte man die Zustimmung aller mitbetroffenen Arbeitnehmer zu der anstehenden Regelung. Da aber Einstimmigkeit kaum jemals erreicht werden kann, führte eine solche Voraussetzung zu untragbaren Ergebnissen, der nachhaltigen Blokkierung von Betriebsabläufen oder dem Leerlaufen der Mitwirkungsrechte der Arbeitnehmer.[84] Realisierbar ist daher in Angelegenheiten mit kollektivem Charakter von vornherein lediglich eine relative Selbstbestimmung der einzelnen Arbeitnehmer.

---

[79] Vgl. BReg, Stellungnahme zum Bericht der Mitbestimmungskommission, RdA 1971, 36.

[80] Kreutz, Betriebsautonomie, S. 99 ff., insbesondere S. 107 ff.; ebenso GK-Thiele, Einleitung, Rd.-Nr. 59; Dietz / Richardi, § 77, Rd.-Nr. 51.

[81] Vgl. Küttner / Schlüpers Oehmen / Rebel, DB 1985, 172; Konzen, ZfA 1985, 484 f.

[82] So zutreffend GK-Thiele, Einleitung, Rd.-Nr. 37.

[83] GK-Thiele, Einleitung, Rd.-Nr. 50.

[84] Letztere Folge käme in Betracht, wenn der Gesetzgeber, um die nachhaltige Blokkierung von Betriebsabläufen zu verhindern, die Zustimmung der Arbeitnehmerseite zu einer mitbestimmten Regelung fingierte, sofern nicht alle von der Regelung betroffenen Arbeitnehmer diese ablehnten.

Zweitens ist es erforderlich, folgendes Problem sachgerecht organisatorisch zu lösen: Die individuellen Bestrebungen einer in ihrer Zusammensetzung ständig wechselnden[85] Vielzahl von zur Selbstbestimmung mitzuständigen Personen sind zu dem einheitlichen Willen eines der beiden Pole der Betriebsverfassung zusammenzufassen, auf einen Nenner zu bringen, zu „objektivieren".[86] Zur Bewältigung dieses Problems ist die Einschaltung eines Repräsentativorgans für die Personenmehrheit eine sachgerechte organisatorische Gestaltungsform, insbesondere wenn — wie beim Betriebsrat — die Personenmehrheit ihre Repräsentanten frei wählen[87] und gegebenenfalls deren Ausschluß vom Amte beantragen[88] kann und diese der Wahrung der Interessen der von ihnen Repräsentierten verpflichtet sind.[89] Ob die Rechtsstellung des Betriebsrats dabei als die eines gesetzlichen Vertreters[90], eines Organs der Betriebsverfassung[91] oder eines Repräsentanten der Belegschaft[92,93] zu deuten ist,[94] besitzt für die Rechtsanwendung keinen Belang[95] und kann hier dahinstehen.[96] Jedenfalls erweist sich die Einschaltung der Fremdbestimmung der Arbeitnehmer durch den Betriebsrat zur Verwirklichung wenigstens relativer Selbstbestimmung der Arbeitnehmer als sachgerecht und damit als notwendig, um überhaupt eine Selbstbestimmung zu ermöglichen.

85 Maßgebend für den Kreis der den Betriebsvereinbarungsnormen unterworfenen Arbeitnehmer ist die jeweils aktuelle Zugehörigkeit zum Betrieb (Fitting / Auffarth / Kaiser / Heither, § 77, Rd.-Nr. 26; Galperin / Löwisch, § 77, Rd.-Nr. 30, 32, 34).

86 GK-Thiele, Einleitung, Rd.-Nr. 39.

87 Die freie Wahlentscheidung der Arbeitnehmer wird durch § 20 I, II gewährleistet (s. Dietz / Richardi, § 20, Rd.-Nr. 6 ff., 13).

88 § 23 I stellt dafür allerdings hohe Anforderungen (s. GK-Wiese, § 23, Rd.-Nr. 11 ff., 84 ff.).

89 GK-Thiele, Einleitung, Rd.-Nr. 42.

90 Hueck / Nipperdey, Lehrbuch des ArbR, Bd. II, 6. Aufl., S. 687; anders Hueck / Nipperdey / Säcker, Lehrbuch des ArbR, Bd. II/2, S. 1091; Hess / Schlochauer / Glaubitz, vor § 1, Rd.-Nr. 36: „gesetzlicher Vertreter sui generis".

91 BAG v. 19.7.1977, AP Nr. 1 zu § 77, Bl. 3; Galperin / Löwisch, vor § 1, Rd.-Nr. 19; Fitting / Auffarth / Kaiser / Heither, § 1, Rd.-Nr. 90, 92; GK-Thiele, Einleitung, Rd.-Nr. 83; Zöllner, ArbR, S. 418.

92 Dietz / Richardi, § 1, Rd.-Nr. 19; GK-Kraft, § 1, Rd.-Nr. 44; Fitting / Auffarth / Kaiser / Heither, § 1, Rd.-Nr. 88; Söllner, ArbR, S. 157; Biedenkopf, Tarifautonomie, S. 273.

93 Mit der Stellung des Betriebsrats als Repräsentant der Arbeitnehmerinteressen kaum vereinbar ist BAG v. 18.12.1984, ZiP 1985, 633 ff., 635. Dort heißt es im Hinblick auf einen Nachteilsausgleich i. S. v. § 113 III: „Jedenfalls den Arbeitnehmern gegenüber ist der Arbeitgeber verpflichtet, die Einigungssuche bis in die Einigungsstelle hinein fortzusetzen." Der Arbeitgeber wird auf diese Weise zu Wahrung der „wahren" Interessen der Belegschaft verpflichtet, die deren „Repräsentant", der Betriebsrat, nicht wahrnimmt; jedenfalls hat der Betriebsrat seine Möglichkeit, im Interesse der Arbeitnehmer die Einigungsstelle anzurufen (§ 112 II), nicht genutzt bzw. für fruchtlos erachtet.

94 Noch anders Kreutz, Betriebsautonomie, S. 164 f., der die Stellung des Betriebsrats als „eine Art Betriebsvormundschaft" umschreibt.

95 Zöllner, ArbR, S. 418; GK-Thiele, Einleitung, Rd.-Nr. 75; Hess / Schlochauer / Glaubitz, vor § 1, Rd.-Nr. 37; Kreutz, Betriebsautonomie, S. 157 f., Fn. 22 a. E.

96 Zur Diskussion um die Rechtsnatur des Betriebsrats s. den Überblick bei GK-Kraft, § 1, Rd.-Nr. 40 ff.

Drittens ist dem Umstand Rechnung zu tragen, daß der Arbeitnehmer bei der Bestimmung der Arbeitsvertragsbedingungen „in Folge der typischen sozialen Überlegenheit des Arbeitgebers nicht die gleiche Chance zur Verwirklichung seiner Selbstbestimmung hat wie dieser“[97]. Es fehlt dem Arbeitnehmer die Vertragsparität als Voraussetzung dafür, daß er seine Interessen im Arbeitsvertrag in freier Selbstbestimmung angemessen zur Geltung bringen kann.[98] Zur Herstellung einer entsprechenden Handlungsfähigkeit gegenüber dem Arbeitgeber ist die Einschaltung eines Organs auf Arbeitnehmerseite erforderlich, das sich der Sache der Arbeitnehmer annimmt und deren Beschränkungen in der Handlungsfreiheit nicht unterliegt.[99] Ein solches Organ ist der dem Arbeitgeber vom Gesetz als gleichwertig gegenübergestellte Betriebsrat. Dessen Einschaltung ist mithin sachlich geboten. Die damit verbundene Fremdbestimmung der Arbeitnehmer ist zur Vermeidung noch stärkerer Fremdbestimmung durch den Arbeitgeber in Kauf zu nehmen.[100]

Dies fällt um so leichter, als im Verhältnis von Betriebsvereinbarung bzw. Einigungsspruch zu einer Individualabrede das Günstigkeitsprinzip Anwendung findet.[101] Verfügt ein einzelner Arbeitnehmer im Gegensatz zu der Ausgangsthese über eine gleiche oder stärkere Verhandlungsposition als der Arbeitgeber, so kann er diese Position mit einer günstigeren Individualvereinbarung[102] zur Geltung bringen. Gelingt ihm dies nicht, ist er mit dem von den Betriebspartnern gefundenen Regelungsgehalt einverstanden und sei es nur in dem Sinne des Eingeständnisses, daß er selbst eine bessere Regelung als die der Betriebspartner gegenüber dem Arbeitgeber nicht erzielt hätte — dann ist aber sein Selbstbestimmungsrecht durch die Betriebsvereinbarungsnormen nicht verletzt.[103]

Aus alledem wird deutlich, daß die mit der Einschaltung des Betriebsrats als Sachwalter der Arbeitnehmerinteressen verbundene Fremdbestimmung sachgerecht und erforderlich ist und typischerweise ein Mehr an Verwirklichung des Willens des einzelnen Arbeitnehmers gewährleistet als eine einzelarbeitsvertragli-

---

97 GK-Thiele, Einleitung, Rd.-Nr. 56; vgl. auch Gamillscheg, Grundrechte, S. 28 ff.

98 Kreutz, Betriebsautonomie, S. 247.

99 Zur sog. Sachwalter-Konzeption GK-Thiele, Einleitung, Rd.-Nr. 56 ff.; ders., 3. Bearbeitung, § 77, Rd.-Nr. 40 ff.; Kreutz, Betriebsautonomie, S. 156 ff.

100 Vgl. Kreutz, Betriebsautonomie, S. 244.

101 BAG (GrS) v. 16.9.1986, NZA 1987, 168 ff., 171 ff.; BAG v. 18.8.1987, BB 1987, 2161; Dietz / Richardi, § 77, Rd.-Nr. 98; a. A. Hess / Schlochauer / Glaubitz, § 77, Rd.-Nr. 51 m. w. N.

102 Da es hier um die Selbstbestimmung des einzelnen Arbeitnehmers geht, kommen lediglich Einzelabreden in Betracht. Besonderheiten der Geltung des Günstigkeitsprinzips bei arbeitsvertraglichen Regelungen mit kollektivem Bezug können unberücksichtigt bleiben (s. dazu BAG (GrS) v. 16.9.1986, NZA 1987, 168 ff.).

103 Beeinträchtigt wäre allenfalls das Recht des Arbeitnehmers, eine gegenüber dem Arbeitgeber schwächere Vertragsposition auch mittels einer im Vergleich zur Betriebsvereinbarung ungünstigeren Regelung zur Geltung zu bringen. Der Wunsch nach solcher Freiheit dürfte wohl zu vernachlässigen sein.

che Regelung mit dem Arbeitgeber oder dessen Alleinentscheidung. Die heteronome Gestaltung der Arbeitsbedingungen bedeutet daher für den einzelnen Arbeitnehmer letztlich einen Gewinn an Selbstbestimmung. Dient sonach die betriebliche Mitbestimmung der (relativen) Selbstbestimmung der Arbeitnehmer, so gilt gleiches mittelbar für die Einigungsstelle.

Daß deren Entscheidungen dem Willen des einzelnen Arbeitnehmers näher kommen als eine Fremdbestimmung durch den Arbeitgeber allein wird zweifach gewährleistet: Zum einen durch die paritätische Besetzung der Einigungsstelle mit Beisitzern, von denen die Hälfte das Vertrauen des Betriebsrats genießen, der seinerseits die Interessen der Arbeitnehmer zu wahren hat; zum anderen durch die Bindung der Einigungsstelle an die angemessene Berücksichtigung der Belange der Arbeitnehmer (§ 76 V 3).

Die Einigungsstelle erfüllt daher (mittelbar) die Funktion relativer Selbstbestimmung der Arbeitnehmer.

8. Demokratiefunktion

Demokratiefunktion könnte der Einigungsstelle in zweierlei Hinsicht zukommen.

Zum einen könnte die Einigungsstelle, ebenso wie sie mittelbar die Selbstbestimmungsfunktion der betrieblichen Mitbestimmung wahrnimmt, mittelbar deren Demokratiefunktion erfüllen. Den Gedanken der betrieblichen Demokratie hält immerhin Nipperdey [104] für ein leitendes Prinzip der Betriebsverfassung. Er versteht darunter jedoch nicht eine Demokratie i. S. v. Art. 20 GG, sondern die Beschränkung der „ursprünglich monokratischen Herrschaftsgewalt des Arbeitgebers durch Beteiligung der Arbeitnehmer an seinen Entscheidungen“. [105] Auf seinen Kern zurückgeführt meint Nipperdey nichts anderes als das soeben erörterte Prinzip der Teilhabe und Selbstbestimmung der Arbeitnehmer. Diesem gegenüber weist das Demokratieprinzip im Sinne Nipperdeys keinen eigenständigen zusätzlichen Inhalt auf, sondern stellt lediglich eine „unscharfe und unzweckmäßige“ [106] Bezeichnung desselben dar. Demokratiefunktion ist daher weder der betrieblichen Mitbestimmung unmittelbar noch mittelbar der Einigungsstelle zuzusprechen.

Zum zweiten könnte die Einigungsstelle mittelbar der Verwirklichung der Demokratie im verfassungsrechtlichen Sinne dienen. Auszugehen ist dabei mit Rüthers [107] von der Feststellung, daß der Mensch am Arbeitsplatz, wo er etwa die Hälfte seiner bewußten Lebenszeit verbringt, geprägt wird. Dementsprechend

---

104 Hueck / Nipperdey / Säcker, Lehrbuch des ArbR, Bd. II/2, S. 1063.

105 Hueck / Nipperdey / Säcker, Lehrbuch des ArbR, Bd. II/2, S. 1063.

106 GK-Thiele, Einleitung, Rd.-Nr. 21.

107 In: Rüthers / Hacker, BetrVG auf dem Prüfstand, S. 10.

wird der Inhalt dessen, was für den Arbeitnehmer sozialer Rechtsstaat, freiheitliche Ordnung, Demokratie etc. bedeuten, mitgeprägt von den Arbeitsbedingungen an seiner Arbeitsstätte, und damit auch von der Art und Weise der Verwirklichung des BetrVG.[108] Der Umgang der Einigungsstelle mit den ihr vorgelegten Meinungsverschiedenheiten hat daher auch Auswirkungen auf das Bewußtsein der Arbeitnehmer, wie Interessengegensätze in einem demokratischen Staat ausgetragen werden, und damit letztlich auf deren Bewußtsein von realer Demokratie schlechthin. Die Einigungsstelle steht daher mittelbar im Dienst der Demokratie i. S. d. Grundgesetzes. Der Zusammenhang zwischen ihrer Tätigkeit und dem Demokratieprinzip ist jedoch allzu vage und entfernt, als daß von einer Funktion im Sinne einer zielgerichtet zu erfüllenden Aufgabe der Einigungsstelle gesprochen werden kann. Demokratiefunktion kann der Einigungsstelle nach alledem nicht zugesprochen werden.

III. Ergebnisse

Der Einigungsstelle kommen von Rechts wegen im wesentlichen folgende Funktionen zu: Hilfs-, Vermittlungs-, Substitutions-, Konfliktlösungs- und Schlichtungsfunktion. Daneben erfüllt sie eine Friedens-, Rechtsetzungs-, Vorverfahrens- und mittelbar auch Selbstbestimmungsfunktion.

§ 5 Einigungsstelle und Kooperation der Betriebspartner — die betriebspolitischen Funktionen der Einigungsstelle

Schon die bloße Möglichkeit, die Einigungsstelle anzurufen, zeitigt konfliktbereinigende Wirkung, und zwar auf der Ebene der Kooperation der Betriebspartner im Vorfeld eines möglichen Einigungsstellenverfahrens. Dies wird aus dem Befund der empirischen Untersuchungen deutlich, daß im Widerspruch zu der zentralen Stellung und Ausweitung der Zuständigkeitsbereiche der Einigungsstelle im BetrVG 1972 die Anzahl durchgeführter Einigungsstellenverfahren insgesamt gering ist.[1] Mit den Einflüssen der Einigungsstelle auf die Kooperationsebene der Betriebspartner sind zugleich die unterschiedlichen betriebspolitischen Funktionstypen der Einigungsstelle angesprochen.[2] Diese Funktionen werden nicht von der Einigungsstelle zielgerichtet erfüllt, sondern greifen Platz bei der

---

[108] Rüthers, in: Rüthers / Hacker, BetrVG auf dem Prüfstand, S. 10 f.

[1] Vgl. o. § 3 I.

[2] Zu diesen näher Knuth / Büttner / Schank, Zustandekommen und Analyse von Betriebsvereinbarungen und praktische Erfahrungen mit Einigungsstellen, S. 322 ff.; Knuth / Schank, Die Einigungsstelle: Grenzbereich von Kooperation und Konflikt in der betrieblichen Mitbestimmung, in: Nutzinger, Mitbestimmung und Arbeiterselbstverwaltung, S. 383 ff.

Entscheidung der Betriebspartner über den Einsatz bzw. Nichteinsatz des Konfliktlösungsinstrumentes Einigungsstelle zur Beilegung einer Meinungsverschiedenheit. Sie beschreiben Einflüsse der Einigungsstelle auf die Kooperation der Betriebspartner und damit Aspekte der Atmosphäre, in der die Einigungsstelle ihre *gesetzlichen* Aufgaben zu erfüllen hat.

I. Drohung mit der Einigungsstelle

Ein wesentlicher Einfluß auf die Kooperation der Betriebspartner wird der sog. „Drohung mit der Einigungsstelle" zugesprochen. Eine solche Drohung setzt zunächst voraus, daß der sie einsetzende Betriebspartner die Einigungsstelle einseitig anrufen kann. Ist das der Fall, schwebt die Möglichkeit der Anrufung der Einigungsstelle gleichsam als Damoklesschwert über den Einigungsbemühungen der Betriebspartner, auch wenn sie nicht ausdrücklich angesprochen wird.[3] Ziel des Hinweises, „notfalls" die Einigungsstelle anzurufen, ist es, die Kompromißbereitschaft des anderen Betriebspartners zu verstärken, ihm größere Zugeständnisse abzuringen. Als Gründe für den Wunsch von Arbeitgeber oder Betriebsrat, ein Einigungsstellenverfahren zu vermeiden, kommen in Betracht:

1. Ungewißheit hinsichtlich des Ergebnisses des Einigungsspruches

Die Ungewißheit darüber, wie die Einigungsstelle entscheiden wird, veranlaßt die Betriebspartner, so wird vermutet, zu einem vorsichtigen Umgang mit dem Instrument des verbindlichen Einigungsstellenverfahrens.[4] Sowohl der Arbeitgeber als auch der Betriebsrat begeben sich ungern in die Hand einer Einrichtung, auf deren Entscheidung sie keinen gesicherten Einfluß haben. Die damit verbundene Furcht, mit einer wenig sachgerechten und nur bedingt praktikablen Regelung überzogen zu werden, ist nicht zu unterschätzen. Für den Arbeitgeber kommt hinzu, daß er einen allzu starken Einblick Betriebsfremder in das Unternehmen befürchtet.

Die Drohung mit der Unwägbarkeit scheint wirksam zu sein, obwohl dieser Umstand beide Betriebspartner gleichermaßen betrifft. Dies dürfte darin begründet liegen, daß derjenige Betriebspartner, der sich zur Drohung mit der Einigungsstelle entschließt, davon ausgeht, ein Spruch der Einigungsstelle könnte für ihn nicht ungünstiger ausfallen als das vorliegende Verhandlungsangebot der anderen Seite.

Die Berechtigung solcher Furcht vor dem Einigungsspruch läßt sich aus den empirischen Befunden allerdings nicht ableiten. Die relativ selten angestrengten

---

[3] Moll, Entgelt, S. 208.

[4] Moll, Entgelt, S. 208; Reuter, SAE 1976, 16.

Verfahren zur gerichtlichen Überprüfung von Einigungssprüchen[5] deuten darauf hin, daß die Betriebspartner die von der Einigungsstelle getroffenen Regelungen regelmäßig sachgerecht praktizieren können.[6] Ferner spricht der Befund, daß die Arbeitsgerichte an den von ihnen überprüften Einigungssprüchen die Ermessensbetätigung der Einigungsstelle weitgehend unbeanstandet gelassen haben[7], allenfalls für eine sachgerechte Tätigkeit der Einigungsstelle, jedenfalls nicht dagegen.

Man mag daher mit Blick auf die rechtstatsächlichen Befunde die Wirkungskraft der Drohung mit der Ungewißheit der Ergebnisse des Einigungsspruches in Zweifel ziehen. Gleichwohl bleibt die Wirksamkeit dieser Drohung unter folgendem Gesichtspunkt ungebrochen: Die Einschaltung der Einigungsstelle bedeutet für beide Betriebspartner einen Verlust ihrer originären Entscheidungsmacht. Mag diese Entscheidungsmacht auch nur zusammen mit dem anderen Betriebspartner nutzbar sein, so können doch beide Teile in der Sache wenigstens mitbestimmen, während sie dem Spruch der Einigungsstelle möglicherweise machtlos gegenüberstehen.

Die Unwägbarkeit des Inhaltes des Einigungsspruchs ist daher ein durchaus zu beachtender Beweggrund für die Betriebspartner, eine Einschaltung der Einigungsstelle zur Beilegung einer Meinungsverschiedenheit zu vermeiden.

2. Kosten- und Zeitdruck auf den Arbeitgeber

Eine noch stärkere Veranlassung, die Einschaltung der Einigungsstelle zu vermeiden, geben die anfallenden Kosten des Einigungsstellenverfahrens.[8] Eine auf diesem Motiv basierende „Drohung mit der Einigungsstelle" richtet sich gegen denjenigen, der mit diesen Kosten belastet wäre, also gegen den Arbeitgeber (§ 76a). Dieser trägt stets in voller Höhe die Einigungsstellenkosten, auch wenn deren Anrufung notwendig ist, um völlig unberechtigte Forderungen des Betriebsrats abzuwehren. Hinzu kommt der mit der Durchführung eines Einigungsstellenverfahrens verbundene zeitliche Aufwand. Schon die vorübergehende Verhinderung von Entscheidungen kann je nach Wettbewerbssituation und Fallgestaltung zu erheblichen Nachteilen für den Arbeitgeber führen, so daß dieser unter Zeitdruck gerät.

Damit trifft der Betriebsrat naturgemäß den Nerv des auf Gewinnerzielung ausgerichteten Unternehmers. Der Arbeitgeber wird noch in der Kooperationsphase zu einer Kosten-Nutzen- Rechnung gezwungen. Er hat den mit möglicherweise beträchtlichen Verfahrens- und Verzögerungskosten verbundenen Nutzen eines unsicheren Erfolges vor der Einigungsstelle abzuwägen gegen den Preis der

[5] Vgl. o. § 3 V., VI.

[6] Schank, SaarlArbeitnehmer 1981, S. 312 mit Fn. 34.

[7] Vgl. o. § 3 VI.

[8] Eich, DB 1985, 1997 f.; Nipperdey, DB 1982, 1321; Bengelsdorf, NZA 1989, 494 mit Fn. 94; v. Hoyningen-Huene, NZA 1987, 581.

Erfüllung der Betriebsratsforderungen. Diese Abwägung wird regelmäßig zu einem Nachgeben des Arbeitgebers führen, das über ein ursprünglich als verhandelbar angesehenes Maß hinausreicht. Dem Arbeitgeber wird die Verfolgung seiner legitimen Interessen durch die Pflicht zur Tragung des damit verbundenen Kosten- und Zeitaufwandes erschwert.[9] Daraus ergibt sich ein latentes Ungleichgewicht in der Verhandlungsphase zu Lasten des Arbeitgebers.[10]

Ob dieses Übergewicht des Betriebsrats das Grundrecht des Arbeitgebers auf unternehmerische Freiheit (Art. 2 I GG) verletzt,[11] mag hier dahinstehen. Als rechtstatsächlicher Befund sollte es nicht unberücksichtigt bleiben, zumal die Kosten der Einigungsstelle nach Hexel[12] als „Hebel" benutzt werden sollten, damit manches Management schneller lerne, die berechtigten Forderungen der Arbeitnehmer rechtzeitig und umfassend zu berücksichtigen.

Kosten- und Zeitdruck bedeuten nach alledem starke Beweggründe für den Arbeitgeber, eine Einschaltung der Einigungsstelle zu vermeiden. Dementsprechend wirksam ist die Drohung des Betriebsrats, die Einigungsstelle anzurufen, sollte eine Einigung im Verhandlungswege scheitern.

3. Imageverlust der Betriebspartner

Als weiterer Grund für die Wirksamkeit der Drohung mit der Einigungsstelle ist der Imageverlust zu nennen, den sowohl Arbeitgeber als auch der Betriebsrat befürchten müßten, wenn sie trotz des Gebotes zu vertrauensvoller Zusammenarbeit (§ 2 I) mit der Einschaltung der Einigungsstelle offen eingestehen müßten, zu einer innerbetrieblichen Beilegung der Meinungsverschiedenheit nicht in der Lage zu sein. Eine solche Motivationslage ist als ein Faktor für die Seltenheit von Einigungsstellenverfahren z. T. anerkannt[13], ihre Auswirkungen auf die Zugeständnisbereitschaft von Arbeitgeber oder Betriebsrat in der Kooperationsphase sind jedoch allenfalls im Einzelfall einmal feststellbar.

Die „Drohung mit der Einigungsstelle" hat mithin einen nicht zu unterschätzenden Einfluß auf die Verhandlungen der Betriebspartner. Angesichts eines möglichen Imageverlustes oder der Unwägbarkeit des Entscheidungsergebnisses können sowohl Arbeitgeber als auch Betriebsrat zu einer größeren Kompromißbereitschaft bewegt werden. Noch stärkere Zugeständnisbereitschaft vermag der Betriebsrat dem Arbeitgeber im Hinblick auf dessen Pflicht zur Tragung jedweder Einigungsstellenkosten zu vermitteln.

---

9 Nipperdey, DB 1982, 1321; Bengelsdorf, NZA 1989, 494 mit Fn. 94.

10 Das BAG (v. 6.4.1973, AP Nr. 1 zu § 76, Bl. 4R, 5V) argumentiert sogar, der Arbeitgeber habe die Möglichkeit besessen, den Anfall von Honorarkosten für die Einigungsstelle durch eine Einigung mit dem Betriebsrat zu vermeiden.

11 So Nipperdey, DB 1982, 1321; verneinend BVerfG v. 18.10.1987, DB 1987, 2361.

12 Hexel, BetrR 1980, 494.

13 Schank, SaarlArbeitnehmer 1981, S. 312, 318 f.

II. Abwälzung der Entscheidungsverantwortung

Von unschätzbarer Bedeutung für die Verhandlungen der Betriebspartner ist die Einigungsstelle insofern, als auf sie die Verantwortung für Entscheidungen in Mitbestimmungsangelegenheiten abgewälzt werden kann. Dies liegt besonders nahe, wenn schwierige und unpopuläre Maßnahmen zu treffen sind. Dann kann es möglicherweise dem Interesse eines oder beider Betriebspartner entsprechen, die Verhandlungen nicht mit aller Konsequenz zu einem Ergebnis zu führen, das zwar unter den gegebenen Bedingungen möglich wäre, von dem mindestens eine Seite jedoch meint, es nach außen nicht vertreten zu können.[14] Es geht also bei der Anrufung der Einigungsstelle weniger um die umstrittene Sache selbst als um „Gesichtswahrung". Der Betriebsrat etwa, der gegenüber der Belegschaft unrealistische Versprechungen abgegeben hat oder von der Gewerkschaft zur Klärung einer „Grundsatzfrage" aufgerufen worden ist[15] oder die Geschäftsleitung, die gegenüber der Unternehmensspitze nur einen begrenzten Handlungsspielraum besitzt, scheuen die offene Übereinkunft und flüchten sich in den verobjektivierten Beschluß der Einigungsstelle. Arbeitgeber und Betriebsrat verbleibt so die Möglichkeit, „Seit' an Seit'" mit der Belegschaft bzw. Unternehmensleitung den Inhalt des Einigungsspruchs zu beklagen.

Eine solche Einschaltung der „Einigungsstelle als Alibi" widerspricht zwar § 76 I 1, nach dem die Einigungsstelle nur „bei Bedarf" angerufen werden kann; ein solcher besteht nicht tatsächlich, da die Betriebspartner entgegen dem äußeren Anschein eine Übereinkunft selbst noch erreichen könnten. Die Tatsache, daß die Selbsthilfekräfte der Betriebspartner objektiv (noch) nicht versagen, wird jedoch von der Seite, die ihre Entscheidungsmitverantwortung auf die Einigungsstelle abwälzen will, konsequent verdeckt gehalten, so daß deren mißbräuchliche Anrufung in der Praxis nicht feststellbar ist und damit die Wirksamkeit des Einigungsspruchs letztlich unberührt bleibt. Dementsprechend bestehen über Häufigkeit und Relevanz des Einsatzes der Einigungsstelle zu Alibi-Zwecken kaum rechtstatsächliche Erkenntnisse.[16] Sicher ist nur, daß die Betriebspartner aus betriebspolitischen Gründen bisweilen der Neigung nicht widerstehen können, die Verantwortung für eine Sachentscheidung auf die Einigungsstelle abzuwälzen.

Die Einschaltung der Einigungsstelle als Alibi bewirkt auf der Ebene der Kooperation der Betriebspartner, daß eine noch mögliche Übereinkunft unterbleibt. Die Existenz der Einigungsstelle wirkt insofern konfliktmanifestierend.[17]

---

14 Knuth / Schank, MitbGespr. 1981, S. 294; Erdmann, BlStSozArbR 1971, 243 f.; Schlochauer (in: Rüthers / Hacker, BetrVG auf dem Prüfstand, S. 100) spricht sogar „überspitzt" von einem „psychologischen Zwang zur Anrufung der Einigungsstelle".

15 Vgl. Knuth / Schank, MitbGespr. 1981, S. 294; Schlochauer, in: Rüthers / Hacker, BetrVG auf dem Prüfstand, S. 100.

16 Knuth / Büttner / Schank (Zustandekommen und Analyse von Betriebsvereinbarungen und praktische Erfahrungen mit Einigungsstellen, S. 332 f.) haben 7 von 19 rekonstruierten Einigungsstellenverfahren als Alibiverfahren klassifiziert.

III. Einigungsstellenverfahren als Machtprobe

Nach Knuth / Schank[18] erfüllt die Einschaltung der Einigungsstelle bisweilen die betriebspolitische Funktion der „Machtprobe". Diese Funktion wird relevant, wenn sich zwischen Arbeitgeber und Betriebsrat noch kein Modus der Kooperation und gleichberechtigten Teilhabe in Mitbestimmungsfragen eingespielt hat.

Daran kann es etwa mangeln, weil noch nicht entschieden ist, wie frühzeitig Arbeitgeber bzw. Betriebsrat gegenüber einer konsequenten Interessenwahrnehmung der anderen Seite einzulenken bereit sind, oder weil der Arbeitgeber, mag er auch die Mitwirkungsrechte des Betriebsrats formal anerkennen, es subjektiv als illegitim empfindet und nach Kräften zu verhindern sucht, daß der Betriebsrat tatsächlich Einfluß auf das betriebliche Geschehen nimmt. Wird in einem solchen Fall die Einigungsstelle zum Zwecke der Machtprobe angerufen, geht es weniger um die Meinungsverschiedenheit in dem konkreten Anlaßfall als darum, eine Partizipations- und Kooperationsstruktur zwischen den Betriebspartnern zu finden.

Daraus wird bereits deutlich, daß die Entstehung einer Machtprobe nicht erst durch die Existenz der Einigungsstelle geschaffen wird, sondern auf der defizitären Kooperationsstruktur der Betriebspartner beruht. Mit der Einigungsstelle wird den Betriebspartnern lediglich eine weitere Möglichkeit zur Austragung ihrer Machtprobe an die Hand gegeben. Ohne Einigungsstelle entfiele weder die Machtprobe noch stünde es um die Kooperationsstruktur zwischen Arbeitgeber und Betriebsrat besser. Der Konflikt wird daher insofern durch die Existenz der Einigungsstelle weder bereinigt noch verstärkt.

IV. Zur praktischen Relevanz der gesetzesfremden betriebspolitischen Funktionen der Einigungsstelle

Bei der Untersuchung betriebspolitischer Funktionen von Einigungsstellen sind Knuth / Schank[19] zu dem Ergebnis gelangt, die Mehrzahl der durchgeführten Einigungsstellenverfahren erhalte eine betriebspolitische Funktion, die im Modell der Betriebsverfassung nicht vorgesehen sei.

Sie folgern dies aus der paradoxen Stellung der Einigungsstelle im realen betrieblichen Machtgefüge, mit der zugleich die Seltenheit von Einigungsstellen-

---

17 Von dieser betriebspolitischen Zwecksetzung bleibt die rechtliche Funktion der Einigungsstelle als Konfliktlösungsinstrument (dazu o. § 4 I. 1.) unberührt.

18 Knuth / Schank, Die Einigungsstelle: Grenzbereich von Kooperation und Konflikt in der betrieblichen Mitbestimmung, in: Nutzinger, Mitbestimmung und Arbeiterselbstverwaltung, S. 385 ff.; dies., MitbGespr. 1981, S. 294.

19 Knuth / Schank, Die Einigungsstelle: Grenzbereich von Kooperation und Konflikt in der betrieblichen Mitbestimmung, in: Nutzinger, Mitbestimmung und Arbeiterselbstverwaltung, S. 375 ff., 398.

verfahren erklärt werden könne. So glaube der Betriebsrat, dessen Partizipation defizitär sei, etwa weil er von der Geschäftsleitung ignoriert oder isoliert wird, der also die Zuhilfenahme der Einigungsstelle zur Durchsetzung der Arbeitnehmerinteressen bedürfte, sich die Einschaltung der Einigungsstelle „nicht leisten" zu können; andererseits habe der als Teilhaber am betrieblichen Geschehen respektierte Betriebsrat deren Anrufung nur in Ausnahmefällen nötig. Die Einigungsstelle werde daher überwiegend von solchen Betriebsräten angerufen, die sich ihren Einfluß auf das Betriebsgeschehen erst durch die Veranstaltung von Machtproben erkämpfen müßten, oder solchen, die sich zwar mit ihrer Stellung zwischen Belegschaft und Geschäftsleitung abgefunden hätten, aber „hin und wieder zur Einigungsstelle als Alibi Zuflucht nehmen müssen"[20].

In der realen Betriebspolitik würden Einigungsstellen daher häufiger zu Alibi- und Machtprobe-Zwecken eingesetzt[21] als zu dem ihnen vom BetrVG zugedachten Zweck der einzelfall- und sachbezogenen Konfliktlösung.

---

[20] Knuth / Schank, Die Einigungsstelle: Grenzbereich von Kooperation und Konflikt in der betrieblichen Mitbestimmung, in: Nutzinger, Mitbestimmung und Arbeiterselbstverwaltung, S. 398.

[21] Knuth / Büttner / Schank (Zustandekommen und Analyse von Betriebsvereinbarungen und praktische Erfahrungen mit Einigungsstellen, S. 332 f.) haben 17 von 19 rekonstruierten Einigungsstellenverfahren als „sachfremd" bewertet.

3. Teil

Schranken des Ermessens der Einigungsstelle

Im 3. Teil der vorliegenden Arbeit sollen die Schranken des Ermessens aufgezeigt werden. Die „Schranken" bezeichnen nach allgemeinem Sprachgebrauch eine Raumbegrenzung. Sie bilden den Rahmen für einen Freiraum. In unserem Fall zeigen die Schranken des Ermessens auf, welche Begrenzungen dem Spielraum der Ermessensbetätigung gegeben sind. Entsprechend der geläufigen Einteilung in Außen- und Innenschranken der Regelungsmacht der Betriebspartner[1] bzw. der Einigungsstelle[2] sollen innere und äußere Schranken des Ermessens gesondert erörtert werden.

Dabei trennen die *äußeren Schranken* den Sektor der Ermessensbetätigung von dem ihr vorenthaltenen Bereich. Sie beschreiben negativ das Gebiet inhaltlicher Entscheidungen, auf dem der Einigungsstelle die Betätigung von Ermessen von vornherein verschlossen ist.

Demgegenüber gewähren die *inneren Ermessensschranken* eine positive Beschreibung der Elemente des Wie der Ermessensbetätigung. Sie bilden innerhalb des dem Ermessen offenstehenden Bereichs Leitlinien und damit letztlich auch Begrenzungen für die Ermessensausübung.

Als typische Beispiele kommen für eine „innere Schranke" das Gebot der angemessenen Berücksichtigung der Belange des Betriebes und der betroffenen Arbeitnehmer (§ 76 V 3)[3] und für eine „äußere Schranke" die Bindung an zwingendes Gesetzesrecht[4] in Betracht.

Zur Klarstellung sei darauf hingewiesen, daß die Unterscheidung von äußeren und inneren Schranken des Einigungsstellenermessens nicht bedeutet, daß ein relevanter Belang bzw. die diesen schützende Norm nur entweder der einen oder der anderen Schrankenart zuzuordnen ist. Vielmehr kann dasselbe Interesse, dieselbe Norm, bei beiden Schrankenarten zum Zuge kommen — wobei für den Fall ihrer Mißachtung möglicherweise ein unterschiedlicher Rechtsschutz gewährt wird.[5] So könnte der Einigungsstelle in Anbetracht der wirtschaftlichen

1 GK-Thiele, 3. Bearbeitung, § 77, Rd.-Nr. 55 ff.

2 GK-Thiele, 3. Bearbeitung, § 76, Rd.-Nr. 88 ff.

3 GK-Kreutz, § 76, Rd.-Nr. 98.

4 GK-Kreutz, § 76, Rd.-Nr. 96. Eine abweichende Einteilung der Außen- und Innenschranken findet sich bei Ehmann (NZA 1986, 658), der einen Teil der äußeren Schranken nach hiesiger Terminologie (s. unten § 6 III. 2.) als „Innenschranken" ansieht.

5 Dazu unten § 8 II.

Betätigungsfreiheit (Art. 2 I GG) des Arbeitgebers eine Entscheidung von vornherein verwehrt sein, Art. 2 I GG also eine äußere Schranke für die Ermessensbetätigung der Einigungsstelle bilden; läge ein Verstoß gegen Art. 2 I GG jedoch nicht vor, wäre das durch ihn geschützte Interesse des Arbeitgebers ungeschmälert im Rahmen der inneren Schranke des § 76 V 3 als Belang des Betriebes angemessen zu berücksichtigen.

§ 6 Äußere Schranken des Ermessens der Einigungsstelle

Als Begrenzungen des größeren Spielraumes, der den von den inneren Schranken umgrenzten Bereich miteinschließt, sind die äußeren vor den inneren Schranken zu erörtern.

I. Meinungsstand

Als äußere Schranken im Sinne der hiesigen Terminologie werden in Literatur und Rechtsprechung genannt:

— die Zuständigkeit der Einigungsstelle,[6]

— gesetzliche Bestimmungen,[7]

— tarifvertragliche Regelungen,[8]

— gültige Betriebsvereinbarungen[9] in der betreffenden Angelegenheit,

— sowie die Grundrechte.[10]

Daß die Einigungsstelle bei ihrem Spruch die genannten Grenzen zu beachten hat, entsprach schon der zum BetrVG 1952 überwiegend vertretenen Auffassung[11] und kann heute als gefestigt gelten.[12]

---

[6] BAG v. 8.3.1977, AP Nr. 1 zu § 87 Auszahlung, Bl. 2; BAG v. 28.7.1981, AP Nr. 2 zu § 87 Urlaub, Bl. 2R, 3V; Fitting / Auffarth / Kaiser / Heither, § 76, Rd.-Nr. 33c; Richardi, EzA Nr. 13 zu § 87 Arbeitszeit, S. 102k; GK-Kreutz, § 76, Rd.-Nr. 120.

[7] BAG v. 11.3.1976, AP Nr. 1 zu § 95, Bl. 2R; BAG v. 31.8.1982, AP Nr. 8 zu § 87 Arbeitszeit, Bl. 2R; Auffarth, AuR 1972, 42; Dietz / Richardi, § 76, Rd.-Nr. 103; Fitting / Auffarth / Kaiser / Heither, § 76, Rd.-Nr. 33c; GK-Kreutz, § 76, Rd.-Nr. 120; Pünnel, Einigungsstelle, Rd.-Nr. 141.

[8] BAG v. 31.8.1982, AP Nr. 8 zu § 87 Arbeitszeit, Bl. 2R; BAG v. 28.2.1984, AP Nr. 4 zu § 87 Tarifvorrang, Bl. 2 ff.; Fitting / Auffarth / Kaiser / Heither, § 76, Rd.-Nr. 33c; GK-Kreutz, § 76, Rd.-Nr. 120; Pünnel, Einigungsstelle, Rd.-Nr. 141.

[9] BAG v. 24.3.1981, AP Nr. 12 zu § 112, Bl. 3; Fitting / Auffarth / Kaiser / Heither, § 76, Rd.-Nr. 33c; Pünnel, Einigungsstelle, Rd.-Nr. 141; Söllner, ZfA 1982, 11.

[10] BAG v. 16.12.1986, NZA 1987, 569; Beuthien, SAE 1984, 194; Ehmann, SAE 1986, 258; Moll, Entgelt, S. 214, 227; Scholz, NJW 1986, 1590; Stege / Weinspach, § 76, Rd.-Nr. 22.

[11] BAG v. 7.12.1962, BAGE 13, 345 ff.; Dietz, BetrVG, 4. Aufl.(1967), § 50, Rd.-Nr. 36; Galperin / Siebert, BetrVG, 4. Aufl.(1963), § 50, Rd.-Nr. 12b; Hiersemann, BB 1965, 1277 f.

II. Herleitung der äußeren Schranken

Es fällt auf, daß eine Begründung für die soeben genannte Rechtsauffassung fast ausnahmslos nicht gegeben wird[13], obwohl eine entsprechende gesetzliche Regelung fehlt. Die Richtigkeit dieser Ansicht läßt sich unter Rückgriff auf die Substitutionsfunktion der Einigungsstelle und den historischen Willen des Gesetzgebers nachweisen.

Entscheidungsinhalt des Einigungsspruchs ist eine Regelung, die „die Einigung zwischen Arbeitgeber und Betriebsrat ersetzt" (§ 76 V 1), also wirkt, als handele es sich um eine Übereinkunft der Betriebspartner selbst. Daraus ist zu folgern, daß die Begrenzungen der Entscheidungsinhalte von Einigungssprüchen und von Abreden der Betriebspartner gleichzubehandeln sind. Hilger hat das schon 1956 prägnant dahingehend ausgedrückt, „daß die Befugnis der Einigungsstelle nicht weiter gehen kann, als die Wirkung der Einigung zwischen Arbeitgeber und Betriebsrat reicht."[14]

In der Tat erscheint es zwingend, daß die Regelungskompetenz der nur ersatzweise zur Entscheidung aufgerufenen Einigungsstelle nicht über die Grenzen der Kompetenz der primär zur Regelung berufenen Betriebspartner hinausgehen kann. Ansonsten könnten die gesetzlichen Schranken der Betriebsautonomie durch eine verabredete, nur scheinbar notwendige Anrufung der Einigungsstelle umgangen werden.

Entscheidungen der Einigungsstelle unterliegen daher denselben äußeren Schranken wie eine Einigung von Arbeitgeber und Betriebsrat. Diese sind in ihrer Kompetenz zu betrieblichen Regelungen auf den Bereich der Angelegenheiten beschränkt, der ihnen vom Gesetz zur gemeinsamen Regelung zugewiesen ist, sei es im Bereich notwendiger oder freiwilliger Mitwirkung des Betriebsrats. Auch soweit sie sonach eigentlich regelungsbefugt sind, fehlt den Betriebspartnern die Kompetenz, wenn die Angelegenheit bereits durch eine höherrangige Rechtsquelle oder eine Betriebsvereinbarung gültig geregelt ist. Diese für die

---

12 Vgl. BAG v. 11.3.1976, AP Nr. 1 zu § 95, Bl. 2 f.; v. 28.7.1981, AP Nr. 2 zu § 87 Urlaub, Bl. 2 f.; v. 31.8.1982, AP Nr. 8 zu § 87 Arbeitszeit, Bl. 2 f.; v. 16.12.1986, NZA 1987, 569 f.; v. 27.5.1986, EzA Nr. 16 zu § 87 Kontrolleinrichtung, S. 150 ff.; Auffarth, AuR 1972, 42; Dietz / Richardi, § 76, Rd.-Nr. 86 ff., 96 ff.; Dütz, AuR 1973, 366 f.; Fitting / Auffarth / Kaiser / Heither, § 76, Rd.-Nr. 33c; Galperin / Löwisch, § 76, Rd.-Nr. 42; Gamillscheg, ArbR II, S. 327 f. (Nr. 395d); Gaul, AiB, S. 382 f.; GK-Kreutz, § 76, Rd.-Nr. 120; Gnade / Kehrmann / Schneider / Blanke, § 76, Rd.-Nr. 65 f.; Hess / Schlochauer / Glaubitz, § 76, Rd.-Nr. 80 f.; v. Hoyningen-Huene, BetrVR, S. 112 ff.; Jäcker, S. 145 f.; Janzen, S. 17; Leipold, FS Schnorr von Carolsfeld, S. 288 f., 291 f.; Löwisch, AuR 1987, 99 ff.; Oechsler / Kerzel, S. 59 f.; Pünnel, Einigungsstelle, Rd.-Nr. 141; Rath-Glawatz, AP Nr. 8 zu § 87 Arbeitszeit, Bl. 10 ff.; Schaub, S. 1491; Stege / Weinspach, § 76, Rd.-Nr. 21 f.; Wiedemann / Moll, AP Nr. 1 zu § 87 Auszahlung, Bl. 4 ff.

13 Anders allein Leipold, FS Schnorr von Carolsfeld, S. 291; BAG v. 22.1.1980, AP Nr. 7 zu § 111, Bl. 3.

14 Hilger, BB 1956, 14.

Betriebspartner geltende Negativausgrenzung ihrer Regelungsbefugnisse bildet als Konsequenz der Substitutionsfunktion der Einigungsstelle auch die äußeren Schranken für deren Regelungskompetenz.

Die herrschende Ansicht entspricht überdies dem Willen des Gesetzgebers, den dieser bei der Abfassung des § 76 V kundgetan hat. Die Verkennung der Zuständigkeit der Einigungsstelle oder die Unvereinbarkeit ihres Spruchs mit höherrangigen Normen, wie Tarifvertrag und Gesetz, wollte der Gesetzgeber nicht als Verstoß gegen die Innenschranke des § 76 V 3, sondern als „andere Mängel" verstanden wissen.[15] Dann wird man solche Mängel als Mißachtung der anderen, der äußeren Ermessensschranken anzusehen haben.

III. Die einzelnen Gruppen äußerer Ermessensschranken

1. Die Zuständigkeit der Einigungsstelle

Das Vorliegen der Zuständigkeit der Einigungsstelle hängt von formellen und materiellen Bedingungen ab. Die formellen Voraussetzungen (Antrag, Bedarf, Nichtzuständigkeit einer tariflichen Schlichtungsstelle) betreffen die Zulässigkeit eines Verfahrens vor der Einigungsstelle und sind im dortigen Zusammenhang dargestellt worden.[16]

Vielfach werden unter der Zuständigkeit der Einigungsstelle — verkürzt — lediglich deren zwei materiellen Komponenten verstanden.[17]

Zum einen ist die Einigungsstellenzuständigkeit inhaltlich begrenzt durch die konkrete Meinungsverschiedenheit, zu deren Beilegung die Einigungsstelle gebildet worden ist (§ 76 I). Auf weitere Gegenstände kann ihre Kompetenz nur bei entsprechendem Einvernehmen der Betriebspartner erweitert werden.[18] In jedem Falle muß die Tätigkeit der Einigungsstelle sich auf eine zwischen den Betriebspartnern umstrittene und zur Regelung anstehende Angelegenheit beziehen. Dies folgt bereits aus dem formellen Zuständigkeitselement, daß die Einigungsstelle nur „bei Bedarf" tätig werden kann. Zulässig ist mit anderen Worten lediglich eine Erweiterung des Verfahrensgegenstandes auf eine oder mehrere andere gleichfalls „konkrete Meinungsverschiedenheiten" i. S. v. § 76 I, die mit derjenigen, deretwegen die Einigungsstelle angerufen worden ist, allerdings nicht in sachlichem Zusammenhang stehen müssen.

Zum anderen besteht die Zuständigkeit der Einigungsstelle von vornherein lediglich im Rahmen der Angelegenheiten, die den Betriebspartnern vom Gesetz

---

15 Vgl. BT-Ausschuß für Arbeit und Sozialordnung, zu BT-Drucks. VI/2729, S. 10.

16 Vgl. o. § 2 I., V.

17 Vgl. etwa Pünnel, Einigungsstelle, Rd.-Nr. 81 f.; Dietz / Richardi, § 76, Rd.-Nr. 3, 53; Fitting / Auffarth / Kaiser / Heither, § 76, Rd.-Nr. 11 a, 30; Schaub, S. 1486 f.

18 Vgl. LAG Frankfurt v. 13.11.1984, DB 1985, 1535.

zur Regelung zugewiesen sind.[19] Wo der Betriebsrat nicht mitzuwirken hat, kann die Einigungsstelle nicht an seiner Stelle tätig werden. Im Bereich der notwendigen Mitbestimmung deckt sich daher der Zuständigkeitsbereich der Einigungsstelle mit dem Umfang des Mitbestimmungsrechts des Betriebsrats,[20] wie es in den gesetzlichen Tatbeständen geregelt ist.[21] Auch im freiwilligen Verfahren richtet sich die Einigungsstellenzuständigkeit nach den — umfassenden (vgl. nur §§ 80 I, 85 II, 88) — Mitwirkungsbefugnissen des Betriebsrats;[22] sie erstreckt sich auf alle Meinungsverschiedenheiten, die das betriebliche Verhältnis von Arbeitgeber und Betriebsrat betreffen, ist aber stets vom Einvernehmen beider Betriebspartner abhängig.

Mithin bestimmt sich die Zuständigkeit und damit die Regelungskompetenz der Einigungsstelle inhaltlich danach, wie weit in der konkreten Meinungsverschiedenheit (tatsächlicher Aspekt) die Mitwirkungsrechte des Betriebsrats (rechtlicher Aspekt) reichen. Eine Auslegung der einzelnen Mitbestimmungsregelungen kann an dieser Stelle nicht erfolgen; hierzu liegt hinreichend Literatur[23] vor, auf die verwiesen werden kann.

2. Gesetzliche Bestimmungen

a) Allgemeines

Soweit die Einigungsstelle in der konkreten Meinungsverschiedenheit grundsätzlich materiell zuständig wäre, kann ihre Kompetenz durch gesetzliche Regelungen eingeschränkt sein. Dieser Vorrang des Gesetzes ist für die Tatbestände des § 87 II in § 87 I Eingangssatz ausdrücklich bestimmt, ergibt sich im übrigen schon aus dem Rangprinzip der Rechtsquellen, wonach die höherrangige Rechtsquelle (Gesetz) die rangniedere (Betriebsabsprache, Betriebsvereinbarung) verdrängt.[24] Daß die Bindung an Gesetze auch für die Einigungsstelle gilt, folgt nicht zuletzt aus deren Funktionen, ist sie doch lediglich Vertragshilfeorgan und keine Stelle übergesetzlicher Rechtsetzung. Es gilt also: Wo der Arbeitgeber an eine gesetzliche Regelung gebunden ist, also die Arbeitsbedingungen nicht mehr

---

19 BAG v. 22.1.1980, AP Nr. 7 zu § 111, Bl. 2.

20 Vgl. o. § 2 III. 2. b) bb) (1).

21 Eine Erweiterung der Zuständigkeit der Einigungsstelle zur verbindlichen Entscheidung kommt lediglich in Betracht im Zuge der Ausweitung der entsprechenden Betätigungsrechte des Betriebsrats durch einen Tarifvertrag (BAG v. 10.2.1988, DB 1988, 1397 ff.; Fitting / Auffarth / Kaiser / Heither, § 76, Rd.-Nr. 30, § 1, Rd.-Nr. 128 f. m. w. N.), nicht jedoch „isoliert" (Hess / Schlochauer / Glaubitz, vor § 1, Rd.-Nr. 58 ff.).

22 Einzelheiten bei GK-Kreutz, § 76, Rd.-Nr. 18 ff.

23 Ganslmayer, S. 47 ff.; Gaul, Einigungsstelle, S. 94 ff.; Jäcker, S. 34 ff.; Pünnel, Einigungsstelle, Rd.-Nr. 202 ff.; sowie die Kommentierungen der einschlägigen Mitbestimmungstatbestände.

24 Schmid, S. 39 f.

frei bestimmen kann, vermag der Betriebsrat nicht *mit*zubestimmen[25] und entfällt infolgedessen auch die Regelungskompetenz der Einigungsstelle.

Der Gesetzesvorrang reicht allerdings nur so weit, als die von der Einigungsstelle zu regelnde Angelegenheit bereits in ihrer sachlichen Substanz gesetzlich normiert ist.[26] Demzufolge bleibt eine Regelungskompetenz der Einigungsstelle bestehen, wenn das Gesetz den Betriebspartnern und damit der Einigungsstelle einen Entscheidungsspielraum beläßt.[27,28] Den Vorrang genießen die Bestimmungen der Gesetze[29] und des gesetzesvertretenden Richterrechts.[30] Dazu gehören auch die Vorschriften, die lediglich tarifdispositiv sind.[31]

Die Regelungskompetenz der Einigungsstelle ist also beschränkt durch Gesetze und gesetzesvertretendes Richterrecht, soweit diese die zu entscheidenden Angelegenheiten in der Sachsubstanz zwingend regeln.

b) Insbesondere: Grundrechte

Für die nicht dispositiven Grundrechte gilt prinzipiell das Gleiche wie soeben ausgeführt. Fraglich könnte ihre Geltung im Betrieb sein, da sie sich ursprünglich gegen den Staat richten (Art. 1 III GG) und nicht an Arbeitgeber, Betriebsrat oder Einigungsstelle. Die Grundrechte bilden aber zugleich eine objektive Wertordnung, die als verfassungsrechtliche Grundentscheidung für alle Bereiche des Rechts gilt und über Generalklauseln mittelbar auch auf arbeitsrechtliche Beziehungen einwirkt.[32] Als auslegungs- und konkretisierungsbedürftige und damit der Wertausfüllung zugängliche „Einbruchstellen" der Grundrechte in den Bereich der Regelungen der Einigungsstelle kommen die §§ 2 I, 74, 75 BetrVG, 138, 242 BGB in Betracht.

---

25 Ehmann, SAE 1985, 280; Hilger, BB 1956, 10; Söllner, FS 25 Jahre BAG, S. 606 (mit Einschränkung).

26 BAG v. 13.3.1973, SAE 1973, 229 f.; Ehmann, SAE 1985, 281; GK-Wiese, § 87, Rd.-Nr. 41.

27 Vgl. Fitting / Auffarth / Kaiser / Heither, § 87, Rd.-Nr. 4 a.

28 Beispiel: Der nach Nr. 7 der Anlage zu § 6 I 1 BDSG geforderten „Eingabekontrolle" kann durch unterschiedliche Maßnahmen Genüge getan werden. Wie dies im konkreten Fall geschehen soll, unterliegt der Entscheidungskompetenz der Einigungsstelle. Lediglich das „Ob" einer Eingabekontrolle entzieht sich deren Regelungsmacht (s. dazu BAG v. 23.4.1985, EzA Nr. 13 zu § 87 Kontrolleinrichtung, S. 111 f.).

29 Zum Begriff des „Gesetzes" Dietz / Richardi, § 87, Rd.-Nr. 116.

30 A. A. Fitting / Auffarth / Kaiser / Heither, § 87, Rd.-Nr. 4 m. w. N.

31 GK-Wiese, § 87, Rd.-Nr. 44.

32 Vgl. BVerfG v. 14.2.1973, BVerfGE 34, 280; v. 15.1.1958, BVerfGE 7, 205 f.; BAG (GrS) v. 27.2.1985, AP Nr. 14 zu § 611 BGB Beschäftigungspflicht, Bl. 7 V; BAG v. 27.5.1988, EzA Nr. 16 zu § 87 Kontrolleinrichtung, S. 152. *Abweichend* Gamillscheg, Grundrechte, S. 31 ff., 75 ff.: Die Zwischenschaltung nichtssagender Generalklauseln diene nicht der Rechtsklarheit und enthalte z. B. in den Fällen der §§ 138, 242 BGB einen unnötigen und schädlichen moralischen Tadel (S. 82). Es sei daher eine analoge unmittelbare Geltung der Grundrechte im Arbeitsrecht zu befürworten.

Zwar kann davon ausgegangen werden, daß das BetrVG, einschließlich der Kompetenzregelungen der Einigungsstelle, verfassungsmäßig ist.[33] Aufgrund der Weite der Schutzbereiche der einzelnen Grundrechte berührt jedoch jede Maßnahme in einer Mitbestimmungsangelegenheit die Grundrechtsposition mindestens eines der von ihr Betroffenen, so daß die „punktuelle Verfassungsmäßigkeit" grundsätzlich bei jeder Entscheidung der Einigungsstelle zu beachten ist[34]. Insbesondere die Freiheit des Unternehmers (Art. 12 I,[35] 14 I, 2 I[36] GG) ist berührt,[37] da er die in die Kompetenz der Einigungsstelle fallende Regelung, unterfiele die Angelegenheit nicht dem Mitbestimmungsrecht des Betriebsrats, regelmäßig kraft Direktionsrechts selbst treffen könnte. Die Verfassungsmäßigkeit einer Regelung durch die Einigungsstelle kann an folgenden Ansatzpunkten zu beachten sein.

(1) Bei der Zuständigkeit: Schon im Rahmen der Auslegung des Mitbestimmungsrechts des Betriebsrats, mit dem sich die Zuständigkeit der Einigungsstelle deckt, ist dessen Umfang u. U. verfassungskonform einzuschränken.

(2) Bei den äußeren Schranken der Regelungskompetenz: Obgleich die Einigungsstelle zur Regelung der Meinungsverschiedenheit thematisch zuständig ist, sind ihr einzelne Entscheidungen von Verfassungs wegen verwehrt.

(3) Im Rahmen des § 76 V 3: Bei der Abwägung der Belange des Betriebes und der betroffenen Arbeitnehmer sind die grundrechtsrelevanten Aspekte angemessen, d. h. entsprechend der Betroffenheit und des Gewichts der berührten Grundrechtsposition, zu berücksichtigen.

Die Unterschiede der Ansatzpunkte sollen anhand der Kaufhof-Entscheidung des BAG[38] erläutert werden, in der es um die Festsetzung der Lage der Arbeitszeit von Ladenangestellten durch die betriebliche Einigungsstelle ging. Dabei soll mit Rath=Glawatz[39] u. a. davon ausgegangen werden, es gelte die grundrechtlich geschützte unternehmerische Freiheit zu wahren, über den Zeitpunkt der Teilnahme am Markt selbst zu befinden.

ad (1) Der Tatbestand des § 87 I Nr. 2 würde teleologisch dahingehend reduziert,[40,41] daß Betriebsrat und Einigungsstelle über die Ladenöffnungszei-

---

[33] BVerfG v. 14. 10. 1976, AP Nr. 3 zu § 2 (Vorprüfungsausschuß); BAG v. 31. 8. 1982, AP Nr. 8 zu § 87 Arbeitszeit; Fitting / Auffarth / Kaiser / Heither, § 76, Rd.-Nr. 35 ff.; Scholz, NJW 1986, 1588.

[34] Scholz, NJW 1986, 1588.

[35] Scholz, NJW 1986, 1588.

[36] Badura, WiR 1974, 25.

[37] Vgl. BAG v. 31. 8. 1982, AP Nr. 8 zu § 87 Arbeitszeit, Bl. 3R; Gester / Isenhardt, RdA 1974, 87.

[38] BAG v. 31. 8. 1982, AP Nr. 8 zu § 87 Arbeitszeit; Vorinstanz: LAG Stuttgart v. 28. 2. 1980, EzA Nr. 4 zu § 87 Initiativrecht.

[39] AP Nr. 8 zu § 87 Arbeitszeit, Bl. 19V; ebenso Reuter, ZfA 1981, 166.

[40] Hess / Schlochauer / Glaubitz, § 87, Rd.-Nr. 64; Beuthien, SAE 1984, 194 f.

[41] Für eine teleologische Reduktion des Initiativrechts Boewer, DB 1973, 527; Rüthers, ZfA 1973, 419 f., 423; GK-Wiese, § 87, Rd.-Nr. 101 ff.; dagegen Badura, WiR 1974,

ten auch nicht mittelbar[42] befinden könnten. Dementsprechend fehlte der Einigungsstelle auf diesem Feld unternehmerischer Entscheidungen bereits die Zuständigkeit.

ad (2) Arbeitszeitregelungen der getroffenen Art fielen zwar generell unter den Tatbestand des § 87 I Nr. 2 und in die Zuständigkeit der Einigungsstelle. Verfassungsrechtlich unzulässig wäre es allerdings, wenn der Einigungsspruch zu einer Veränderung der Ladenöffnungszeiten führte, durch die eine Sonderbelastung für das betroffene Unternehmen einträte.[43]

ad (3) Die Einigungsstelle hätte erst im Rahmen des § 76 V 3 das Unternehmensinteresse, über die Ladenöffnungszeiten im Rahmen des Ladenschlußgesetzes und damit über den Zeitpunkt der Teilnahme des Unternehmens am Markt selbst zu befinden, zu berücksichtigen und mit den Belangen der Arbeitnehmer abzuwägen.[44]

Für die praktische Arbeit der Einigungsstelle sind die unterschiedlichen Ansätze von geringer Bedeutung. Aus verfassungsrechtlichen Erwägungen wird sich die Einigungsstelle kaum für unzuständig erklären. Zu selten wird die Verfassungswidrigkeit eindeutig zu erkennen sein. Angesichts der mehr oder minder starken Beschränkungen, denen die Schutzbereiche der Grundrechte unterworfen sind, kann die Grenze des verfassungsrechtlich nicht mehr Zulässigen erst anhand einer umfassenden Verhältnismäßigkeitsprüfung[45] oder im Wege „praktischer Konkordanz"[46] ermittelt werden. Bei der damit verbundenen „Gesamtabwägung"[47] hat die Einigungsstelle davon auszugehen, daß die ihre Zuständigkeit mitregelnden Mitbestimmungstatbestände des BetrVG als geeignete Schranken der möglicherweise betroffenen Grundrechte[48] und grundsätzlich auch als Lösung etwa auftretender Wertungswidersprüche[49] anzusehen sind. Angesichts dieser Schwierigkeiten wird kaum je deutlich werden, ob die Einigungsstelle eine Entscheidung, die sie für verfassungswidrig hält, unterläßt, weil sie eine entsprechende grundrechtliche Schranke ihrer Kompetenz erkennt oder weil sie das Gewicht der grundrechtlich geschützten Belange bei der Abwägung nach § 76 V 3 entsprechend hoch ansetzt.

---

21 ff.; zum Verhältnis von Mitbestimmungsrecht und Initiativrecht Reuter, ZfA 1981, 174 f.; Wiese, Initiativrecht, S. 46 f.

42 Gegen den verfassungsrechtlichen Schutz des Unternehmers vor nur „mittelbaren Einflußnahmen" des Betriebsrats auf die Unternehmenspolitik Gester / Isenhardt, RdA 1974, 87; Wiese, Initiativrecht, S. 39.

43 So Rath-Glawatz, AP Nr. 8 zu § 87 Arbeitszeit, Bl. 19R, 20V.

44 So Badura, WiR 1974, 23 f.; Moll, Entgelt, S. 207, 226 f.

45 BVerfG v. 31.1.1973, BVerfGE 34, 245 f.

46 Dazu Hesse, VerfR, Rd.-Nr. 317 f.

47 BVerfG v. 25.2.1976, BVerfGE 41, 395.

48 Vgl. BVerfG v. 18.10.1987, DB 1987, 2361; Gester / Isenhardt, RdA 1974, 87.

49 BAG v. 31.8.1982, AP Nr. 8 zu § 87 Arbeitszeit, Bl. 3R; BAG v. 4.5.1986, AP Nr. 3 zu § 87 Kurzarbeit, Bl. 4V.

Im Hinblick auf die unterschiedliche gerichtliche Überprüfbarkeit von Fehlentscheidungen der Einigungsstelle sind diese beiden Varianten allerdings streng voneinander zu trennen: Während der Gerichtsschutz gegen Einigungssprüche, die „nur" auf einem Verstoß gegen § 76 V 3 beruhen, nach § 76 V 4 erheblich eingeschränkt ist, läge in der Verkennung einer grundrechtlichen Kompetenzschranke durch die Einigungsstelle ein Rechtsfehler, gegen den umfassender Rechtsschutz bestünde (§ 76 VII).[50]

Damit ist es erforderlich, darüber zu befinden, an welchen der drei oben[51] ausgeführten Ansatzpunkte die grundrechtlichen Ausstrahlungen zu beachten sind. M. E. ist bei der allgemeinen Abwägung nach § 76 V 3 die Berücksichtigung von Belangen, die grundrechtlichen Schutz genießen, selbstverständlich, sind dort doch auch Belange, denen dieser besondere Schutz nicht zuteil wird, zu beachten. Unklar ist jedoch, inwieweit ein grundrechtlich geschütztes Interesse der Einigungsstelle „vorgegeben" sein kann.[52] In der Tat ist schwer vorstellbar, wie etwa das Unternehmensinteresse der Entscheidung der Einigungsstelle vorgegeben und gleichwohl bloßer Abwägungsposten im Rahmen des § 76 V 3 zu sein vermag.[53] Richtig verstanden bedeutet die „Vorgabe" für die Einigungsstelle, daß der Unternehmer verbindlich definiert, *was* sein Interesse ist.[54] Die Einigungsstelle hat dieses Interesse dann „angemessen" zu gewichten und in die Abwägung der Belange nach § 76 V 3 einzubeziehen. Theoretisch müßte sie zuvor die Frage klären, ob sie an das von dem Unternehmer vorgebrachte Interesse gebunden ist, ob also der grundrechtliche Schutz der Unternehmerfreiheit überhaupt in Rede steht. Praktisch wird die Einigungsstelle jedoch alle ihr vorgetragenen Belange in Betracht ziehen und die Frage der Grundrechtsrelevanz eines Interesses bei dessen Gewichtung klären.

Eine Beschränkung des Schutzes der Grundrechte auf die Abwägung nach § 76 V 3 vermag allerdings schon im Hinblick auf die eingeschränkte gerichtliche Überprüfbarkeit von Fehlentscheidungen der Einigungsstelle in diesem Bereich nicht zu überzeugen.[55] Vielmehr erscheint ein Grundrechtsschutz bereits im Vorfeld des § 76 V 3 geboten.

Dagegen wird eingewandt, der Gesetzgeber selbst habe durch die unterschiedlich starke Ausgestaltung der Mitbestimmung den Widerspruch zwischen der unternehmerischen Entscheidungsfreiheit und der Teilhabe der Arbeitnehmer gelöst.[56] Gleichwohl eintretende Auswirkungen auf die unternehmerische Ent-

---

50 Vgl. o. § 2 IV 3.

51 S. 77.

52 Vgl. Moll, Entgelt, S. 227.

53 Reuter, ZfA 1981, 179 hält dies für unmöglich.

54 Vgl. Moll, Entgelt, S. 227.

55 So auch Beuthien, SAE 1984, 194.

56 BAG v. 31.8.1982, AP Nr. 8 zu § 87 Arbeitszeit, Bl. 3R; BAG v. 4.3.1986, AP Nr. 3 zu § 87 Kurzarbeit, Bl. 4V.

scheidungsfreiheit seien lediglich „mittelbar“ und verfassungsrechtlich unbedenklich zulässig.[57]

Dem ist entgegenzuhalten, daß die Mittelbarkeit einer Einwirkung auf eine Grundrechtsposition kein Kriterium für deren Zulässigkeit ist. Entscheidend sind vielmehr die Intensität und Verhältnismäßigkeit der Grundrechtsbeeinträchtigung.[58] Mag der Gesetzgeber den genannten Widerspruch auch für die weitaus meisten Fälle gelöst haben, so entbindet das nicht von der Aufgabe, im jeweiligen Einzelfall einen Blick auf die punktuelle Verfassungsmäßigkeit zu werfen und die Auslegung der kompetenzbestimmenden Normen zu wählen, die den Grundrechten „die stärkste Wirkung verleiht“[59]. Dementsprechend hat auch das BAG — nicht zuletzt um die unternehmerische Entscheidungsfreiheit zu wahren[60] — den möglichen Wortsinn von Mitbestimmungstatbeständen im Wege der Auslegung teleologisch eingeschränkt. Es hat etwa bei der Lohngestaltung nach § 87 I Nr. 10 sowohl die Entgelthöhe[61] als auch den Dotierungsrahmen für eine betriebliche Altersversorgung[62] als mitbestimmungsfrei angesehen und so letztlich die unternehmerische Entscheidungsfreiheit geschützt.

Sind demnach mögliche Ausstrahlungen der Grundrechte bereits im Vorfeld der Anwendung des § 76 V 3 zu beachten, gilt dies für beide o. g. Ansatzpunkte, da sie unterschiedliche Bestimmungen treffen: Während es bei der Zuständigkeit der Einigungsstelle um die thematische Abgrenzung von Befugnisbereichen geht, betrifft die äußere Kompetenzschranke die Ausgrenzung einzelner aus einer Vielzahl möglicher Entscheidungsinhalte.

Ausstrahlungen der Grundrechte können mithin eine äußere Schranke für die Regelungskompetenz der Einigungsstelle bilden. Sie verwehren es dieser von Rechts wegen, eine oder mehrere bestimmte aus einer Vielzahl möglicher Entscheidungen zu treffen. Die Grundrechte bedingen dann im Rahmen des § 75 als „Einbruchstelle“ für ihre mittelbare Drittwirkung[63] eine einschränkende Auslegung der die Kompetenz der Einigungsstelle mitregelnden Mitbestimmungstatbestände auf der „Rechtsfolgeseite“, beim „Wie“ der Wahrnehmung der bestehenden Regelungszuständigkeit, nicht auf der „Tatbestandsseite“ bei der Zuständigkeit selbst.

---

57 Gester / Isenhardt, RdA 1974, 87; Wiese, Initiativrecht, S. 39.

58 BVerfG v. 31.1.1973, BVerfGE 34, 238, 245 f.; Hendrichs, in: v. Münch, GG, Art. 19, Rd.-Nr. 25.

59 BVerfG v. 9.2.1982, NJW 1982, 1635.

60 Vgl. BAG v. 13.3.1973, AP Nr. 1 zu § 87 Werkmietwohnungen, Bl. 3 f.

61 BAG v. 22.1.1980, AP Nr. 3 zu § 87 Lohngestaltung, Bl. 5R, 6.

62 BAG v. 12.6.1975, EzA Nr. 4 zu § 87 Lohn und Arbeitsentgelt, S. 30 ff.

63 Näher dazu unten § 7 IV.

3. Tarifvertragliche Regelungen

Soweit die Einigungsstelle in einer konkreten Meinungsverschiedenheit grundsätzlich zuständig wäre, kann ihre Kompetenz durch eine bestehende oder übliche[64] tarifliche Regelung beschränkt sein. Die Normsetzungsprärogative der Tarifvertragsparteien ergibt sich für die Tatbestände des § 87 II aus § 87 I Eingangssatz, im übrigen aus § 77 III. Zu den Anwendungsbereichen der beiden genannten Normen, insbesondere zu der Frage der Anwendbarkeit des § 77 III im Rahmen des § 87[65], sei auf die einschlägige Kommentarliteratur verwiesen.[66]

Der Tarifvorrang reicht allerdings nur so weit, als in der von der Einigungsstelle zu entscheidenden Angelegenheit bereits eine abschließende und vollständige, aus sich heraus handhabbare zwingende[67] Regelung durch einen einschlägigen[68] Tarifvertrag besteht bzw. üblich ist, die für betriebliche Gestaltungen keinen Raum mehr läßt. Ob dies der Fall ist, ist durch Auslegung[69] der betreffenden bestehenden bzw. üblichen[70] tariflichen Vorschrift zu ermitteln.[71] Ist z. B. in einem Tarifvertrag zum Überstundenausgleich bestimmt, daß nur für „vorher zugewiesene und nachträglich anerkannte Tätigkeiten" von Zeitungsredakteuren Ausgleich zu leisten ist, so besteht kein Raum für eine betriebliche Regelung darüber, welche Tätigkeiten der Redakteure als arbeitszeit- und vergütungsrelevant zu gelten haben (§ 87 I Nr. 10).[72] Auch das Fehlen einer ausdrücklichen Bestimmung über die Tragung der Kontoführungskosten (Annexregelung zu § 87 I Nr. 4)[73] macht den Tarifvertrag nicht unvollständig und hindert dessen Sperrwir-

---

64 Eine lediglich „tarifübliche" Regelung ist hinreichend, soweit § 77 III zur Anwendung gelangt.

65 Dagegen BAG v. 24.2.1987, NZA 1987, 639; dafür Fitting / Auffarth / Kaiser / Heither, § 87, Rd.-Nr. 7 („2-Schranken-Theorie") m. w. N.

66 s. etwa GK-Kreutz, § 77, Rd.-Nr. 118 ff.; Dietz / Richardi, § 77, Rd.-Nr. 176 ff.; v. Hoyningen-Huene / Meier-Krenz, NZA 1987, 793 ff.

67 Der Tarifvorrang gilt nicht, soweit der Tarifvertrag ergänzende Betriebsvereinbarungen ausdrücklich zuläßt. Ob es als i. S. v. § 77 III 2 statthafte „Tariföffnung" angesehen werden kann, wenn die Tarifparteien die Betriebspartner zur Umsetzung bzw. Ausfüllung des Tarifvertrags einsetzen, ist zumindest problematisch; dazu Schwarze, §§ 9, 10.

68 „Einschlägig" in dem Sinne, daß der Betrieb in den Geltungsbereich des Tarifvertrages fällt.

69 Zur Auslegung von Tarifverträgen vgl. BAG v. 12.9.1984, AP Nr. 135 zu § 1 TVG Auslegung.

70 Die Auslegung lediglich üblicher, aber nicht getroffener Tarifbestimmungen bereitet naturgemäß Schwierigkeiten. Es kann aber auch von der intendierten betrieblichen Regelung ausgegangen und gefragt werden, ob in dieser Angelegenheit Tarifverträge geschlossen zu werden pflegen. Häufig wird es sich bei den tarifüblichen Regelungen um nachwirkende Tarifnormen handeln (vgl. LAG Berlin v. 5.11.1980, DB 1981, 1730 f.), die durch eine betriebliche Regelung ersetzt werden könnten (§ 4 V TVG); dann liegt immerhin eine Norm für die Auslegung vor. Zu den Voraussetzungen der Tarifüblichkeit vgl. Fitting / Auffarth / Kaiser / Heither, § 77, Rd.-Nr. 56 ff.

71 BAG v. 4.8.1981, BAGE 36, 156; v. Hoyningen-Huene, SAE 1985, 299.

72 BAG v. 4.8.1981, BAGE 36, 149, 152, 158 f.

73 BAG v. 8.3.1977, AP Nr. 1 zu § 87 Auszahlung, Bl. 2R.

kung gegenüber Einigungssprüchen nicht, da dies keinen regelungsfreien Zustand bedeutet, sondern es beim Normalfall der Kostentragung durch den Kontoinhaber (Arbeitnehmer) verbleibt.[74] Soweit der Tarifvertrag aber lediglich Rahmenvorschriften enthält, die einer Ergänzung durch betriebliche Regelungen zugänglich oder gar bedürftig sind, bleibt die Kompetenz der Einigungsstelle bestehen.[75]

Die Regelungskompetenz der Einigungsstelle ist also beschränkt, soweit ein einschlägiger Tarifvertrag besteht bzw. üblicherweise geschlossen wird, der die zu entscheidende Angelegenheit abschließend und zwingend regelt.

4. Geltende betriebliche Regelungen

Eine bindende[76] Entscheidung der Einigungsstelle ist nur zulässig, wenn zwischen den Betriebspartnern zu der fraglichen Angelegenheit keine Regelung besteht.[77] Andernfalls gibt es keinen zu regelnden Freiraum, „in dem die Einigungsstelle schlichtend tätig werden könnte".[78] Die Einigung, die der Spruch der Einigungsstelle ersetzen soll (§§ 76 VI 2, 87 II etc.), besteht dann in Gestalt der geltenden Betriebsvereinbarung oder -absprache bereits bzw. noch. Raum für ein Tätigwerden der Einigungsstelle entsteht erst dann, wenn die alte Betriebsregelung durch Zeitablauf erloschen, von Arbeitgeber und Betriebsrat aufgehoben worden oder durch Kündigung (§ 77 V[79]) beendet ist.[80] Die abgelaufene Vereinbarung kann freilich nach § 77 VI bis zu ihrer Ersetzung durch eine andere Abmachung weitergelten.

Die Regelungskompetenz der Einigungsstelle ist also beschränkt auf Angelegenheiten, in denen keine geltende betriebliche Regelung besteht.

---

74 BAG v. 31.8.1982, AP Nr. 2 zu § 87 Auszahlung, Bl. 3V.

75 Vgl. BAG v. 31.8.1982, AP Nr. 2 zu § 87 Auszahlung, Bl. 2R; BAG v. 4.8.1981, BAGE 36, 156.

76 Ein Entscheidungsvorschlag der Einigungsstelle mag auch bei bestehender Regelung zulässig sein, wenn beide Betriebspartner einvernehmlich eine Neuregelung anstreben und hinsichtlich des Inhalts die Vertragshilfe der Einigungsstelle in Anspruch nehmen wollen. Dann liegt es aber nahe, in dem Einvernehmen zugleich eine vorherige Aufhebung der Altregelung zu sehen, so daß der Raum für Einigungssprüche — auch für bindende — frei wäre.

77 Söllner, ZfA 1982, 11; Janzen, S. 17; Hueck / Nipperdey / Säcker, Lehrbuch des ArbR II/1, S. 726 f.; zur Situation bei der Nachwirkung einer abgelaufenen Betriebsvereinbarung (§ 77 IV) vgl. BAG v. 24.3.1981, BAGE 35, 166 f.

78 Söllner, ZfA 1982, 11.

79 § 77 V gilt analog für Betriebsabsprachen (Regelungsabreden), GK-Kreutz, § 77, Rd.-Nr. 19; Fitting / Auffarth / Kaiser / Heither, § 77, Rd.-Nr. 69a; abweichend Dietz / Richardi, § 77, Rd.-Nr. 164.

80 Söllner, ZfA 1982, 11.

5. Allgemeine Wirksamkeitshindernisse von Rechtsgeschäften

Wie die Übereinkunft von Arbeitgeber und Betriebsrat in der zu entscheidenden Angelegenheit den allgemeinen Regeln über Rechtsgeschäfte unterliegt,[81] so gilt als Ausfluß der Substitutionsfunktion der Einigungsstelle für deren Sprüche nichts anderes. Die allgemeinen Wirksamkeitshindernisse für Rechtsgeschäfte sind daher grundsätzlich geeignet, den Spielraum für Entscheidungsinhalte von Einigungssprüchen zu beeinflussen. Im einzelnen ist auf folgendes hinzuweisen:

a) § 154 BGB: Dissens

Die Regelung des § 154 BGB ist auf Einigungssprüche nicht anwendbar, da es bei diesen keine zwei oder mehr Parteien gibt, deren Vertragswille dissentieren könnte[82]; vielmehr entscheidet das Gremium Einigungsstelle in einem gesetzlich geregelten Verfahren mit einem einheitlichen Willen, mag er auch auf einem Mehrheitsbeschluß beruhen und nicht einstimmig gefaßt worden sein.

b) § 134 BGB: Gesetzliches Verbot

§ 134 BGB enthält selbst keine Begrenzung des zulässigen Inhalts eines Rechtsgeschäfts, sondern bestimmt lediglich die Rechtsfolge für den Fall, daß gegen ein gesetzliches Verbot verstoßen worden ist. Diese Verbotsnorm kann den Entscheidungsspielraum der Einigungsstelle beschränken, nicht jedoch § 134 BGB allein.

c) § 138 BGB: Sittenwidrigkeit

§ 138 II BGB ist auf Einigungssprüche nicht anwendbar, da es sowohl an einer ausnutzbaren Zwangslage, Unerfahrenheit oder erheblichen Willensschwäche der Einigungsstelle als auch an einer Gegenleistung für den Einigungsspruch fehlt, die zu einer in diesem enthaltenen Begünstigung in auffälligem Mißverhältnis stehen könnte.[83]

Eine Beschränkung möglicher Entscheidungsinhalte von Einigungsstellensprüchen kommt durch § 138 I BGB in Betracht. Der Einigungsstelle ist es danach verwehrt, eine Entscheidung zu treffen, die gegen die guten Sitten, „das Anstandsgefühl aller billig und gerecht Denkenden“[84], verstößt. Die Angelegenheiten, in denen die Einigungsstelle zur Entscheidung berufen sein kann, bieten dieser

---

[81] Dietz / Richardi, § 77, Rd.-Nr. 36; GK-Kreutz, § 77, Rd.-Nr. 45; Galperin / Löwisch, § 77, Rd.-Nr. 15.

[82] Zum Wesen des § 154 BGB vgl. Soergel - M. Wolf, § 154 BGB, Rd.-Nr. 2.

[83] Zu den Voraussetzungen des § 138 II BGB Jauernig - Jauernig, § 138 BGB, 4. b; Soergel - Hefermehl, § 138 BGB, Rd.-Nr. 74 ff.

[84] BGH v. 29. 9. 1977, BGHZ 69, 297; ausführlich zum Sittenwidrigkeitsbegriff i. S. v. § 138 I BGB Sack, NJW 1985, 761 ff.

jedoch kaum Raum für einen sittenwidrigen Spruch. Zumeist werden es grobe Verstöße gegen das Gleichbehandlungsgebot (§ 75 I, Art. 3 GG) und gegen die Ausübung billigen Ermessens (§ 76 V 3) sein, durch die ein Spruch in die Nähe des sittlich Anstößigen gerät.

d) § 306 BGB: Unmöglichkeit der Leistung

Gemäß § 306 BGB ist ein auf eine unmögliche Leistung gerichteter Vertrag nichtig. Daher ist es der Einigungsstelle nach § 306 BGB verwehrt, in ihrem Spruch eine Verpflichtung[85] vorzusehen, die zur Zeit der Beschlußfassung von niemandem erfüllt werden kann (anfängliche objektive Unmöglichkeit).[86] Wäre es lediglich dem Verpflichteten unmöglich, die ihm auferlegte Leistung zu erbringen[87], wäre der Einigungsspruch wirksam und lediglich nach § 76 V 4 angreifbar.[88]

e) Ergebnis

Lediglich die allgemeinen Wirksamkeitshindernisse für Rechtsgeschäfte aus §§ 138 I und 306 BGB engen den Spielraum für Entscheidungsinhalte der Einigungssprüche ein.

6. Weitere äußere Schranken

Es ist bereits angesprochen worden, daß § 75 im Bereich der äußeren Ermessensschranken wirksam werden kann.[89] So können dem Ermessensspielraum durch § 75 einzelne Regelungsinhalte entzogen sein, wie folgendes *Beispiel* verdeutlicht.

---

85 Gemeint sind sowohl Verpflichtungen der Betriebspartner untereinander als auch solche, denen die Arbeitsvertragsparteien kraft der normativen Wirkung des Einigungsspruchs (§ 77 IV 1) unterliegen.

86 Zu den Voraussetzungen des § 306 BGB vgl. Palandt-Heinrichs, § 306 BGB, Rd.-Nr. 3 ff., § 275 BGB, Rd.-Nr. 4 ff.

87 Zum Unvermögen („subjektive Unmöglichkeit") des Schuldners vgl. Jauernig-Vollkommer, vor § 275 BGB, 3.

88 Nach § 306 BGB nichtig wäre der Spruch der Einigungsstelle etwa in folgendem *Beispielsfall:* In einer Fabrik werden mehrere Multimomentkameras eingerichtet, die regelmäßig jede 5. Sekunde Bilder von den Arbeitsplätzen anfertigen (vgl. BAG v. 14.5.1974, AP Nr. 1 zu § 87 Überwachung). Um die Leistungskontrolle der Arbeitnehmer (§ 87 I Nr. 6) zu verhindern, beschließt die Einigungsstelle, der Arbeitgeber habe dafür Sorge zu tragen, daß die Gesichter der fotografierten Arbeitnehmer zu keinem Zeitpunkt des Aufnahmevorgangs, insbesondere auch nicht auf den Filmnegativen, kenntlich sind. Da die Unkenntlichmachung der Gesichter technisch frühestens auf den entwikkelten Filmnegativen erfolgen kann, ist niemand in der Lage, die „Sorge", die die Einigungsstelle dem Arbeitgeber angesonnen hat, „zu tragen".

89 Vgl. o. § 6 III. 2. b), 6.

In einem Sozialplan sieht die Einigungsstelle nach Altersgruppen gestaffelt Abfindungen für zu entlassende Arbeitnehmer vor. Der einheimischen A wird ein Abfindungsbetrag von 3.000 DM zugewiesen; ihre gleichaltrige, aus der Türkei stammende Kollegin B soll nach dem Sozialplan 1.000 DM erhalten.

Für die unterschiedlichen Abfindungsbeträge ist ein sachlicher Grund nicht zu erkennen, insbesondere kann nicht auf das von der Einigungsstelle im übrigen verwandte Differenzierungskriterium des Lebensalters verwiesen werden. Die Ungleichbehandlung kann nur auf die Herkunft bzw. Nationalität der B als Türkin zurückgeführt werden. Diese Kriterien sind jedoch gemäß § 75 I 1 absolut unzulässig. Insoweit besteht weder für die Betriebspartner noch für die Einigungsstelle ein Entscheidungsspielraum. Der Sozialplan ist daher die B betreffend rechtsfehlerhaft.

Die Annahme, daß § 75 als *Außen*schranke zur Geltung kommt, wird in besonderer Weise erst bei der Abgrenzung der Rechtsschutzwege des § 76 V 4 und VII bedeutsam. Dort bedarf es auch einer näheren Klärung, unter welchen Voraussetzungen § 75 als Außenschranke qualifiziert werden kann.[90] Im hiesigen Zusammenhang genügt die Erkenntnis, daß die Einigungsstelle, wie die Betriebspartner, äußere Begrenzungen ihres Entscheidungsspielraums aus § 75 zu beachten hat.

Als Außenschranken kommen im übrigen die §§ 2 I BetrVG und 242 BGB in Betracht. Diese Normen sollen zur Vermeidung unnötiger Wiederholungen und zum besseren Verständnis ihrer Inhalte in einem Kontext dargestellt werden, und zwar bei den inneren Schranken, da dort der Schwerpunkt der Erörterungen zu erwarten ist. Dabei wird auch anzugeben sein, inwiefern die §§ 2 I BetrVG[91] und 242 BGB[92] als Außenschranke wirksam werden können.

IV. Ergebnisse

Vor der Betätigung ihres Ermessens hat die Einigungsstelle zu ermitteln, ob und inwieweit sie überhaupt zur Entscheidung berufen ist. Die Zuständigkeit der Einigungsstelle bemißt sich nach formellen (Antrag von Arbeitgeber oder Betriebsrat, „Bedarf", etc.) und materiellen Voraussetzungen. Materiell ist die Einigungsstellenzuständigkeit zum einen beschränkt durch die konkrete Meinungsverschiedenheit, zu deren Beilegung die Einigungsstelle angerufen worden ist, und den ihr zugrundeliegenden tatsächlichen Gegebenheiten (tatsächlicher Aspekt). Zum anderen wird die materielle Zuständigkeit der Einigungsstelle begründet und begrenzt durch die Normen des BetrVG, die den Umfang der Mitwirkungsrechte des Betriebsrats in der betreffenden Angelegenheit regeln (rechtlicher Aspekt).

---

90 Dazu unten § 8 III.

91 Unten § 7 III. 4.

92 Unten § 7 V. 2.

Soweit diese Zuständigkeitselemente vorliegen, kann der Entscheidungsspielraum der Einigungsstelle gleichwohl durch zwingende gesetzliche, vorrangige tarifvertragliche Bestimmungen oder geltende betriebliche Regelungen eingeschränkt bzw. ausgefüllt sein. Im übrigen kann der Einigungsstelle durch Gesetz, Tarifvertrag, betriebliche Regelung, aber auch durch Ausstrahlungswirkungen der Grundrechte verwehrt sein, eine einzelne, an sich mögliche Regelung in den Spruch aufzunehmen.

Zu beachten hat die Einigungsstelle schließlich, daß sie in ihrem Spruch keine Verpflichtung zu einer anfänglich objektiv unmöglichen Leistung vorsieht oder sittenwidrige Regelung trifft (§§ 306, 138 I BGB).

§ 7 Innere Schranken des Ermessens der Einigungsstelle

Mit der Bestimmung der äußeren Schranken des Ermessens konnte festgestellt werden, in welchem Bereich möglicher Entscheidungen der Einigungsstelle eine Kompetenz zur Ermessensbetätigung fehlt. Innerhalb des Bereichs, der Ermessensentscheidungen offensteht, ist nun nach den inneren Schranken, nach Leitlinien für die Ausübung des Ermessens zu suchen. Diesbezüglich kommen in erster Linie die Regelungen in den §§ 76 V 3, 112 V in Betracht, die sich unmittelbar auf die Inhalte zu fassender Einigungsstellenbeschlüsse beziehen. Darüber hinaus sind die allgemeinen Vorschriften der §§ 2 I, 75 BetrVG und § 242 BGB zu beachten.[1] Schließlich ist der Relevanz des Verhältnismäßigkeitsgrundsatzes und der „allgemeinen Billigkeit“ für den Entscheidungsspielraum der Einigungsstelle sowie der Frage nachzugehen, ob sich aus den festgestellten Funktionen der Einigungsstelle Erkenntnisse für deren Ermessensbetätigung herleiten lassen.

I. § 76 V 3 BetrVG

§ 76 V 3 bestimmt, daß die Einigungsstelle ihre Beschlüsse unter angemessener Berücksichtigung der Belange des Betriebes und der betroffenen Arbeitnehmer nach billigem Ermessen faßt.

Diese Norm betrifft nach ihrer systematischen Stellung in § 76 V unmittelbar lediglich die Meinungsverschiedenheiten, bei denen der Spruch die Einigung zwischen Arbeitgeber und Betriebsrat kraft Gesetzes ersetzt (§ 76 V 1). Damit ist der Bereich der mitbestimmungspflichtigen Angelegenheiten gemeint, bei denen dieselbe Norm sowohl den Mitbestimmungstatbestand und damit die materielle Zuständigkeit der Einigungsstelle als auch die Ersetzung der Einigung der Betriebspartner durch einen Einigungsspruch bestimmt.[2]

[1] Vgl. GK-Thiele, 3. Bearbeitung, § 76, Rd.-Nr. 90 f., § 77, Rd.-Nr. 80.

[2] Vgl. die Zusammenstellung dieser Normen in Fn. 26 zu § 4.

Fehlt letztere Bestimmung, findet § 76 V auf das Einigungsstellenverfahren keine Anwendung, wie der textliche Zusammenhang zwischen § 76 V 1 und VI 1 („im übrigen") verdeutlicht. Daher gilt § 76 V 3 beim freiwilligen Verfahren der Einigungsstelle jedenfalls nicht unmittelbar.[3] Unanwendbar ist § 76 V 3 im übrigen auf verfahrensleitende[4] oder sonstige Zwischenentscheidungen[5] der Einigungsstelle. Als „Beschlüsse"[6] i. S. v. § 76 V 3 sind ausschließlich deren Schlußentscheidungen zu verstehen, mit denen die Einigungsstelle die beizulegende Meinungsverschiedenheit in der Sache entscheidet.

Der Gesetzeswortlaut vermittelt auf den ersten Blick den Eindruck, die Einigungsstelle habe im Anwendungsbereich des § 76 V 3 einen Ermessensspielraum, der in zweifacher Hinsicht rechtlich gebunden ist: Zum einen durch das Gebot einer angemessenen Berücksichtigung der Belange von Arbeitnehmer und Betrieb, zum anderen durch die Maßgabe der „billigen" Ermessensausübung.[7] Diese den Entscheidungsspielraum gewährenden bzw. beschränkenden Elemente des § 76 V 3 sind im folgenden zunächst je für sich zu untersuchen und anschließend zu einem Sinnganzen zusammenzufassen.

1. Angemessene Berücksichtigung der Belange des Betriebes und der betroffenen Arbeitnehmer

Nach § 76 V 3 faßt die Einigungsstelle ihre Beschlüsse unter angemessener Berücksichtigung der Belange des Betriebs und der betroffenen Arbeitnehmer. Dies ist trotz der indikativischen Formulierung nicht als Beschreibung der Einigungsstellenwirklichkeit, sondern als Gebot des Gesetzes an die Einigungsstelle zu verstehen. Dabei sind Gegenstand und Inhalt des Gebots zu unterscheiden.

3 GK-Kreutz, § 76, Rd.-Nr. 99.

4 Schönfeld, NZA 1988, Beilage 4, S. 9 f.

5 M. E. ist es nicht sinnvoll, Zwischenentscheidungen über Teilaspekte des Konflikts der vollen Bindung des § 76 V 3 zu unterwerfen und gegen sie eine isolierte Anfechtung nach § 76 V 4 zuzulassen, da sie lediglich der Ökonomie des Verfahrens dienen und sich die Einigungsstelle von ihnen jederzeit lösen kann. Es reicht aus, wenn das Regelwerk, mit dem die Meinungsverschiedenheit insgesamt beigelegt werden soll, den Erfordernissen des § 76 V 3 entspricht und einer gerichtlichen Inhaltskontrolle unterliegt. Im Hinblick darauf wird die Einigungsstelle § 76 V 3 im Auge behalten, wenn ihre Zwischenentscheidung eine Teilregelung für den späteren Spruch betrifft.

6 „Beschluß" ist dasjenige Abstimmungsergebnis über die sachlichen Inhalte eines Einigungsspruchs, das eine für die Beschlußfassung erforderliche Stimmenzahl erzielt hat (vgl. dazu o. § 2 III. 2. b) aa). — Einem einstimmigen Beschluß spricht Schönfeld, wenig hilfreich, das Prädikat „Spruch der Einigungsstelle" ab (Verfahren, S. 238). Auf der Grundlage dieser Unterscheidung muß Schönfeld, zur Vermeidung ungereimter Ergebnisse, den Begriff „Spruch" in § 77 II 2 2. HS „korrigierend" auslegen, um darunter auch „Beschlüsse" der Einigungsstelle fassen zu können (S. 239 f.). Vorzuziehen ist es, das gesetzliche Verständnis von einem Einigungsspruch, das in § 77 II 2 2. HS zum Ausdruck kommt, zugrunde zu legen und einen Spruch — unabhängig vom Abstimmungsergebnis — immer dann anzunehmen, wenn die Einigungsstelle nicht lediglich Vermittlungs-, sondern Entscheidungsfunktion erfüllt.

7 Vgl. GK-Kreutz, § 76, Rd.-Nr. 101.

a) Gegenstand des Gebotes: Belange des Betriebes und der betroffenen Arbeitnehmer

Der Begriff der „Belange" ist umfassend zu verstehen.[8] Er umfaßt sämtliche im Zeitpunkt der Entscheidung der Einigungsstelle[9] tatsächlich vorhandenen Interessen[10] und Bedürfnisse[11], einschließlich etwaiger Wünsche[12] oder Unbequemlichkeiten[13].

Die Weite des Begriffs ergibt sich aus der Aufgabe der Einigungsstelle, Konflikte zu lösen, die im wesentlichen auf Interessengegensätzen beruhen. Soweit ihnen unterschiedliche Rechtsauffassungen zugrunde liegen, sind sie nicht von der Einigungsstelle beizulegen, sondern vor den Arbeitsgerichten zu klären. Soll die Einigungsstelle aber Interessengegensätze überwinden, so kommt sie nicht umhin, vorhandene Interessen zu berücksichtigen — der Gegensatz von unbeachtet gebliebenen Interessen kann nicht überwunden werden. Andererseits sind lediglich mögliche oder vorgetäuschte Interessen außer acht zu lassen, da die Einigungsstelle zur Begutachtung nur schein- oder denkbarer Konfliktlagen nicht zuständig ist. Sie hat also alle bestehenden Interessen zu beachten. Begrenzt ist dieses Gebot in personeller Hinsicht auf Interessen des Betriebes und der betroffenen Arbeitnehmer.

aa) Belange des Betriebes

Die Belange des Betriebes sind im wesentlichen diejenigen des Arbeitgebers.[14] Dies folgt aus der Gegenüberstellung zu den Belangen der betroffenen Arbeitnehmer in § 76 V 3.[15] In der Betriebsverfassung ist Gegenpol zur Arbeitnehmerseite der Arbeitgeber. Er ist derjenige, der auf Betriebsseite als Berechtigter bzw. Verpflichteter von Regelungen der Einigungsstelle betroffen ist.

Fraglich könnte sein, ob die Einigungsstelle die Interessen des Unternehmens zu berücksichtigen hat, dem der Betrieb angehört; wird diese Frage nicht bereits vom Gesetz beantwortet (§ 112 V), ist sie im Hinblick auf die Funktion des Betriebes für das Unternehmen zu bejahen: Der arbeitstechnische Zweck, den der unternehmensangehörige Betrieb verfolgt, dient der Erfüllung der Unterneh-

---

[8] ArbG Duisburg v. 5.12.1985, NZA 1986, Beilage 2, S. 20; v. Hoyningen-Huene, BetrVerfR, S. 114.

[9] BAG v. 31.8.1982, AP Nr. 8 zu § 87 Arbeitszeit, Bl. 7V; Etzel, HzA, Gruppe 19, Rd.-Nr. 1262.

[10] BAG v. 27.5.1986, EzA Nr. 16 zu § 87 Kontrolleinrichtung, S. 162; GK-Kreutz, § 76, Rd.-Nr. 101; Dietz / Richardi, § 76, Rd.-Nr. 102, 113.

[11] ArbG Duisburg v. 5.12.1985, NZA 1986, Beilage 2, S. 20.

[12] Vgl. Einigungsstelle Mannesmann-Anlagenbau, NZA 1985, 698.

[13] BAG v. 22.2.1983, AuR 1983, 120.

[14] BAG v. 11.3.1986, EzA Nr. 15 zu § 87 Kontrolleinrichtung, S. 138; G. Müller, FS Barz, S. 495, Fn. 21; Pünnel, Einigungsstelle, Rd.-Nr. 143 f.

[15] G. Müller, FS Barz, S. 495, Fn. 21.

menszwecke.[16] Soweit der Betrieb im Dienst des Unternehmens steht, sind dessen Interessen als mittelbare Betriebsinteressen von der Einigungsstelle mitzuberücksichtigen.[17] So ist etwa der vom Unternehmen verfolgte wirtschaftliche Zweck der Gewinnerzielung zu beachten, auch wenn der von dem Betrieb zu verfolgende arbeitstechnische Zweck auf die Warenproduktion beschränkt ist.

Abgelehnt wird die Berücksichtigung persönlicher Belange des Arbeitgebers oder seiner Familie[18] im Rahmen des § 76 V 3.[19] Dem ist beizupflichten, da einem solchen Belang regelmäßig[20] die sachliche Bezogenheit auf das Arbeitsverhältnis fehlt.

Als Beispiele für die nach § 76 V 3 zu berücksichtigenden Belange des Betriebes seien folgende Umstände bzw. Interessen genannt: Verhinderung von erhöhtem Verwaltungsaufwand oder Umstellungen des Produktionsprozesses, Beibehaltung der Preiskalkulation[21], der Produktivität oder des Absatzmarktes[22], Erzielung einer gewissen Rentabilität[23], Erhaltung bzw. Ausbau der Wettbewerbsposition, Bewahrung der Kreditwürdigkeit des Unternehmens bzw. Arbeitgebers[24], Kontrolle des Mißbrauchs betrieblicher Einrichtungen[25] und die Wahrung des vertraglichen Austauschverhältnisses von Lohn und Arbeitsleistung.

bb) Belange der betroffenen Arbeitnehmer

Auf Arbeitnehmerseite sind die zu beachtenden Interessen beschränkt auf die von dem Einigungsspruch betroffenen Arbeitnehmer. Regelmäßig[26] sind das die

16 Zu den Begriffen von „Betrieb" und „Unternehmen" s. GK-Kraft, § 4, Rd.-Nr. 5 ff.

17 Im Ergebnis ebenso Galperin / Löwisch, § 76, Rd.-Nr. 31 a; Fitting / Auffarth / Kaiser / Heither, § 76, Rd.-Nr. 32; Joost, Betrieb und Unternehmen, S. 333; Moll, Entgelt, S. 227.

18 Z. B. bei der Einführung einer technischen Einrichtung deren private Nutzungsmöglichkeiten oder bei der Vergabe einer Werkmietwohnung die freundschaftliche Verbundenheit des Arbeitgebers zu einem der Anwärter.

19 Fitting / Auffarth / Kaiser / Heither, § 76, Rd.-Nr. 32; Galperin / Löwisch, § 76, Rd.-Nr. 43; Rieble, S. 168.

20 Anders ist es, wenn eine zwingende gesetzliche Regelung auf den Kompetenzrahmen der Einigungsstelle einwirkt und so den erforderlichen Sachbezug herstellt (z. B. § 1 III 1 KSchG bzgl. der Aufstellung von Auswahlrichtlinien bei Kündigungen; s. dazu BAG v. 20.10.1983, BAGE 43, 363 f.; Otto, SAE 1985, 218 ff.; Fitting / Auffarth / Kaiser / Heither, § 95, Rd.-Nr. 19).

21 BGH v. 30.6.1969, AP Nr. 11 zu § 315 BGB, Bl. 3V.

22 BAG v. 31.8.1982, AP Nr. 8 zu § 87 Arbeitszeit, Bl. 7R; Moll, Entgelt, S. 227.

23 Moll, Entgelt, S. 227; Löwisch, BB 1985, 1206.

24 Löwisch, BB 1985, 1206.

25 BAG v. 27.5.1986, EzA Nr. 16 zu § 87 Kontrolleinrichtung, S. 158 f., 164.

26 Anders verhält es sich etwa bei organisatorischen Angelegenheiten (§ 38 II 5: Freistellung von Betriebsratsmitgliedern, § 47 VI: Mitgliederzahl des Gesamtbetriebsrates). So ist im Fall des § 47 VI auf Arbeitnehmerseite in erster Linie das Interesse des Gesamtbetriebsrats zu berücksichtigen, „eine größere Zahl von Gesamtbetriebsratsmitgliedern an den zu treffenden Entscheidungen zu beteiligen" (Sommer, Gewerkschafter

Arbeitnehmer, die in den Geltungsbereich des Spruchs fallen, deren Arbeitsverhältnis also von der normativen Wirkung der Entscheidung der Einigungsstelle erfaßt wird. Das sind z. B. beim Beschluß über eine Betriebsferienregelung (§ 87 I Nr. 5) oder die Sprechstunden des Betriebsrats (§ 39 I[27]) alle Arbeitnehmer des Betriebes, bei der Einführung von Bildschirmgeräten (§ 87 I Nr. 6) hingegen lediglich diejenigen, die an einem Arbeitsplatz mit Bildschirmgerät beschäftigt werden sollen bzw. kraft Direktionsrechts dort eingesetzt werden können.

Als zu berücksichtigende Arbeitnehmerbelange kommen im einzelnen folgende Umstände bzw. Interessen in Betracht: Dauer der Betriebszugehörigkeit, Lebensalter, Gesundheitszustand, Verkehrsverbindungen im öffentlichen Personennahverkehr[28], Erhaltung bzw. Erwerb zusätzlicher beruflicher Qualifikation[29], Erlangung von mehr Freizeit[30], Verbesserung des vertraglichen Verhältnisses von (Arbeits-)Leistung und Gegenleistung, Sicherheit vor Gefahren für die Gesundheit, eine möglichst weitgehende Entfaltung der eigenen Persönlichkeit[31], Sicherheit des Arbeitsplatzes[32] und damit verbunden letztlich auch die Erzielung von wirtschaftlichem Erfolg des Unternehmens[33].

b) Inhalt des Gebotes: Angemessene Berücksichtigung

Die Einigungsstelle hat die Belange beider Seiten angemessen zu berücksichtigen.

aa) Berücksichtigung

Die Berücksichtigung erfordert, daß die Einigungsstelle die Belange zur Kenntnis nimmt und sich mit ihnen auseinandersetzt.[34] Dabei kann sie auf Vorbringen und Vorschläge der Betriebspartner zurückgreifen, muß aber gegebenenfalls selbst Ermittlungen anstellen.[35] Alle Gesichtspunkte sind dann zu besprechen und daraufhin zu prüfen, ob und gegebenenfalls wie sie der zu treffenden Entscheidung zugrunde zu legen sind.

1972, 71). Bei der Aufstellung von Personalfragebögen (§ 94 I) und Auswahlrichtlinien bei Einstellungen (§ 95 I) sind — naturgemäß — sogar die Belange von dem Betrieb nicht angehörigen Arbeitsplatzbewerbern mitzuberücksichtigen.

27 Zum Betriebsvereinbarungscharakter eines Einigungsspruchs zu § 39 I s. Fitting / Auffarth / Kaiser / Heither, § 39, Rd.-Nr. 13.

28 Vgl. Einigungsstelle Mannesmann-Anlagenbau, NZA 1985, 698.

29 Krack / Strauss-Fehlberg, BetrR 1981, 99.

30 Däubler, BetrR 1982, 394.

31 Däubler, BetrR 1982, 394.

32 Zachert, MitbGespr. 1975, 190; Krack / Strauss-Fehlberg, BetrR 1981, 98.

33 Gast, BB 1986, 1516; Buchner, NZA 1986, 382.

34 Vgl. Etzel, HzA, Gruppe 19, Rd.-Nr. 464.

35 Vgl. Einigungsstelle Mannesmann-Anlagenbau, NZA 1985, 700.

Damit wird eine Parallele zu Art. 103 I GG sichtbar: Das Gericht hat das Vorbringen der Beteiligten „zur Kenntnis zu nehmen und in Erwägung zu ziehen“[36]. Ebenso hat die Einigungsstelle mit den vorgetragenen bzw. ermittelten Belangen des Betriebs und der betroffenen Arbeitnehmer zu verfahren.

bb) Angemessenheit

Was Angemessenheit bedeutet, bleibt im Zusammenhang des § 76 V 3 ebenso unbestimmt wie bei anderen Normen, in denen der Begriff Verwendung findet (z. B. §§ 326 I 1, 547 a II, III, 906 Satz 2 BGB, § 9 I 1 KSchG, § 19 I 1 ArbNErfG). Festzustellen ist allein, daß die Angemessenheit auf die konkreten Umstände des Einzelfalles bezogen ist, dem Ziel der Gerechtigkeit dient und daß ihre Erreichung mit einer Abwägung der beiderseitigen Interessen verbunden ist.[37] Es handelt sich um einen unbestimmten Rechtsbegriff, der selbst keine Wertung enthält, sondern lediglich die Anweisung, den vorliegenden Sachverhalt zu „messen“ und dadurch zu einem angemessenen Ergebnis zu gelangen.[38]

Das Ergebnis, das der Angemessenheit zu genügen hat, ist nach dem grammatischen Bezug des Attributes „angemessen“ unmittelbar die Berücksichtigung der Belange beider Seiten. Da diese letztlich die Grundlage („unter Berücksichtigung“) für die Beschlußfassung der Einigungsstelle in der beizulegenden Meinungsverschiedenheit bildet, dient das Gebot der Angemessenheit auch der Sachentscheidung der Einigungsstelle.

Die Angemessenheit kommt sonach zum Tragen bei der zur „Berücksichtigung“ gehörenden Prüfung, ob und gegebenenfalls wie die Belange der zu treffenden Entscheidung zugrunde zu legen sind. Sie enthält die Anweisung, die konkreten Berücksichtigungsgegenstände (oben a) für den zu fällenden Einigungsspruch zuzumessen. Dies geschieht, indem jeder Berücksichtigungsposten zu dem Maßstab der Angemessenheit in Beziehung gesetzt und damit einer Bewertung und Gewichtung für den Einzelfall unterzogen wird.[39] Dies ist jedoch nicht ohne weiteres möglich, da die Angemessenheit selbst keine maßstabgebende Wertung enthält, sondern erst mit Wertungsgesichtspunkten aufgefüllt werden muß.[40] Die Frage, nach welchem Wertungsmaßstab die Belange der Arbeitnehmer und des Betriebes zu gewichten sind, bleibt daher als solche nach den relevanten Wer-

---

36 BVerfG v. 16.3.1982, NJW 1982, 1453; BVerwG v. 14.4.1989, NJW 1989, 3235; Kunig, in: v. Münch, GG, Art. 103, Rd.-Nr. 10 m. w. N.

37 V. Hoyningen-Huene, Billigkeit, S. 98; KR-Becker, § 10 KSchG, Rd.-Nr. 24; Knöpfel, AcP 155, 136.

38 V. Hoyningen-Huene, Billigkeit, S. 98.

39 Für eine Gewichtung der Interessen auch BAG v. 27.5.1986, EzA Nr. 16 zu § 87 Kontrolleinrichtung, S. 164; Löwisch, AuR 1987, 100; Buchner, NZA 1986, 381; Ehmann, ZfA 1986, 394; Etzel, HzA, Gruppe 19, Rd.-Nr. 1262; Gnade / Kehrmann / Schneider / Blanke, § 76, Rd.-Nr. 61.

40 Vgl. Köhler, ZHR 137, 251; v. Hoyningen-Huene, Billigkeit, S. 98.

tungsgesichtspunkten bestehen. Ohne diese kann weder das Wertungsgebot der Angemessenheit erfüllt noch eine gerechte Abwägung vorgenommen werden.

Es soll versucht werden, die relevanten Wertungen im Wege der Konkretisierung der Angemessenheit zu gewinnen. Wie diese im rechtswissenschaftlichen Schrifttum umschrieben wird, soll zunächst dargelegt werden. Sodann sind die dortigen Erkenntnisse näher zu untersuchen. Schließlich ist darauf einzugehen, wie die jeweilige Intensität der Wertentfaltung der gefundenen Wertungsgesichtspunkte im konkreten Einzelfall bestimmt werden kann.

(1) Konkretisierung der Angemessenheit im Schrifttum

Soweit im Schrifttum die Angemessenheit der von der Einigungsstelle zu berücksichtigenden Belange konkretisiert wird, erhält man den Hinweis, die Einigungsstelle habe die Interessen „sachgerecht“ abzuwägen[41] bzw. „sachgerecht“ zu entscheiden[42].

Ehmann erläutert die von ihm geforderte „sachgerechte Ermessensausübung“ dahin, sie sei „am Zweck des Mitbestimmungstatbestandes auszurichten“.[43] Moll[44] will Sinn und Zweck des BetrVG insgesamt beachtet wissen, also einschließlich dessen grundlegender Wertungen wie z. B. den Schutz der unternehmerischen Entscheidungsfreiheit. Auch außerbetriebsverfassungsrechtliche Schutzbestimmungen sind nach Löwisch[45] im Rahmen des § 76 V 3 zu berücksichtigen, wenn sie einen Kompromiß zwischen den auf dem Spiel stehenden Belangen bezeichnen (z. B. §§ 9, 12 II AZO, 29 ff. Arbeitsstättenverordnung). „Sachfremde“ Gesichtspunkte hätten generell außer Betracht zu bleiben.[46]

Das Gebot der Angemessenheit wird demnach weithin als Gebot der Sachgerechtigkeit verstanden. Unterschiedlich stark betont und weit gefaßt wird lediglich der Kreis der Bestimmungen, auf die die von der Einigungsstelle zu beachtenden Belange bezogen sein müssen.

(2) Sachgerechtigkeit als Erläuterung der Angemessenheit

„Sachgerecht“ kann das Vorgehen der Einigungsstelle nur sein, wenn es *sachbezogen* ist.[47] Als Maßstab für die Sachbezogenheit dient der „sinnhafte Bezug

41 Fitting / Auffarth / Kaiser / Heither, § 76, Rd.-Nr. 32; Kehrmann, MitbGespr. 1975, 212; Schneider, Quelle 1972, 359; Kaven, S. 100; Rieble, S. 161; Schönfeld, Verfahren, S. 255.

42 Ehmann, SAE 1985, 190; Hinrichs, AuR 1986, 288; Joost, Betrieb und Unternehmen, S. 332; ähnlich G. Müller, ZfA 1972, 234; Jobs, AuR 1986, 148.

43 EzA Nr. 1 zu § 87 Bildschirmarbeitsplatz, S. 90; vgl. auch BAG v. 11.3.1986, EzA Nr. 15 zu § 87 Kontrolleinrichtung, S. 140.

44 Moll, Entgelt, S. 209, 219 f.

45 Löwisch, AuR 1987, 100.

46 Löwisch, AuR 1987, 99.

zum Zweck der konkreten Regelung".[48] Nur anhand dieses Zweckes kann beurteilt werden, ob etwa ein Interesse den Inhalt der zu treffenden Regelung beeinflussen darf oder außer Betracht zu bleiben hat.[49] Die Einbeziehung eines Interesses in die Entscheidungsfindung muß demnach aus seiner Beziehung zum Regelungszweck „einsichtig" werden, ansonsten ist es „sachfremd".[50]

Zweck der Regelung durch die Einigungsstelle ist die Beilegung der Meinungsverschiedenheit (§ 76 I). Wie diese bereinigt werden kann, richtet sich nach den Bestimmungen, die die Regelungskompetenz der Einigungsstelle in der zu entscheidenden Angelegenheit eröffnen, und denen, die sie begrenzen. Das sind die o. a. Außenschranken des Entscheidungsspielraumes, insbesondere der betreffende Mitbestimmungstatbestand, nach dem sich die Zuständigkeit der Einigungsstelle richtet und bei dessen Auslegung sein Schutzzweck, die grundlegenden Wertungen des BetrVG, Ausstrahlungen der Grundrechte und andere vorrangige Bestimmungen wirksam werden können. Diese Normen bestimmen das Feld der rechtlich zulässigen Inhalte der zu treffenden Regelung. Auf sie müssen die Belange sachlich bezogen sein, die der Entscheidung zugrunde zu legen sind, mit der die Meinungsverschiedenheit beigelegt werden soll.

Sofern sich ein Belang als sachbezogen erwiesen hat, ist das Gewicht zu bestimmen, das ihm in der Abwägung der Belange beider Seiten zukommt. Dazu bedarf es eines *Wertigkeitsmaßstabs.* Dieser wird erst durch die Hinzunahme von Wertungsgesichtspunkten handhabbar und mit Inhalt gefüllt. Diese Wertungen bilden letztlich den Kern der Ermessensbindungen nach § 76 V 3, da sie der Angemessenheit und der durch diese definierten Billigkeit[51] die rechtlichen Maßstäbe und den auf dem Spiel stehenden Belangen das ihnen von Rechts wegen zukommende Gewicht verleihen.

Als Maßstab für die Gewichtung könnte die Gerechtigkeit dienen. Sie zu erreichen, ist Ziel der Angemessenheit; sie ist zudem in der Sachgerechtigkeit enthalten. Einen einigermaßen zuverlässigen Inhalt der Gerechtigkeit festzustellen, bereitet allerdings erhebliche Schwierigkeiten. Nicht von ungefähr vertritt Zippelius die Auffassung, daß eine von allen Menschen und für alle Zeiten nachvollziehbare Einsicht dessen, was Gerechtigkeit ist, nicht aufzufinden sei.[52] Hinzu kommt, daß die Gerechtigkeit ihrerseits umschrieben wird als „das rechte Maß im Verhältnis der Menschen zueinander und zu den ihrer Verfügung unterliegenden Dingen."[53] Sie vermag daher ebensowenig wie die Angemessenheit aus sich heraus anzugeben, *wie* die Dinge den Menschen zuzumessen sind.

---

47 Vgl. Hubmann, AcP 155, 105.

48 M. Wolf, Entscheidungsfreiheit, S. 169; Hubmann, AcP 155, 104.

49 M. Wolf, Entscheidungsfreiheit, S. 169.

50 M. Wolf, Entscheidungsfreiheit, S. 169.

51 Vgl. BAG v. 19.6.1985, DB 1986, 132; v. Hoyningen-Huene, Billigkeit, S. 22.

52 Zippelius, Rechtsphilosophie, S. 146.

53 Larenz, Methodenlehre, 4. Aufl., S. 414.

Wenig hilfreich ist auch der vielfache Hinweis auf den Gedanken der *Gleichheit* als „Kern der Gerechtigkeit“.[54] Zwar ist es ein Zeichen von Gerechtigkeit, Gleiches gleich und Ungleiches ungleich zu behandeln[55], das Gebot der Gleichbehandlung vermag aber weder anzugeben, wie die Gleichen und Ungleichen zu behandeln sind, noch was als gleich oder ungleich anzusehen ist.[56] Letzteres fällt um so schwerer, als alle Dinge und Menschen dieser Welt „einander so ungleich sind 'wie ein Ei dem anderen'“[57], also allenfalls „gleich und ungleich zugleich“[58] sein können. Angesichts dessen ist Gleichheit lediglich als — auf Wertung beruhende — Abstraktion von vorhandener Ungleichheit zu erkennen.[59] Beispielsweise gelten Mann und Frau trotz der gänzlichen Verschiedenheit (Exklusivität) ihrer Geschlechtszugehörigkeit infolge der Wertentscheidung des Art. 3 II, III GG grundsätzlich[60] als im wesentlichen gleich[61].

Der Gleichbehandlungsgrundsatz verbindet lediglich die ihm zugeschriebene Anwendungsvoraussetzung, die festzustellende Gleichheit bzw. Ungleichheit, mit der Rechtsfolge, der vorzunehmenden Gleich- bzw. Ungleichbehandlung. Zu den eigentlichen Schritten „seiner Anwendung“, der Feststellung der Gleichheit, genauer: der Bewertung der Ungleichheit, und der Ermittlung, wie in den (un-) gleichen Fällen zu verfahren ist, trägt er nichts bei.[62] Als Verhaltensregel ist er somit inhaltsleer und besagt kaum mehr als seine Existenz, wiewohl ihn — gerade im Arbeitsrecht — jeder im Munde führt und niemand missen möchte. Er taugt vornehmlich als Sammelbezeichnung und „Begründung“ dafür, daß Fälle, die man aufgrund tatsächlicher Umstände und anderweitiger Wertung als im wesentlichen gleich erkannt hat, gleich behandelt werden.

Die Festlegung der Wertungen dem *"Wertgefühl"* der Einigungsstellenmitglieder zu überlassen, erschiene von vornherein bedenklich. Ein solcher Maßstab wäre zu sehr im subjektiven Bereich verhaftet, so daß seine Inbezugnahme zu weiteren, dem Rechtsverkehr abträglichen, erheblichen Unsicherheiten bei den zu treffenden Einschätzungen führte. Im Interesse der Rechtssicherheit wird regelmäßig das Vorliegen feststellbarer und nachprüfbarer Elemente gefordert.

---

54 Radbruch, Vorschule der Rechtsphilosophie, S. 24; Larenz, Methodenlehre, 4. Aufl., S. 278; Coing, Rechtsphilosophie, S. 215 ff., 222 f.

55 Zur Beschreibung des Gleichheitssatzes des Art. 3 I GG vgl. BVerfG v. 16.3.1955, BVerfGE 4, 155.

56 Radbruch, Vorschule der Rechtsphilosophie, S. 26.

57 Radbruch, Vorschule der Rechtsphilosophie, S. 26.

58 Nef, S. 104.

59 Radbruch, Vorschule der Rechtsphilosophie, S. 26; ähnlich Henkel, Rechtsphilosophie, S. 400 f.

60 Zu den zulässigen Differenzierungen BVerfG v. 13.11.1979, BVerfGE 52, 374; v. Mangoldt / Klein / Starck, Art. 3 GG, Rd.-Nr. 215 ff.

61 Im Bereich des Arbeitsrechts sind überdies die §§ 611 a, 611 b, 612 III BGB, 75 I sowie der in § 1 I 4 BetrAVG anerkannte „allgemeine Gleichbehandlungsgrundsatz“ zu beachten; vgl. Gamillscheg, ArbR I, S. 43 ff. (Nr. 21 c, 22) m. w. N.

62 So auch Henkel, Rechtsphilosophie, S. 400 f.; Zippelius, Rechtsphilosophie, S. 115 f.

Das Gesetz verträgt bei seiner Ausfüllung keinen Rückgriff auf das Wertgefühl seiner Anwender.

Bedeutsamer noch ist das *Legitimationsproblem*. Selbst wenn man subjektive Einschätzungen für beachtlich halten wollte, so entbehrte das Wertgefühl der Einigungsstellenmitglieder doch einer hinreichenden Legitimationsgrundlage. Bei der Anwendung des § 76 V 3 sollte die Einigungsstelle sich nicht auf die eigenen Künste, Wertungen zu prägen, verlassen, sondern auf die Bemühungen des Gesetzgebers als desjenigen mit der größten erreichbaren Legitimation zurückgreifen. Dieser gibt in einer Vielzahl von Vorschriften zu erkennen, *daß* und *in welchem Maß* er bestimmte Interessen bzw. Güter für schützenswert erachtet. Seine Entscheidungen können sich auf die Zustimmung der Mehrheit der Volksvertretung[63] stützen.

Der Rückgriff auf das Mehrheitsprinzip ermöglicht es, die Selbstbestimmung möglichst vieler zu respektieren, und entspricht dem demokratischen Prinzip, möglichst viele an der Festlegung der sozialen Ordnung, der sie unterliegen, teilhaben zu lassen.[64] Jedenfalls im demokratischen Staat sind die aus dem Rechtssystem hervorgehenden Normen „im großen und ganzen Ausdruck konsensfähiger Rechtsauffassungen".[65,66] Die Sachgerechtigkeit ist daher auszufüllen durch die Wertungen, die in der gesamten *Rechtsordnung* deutlich werden.[67]

Fazit: Die Sachgerechtigkeit erläutert die Angemessenheit i. S. v. § 76 V 3 dahingehend, daß bei dieser als Wertungsgesichtspunkte alle Wertungen, die in der Rechtsordnung zum Ausdruck kommen, und alle Belange zu beachten sind, die auf die beizulegende Meinungsverschiedenheit bezogen sind, wie sie von den äußeren Schranken der Regelungskompetenz der Einigungsstelle bestimmt wird. Mit der vollständigen Erfüllung dieser umfassenden Maßgaben wäre die Einigungsstelle freilich im Betriebsalltag regelmäßig überfordert; dies unterstreicht die Notwendigkeit, der Einigungsstelle einen Entscheidungsspielraum zuzubilligen.[68]

(3) Bestimmung der Wertintensität

Sind die Werte gefunden, die in der Rechtsordnung Schutz genießen, so ist zu ermitteln, welches Maß an Wertentfaltung mit den sachbezogenen Belangen im Einzelfall verbunden ist. Angesichts der Vielzahl der einer Bewertung zugäng-

---

63 Zur „Legitimation durch Konsens" vgl. Zippelius, Rechtsphilosophie, S. 80 ff.

64 Zippelius, Rechtsphilosophie, S. 146.

65 Zippelius, Rechtsphilosophie, S. 150.

66 Für diese Ansicht spricht das Beispiel der den Gerechtigkeitsvorstellungen zuwiderlaufenden Mineralölsteuerbefreiung für „Hobbyflieger", die noch vor ihrem Inkrafttreten beseitigt worden ist.

67 Ebenso v. Hoyningen-Huene, Billigkeit, S. 122 f., für die Abwägung der Interessen im Rahmen der Billigkeit.

68 Vgl. schon oben § 1.

lichen Interessen und der Vielfalt der möglichen Situationen, in denen Interessen zu bewerten sind, können nur allgemeine Richtlinien angegeben werden.[69] Diese verhelfen nicht dazu, das Gewicht der Interessen mit mathematischer Genauigkeit zu berechnen[70], dienen aber der Strukturierung und Rationalisierung und damit der Nachprüfbarkeit der zu treffenden Wertungsentscheidung. Wieviel Gewicht dem durch die Wertung geschützten Interesse beizumessen ist, bestimmt sich nach abstrakten und konkreten Gesichtspunkten. Den Fundus bildet auch in dieser Hinsicht die gesamte Rechtsordnung.[71]

(a) Abstrakte Rangordnung der Werte

Ausgangspunkt für die Bewertung eines Interesses ist die abstrakte Rangordnung der Werte. Diese gibt gleichsam die „Eingangswertigkeit" des Interesses für seine Gewichtung im konkreten Einzelfall an. Eine solche abstrakte Rangfolge ergibt sich einmal aus der Rangordnung der Rechtsquellen. Kulturauffassungen der Gemeinschaft[72] vermögen allenfalls im Rahmen der Gesetze Platz zu greifen. Diese ihrerseits haben die Maßgaben der Verfassung zu beachten (vgl. Art. 1 III, 19 I, II, 20 III GG).

Diese aufsteigende Rangfolge findet ihren Grund letztlich in der unterschiedlichen demokratischen Legitimation der Rechtsquellen. Es gilt das Prinzip des größeren erforderlichen Konsenses: Verfassungsnormen bedürfen der Zustimmung von zwei Dritteln der Gesetzgebungsorgane (Art. 79 II, 144 I GG), einfache Gesetze können sich immerhin auf Mehrheitsentscheidungen der Volksvertretung stützen (Art. 77 I 1, 42 II GG), während das Ausmaß der Zustimmung zu einer Kulturauffassung nicht feststellbar bzw. nicht demokratisch legitimierbar ist, zumal solche sich auch ohne Mehrheitsvotum des Volkes oder seiner repräsentativen Vertreter bilden können. Dementsprechend genießen verfassungsrechtliche Wertentscheidungen den Vorrang vor einfachgesetzlichen Wertungen, und diese wiederum sind höher zu bewerten als Kulturanschauungen der Gemeinschaft[73].

Eine abstrakte Rangordnung der Werte kommt in der Rechtsordnung aber auch anderweitig zum Ausdruck. Z. B. ergibt sich ein Vorrang des Schutzgutes „Leben" gegenüber dem der „körperlichen Unversehrtheit" aus einem Vergleich der Strafdrohungen in §§ 211, 212, 216 StGB mit der in § 223 StGB. Ferner ist festzustellen, daß die Gesundheit ihrerseits eine höhere Wertschätzung genießt als materielle Vermögenswerte. Dies kann zwar den Gesetzen nur schwerlich entnommen werden[74], entspricht jedoch der allgemeinen Kulturauffassung[75]. In

69 M. Wolf, Entscheidungsfreiheit, S. 174.

70 Vgl. v. Hoyningen-Huene, Billigkeit, S. 123 f.; Hubmann, AcP 155, 133.

71 Hubmann, AcP 155, 101 f.

72 Zu ihrer Beachtlichkeit vgl. v. Hoyningen-Huene, Billigkeit, S. 123.

73 V. Hoyningen-Huene, Billigkeit, S. 122 f.; Hubmann, AcP 155, 101 f.

74 Dafür könnte allenfalls die Wertung der Sonderregelung des § 847 I 1 BGB sprechen. Dagegen spricht der Vergleich der Strafdrohungen in §§ 242, 246, 263, 266 StGB mit der in § 223 StGB.

der Rechtsgemeinschaft wird im übrigen der Erhaltung des Erworbenen, der Besitzstandswahrung, die in sozialen Angelegenheiten eine bedeutende Rolle spielt,[76] ein höherer Wert beigemessen als dem Erwerb.[77]

(b) Interessenhäufung

Unter Interessenhäufung wird einmal verstanden, daß das Begehren einer Seite von mehreren Interessen getragen wird.[78] Dieser Ansatzpunkt besagt aber nichts über das Gewicht eines Einzelinteresses. Er kann daher im vorliegenden Zusammenhang vernachlässigt werden, zumal die Einigungsstelle ohnehin sämtliche vorhandenen Belange zu beachten hat.

Zum anderen betrifft das Prinzip der Interessenhäufung die Konstellation, in der ein Interesse von mehreren Personen verfolgt wird, die durch ein rechtliches Band zusammengeschlossen sind.[79] Einen solchen Zusammenschluß stellt die Belegschaft[80] dar. Dem gleichgerichteten Wertstreben vieler kommt danach regelmäßig ein größeres Gewicht zu als einem Einzelinteresse.[81]

Im Wege der Interessenhäufung auf Arbeitnehmerseite darf jedoch nicht das Prinzip der Gleichwertigkeit der Belange der Arbeitnehmer und des Betriebes ausgehöhlt werden. Die Personenmehrheit auf Arbeitnehmerseite ergibt sich bereits aus der Natur der betrieblichen Arbeitnehmervertretung, und das Vorhandensein gleichgerichteter Interessen bei einer Mehrzahl der betroffenen Arbeitnehmer liegt der Konzeption der Betriebsverfassung und dem Berücksichtigungsgebot des § 76 V 3 zugrunde. Die Belange „der betroffenen Arbeitnehmer" werden vom Gesetz als Einheit verstanden und denen des Betriebs gegenübergestellt. Wollte man gleichwohl die Arbeitnehmerinteressen unter dem Gesichtspunkt der Interessenhäufung höher bewerten und damit gegenüber einem entsprechenden Arbeitgeberinteresse generell aufwerten, verstieße dies gegen das Prinzip der Gleichwertigkeit der Betriebspartner. Daher ist der Gesichtspunkt der Interessenhäufung der Konzeption der Betriebsverfassung anzupassen und kann allenfalls im Sinne einer fehlenden Interessenhäufung zum Tragen kommen. Demnach ist ein Interesse, das von einem erheblichen Teil der betroffenen Arbeitnehmer nicht verfolgt wird, relativ — im Vergleich zu seiner abstrakten Eingangswertigkeit — abzuwerten.

---

75 M. Wolf, Entscheidungsfreiheit, S. 174 f.; Hubmann, AcP 155, 101.

76 Vgl. Rüthers, in: Rüthers / Hacker, BetrVG auf dem Prüfstand, S. 10: Der Grundsatz „Soziale Besitzstände sind heilig und unantastbar." werde treffend als Art. 0 GG bezeichnet.

77 M. Wolf, Entscheidungsfreiheit, S. 174.

78 M. Wolf, Entscheidungsfreiheit, S. 175 f.; Hubmann, AcP 155, 107.

79 Hubmann, AcP 155, 108.

80 In der Belegschaft faßt das BetrVG „die Arbeitnehmer als Zuordnungssubjekte der betriebsverfassungsrechtlichen Zuständigkeiten und Rechte zusammen." (GK-Thiele, Einleitung, Rd.-Nr. 66 ff., 72).

81 Hubmann, AcP 155, 108.

(c) Interessen- bzw. Gefahrennähe

Je entfernter ein Wert ist, desto weniger kann er seinen Achtungsanspruch entfalten.[82] Wie die Nähe der Verwirklichung eines Interesses, so ist auch die Wahrscheinlichkeit seiner Verletzung ein wichtiger Gradmesser für die Schutzbedürftigkeit und Wertentfaltung des Interesses im konkreten Sachverhalt.[83] Erkennt die Rechtsordnung ein Interesse oder ein Gut als schützenswert an, so ist sein Schutz um so gewichtiger, je stärker die Verwirklichung des Interesses bzw. des Gutes gefährdet ist.

Dies sei an zwei Beispielen veranschaulicht: Angesichts der nicht ganz auszuschließenden, aber doch geringen Wahrscheinlichkeit, bei einer medizinisch notwendigen Operation das Leben einzubüßen, vermag der abstrakt höhere Wert des Lebens im Einzelfall sein Gewicht nicht voll zu entfalten und steht zurück, wenn durch den operativen Eingriff ein sicherer schwerer Schaden für die Gesundheit behoben werden kann. — Sollen Arbeitnehmer bei ihrer Tätigkeit mittels Multimomentkameras[84] überwacht werden, wirkt sich das Prinzip der Gefahrennähe dahin aus, daß dem Persönlichkeitsschutz der Arbeitnehmer eine größere Bedeutung zukommt, je geringer die Zeitabstände sind, in denen die einzurichtenden Kameras Aufnahmen des Arbeitsplatzes anfertigen sollen.

In der Rechtsordnung verankert ist das Prinzip der Interessen- bzw. Gefahrennähe insbesondere im Bereich des Strafrechts. Steht eine Gefährdung bzw. Verletzung eines Rechtsguts unmittelbar bevor, so wird seinem Schutz von der Rechtsordnung gesteigertes Gewicht beigemessen: Der Strafrechtsschutz beginnt (§§ 22, 23 I StGB)[85] und zur Verteidigung des Gutes werden Notwehr- und Notstandsrechte eröffnet (§§ 227, 904 BGB; 32, 34 StGB)[86]. Ferner liegt der Gedanke der Gefahrennähe der im Zivilrecht herrschenden Adäquanztheorie zugrunde[87], nach der dem Verletzer Schäden nicht zugerechnet werden, die nur unter besonders eigenartigen, unwahrscheinlichen und nach dem gewöhnlichen Verlauf der Dinge außer acht zu lassenden Umständen geeignet sind, Nachteile der Art herbeizuführen, wie sie tatsächlich eingetreten sind.[88]

(d) Interessenintensität

Die Wertausstrahlung eines Interesses und damit sein Wertgewicht ist um so stärker, je mehr sein Kernbereich betroffen ist und entsprechend geringer, wenn

---

82 Hubmann, AcP 155, 110.

83 M. Wolf, Entscheidungsfreiheit, S. 176; Hubmann, AcP 155, 112; Larenz, Methodenlehre, 5. Aufl., S. 396.

84 Vgl. BAG v. 14.5.1974, AP Nr. 1 zu § 87 Überwachung.

85 Vgl. Schönke / Schröder-Eser, § 22, Rd.-Nr. 42 m. w. N.

86 Vgl. Schönke / Schröder-Lenckner, § 32, Rd.-Nr. 13 f. m. w. N.

87 Hubmann, AcP 155, 110.

88 BGH v. 14.3.1985, NJW 1986, 1331; Palandt-Heinrichs, vor § 249 BGB, Rd.-Nr. 59.

es nur in seinen Randerscheinungen berührt wird.[89] So wird z. B. das Interesse der Arbeitnehmer am Erwerb von Erfrischungsgetränken am Arbeitsplatz im Kern betroffen, wenn der Verkauf solcher Getränke im Betrieb auf die Zeit der dreißigminütigen Mittagspause beschränkt werden soll. Dieses Interesse wird hingegen nur am Rande berührt und wiegt daher weniger schwer, wenn im Zuge der Umstellung der Verkaufseinrichtungen auf Automatenbetrieb[90] die Getränke nicht mehr in verschiedenen Mengen erstanden werden können.

Das Prinzip der Interessenintensität findet sich etwa in Art. 19 II GG in Gestalt der Wesensgehaltsgarantie der Grundrechte und in § 906 I BGB[91]. Nach letzterer Bestimmung wird dem Interesse des Eigentümers, gewisse im Gesetz genannte Einwirkungen auf sein Grundstück abzuwehren (§ 903 BGB), nur dann ein beachtliches Gewicht zuerkannt, wenn die Grundstücksbenutzung durch die Immissionen wesentlich beeinträchtigt wird, also von besonderer Intensität ist.

(e) Personaler Einschlag der Interessenbewertung

In der Rechtsordnung sind zwei Ansatzpunkte dafür zu finden, daß im persönlichen Bereich des Interessenträgers liegende Momente zu einer Minderung des objektiven Wertes seines Interesses führen können.[92]

Zum einen kann es zur Abwertung eines Interesses führen, wenn im Einzelfall der Träger des Interesses auf dieses tatsächlich weniger Gewicht legt, als von der Rechtsordnung vorausgesetzt.[93] Dann erscheint es nicht gerechtfertigt, das Interesse allein abstrakt und objektiv und damit höher zu bewerten als dies der Betroffene selbst tut. Das Prinzip, eigene Interessen selbst abweichend von der gesetzlichen Wertung niedriger zu gewichten, über sie bzw. ihre Wertigkeit zu disponieren, indem man den Schutz der gesetzlichen Regelung freiwillig aufgibt, ist Teil des Grundsatzes der Privatautonomie (Art. 2 I GG). Selbst der Strafrechtsschutz tritt zurück, wenn der Träger eines Rechtsgutes dessen Verletzung zustimmt.[94]

Zum anderen kann es zur Abwertung eines Interesses führen, wenn dessen Gefährdung von dem Interessenträger selbst veranlaßt worden ist.[95] Dies gilt z. B., wenn die Arbeitnehmer durch eine erhebliche Steigerung der Telefonkosten des Betriebes die Einrichtung einer Telefondatenerfassungsanlage[96] zur Feststel-

89 M. Wolf, Entscheidungsfreiheit, S. 177; Hubmann, AcP 155, 114; Larenz, Methodenlehre, 5. Aufl., S. 396.

90 Die Entscheidungskompetenz der Einigungsstelle ergibt sich hinsichtlich der Ausgestaltung einer Sozialeinrichtung aus § 87 II, I Nr. 8 (vgl. Dietz / Richardi, § 87, Rd.-Nr. 447; z. T. abweichend zum BetrVG 1952 BAG v. 26.10.1965, BAGE 17, 316, 318 ff.); sie fehlt, wenn es um die Schließung der Einrichtung geht (vgl. ebenda).

91 M. Wolf, Entscheidungsfreiheit, S. 177.

92 M. Wolf, Entscheidungsfreiheit, S. 177; Hubmann, AcP 155, 118.

93 M. Wolf, Entscheidungsfreiheit, S. 177.

94 Vgl. Schönke / Schröder-Lenckner, vor §§ 32 ff., Rd.-Nr. 29 ff.

95 Hubmann, AcP 155, 120.

lung des Umfangs der durch Privatgespräche anfallenden Kosten erforderlich machen. Dann haben die Arbeitnehmer selbst den Anlaß dafür gegeben, daß ihr Interesse, beim Telefonieren am Arbeitsplatz nicht überwacht zu werden, durch die Installierung der Telefondatenanlage beeinträchtigt wird. Dieses Interesse vermag daher den ihm abstrakt und objektiv zukommenden Wert im konkreten Sachverhalt nicht voll zu entfalten.

Eine Minderung des rechtlichen Schutzes infolge der Veranlassung des erlittenen Schadens bringt etwa § 935 I BGB zum Ausdruck.[97] Das Interesse des Eigentümers am Ausschluß des gutgläubigen Erwerbs hinsichtlich seiner beweglichen Sachen wird nicht geschützt, wenn er selbst willentlich die Möglichkeit geschaffen hat, daß ein anderer sich den Rechtsschein des Besitzes der Sache (§ 1006 BGB) zunutze macht.

(4) Zusammenfassung

Die Angemessenheit dient dem Ziel der Gerechtigkeit und ist mit einer Abwägung der beiderseitigen Interessen anhand der konkreten Umstände des Einzelfalles verbunden. Sie enthält die Anweisung, die zu berücksichtigenden Belange zu gewichten, jedoch keine maßstabgebenden Wertungen.

Das Wertungsgebot läßt sich mit Hilfe der Sachgerechtigkeit erläutern: Zu gewichten sind die Belange, die einen sinnhaften Bezug zu der beizulegenden Meinungsverschiedenheit aufweisen, wie sie von den äußeren Schranken der Regelungskompetenz der Einigungsstelle bestimmt wird. Als Bewertungsmaßstab sind die in der Rechtsordnung aufzufindenden Wertungen heranzuziehen, die eine Aussage darüber zulassen, ob ein Belang von Rechts wegen einen Wert darstellt und Schutz genießt. Wieviel Gewicht einem durch eine Wertung geschützten Interesse im konkreten Einzelfall beizumessen ist, bestimmt sich nach der abstrakten Rangordnung der Werte, der Interessenintensität, der Interessen- bzw. Gefahrennähe, der Interessenhäufung und einem personalen Einschlag der Interessenbewertung.

c) Ergebnis

Das Gebot der angemessenen Berücksichtigung der Belange des Betriebes und der von dem Einigungsspruch betroffenen Arbeitnehmer hat folgenden Inhalt: Berücksichtigungsfähig sind sämtliche im Zeitpunkt der Entscheidung der Einigungsstelle tatsächlich vorhandenen Interessen und Bedürfnisse. Diese sind von der Einigungsstelle zur Kenntnis zu nehmen und daraufhin zu prüfen, ob und gegebenenfalls wie sie der zu treffenden Entscheidung zugrunde zu legen sind. Relevant sind nur solche Belange, die auf die beizulegende Meinungsverschieden-

---

96 Dazu BAG v. 27.5.1986, EzA Nr. 16 zu § 87 Kontrolleinrichtung.

97 Hubmann, AcP 155, 121, will das Veranlassungsprinzip aus § 829 BGB entnehmen.

heit sinnhaft bezogen sind, wie sie von den äußeren Schranken der Regelungskompetenz der Einigungsstelle bestimmt wird. Das Ausmaß der Berücksichtigung eines Belanges entspricht seinem Gewicht, das ihm nach den in der Rechtsordnung enthaltenen Wertungen zukommt.

2. Billigkeit

Nach § 76 V 3 hat die Einigungsstelle ihre Beschlüsse nach „billigem" Ermessen zu fassen, ihre Entscheidung also an der Billigkeit zu orientieren. Diese findet man vornehmlich im Privatrecht, und zwar in den verschiedensten Normen.[98,99] Sie ist eine vielfach in Anspruch genommene „schillernde Erscheinung"[100] und, wie die Gerechtigkeit, vor allem in der Rechtsphilosophie Gegenstand der Erörterungen. Im folgenden soll versucht werden, Begriff, rechtliche Qualifikation und Inhalte der Billigkeit zu skizzieren.

a) Begriff der Billigkeit

Die Billigkeit wird beschrieben als die „konkrete Gerechtigkeit im Einzelfall"[101]: Sie soll als „Sonderfall der Gerechtigkeit"[102] „dem besonderen Einzelfall sein Recht gewähren"[103]. Ihrer Funktion nach entspricht sie der Angemessenheit. Wie diese ist sie auf den konkreten Sachverhalt bezogen und dient der Verwirklichung von Gerechtigkeit.

Nach von Hoyningen=Huene[104] kann die Billigkeit nur bei Rechtsbeziehungen zwischen zwei Personen Anwendung finden, nicht jedoch bei kollektiven Rechtsverhältnissen. Normative Regeln eines Tarifvertrages oder einer Betriebsvereinbarung wirkten sich von vornherein auf eine Vielzahl von Personen aus und beträfen keine individuelle Rechtsbeziehung, keinen „Einzelfall". Nur wenn die Einigungsstelle eine individuelle Regelung treffe, käme daher die Billigkeit, bei kollektiven Regelungen dagegen die Angemessenheit zum Tragen.[105] So werde das jeweils geeignete Merkmal angewandt und der Gesetzestext um das jeweils unpassende Wertungsgebot reduzierend ausgelegt. Danach hätte die Einigungsstelle z. B. bei der Zuweisung einer Werkmietwohnung an einen Arbeitnehmer

---

98 Etwa in den §§ 315, 317, 319, 829, 847, 1576, 1577 BGB, § 89b HGB, § 2 HausratsVO, § 43 II WEG, § 16 BetrAVG, §§ 75 I, 76 V 3 BetrVG.

99 s. dazu v. Hoyningen-Huene, Billigkeit, S. 47 ff., 128 ff.

100 V. Hoyningen-Huene, Billigkeit, S. 7.

101 V. Hoyningen-Huene, Billigkeit, S. 18; GK-Kreutz, § 75, Rd.-Nr. 27.

102 V. Hoyningen-Huene, Billigkeit, S. 23.

103 Staudinger / Mayer-Maly, § 315 BGB, Rd.-Nr. 56; Henkel, Rechtsphilosophie, S. 421.

104 V. Hoyningen-Huene, Billigkeit, S. 23 f.; GK-Thiele, 3. Bearbeitung, § 77, Rd.-Nr. 69.

105 V. Hoyningen-Huene, Billigkeit, S. 51 f.

(§ 87 I Nr. 9) ihre Ermessensausübung an der Billigkeit zu orientieren, während diese bei der Aufstellung eines Urlaubsplanes für den gesamten Betrieb (§ 87 I Nr. 5) unanwendbar bliebe und das Kriterium der Angemessenheit Platz griffe.

Diese Deutung begegnet Bedenken. Sie greift korrigierend in den Gesetzestext ein. Nach von Hoyningen=Huene gälte von § 76 V 3 immer nur ein bestimmter Teil, ein anderer bliebe unangewendet. Insbesondere findet sich für die von ihm vorgeschlagene differenzierende Heranziehung der Wertungsbegriffe nach der Zahl der von der Entscheidung betroffenen Personen im Gesetz kein Anhaltspunkt. § 76 V 3 gilt für alle Einigungssprüche gleichermaßen. Ob die normative Wirkung eines Spruches lediglich den Arbeitgeber und einen einzelnen Arbeitnehmer betrifft oder deren mehrere, ist eine rechtstatsächliche Frage und kann kein Kriterium für die Auslegung des § 76 V 3 sein.

b) Rechtliche Qualifikation der Billigkeit

Nach einhelliger Meinung handelt es sich bei der Billigkeit um einen sog. unbestimmten Rechtsbegriff.[106] Dem Wesen[107] solcher Begriffe entspricht es, daß sich unter sie ein Sachverhalt nicht ohne weiteres subsumieren läßt.[108] Sie haben keinen bis ins Letzte feststehenden Inhalt, der mit den Methoden der Gesetzesauslegung ermittelt und definiert werden kann.[109] Dazu in gewissem Widerspruch steht das Dogma, daß es für einen bestimmten Sachverhalt immer nur eine richtige Auslegung des unbestimmten Rechtsbegriffs gibt, deren Erkenntnis der unbeschränkten Nachprüfung durch die Gerichte unterliegt.[110] Danach ist in jedem Fall lediglich eine wirklich billige Entscheidung „denkbar".[111]

c) Inhalt der Billigkeit

Der Billigkeit entspricht eine Bestimmung, wenn sie alle wesentlichen Umstände des Falles und die beiderseitigen Interessen angemessen berücksichtigt hat.[112,113] Dies deckt sich mit der unter 1. erörterten angemessenen Berücksichti-

106 BAG v. 12.10.1961, AP Nr. 84 zu § 611 BGB Urlaubsrecht, Bl. 4V; v. Hoyningen-Huene, Billigkeit, S. 30 m. w. N.

107 Vgl. Enneccerus / Nipperdey, AT, S. 308 f.

108 Erichsen / Martens, Allg. VerwR, S. 204; Eyermann / Fröhler, VwGO, § 114, Rd.-Nr. 7.

109 Schlüter, SAE 1975, 160.

110 Gem. Senat v. 19.10.1971, BVerwGE 39, 363; BVerwG v. 22.4.1966, BVerwGE 24, 63 f.; Eyermann / Fröhler, VwGO, § 114, Rd.-Nr. 7; v. Hoyningen-Huene, Billigkeit, S. 30.

111 Dem Rechtsanwender erscheint diese Vorstellung als wenig hilfreich. „Unbestimmte Rechtsbegriffe bleiben auch dann unbestimmt und mehrdeutig, wenn ihre Eindeutigkeit behauptet und sie in dieser Hinsicht mit dem Ermessen begrifflich kontrastiert werden." (Rupp, NJW 1969, 1274).

112 BAG v. 19.6.1985, DB 1986, 132; BAG v. 28.9.1977, DB 1978, 212; BAG v. 28.11.1984, DB 1985, 133; v. Hoyningen-Huene, Billigkeit, S. 22; Staudinger / Mayer-Maly, § 315 BGB, Rd.-Nr. 58.

gung der beiderseitigen Belange. Wie dort die Angemessenheit erweist sich die durch diese definierte Billigkeit als Anweisung und Generalklausel für Wertung, ohne selbst die maßstabgebenden Gesichtspunkte zu enthalten, anhand derer die Belange zu gewichten sind, um den beiden Seiten gerecht werdenden Ausgleich im Einzelfall zu erzielen[114]. Für die Bewertung der Umstände und Interessen des Einzelfalles kann auf die zur Angemessenheit gefundenen Grundsätze zurückgegriffen werden, sowohl hinsichtlich des Kreises der relevanten Wertungen[115] als auch hinsichtlich der ihnen zukommenden Wertintensität[116].

d) Ergebnis

Die Billigkeit dient der Verwirklichung von Gerechtigkeit im konkret zu entscheidenden Fall und beinhaltet das Gebot, alle wesentlichen Umstände des Falles und die Interessen beider Seiten angemessen — im oben ausgeführten Sinne — zu berücksichtigen.

3. Ermessen i. S. v. § 76 V 3 BetrVG

§ 76 V 3 bestimmt, daß die Einigungsstelle ihre Beschlüsse „nach ... Ermessen" zu fassen hat. Ermessen ist ein Phänomen, das sich in allen Rechtsgebieten findet.[117] Seinen Hauptanwendungsfall bildet das Ermessen der Verwaltungsbehörde, das Gegenstand einer intensiven juristischen Diskussion ist.[118] Weniger Beachtung hat das Ermessen im Zivilrecht gefunden. Soweit es untersucht worden ist, hat sich herausgestellt, daß es dem Verwaltungsermessen „wesensgleich" ist.[119] Daher kann für die Erörterung des Ermessens i. S. v. § 76 V 3 auf die Erkenntnisse aus dem allgemeinen Zivilrecht und dem öffentlichen Recht zurückgegriffen werden.

a) Begriff des Ermessens

Ermessen bedeutet, daß der Person oder Stelle, der es vom Gesetz verliehen ist, ein Spielraum zu eigener und eigenverantwortlicher Wahl und Entscheidung gewährt wird, innerhalb dessen auch eine andere als die getroffene Entscheidung als rechtmäßig anzusehen wäre.[120] Demjenigen, dem das Ermessen verliehen ist,

---

113 Unbegründet und unzutreffend meint Hammen, RdA 1986, 25, „billig" hieße „möglichst wohlmeinend zugunsten der Arbeitnehmer". „Rechtliche Bedeutung hat das [jedoch] nicht" (vgl. die in Bezug genommene Literaturstelle von Wolf / Hammen, SAE 1982, 302).

114 V. Hoyningen-Huene, Billigkeit, S. 32.

115 Vgl. o. 1. b) bb) (2).

116 Vgl. o. 1. b) bb) (3).

117 Zum Ermessen im Zivilrecht vgl. etwa §§ 315, 317 I, 319 I, 660 I, 1382 IV, 1844 I, 2048 Satz 2, 2156 Satz 1 BGB, § 16 BetrAVG.

118 Vgl. das Schrifttum bei Kopp, VwVfG, zu § 40.

119 Behrens, S. 38 ff., 41; ausführlich Rieble, S. 36 ff., 109 ff., 152, 211.

wird ein Freiraum dahin eröffnet, daß sein „Verhalten weder durch ein Gesetz voll vorausbestimmt ist noch durch ein Gericht voll überprüft werden kann“.[121] Kennzeichen des Ermessens ist also ein Entscheidungs- bzw. Gestaltungsspielraum.

b) Zweck der Ermesseneinräumung

Die Einräumung von Ermessen dient dem Zweck, der entscheidenden Stelle eine „möglichst gerechte und zweckmäßige Anpassung der konkreten Rechtsgestaltung an die besonderen Gegebenheiten von Einzelfällen zu ermöglichen“.[122]

c) Wesen der Ermessensausübung

Den Idealtyp eines Verfahrens der Ermessensbetätigung hat Schwerdtfeger[123] wie folgt zusammengefaßt: Zunächst sind alle entscheidungsrelevanten Daten und Gesichtspunkte zusammenzutragen, soweit sie sich aufklären lassen. Dann sind die verschiedenen Daten und Gesichtspunkte gegeneinander abzuwägen. Bei dieser Abwägung sind die widerstreitenden Gesichtspunkte in ihrem Verhältnis zueinander zu gewichten. Dafür gibt es weder eine einheitliche Maßeinheit noch eine von vornherein bestimmte Wertigkeit der Gesichtspunkte. Die Behörde hat vielmehr die Gewichtung nach ihren Wertungen vorzunehmen, das sei das Wesen des ihr übertragenen Ermessens.

d) Immanente Schranken des Ermessens

Im öffentlichen Recht ist das Ermessen stets in zweierlei Hinsicht gebunden:[124] Die Behörde ist gehalten, bei der Abwägung die konkreten Umstände des Falles und den Zweck der Norm, die sie zur Ermessensausübung ermächtigt, zu berücksichtigen.[125] Dem Zweck dieser Norm widerspricht es, wenn die Behörde von unzutreffenden rechtlichen oder tatsächlichen Voraussetzungen ausgeht[126], wenn

---

120 BVerwG v. 27.5.1981, BVerwGE 62, 241; BAG v. 12.10.1961, AP Nr. 84 zu § 611 BGB Urlaubsrecht, Bl. 4 V; Erichsen / Martens, Allg. VerwR, S. 208 f.; Eyermann / Fröhler, VwGO, § 114, Rd.-Nr. 7; Kornblum, AcP 168, 458; Maurer, Allg. VerwR, § 7, Rd.-Nr. 6; MK-Söllner, § 315 BGB, Rd.-Nr. 14; Stern, Verwaltungsprozessuale Probleme, S. 182; Wolff / Bachof, VerwR I, S. 194 f.; abweichend Kopp, VwVfG, § 40, Rd.-Nr. 4; Maunz, DÖV 1981, 498 f.

121 Bullinger, JZ 1984, 1001.

122 Wolff / Bachof, VerwR I, S. 194; Maurer, Allg. VerwR, § 7, Rd.-Nr. 8; Schwerdtfeger, Öffentliches Recht, Rd.-Nr. 91; Behrens, S. 39.

123 Schwerdtfeger, Öffentliches Recht, Rd.-Nr. 92.

124 Z. T. wird diese Bindung bereits dem Begriff des Ermessens zugeschrieben (vgl. Kopp, VwVfG, § 40, Rd.-Nr. 4; Maunz, DÖV 1981, 498 f.).

125 Achterberg, Allg. VerwR, § 18, Rd.-Nr. 37; Erichsen / Martens, Allg. VerwR, S. 209; Hill, NVwZ 1985, 450; Kopp, VwVfG, § 40, Rd.-Nr. 4; Maurer, Allg. VerwR, § 7, Rd.-Nr. 8.

126 BVerwG v. 13.11.1979, NJW 1980, 2034.

sie nach dem Zweck der zu vollziehenden Norm oder aufgrund anderer Rechtssätze irrelevante Gesichtspunkte berücksichtigt, einschlägigen Gesichtspunkten ein ihnen nicht zukommendes Gewicht beimißt[127] oder sie ganz außer acht läßt oder sonst nicht durch den Zweck des Gesetzes gedeckte Erwägungen anstellt.[128]

Die stetige Bindung des Ermessens an diese Ausübungsleitlinien spricht dafür, diese als immanente (innere) Schranken des Ermessens schlechthin anzusehen, die dann auch für § 76 V 3 gälten. Für die Einigungsstelle bedeutete dies, daß sie sich bei ihrer Entscheidung zu orientieren hat an den gegebenen Belangen in der konkreten Meinungsverschiedenheit und an dem Zweck ihrer Ermessensermächtigung, also an der Beilegung der Meinungsverschiedenheit, wie sie durch die äußeren Schranken der Einigungsstellenkompetenz bestimmt wird,[129] sowie an allgemeinen Wertungsgesichtspunkten, die im Rahmen der Sachgerechtigkeit erörtert worden sind.[130]

e) Ergebnis

Das Ermessen soll eine möglichst gerechte und zweckmäßige Rechtsgestaltung im Einzelfall ermöglichen. Dazu sind die konkreten Umstände des Falles zusammenzutragen, zu gewichten und gegeneinander abzuwägen. Dabei hat sich die Stelle, der das Ermessen eingeräumt ist, insbesondere vom Zweck der Norm, die sie zur Ermessensausübung ermächtigt, aber auch von anderen, an allgemeinen Rechtsgrundsätzen orientierten Wertungen leiten zu lassen. Als besonderes Kennzeichen des Ermessens verbleibt ihr ein gerichtlich nicht voll überprüfbarer Entscheidungs- bzw. Gestaltungsspielraum.

4. Gesamtschau

Sind die einzelnen Elemente des § 76 V 3 nach ihrem Wesen, Inhalt und Zweck untersucht, sollen sie nun zu einem Sinnganzen zusammengefügt werden. Gemeinsam sind der Angemessenheit, der Billigkeit und dem Ermessen folgende Aspekte:

— die Bezogenheit auf die konkreten Umstände des Regelungsgegenstandes,

— die umfassende Beachtung aller relevanten Gesichtspunkte,

— die Bestimmung der Relevanz der Gesichtspunkte nach ihrem sinnhaften Bezug zu der beizulegenden Meinungsverschiedenheit, wie sie durch die äußeren Schranken der Regelungskompetenz der Einigungsstelle festgelegt wird,

---

127 BVerwG v. 21.10.1980, DÖV 1981, 427; VGH Kassel v. 13.9.1982, NVwZ 1983, 551.

128 Kopp, VwGO, § 114, Rd.-Nr. 12.

129 Vgl. o. § 6 III.

130 Vgl. o. 1. b) bb) (2).

— das Ziel der Verwirklichung von Gerechtigkeit im Einzelfall (und damit die Eigenschaft als Generalklausel für Wertungen),

— die Gewichtung aller sachbezogenen Gesichtspunkte anhand von Wertungsgrundsätzen, die sich in der Rechtsordnung auffinden lassen und

— die Abwägung der gewichteten Belange beider Seiten.

Diese Maßgaben, die den drei Normelementen gleichermaßen zu entnehmen sind, sind bei der Anwendung des § 76 V 3 zu beachten. Ungeklärt ist jedoch, inwiefern sich die Besonderheiten des Ermessens gegenüber denen der unbestimmten Rechtsbegriffe durchzusetzen vermögen. Von der Angemessenheit und der Billigkeit unterscheidet sich das Ermessen durch das weitere Ziel der möglichst zweckmäßigen Entscheidung und die Gewährung eines lediglich auf die Einhaltung seiner Grenzen kontrollierbaren Ermessensspielraums. Es stellt sich damit die Frage, ob § 76 V 3 insgesamt als Ermessensvorschrift zu behandeln ist.

a) § 76 V 3 BetrVG als Ermessensvorschrift

aa) „Billiges Ermessen" als Ermessensbegriff

Gemäß § 76 V 3 hat die betriebliche Einigungsstelle nach „billigem" Ermessen zu entscheiden. Nach den bisherigen Erkenntnissen sind beide Begriffselemente mit gegensätzlichen Wesensmerkmalen und Gerichtsschutzmöglichkeiten verbunden. Während bei der Billigkeit als unbestimmtem Rechtsbegriff nur eine Entscheidung richtig ist und dies gerichtlich uneingeschränkt nachgeprüft werden kann [131], gibt es beim Ermessen mehrere gleichermaßen „richtige" Entscheidungsmöglichkeiten [132] und demzufolge nur eine beschränkte gerichtliche Kontrolle von Ermessensakten [133]. Nicht von ungefähr hat Nipperdey [134] das billige Ermessen als *„Widerspruch in sich"* bezeichnet.

Wie eine solche Gegensätzlichkeit zu beheben ist, entscheidet sich nach einem zu § 131 I 1 AO a. F. [135] ergangenen Beschluß des Gemeinsamen Senats der obersten Gerichtshöfe des Bundes [136] danach, ob es sich um eine Koppelung zwischen unbestimmtem Rechtsbegriff auf der Tatbestandsseite der betreffenden

---

131 Vgl. o. 2. b).

132 Abweichend meint Behrens (S. 24, 41), „der Idee nach" gäbe es auch beim Ermessen nur eine „zweckmäßigste" und damit „richtige" Entscheidung. Angesichts der Schwierigkeit, die allein richtige Entscheidung aufzufinden, werde der ermessensausübenden Stelle allerdings ein Spielraum gewährt, in dem alle Entscheidungen „als richtig behandelt" würden.

133 Vgl. o. 3. a).

134 Enneccerus / Nipperdey, AT, S. 309.

135 § 131 I 1 AO in der Fassung vom 13.7.1961 lautet: „Im Einzelfall *können* Steuern und sonstige Geldleistungen ganz oder teilweise erlassen werden, wenn ihre Einziehung nach Lage des einzelnen Falles *unbillig* wäre" (Hervorhebungen vom Verfasser).

136 Gem. Senat v. 19.10.1971, BVerwGE 39, 355.

Norm und sich daran anschließender Ermessensausübung, oder ob es sich um eine Ermächtigung zur Ermessensausübung handelt, die sich an dem unbestimmten Begriff zu orientieren hat.[137] Im letzteren Fall handele es sich um eine „einheitliche Ermessensvorschrift“[138], die als solche ausschließlich nach Ermessensgrundsätzen zu behandeln sei. In ersterem Fall erfolgten die Anwendung des unbestimmten Rechtsbegriffs und die Ausübung des Ermessens nacheinander nach den jeweils für sie geltenden Grundsätzen.[139] Welche Variante vorliegt, könne nur nach dem Sinn und Zweck der jeweiligen Vorschrift entschieden werden.[140]

Eine Aufspaltung des § 76 V 3 in eine Tatbestands- und eine Rechtsfolgeseite, wie für die Annahme einer Koppelungsvorschrift i. S. d. erstgenannten Variante erforderlich, ist nicht möglich. § 76 V 3 enthält keine tatbestandlichen Voraussetzungen für eine Entscheidung der Einigungsstelle, sondern betrifft lediglich das „Wie“ eines Einigungsspruches, also die „Rechtsfolgeseite“. Die Billigkeit in § 76 V 3 ist mithin nicht Element einer sog. Koppelungsvorschrift.[141]

Der enge Bedeutungszusammenhang der Billigkeit mit dem Ermessen wird schon im Wortlaut der Norm deutlich: Das Ermessen wird durch das Attribut „billig“ näher bestimmt. Dabei äußert sich in der Wahl von Haupt- und Beiwort die Dominanz des Ermessens. Die Ermächtigung zur Ermessensausübung in § 76 V 3 wird durch den Zweck der Norm unterstrichen. Die sich anschließende, den Gerichtsschutz betreffende Vorschrift des § 76 V 4 spricht ausdrücklich von einer „Überschreitung der Grenzen des Ermessens“, zeigt also, daß der Gesetzgeber der Einigungsstelle einen der gerichtlichen Kontrolle eben nur hinsichtlich seiner Grenzen zugänglichen Ermessensrahmen schaffen wollte.[142] Dieser Wille des Gesetzgebers darf nicht dadurch unterlaufen werden, daß man den Ermessensspielraum der Einigungsstelle auf die Billigkeit und damit auf eine einzige, der gerichtlichen Nachprüfung unterliegende „richtige“ Entscheidung reduziert.[143] Wollte man anders entscheiden, wäre die Einigungsstelle nicht mehr in der Lage,

---

137 Gem. Senat v. 19.10.1971, BVerwGE 39, 364; bestätigt durch BVerwG v. 29.9.1972, BVerwGE 40, 356.

138 Gem. Senat v. 19.10.1971, BVerwGE 39, 369.

139 Vgl. etwa zu der „Koppelungsvorschrift“ § 10 SoldatenG BVerwG v. 6.5.1971, BVerwGE 43, 217; vgl. auch Achterberg, Allg. VerwR, § 18, Rd.-Nr. 37.

140 Gem. Senat v. 19.10.1971, BVerwGE 39, 355, 364; bestätigt durch BVerwG v. 29.9.1972, BVerwGE 40, 353, 356.

141 A. A. möglicherweise Göbel (BlStSozArbR 1972, 46), der § 76 V 3 als Koppelungsvorschrift i. S. d. Gem. Senats beschreibt, sich zum Bestehen eines Gestaltungsspielraumes der Einigungsstelle jedoch nicht äußert. Dütz (AuR 1973, 366) und Bischoff (S. 156, Fn. 734) beziehen sich auf Göbels zumindest in diesem Zusammenhang aussagelose Bezeichnung des § 76 V 3 als „Mischtatbestand“, folgen jedoch hinsichtlich Beschreibung und rechtlicher Behandlung dieser Norm der hier vertretenen Auffassung (s. sogleich im Text). In der Terminologie mißverständlich auch Moll, Entgelt, S. 208 f.

142 Dütz, AuR 1973, 366; MK-Söllner, § 315 BGB, Rd.-Nr. 14; Bischoff, S. 156; BT-Ausschuß für Arbeit und Sozialordnung, zu BT-Drucks. VI/2729, S. 10.

143 Bischoff, S. 156; kritisch zu dieser Konsequenz auch Dütz, JuS 1972, 689.

ihre wesentlichen Funktionen der Substitution und Konfliktlösung zu erfüllen. Das Einigungsstellenverfahren wäre lediglich ein notwendiges Übel auf dem Weg zur gerichtlichen Überprüfung des Einigungsspruchs, bei der das Gericht von Amts wegen die „einzig richtige" Entscheidung in der Meinungsverschiedenheit feststellte.[144] Ein solches Verfahren entspräche nicht der Konzeption des BetrVG. Nicht zuletzt im Hinblick auf die Bedeutung einer leistungsfähigen Konfliktregulierung für die Verfassungsmäßigkeit der notwendigen Mitbestimmung hat der Gesetzgeber die Einigungsstelle als Konfliktlösungsmechanismus mit Ersatzfunktion ausgestaltet. Beim „billigen Ermessen" in § 76 V 3 handelt es sich daher um eine einheitliche Ermessensvorschrift.

Für § 76 V 3 wird dies nicht bestritten[145], wohl aber zu der gleichlautenden Formulierung in *§ 315 BGB*[146], auf den zur Erläuterung des „billigen Ermessens" der Einigungsstelle gelegentlich verwiesen wird.[147] Zur Begründung für eine Gleichsetzung von Billigkeit und billigem Ermessen wird bei § 315 BGB einmal darauf verwiesen, daß eine nach billigem Ermessen zu erfolgende Leistungsbestimmung (§ 315 I BGB) gemäß § 315 III 1 BGB „nur verbindlich [ist], wenn sie der Billigkeit entspricht"[148], sowie darauf, daß beide Phänomene „mit genau gleichen Formulierungen" beschrieben würden, also gleichbedeutend sein müßten.[149]

---

144 Lehnte das Arbeitsgericht eine solche Feststellung ab und begnügte sich mit der Verwerfung des ihm vorgelegten Einigungsspruchs, wäre der Arbeitgeber auf weitere Einigungsstellen- und Gerichtsverfahren verwiesen, bis nach dem Prinzip von „trial and error" der einzig billige Spruch gefunden wäre, der ihm die Durchführung einer mitbestimmungspflichtigen Maßnahme erlaubte. Damit wäre im Bereich der notwendigen Mitbestimmung ein Zustand erreicht, in dem vom Vorliegen eines tauglichen Konfliktlösungsmechanismus nicht mehr die Rede sein könnte. Die Willensbildung im Betrieb wäre in einem Maße behindert, das dem Unternehmenseigentum die Funktionsfähigkeit nähme, so daß die Mitbestimmung in jenem Bereich wohl wegen Verstoßes gegen Art. 14 GG verfassungswidrig wäre (vgl. BVerfG v. 1.3.1979, BVerfGE 50, 352 zum MitbestG 1976).

145 Vgl. BAG v. 11.3.1986, EzA Nr. 15 zu § 87 Kontrolleinrichtung, S. 142; Bischoff, S. 155 f.; Blomeyer, EzA Nr. 1 zu § 87 Lohn und Arbeitsentgelt, S. 16; Dietz / Richardi, § 76, Rd.-Nr. 88; Dütz, AuR 1973, 366; Dütz / Vogg, SAE 1989, 223; Etzel, HzA, Gruppe 19, Rd.-Nr. 1255 ff.; Falkenberg, DB 1972, 777, Fn. 25; Fitting / Auffarth / Kaiser / Heither, § 76, Rd.-Nr. 32; Galperin / Löwisch, § 76, Rd.-Nr. 31; Gnade, AuR 1973, 46; Gnade / Kehrmann / Schneider / Blanke / Klebe, Basiskommentar, § 76, Rd.-Nr. 6; GK-Kreutz, § 76, Rd.-Nr. 130; Hess / Schlochauer / Glaubitz, § 76, Rd.-Nr. 82 ff.; v. Hoyningen-Huene, Billigkeit, S. 42; Jäcker, S. 131; Kaven, S. 100 f.; Kehrmann, MitbGespr., 1975, 211; MK-Söllner, § 315 BGB, Rd.-Nr. 14; G. Müller, FS Barz, S. 495; Otto, SAE 1979, 150; Pünnel, Einigungsstelle, Rd.-Nr. 142; Schaub, S. 1490.

146 V. Hoyningen-Huene, Billigkeit, S. 42 f.; Kornblum, AcP 168, 461; für das billige Ermessen bei Ungleichgewichtslagen auch Kronke, AcP 183, 139; *a. A.* die h. M.: BAG v. 8.6.1982, BB 1982, 1732; M. Wolf, Entscheidungsfreiheit, S. 185; Neumann-Duesberg, JZ 1952, 707; MK-Söllner, § 315 BGB, Rd.-Nr. 14; Staudinger / Mayer-Maly, § 315 BGB, Rd.-Nr. 55.

147 Auffarth, AuR 1972, 42; Gaul, Einigungsstelle, S. 271.

148 V. Hoyningen-Huene, Billigkeit, S. 42; Kornblum, AcP 168, 461.

149 V. Hoyningen-Huene, Billigkeit, S. 43.

Sind aber die genannten Phänomene weitestgehend deckungsgleich, so zeigt doch die ausdrückliche Nennung des „Ermessens“ im Gesetzestext, daß die Gewährung eines Gestaltungsspielraums als verbleibender Unterschied des Ermessens gegenüber der „Billigkeit“ nicht übergangen werden darf. Im übrigen verdeutlicht gerade der Hinweis auf § 315 III 1 BGB, daß die Gleichsetzung des billigen Ermessens mit der Billigkeit nicht aus dessen Wesen zu folgern ist, sondern einer besonderen gesetzlichen Bestimmung bedarf. Diese Sonderregelung vermag aufgrund ihrer systematischen Stellung allenfalls den Begriff des „billigen Ermessens“ in § 315 I BGB zu beeinflussen, nicht hingegen denjenigen in § 76 V 3[150]. Daraus wird deutlich, daß die zu schlichtem oder billigem Ermessen in anderen Rechtsgebieten gewonnenen Erkenntnisse auf § 76 V 3 nicht ohne Berücksichtigung der jeweiligen Normzusammenhänge pauschal[151] übertragen werden können.

Das billige Ermessen i. S. v. § 76 V 3 stellt nach alledem einen Ermessensbegriff dar. Die Ausübung des Ermessens ist nicht frei, sondern hat sich an der Billigkeit zu orientieren.

bb) Angemessene Berücksichtigung und Ermessensausübung

Die Einigungsstelle hat bei ihren Beschlüssen die Belange „angemessen“ zu berücksichtigen und „nach . . . Ermessen“ zu entscheiden. Hinsichtlich des Entscheidungsspielraumes und der gerichtlichen Überprüfbarkeit bilden die Angemessenheit als unbestimmter Rechtsbegriff und das Ermessen ebenso „einen Gegensatz“[152] wie Ermessen und Billigkeit.

Entsprechendes wie für deren Verhältnis zueinander[153] gilt für das der Angemessenheit zum Ermessen. Beide Normelemente betreffen das „Wie“ des Einigungsspruchs, also die Rechtsfolgeseite. Die Angemessenheit bestimmt aufgrund ihrer textlichen Bezogenheit auf das Ermessen („unter angemessener Berücksichtigung . . . nach Ermessen.“) dieses näher, so daß unter Wahrung der Konzeption des Gesetzes und des Normzweckes von einem Gestaltungsspielraum der Einigungsstelle auszugehen ist. § 76 V 3 enthält daher eine einheitliche Ermessensvorschrift. Die Ausübung des Ermessens hat sich an einer angemessenen Berücksichtigung der Belange des Betriebes und der betroffenen Arbeitnehmer zu orientieren.

cc) Orientierungspunkt der Ermessensausübung

Bei der Beschreibung des § 76 V 3 als „einheitliche Ermessensvorschrift“ wurden die unbestimmten Rechtsbegriffe der Angemessenheit und Billigkeit als

---

150 Im Ergebnis ebenso v. Hoyningen-Huene, Billigkeit, S. 42.

151 Anders etwa hinsichtlich grundsätzlicher Wesenszüge der genannten Phänomene, vgl. o. 3. zu Beginn.

152 Neumann-Duesberg, JZ 1952, 707.

153 Vgl. soeben aa).

Orientierungspunkte der Ermessensbetätigung bezeichnet. Worin diese Orientierung besteht und welche Bedeutung ihnen für die Ermessensbindung der Einigungsstelle zukommt, ist näher auszuführen.

(1) Präzisierung des Orientierungspunktes

Dem Wortsinn nach wäre die „Orientierung" dahin zu verstehen, daß die Einigungsstelle die Maßgaben des Berücksichtigens, Gewichtens und Abwägens lediglich tendenziell zu erfüllen hätte. Im übrigen griffe ihr Ermessensspielraum ein. Sich am Gewichten oder Abwägen der Belange zu „orientieren", bedeutete für die Einigungsstelle z. B., daß sie lediglich einige der von ihr als relevant erkannten Interessen gewichtete oder in die Abwägung einbezöge. Sie könnte z. B. hinsichtlich des Gewichtungsgebotes sowohl frei bestimmen, welches Gewicht sie einem Belang zumißt, als auch, ob sie manche der ihr bekannten und relevanten Interessen überhaupt gewichtet. Sie besäße dann einen Spielraum bezüglich des Gewichtes und des Gewichtens, also nicht nur hinsichtlich des „Wie", sondern auch hinsichtlich des „Ob" der Erfüllung der an sie gerichteten Anweisungen.

Eine derart weitgehende Freiheit der Einigungsstelle paßt jedoch nicht zu der besonderen Betonung der Ermessensbindungen in der Abfassung des § 76 V 3. Die Anweisungen zum umfassenden Berücksichtigen, Gewichten und Abwägen der sachbezogenen Belange sind bereits der Ermessensausübung immanent.[154] Ein Aufweichen dieser Gebote zu bloßen Orientierungspunkten mit einem Spielraum auch hinsichtlich des „Ob" ihrer Erfüllung bedeutete einen größeren Freiraum für die Einigungsstelle, als wenn sie schlicht „nach Ermessen" zu entscheiden hätte. Ein solcher Freiraum ginge also noch über denjenigen hinaus, der durch die Betonung der inneren Ermessensbindungen in § 76 V 3 gerade beschränkt werden soll. Ein Spielraum der Einigungsstelle hinsichtlich des „Ob" der Erfüllung der drei der Angemessenheit und Billigkeit entnehmbaren Anweisungen widerspricht daher dem Gesetz. Diese Maßgaben kommen als „Orientierungspunkte" der Ermessensausübung nicht in Betracht.

Als solche könnten schließlich die Ziele verstanden werden, deren Erreichung die unbestimmten Rechtsbegriffe des § 76 V 3 dienen. Eine solche Sicht stellt in Rechnung, daß es nicht die Angemessenheit und die Billigkeit sind, die der Einigungsstelle für ihre Entscheidung ein Ziel angeben. Sie stellen lediglich Generalklauseln für Wertung dar und enthalten Maßgaben zum Berücksichtigen, Gewichten und Abwägen. Maßstab all dessen ist der hinter beiden unbestimmten Rechtsbegriffen stehende Zweck der Verwirklichung von Gerechtigkeit im Einzelfall. Dieser Zweck wird mit allen Vorgängen, die die genannten Begriffe ausfüllen, angesteuert. Eine Orientierung an der Angemessenheit oder Billigkeit

---

154 Vgl. o. 3. c).

bedeutet daher stets auch eine Ausrichtung auf deren Zweck, der Verwirklichung von Einzelfallgerechtigkeit.

Dieser Befund wird durch eine weitere Überlegung unterstrichen: Umfaßt die Ermessensbetätigung den gesamten Vorgang des § 76 V 3, so bilden die Maßgaben des Berücksichtigens, Gewichtens und Abwägens dessen teilweisen Inhalt. Dann können sie aber nicht gleichzeitig den Orientierungspunkt der Ermessensbetätigung darstellen, denn dieselbe Handlung vermag nicht zugleich Inhalt und Ziel eines Vorganges zu sein. Dies verdeutlicht, daß es zwar nicht die genannten Anweisungen selbst, aber die hinter ihnen stehenden Ziele sind, an denen sich die Betätigung des Ermessens auszurichten hat.

Die Beschreibung des § 76 V 3 als „einheitliche Ermessensvorschrift" ist somit dahin zu präzisieren, daß sich die Ermessensbetätigung an dem hinter den unbestimmten Rechtsbegriffen Angemessenheit und Billigkeit stehenden Ziel der Verwirklichung von Gerechtigkeit im Einzelfall zu orientieren hat.

(2) Bedeutung der Gerechtigkeitsorientierung für die Ermessensbindung

Bereits dem „schlichten Ermessen" im oben ausgeführten (verwaltungsrechtlichen) Sinne [155] sind weder die Ausrichtung am Ziel der Gerechtigkeit im Einzelfall fremd noch die Anweisungen zum umfassenden Berücksichtigen, Gewichten und Abwägen. [156] Es ist daher zu klären, welche besondere Bedeutung der Gerechtigkeitsorientierung für die Ermessensbetätigung der Einigungsstelle zukommt, inwiefern also die Bindung des Ermessens nach § 76 V 3 von derjenigen abweicht, der die Einigungsstelle unterläge, wenn sie schlicht „nach Ermessen" zu entscheiden hätte.

Das Ermessen nach § 76 V 3 könnte im Hinblick auf das hinter der Angemessenheit und Billigkeit stehende Ziel der Gerechtigkeit enger an dieses gebunden sein, als die Ausübung schlichten Ermessens es wäre. Bei letzterem käme dann der andere Zweck der Ermessensgewährung, die Verwirklichung von Zweckmäßigkeit im Einzelfall [157], stärker zum Tragen. Eine andere Deutungsmöglichkeit der Gerechtigkeitsorientierung bei § 76 V 3 ginge dahin, daß der Einigungsstelle lediglich hinsichtlich eines Restes letztlich unerreichbarer Gerechtigkeit ein Spielraum verbliebe, den sie nach Zweckmäßigkeitsgesichtspunkten ausfüllen dürfte. Auch wäre denkbar, daß bei der Betätigung schlichten Ermessens zweckmäßiges Handeln im Entscheidungsvorgang zu weiteren Teilen zulässig wäre als bei § 76 V 3.

Eine Abgrenzung zwischen den Bereichen der Gerechtigkeits- und der Zweckmäßigkeitsorientierung ist auf diesem Abstraktionsniveau nicht durchführbar.

---

155 Vgl. o. 3.
156 Vgl. o. 3. b), c).
157 Vgl. o. 3. b).

Aufschlüsse über die besonderen Bindungen des Ermessens nach § 76 V 3 könnte ein Vergleich der einzelnen Gebote ergeben, die den beiden genannten Orientierungen zu entnehmen sind.

(a) Gebot der Gerechtigkeitsorientierung

Die Schwierigkeit, die Inhalte der Gerechtigkeit zu erfassen, sind bereits deutlich geworden. Gleichwohl wird man — bei aller Zurückhaltung — über die Gerechtigkeit bei der Anwendung des § 76 V 3 soviel sagen können: Die Gerechtigkeit wird konkretisiert durch die Wertungen in der Rechtsordnung.[158] Sind dort Werte aufzufinden, über deren Realisation im konkreten Fall zu entscheiden ist, gebietet es die Gerechtigkeit, die auf dem Spiel stehenden Werte in größtmöglichem Umfang zu verwirklichen und möglichst wenig zu beeinträchtigen.[159] In Anlehnung an das von Konrad Hesse für die Kollision von Grundrechten entwickelte Prinzip der *„praktischen Konkordanz"*[160] könnte man von einem Gebot der Wertekonkordanz sprechen. Diese ist zugleich eine Interessenkonkordanz, da die zu verwirklichenden Werte nichts anderes sind als die Wertgewichte, die den jeweiligen Interessen im Wege der Gewichtung beigemessen worden sind. Es geht also nicht um abstrakte Werte, sondern um die Verwirklichung von wertungsmäßig gewichteten Interessen.

Nach dem Prinzip der praktischen Konkordanz gilt es, der Verwirklichung kollidierender Werte auf beiden Seiten Grenzen zu ziehen, um beide Gegenpositionen „zu optimaler Wirksamkeit gelangen zu lassen"[161]. Eine alternative Entscheidung zwischen den Werten ist nur zulässig, wenn die Wertekollision nicht anders, insbesondere nicht im Wege praktischer Konkordanz auflösbar ist. Dann entspricht es dem *Gebot* der Gerechtigkeit nach *größtmöglicher Werteverwirklichung,* dem gewichtigeren Wert den Vorrang einzuräumen.

Die Ausrichtung an der Gerechtigkeit gebietet der Einigungsstelle also, eine optimale Verwirklichung der Werte bzw. Interessen zu versuchen. Nach dem Prinzip der praktischen Konkordanz sind die Wertgewichte der beiderseitigen Belange in größtmöglichem Umfang zur Geltung zu bringen.

(b) Gebot der Zweckmäßigkeitsorientierung

Die Orientierung an der Zweckmäßigkeit erfordert es, diejenige Entscheidung zu treffen, die den Zweck der Ermesseneinräumung am besten erfüllt (vgl. § 40 VwVfG)[162]: Dieser Zweck liegt hier in der wirksamen Beilegung der Meinungs-

158 Vgl. o. 1. b) bb) (2).

159 Für die Anwendung der „praktischen Konkordanz" bei der Ermessensbetätigung der Einigungsstelle Moll, DB 1982, 1725; ähnlich Gaul / Bartenbach, NZA 1985, 342; Schönfeld, DB 1988, 1998.

160 Hesse, VerfR, Rd.-Nr. 317 ff. und Rd.-Nr. 72.

161 Hesse, VerfR, Rd.-Nr. 318.

162 Kopp, VwVfG, § 40, Rd.-Nr. 1, 4 m. w. N.

verschiedenheit der Betriebspartner (§ 76 I).[163] Diese wird am besten bereinigt mit Hilfe einer Entscheidung, die — hätten die Betriebspartner sie gefunden — einer einvernehmlichen Regelung zugänglich gewesen wäre, die also von beiden Seiten als optimale Befriedigung ihrer Interessen akzeptiert werden *könnte*.

Unschädlich ist, daß ein Einvernehmen der Betriebspartner über die von der Einigungsstelle in Aussicht genommene Regelung tatsächlich nicht erzielt wird. Die Gründe hierfür sind vielfältig. Sie reichen von der Blockierung der Selbstheilungskräfte der Betriebspartner, die bereits durch die Anrufung der Einigungsstelle manifest geworden und im Verlauf des weiteren Verfahrens noch verstärkt worden ist, bis hin zum Einsatz der Einigungsstelle zu Alibizwecken[164]. Der empirische Befund, daß eine Vielzahl von Konfliktlagen vor der Einigungsstelle noch einvernehmlich bereinigt werden[165], zeigt immerhin, daß die Einigungsstellen in der Praxis eine im beschriebenen Sinne zweckmäßige Regelung aufspüren. Gemeint ist im übrigen nicht die denkbar beste, sondern die bei realistischer Betrachtungsweise bestmögliche Interessenverwirklichung.[166] Diese wird erreicht, wenn die auf dem Spiel stehenden Interessen beider Seiten in größtmöglichem Umfang zur Geltung gebracht werden.

Mithin obläge es der Einigungsstelle auch bei der Ausrichtung ihrer Ermessensausübung an der Zweckmäßigkeit der zu treffenden Entscheidung, mit Hilfe praktischer Konkordanz eine größtmögliche Verwirklichung der Interessen der Betriebspartner zu erzielen. Insofern stimmen die Gebote für die Ermessensausübung überein, gleichviel, ob sie der Orientierung an der Gerechtigkeit oder an der Zweckmäßigkeit zu entnehmen sind.

Ein Unterschied könnte allerdings hinsichtlich der Frage bestehen, wie die Interessen in die gebotene Konkordanz einzufließen haben. Fest steht lediglich, *daß* die Interessen in diesem Stadium der Entscheidungsfindung gewichtet sind[167]; hingegen ist noch nicht geklärt, ob bei der Gewichtung objektive oder subjektive Kriterien zum Tragen kommen. Die Eingangsfrage nach dem Unterschied der Ermessensbindungen nach § 76 V 3 und bei schlichtem Ermessen ist daher dahin zu präzisieren, ob für die Gewichtung der Interessen bei letzterem auch subjektive Einschätzungen eine Rolle spielen dürfen, während bei § 76 V 3 lediglich aufgrund objektiver Wertungsgesichtspunkte zu gewichten ist.

(c) Gewichtung nach subjektiven Kriterien

Für die Beantwortung der Frage, ob die Einigungsstelle bei der Ausübung „schlichten Ermessens" die konkreten Wertgewichte der Belange[168] auch nach

---

163 Vgl. o. 3. d).

164 s. dazu o. § 5 II.

165 Vgl. o. § 3 II.

166 Vgl. Gast, BB 1986, 1519.

167 Vgl. o. 4. zu Beginn.

subjektiven Kriterien bestimmen dürfte, ist danach zu unterscheiden, wessen Einschätzungen zur Wirkung gelangen sollen, solche der handelnden Einigungsstelle oder solche der Betriebspartner.

(aa) Einschätzungen der Einigungsstelle

Bei der Ermessensbetätigung im öffentlichen Recht ist die Gewichtung der Belange „nach objektiven, am Zweck des Gesetzes und sonstigen einschlägigen Rechtssätzen orientierten Wertungsgrundsätzen“[169] vorzunehmen, die „den allgemeinen Rechtsgrundsätzen, der Verfassung, dem Sinnzusammenhang der gesamten Rechtsordnung entnommen werden“[170]. Das BVerwG spricht in ständiger Rechtsprechung von der „objektiven Gewichtigkeit einzelner Belange“[171], die beim Ermessen maßgeblich sein sollen. Demnach greift im öffentlichen Recht bei der Ausübung schlichten Ermessens hinsichtlich der Gewichtung der relevanten Belange die Gerechtigkeitsorientierung voll Platz.

Nur beim „freien Ermessen“ können auch subjektive Erwägungen der entscheidenden Stelle Platz greifen.[172] Im Gegensatz dazu unterliegen sowohl das „billige“ als auch das „schlichte“ Ermessen i. S. d. öffentlichen Rechts stets inneren Bindungen.[173] Dazu gehört die Maßgabe, die Gewichtung der Belange nach objektiven Kriterien vorzunehmen. Hätte der Gesetzgeber die Einigungsstelle weitergehend von inneren Bindungen bzw. deren gerichtlicher Kontrollierbarkeit freistellen wollen, hätte er ihr ausdrücklich ein „freies Ermessen“ einräumen müssen.

Schließlich spricht der Umstand, daß die Einigungsstelle unabhängig vom Willen der Betriebspartner verbindlich entscheidet, dafür, daß dies nach objektiven Kriterien zu geschehen hat. Die zwangsweise Unterwerfung unter den Einigungsspruch ist mit der Selbstbestimmungsfunktion der Privatautonomie im allgemeinen und der der Einigungsstelle im besonderen nur vereinbar, wenn die entscheidende Stelle streng an Recht, Gesetz und Gerechtigkeit, mithin an objektive Kriterien gebunden ist.

Eigene subjektive Kriterien dürfte die Einigungsstelle mithin auch dann nicht heranziehen, wenn sie „nach Ermessen“ zu entscheiden hätte.

---

168 Das oben behandelte „Wertgefühl“ der Einigungsstelle betrifft die anderen Fragen, *ob* einem Belang ein „Wert“ zur Seite steht und welche Wertigkeit ihm *abstrakt* beizumessen ist (vgl. o. 1. b) bb) (2), (3) (a).

169 Kopp, VwVfG, § 40, Rd.-Nr. 14 m. w. N.

170 Bachof, JZ 1972, 643; ebenso Kopp, VwGO, § 114, Rd.-Nr. 8 f.

171 BVerwG v. 14.2.1975, BVerwGE 48, 63 f.; BVerwG v. 7.7.1978, BVerwGE 56, 122 f.

172 Vgl. BAG v. 12.10.1961, AP Nr. 84 zu § 611 BGB Urlaubsrecht, Bl. 4V.

173 Vgl. o. 3. d).

(bb) Einschätzungen der Betriebspartner

Muß die „zweckmäßige“ Entscheidung für beide Seiten als bestmögliche Verwirklichung ihrer Interessen akzeptierbar sein, so spricht dies immerhin dafür, daß bei ihr subjektive Einschätzungen der Interessenträger eine größere Rolle spielen als bei einem lediglich an der Gerechtigkeit, also an objektiven Kriterien, orientierten Einigungsspruch. Einem Rückgriff der Einigungsstelle auf die subjektive Beurteilung der Betriebspartner von den Gewichten ihrer Belange stehen jedoch eine Reihe von Bedenken gegenüber.

Zunächst ist darauf hinzuweisen, daß die ermessenausübende Stelle ein dem subjektiven Bereich der Betriebspartner enthobener Dritter ist. Es besteht keine Richtigkeitsgewähr, daß die Einigungsstelle die subjektive Bedeutung, die die Betriebspartner ihren Belangen beimessen, zutreffend beurteilt. Letztlich stünde sie doch in der Versuchung, auf objektive Kriterien zurückzugreifen; etwa mit der Behauptung, dem jeweiligen Interesse werde „verständigerweise“ ein erhebliches Gewicht beigemessen, oder aus dem Vortrag der Betriebspartner sei „keine andere“ — als die aufgrund objektiver Gesichtspunkte gefundene — Einschätzung „ersichtlich“. Die subjektive Einschätzung kann sinnvollerweise nicht von dem betreffenden Subjekt getrennt werden.

Ist aber die Einigungsstelle als Dritte zur Entscheidung berufen, hat sie subjektive Kriterien nicht heranzuziehen. Das bedeutet freilich nicht, daß die konkrete individuelle Wertschätzung eines Belanges durch den an ihm interessierten Betriebspartner völlig außer acht zu bleiben hat. Auch bei der Heranziehung objektiver Kriterien ist ein gewisser personaler Einschlag von Bedeutung.[174] Erforderlich ist dabei allerdings, daß die subjektive Minderbewertung des Interesses hinreichend deutlich zum Ausdruck gebracht wird. Nur in diesem, durch objektive Wertungsgesichtspunkte abgesicherten Rahmen sind die subjektiven Wertschätzungen der Betriebspartner beachtlich, wenn die Einigungsstelle deren Interessen gewichtet.

Ferner ergeben sich Bedenken gegen die Heranziehung subjektiver Bewertungskriterien aus der Subsidiarität einer Konfliktentscheidung durch Einigungsspruch. Hierzu ist auf den im Zeitpunkt der Ermessensbetätigung bereits erreichten Stand des Konfliktlösungsverfahrens hinzuweisen. In der Phase der Verhandlungen der Betriebspartner hat hinreichend Gelegenheit bestanden, einen rein subjektiv gefärbten Ausgleich der Interessen zu erzielen. Konnte auf diesem Wege die Meinungsverschiedenheit nicht beigelegt werden, dann müssen im nachrangigen Verfahren vor der Einigungsstelle objektive Gesichtspunkte zum Zuge kommen. Dies gilt um so mehr, als die Einigungsstelle überhaupt nur tätig werden darf, wenn ein Versagen der betrieblichen Selbstregulierungskräfte manifest geworden ist (vgl. § 76 I 1)[175].

---

174 Vgl. o. 1. b) bb) (3) (e).

175 Vgl. o. § 2 I.

Im übrigen besitzen die Betriebspartner in jeder Phase des Einigungsstellenverfahrens noch die Möglichkeit zu einer einvernehmlichen Regelung.[176] Arbeitgeber und Betriebsrat haben also die Möglichkeit besessen (und nicht nutzen können), subjektive Kriterien stärker zur Geltung zu bringen, wenn damit gleichzeitig der Zweck der Gewährung des Einigungsstellenermessens, die Beilegung der Meinungsverschiedenheit, erreicht worden wäre. Ist eine Entscheidung der Einigungsstelle erforderlich geworden, so haben sich subjektive Kriterien als nicht hinreichend dienlich erwiesen, den Zweck der Ermessensgewährung zu erfüllen. Dann kann der Heranziehung solcher Kriterien nicht unter Berufung auf die Zweckmäßigkeit der Ermessensausübung das Wort geredet werden. Auf subjektive Kriterien ist bei der Gewichtung der Belange also auch im Interesse der Zweckmäßigkeit des Einigungsspruchs zu verzichten. Für eine Verstärkung subjektiver Gesichtspunkte bei der Konfliktlösung hat der Gesetzgeber den Weg des (Wieder-) An-Sich-Ziehens der zu treffenden Regelung durch die Betriebspartner vorgesehen.

(cc) Aus alledem ergibt sich: Auch wenn die Einigungsstelle nach schlichtem Ermessen zu entscheiden hätte, hätte sie bei der Gewichtung der Belange nicht subjektive, sondern objektive Kriterien heranzuziehen.

(d) Zusammenfassung

Zwischen dem Gebot der Gerechtigkeits- und dem der Zweckmäßigkeitsorientierung bei der Ermessensausübung durch die Einigungsstelle besteht kein Unterschied. Die Bindung des Ermessens nach § 76 V 3 unterscheidet sich nicht von derjenigen, der die Einigungsstelle bei einer Entscheidung nach „schlichtem Ermessen" unterläge. Gleichermaßen hat sie eine optimale Verwirklichung der Werte bzw. Interessen anzustreben. Dieses Gebot ist mit der Zweckmäßigkeit nur ausnahmsweise, eben im Zusammenhang mit § 76 V 3, mit der Gerechtigkeit jedoch regelmäßig verbunden.

dd) Ergebnis

§ 76 V 3 enthält eine einheitliche Ermessensvorschrift. Die Ermessensausübung hat sich an dem hinter der Angemessenheit und der Billigkeit stehenden Ziel der Verwirklichung von Gerechtigkeit im Einzelfall zu orientieren. Demgemäß hat die Einigungsstelle eine optimale Verwirklichung der Wertgewichte der Interessen beider Seiten anzustreben.

b) Vier-Elemente-Lehre

Da es sich bei § 76 V 3 um eine Ermessensvorschrift handelt, ergeben sich aus der Norm insgesamt vier Maßgaben für die Einigungsstelle:

---

176 BAG v. 22.1.1980, AP Nr. 7 zu § 111, Bl. 3V; Pünnel, Einigungsstelle, Rd.-Nr. 106.

— die Einigungsstelle hat sämtliche konkreten Belange des Einzelfalles mit sinnhaftem Bezug zu der beizulegenden Meinungsverschiedenheit zu *berücksichtigen,*

— sie hat diese Belange anhand aller Wertungsgesichtspunkte, die sich in der Rechtsordnung auffinden lassen, zu *gewichten,*

— sie hat die gewichteten Belange gegeneinander *abzuwägen* und

— bei alledem verbleibt der Einigungsstelle ein Entscheidungsspielraum, den sie durch die Betätigung von *Ermessen* auszufüllen hat und der gerichtlich lediglich auf die Einhaltung seiner Grenzen überprüft werden kann.

Die drei erstgenannten Maßgaben[177] können sowohl der Angemessenheit als auch der Billigkeit oder dem Ermessen als Wesensmerkmal entnommen werden. Zu versuchen, diese Anweisungen jeweils einem der Elemente des § 76 V 3 zuzuordnen, erscheint nicht nur problematisch, sondern zudem wenig sinnvoll. Vorzuziehen ist eine ganzheitliche Interpretation des § 76 V 3. Die der Norm entnehmbaren Maßgaben sind ihr in ihrer Gesamtheit zuzuordnen und nicht einzelnen ihrer Elemente.

c) Einzelheiten der Maßgaben für die Ermessensausübung nach § 76 V 3 BetrVG

Im folgenden sollen einige Einzelheiten zu den Maßgaben für die Ermessensausübung nach § 76 V 3 zusammengetragen werden. Dabei soll gleichzeitig der Gestaltungsspielraum der Einigungsstelle näher bestimmt werden.

aa) Berücksichtigungsgebot

Die Einigungsstelle hat sämtliche tatsächlich vorhandenen Belange des Betriebes und der betroffenen Arbeitnehmer umfassend zur Kenntnis zu nehmen und auf ihre Bedeutung für die zu treffende Entscheidung zu prüfen. Den Ausgangspunkt hierfür bilden die der Einigungsstelle zumindest andeutungsweise vorgetragenen, die ihr „offensichtlichen" sowie die von ihr im Rahmen des durch die Meinungsverschiedenheit abgesteckten Verfahrensgegenstandes ermittelten[178] Belange[179]. Aus dieser Vielzahl tatsächlicher Aspekte sind diejenigen ohne Sachbezug, also ohne sinnhaften Bezug zu der beizulegenden Meinungsverschiedenheit, nach den oben[180] ausgeführten Kriterien auszusondern.

---

177 Rieble, S. 160 ff., faßt diese Maßgaben zu *einem* (Abwägungs-)Gebot zusammen.

178 Zur Offizialmaxime im Einigungsstellenverfahren vgl. Schönfeld, Verfahren, S. 147 f.

179 Dazu gehören letztlich auch die Tatsachen, die auf das Vorhandensein eines Belanges schließen lassen bzw. ein solches belegen, nicht jedoch Gegenstand der Ermessensbetätigung sind.

180 1. b) bb) (2).

Bei der Suche nach einem „Berücksichtigungsspielraum" der Einigungsstelle ist zunächst zu beachten, daß *„schwere"*[181] bzw. „wesentliche"[182] *Verfahrensverstöße* als allgemeine Rechtsfehler[183] anzusehen sind. Daß die Einigungsstelle die ihr vorliegenden Belange berücksichtigt, entspricht dem Gebot der Gewährung rechtlichen Gehörs. Werden die Belange einer Seite nicht ernsthaft erwogen, liegt darin ein gröblicher Verfahrens- und damit ein Rechtsfehler. Ein Spruch, der auf einem solchen Fehler beruht, ist unwirksam.

Gleiches gilt, wenn die Einigungsstelle unter schwerwiegender Verletzung der Offizialmaxime die Ermittlung wesentlicher Belange unterläßt. Dabei ist zu beachten, daß es grundsätzlich im Ermessen der Einigungsstelle steht, ob und welche Sachaufklärung sie von sich aus betreibt[184]. Ein Gebot zu *Ermittlungen* ergibt sich aber dann, wenn anhand der vorliegenden Belange eine ausgewogene und sachgerechte Entscheidung nicht erwartet werden kann. Dies ist z. B. der Fall, wenn einer der Betriebspartner die Mitwirkung am Einigungsstellenverfahren verweigert (vgl. § 76 V 2) und über seine Situation und Interessenlage nichts vorträgt. Da bei der Berücksichtigung nur der Belange einer Seite ein billiger Spruch kaum zu erwarten ist, muß die Einigungsstelle selbst Ermittlungen anstellen. Nicht zuletzt im Interesse von deren Friedens- und Konfliktlösungsfunktion hat die Erzielung einer interessengerechten Entscheidung Vorrang vor der Beschleunigung des Verfahrens[185] und der Sanktion unerwünschten Verweigerungsverhaltens.

Soweit ein Gebot zu Ermittlungen nicht besteht, hält sich eine Nichtbeachtung von Belangen, die der Einigungsstelle nicht vorliegen, also nicht „vorgetragen" worden sind, im Rahmen der zulässigen Ermessensausübung. An ihrer Nichtberücksichtigung wäre ein Konsens nicht gescheitert, sonst wären sie von der an ihnen interessierten Seite in das Verfahren eingebracht worden. Diese Seite bekundet mit dem Unterlassen des Vorbringens eine relativ geringe Wertschätzung des bedeckt gehaltenen Interesses, so daß allenfalls die Nichtverwirklichung eines verhältnismäßig unbedeutenden Wertes in Frage steht.[186] Da aber selbst die Gerechtigkeit als Ziel der Ermessensbetätigung keine vollständige Verwirklichung aller Werte fordert, sondern lediglich ein Bemühen darum, besteht hinsichtlich der Nichtberücksichtigung nicht vorgetragener Belange ein „Ermessens-" bzw. „Berücksichtigungsspielraum".

---

181 Fitting / Auffarth / Kaiser / Heither, § 76, Rd.-Nr. 33c; G. Müller, FS Barz, S. 507.

182 Stege / Weinspach, § 76, Rd.-Nr. 21; Dietz / Richardi, § 76, Rd.-Nr. 99; Schönfeld, Verfahren, S. 119 ff., 122.

183 Zur gerichtlichen Geltendmachung von Rechtsfehlern vgl. o. § 2 IV. 3. a).

184 Zutreffend GK-Thiele, 3. Bearbeitung, § 76, Rd.-Nr. 72; Dütz, AuR 1973, 363; Fitting / Auffarth / Kaiser / Heither, § 76, Rd.-Nr. 19; vgl. auch Schönfeld, Verfahren, S. 147 f.

185 Vgl. Gaul, AiB, S. 372.

186 Zum personalen Einschlag bei der Interessenbewertung vgl. o. 1. b) bb) (3) (e).

Ein Ermessensfehler kommt bei der „schlichten“ Nichtbeachtung einzelner der Einigungsstelle vorliegenden Belange in Betracht.[187] Insofern liegt mangels Schwere bzw. Wesentlichkeit des Verfahrensverstoßes kein allgemeiner Rechtsfehler vor. Andererseits ist jede Nichtberücksichtigung von Belangen, die der Einigungsstelle zur Kenntnis gebracht worden sind, prinzipiell fehlerhaft. Schlichte Verstöße gegen das Berücksichtigungsgebot sind daher als Fehler des Ermessensvorgangs anzusehen.

Problematisch ist die Behandlung des Mangels, wenn die Einigungsstelle fälschlicherweise einen Belang berücksichtigt, dem objektiv *kein Sachbezug* zukommt. Dann liegt der Fehler in der Annahme eines sinnhaften Bezuges des Belangs zu der Meinungsverschiedenheit. Dabei handelt es sich *strukturell* um *Rechtsanwendung.*[188] Dies spricht dafür, solche Fehler wie Verfahrensverstöße, also bei entsprechender Schwere bzw. Wesentlichkeit als Rechtsfehler zu behandeln. Andererseits stellt die Berücksichtigung eines nichtsachbezogenen Belanges den umgekehrten Fall der Nichtberücksichtigung eines sachbezogenen Belanges dar. Beide Fehlerarten sind daher in ihrer Schwere vergleichbar. Sie könnten mithin gleichermaßen als Fälle schlichter Verstöße gegen das Berücksichtigungsgebot, also als Fehler des Vorganges der Ermessensbetätigung anzusehen sein.

Entscheidend für letztere Sicht spricht der Gesichtspunkt der „*Einheit der Ermessensbetätigung*“. Die Feststellung des Sachbezuges eines Belanges ist als Aspekt des Berücksichtigungsgebotes wie dieses Teil des Vorgangs der Ermessensbetätigung. Sie gehört zu dem Prüfungsgegenstand der arbeitsgerichtlichen Ermessenskontrolle und kann aus diesem nicht ausgegliedert und einer gesonderten Gerichtskontrolle unterstellt werden. Die fälschliche Berücksichtigung eines Belangs ohne Sachbezug ist also als Ermessensfehler zu behandeln.

bb) Gewichtungsgebot

Die Einigungsstelle hat die nach dem Berücksichtigungsgebot relevanten Belange anhand aller Wertungsgesichtspunkte zu gewichten, die sich in der Rechtsordnung auffinden lassen. Diese Maßgabe betrifft keinen Verfahrensgrundsatz, sondern einen Teil der Ermessensausübung. Daher bedeutet ihre Mißachtung keinen Rechts-, sondern allenfalls einen Ermessensfehler. Ein solcher kann der Einigungsstelle in viererlei Hinsicht unterlaufen. Sie kann

— Wertungsgesichtspunkte übersehen,

— die Gewichtung eines Belangs gänzlich unterlassen,

— die abstrakte Wertigkeit eines Wertungsgesichtspunktes verkennen oder

— das konkrete Gewicht eines Wertungsgesichtspunktes in dem vorliegenden Sachverhalt unzutreffend einschätzen.

---

[187] Vgl. z. B. BAG v. 21.12.1982, DB 1983, 997; Rieble, S. 169.

[188] Vgl. o. 1. b) bb) (2).

Der „Gewichtungsspielraum" ist für diese vier Fehlerquellen gesondert zu untersuchen.

(1) Berücksichtigt die Einigungsstelle bei der Gewichtung eines Belanges einen Wertungsgesichtspunkt nicht, so ist dies prinzipiell fehlerhaft. Angesichts der Vielzahl der Wertungen, die in der Rechtsordnung enthalten sind, ist es jedoch selbst für einen Juristen kaum möglich, sämtliche Wertungen zu kennen und auf einen konkreten Fall anzuwenden. Dies gilt erst recht für die Einigungsstelle, die vollständig mit juristischen Laien besetzt sein kann. Hat der Gesetzgeber aber der Einigungsstelle die Entscheidung nach Ermessen und damit auch die Gewichtung der Belange übertragen, so kann dies nur mit der Zuerkennung eines nachhaltigen „Gewichtungsspielraums" verbunden sein. Ansonsten wäre die Einigungsstelle das falsche Entscheidungsgremium, wohl kaum ein Einigungsspruch käme fehlerfrei zustande.

Die Gerechtigkeitsorientierung erfordert daher lediglich eine *im wesentlichen zutreffende Gewichtung*. Dabei kommt es darauf an, die Wertentfaltung der objektiven Wertungsgesichtspunkte mit dem Ergebnis der Gewichtung richtig wiederzugeben. Gewisse Abweichungen sind der Einigungsstelle im Rahmen ihres „Gewichtungsspielraums" zugestanden. Hätte allerdings das Gewicht eines Belangs bei ordentlicher Beachtung des übersehenen Wertungsgesichtspunkts deutlich anders festgestellt werden müssen, dann ist der Vorgang der Ermessensbetätigung fehlerhaft.

(2) Entsprechend verhält es sich im spiegelbildlichen Fall, in dem bei der Gewichtung ein *Belang übersehen* wird. Auch hier ist entscheidend, ob bei ordnungsgemäßer Beachtung und Gewichtung des übersehenen Belangs diesem ein deutlich anderes Gewicht zugekommen wäre. Dies wird bei Belangen mit geringem Wertgewicht regelmäßig zu verneinen sein. Der Unterschied zwischen fehlender und geringfügiger Wertverwirklichung ist kaum je erheblich. Bleibt hingegen ein gravierender Gesichtspunkt unberücksichtigt, dann kommt ein Fehler des Ermessensvorgangs in Betracht.

Beispiel: In einer KFZ-Werkstatt wurden erst seit 7 Jahren weibliche Mechaniker beschäftigt. Diese haben inzwischen einen Anteil von 40% der Belegschaft erreicht. Bei der Stillegung des Betriebes sieht die Einigungsstelle in einem Sozialplan[189] Abfindungen nur für Arbeitnehmer mit mindestens zehnjähriger Betriebszugehörigkeit vor.

Mit dieser Regelung wird das Interesse der weiblichen Arbeitnehmer, wie ihre männlichen Kollegen Abfindungszahlungen zu erhalten, nicht berücksichtigt. Damit bleibt ein Gesichtspunkt unbeachtet, dessen Verwirklichung im Hinblick auf die Wertung des absoluten Gleichbehandlungsgebotes des Art. 3 II GG[190] mit einem beträchtlichen Wertgewicht verbunden ist. Die Ermessensbetätigung ist daher fehlerhaft.[191]

---

[189] Die Zuständigkeit der Einigungsstelle ergibt sich aus §§ 112 IV, I 2, 111 Satz 2 Nr. 1.

[190] Vgl. Pfarr, Quoten, S. 35.

Nach den selben Grundsätzen zu behandeln ist der Fall, daß die Einigungsstelle mehrere Belange mit geringem Gewicht außer acht läßt. Wird dadurch das objektive Gesamtgewicht der Belange einer Seite deutlich unterschritten, ist dies vom „Gewichtungsspielraum" nicht mehr gedeckt.

(3) Schätzt die Einigungsstelle die *abstrakte Wertigkeit* eines Wertungsgesichtspunktes [192] unrichtig ein, hält sie etwa das Gebot der Gleichbehandlung von Mann und Frau für eine nicht sonderlich bedeutsame Wertung, handelt es sich strukturell um eine unzutreffende Erkenntnis von der Tragweite der Rechtsnorm, die die Wertung enthält, also um einen Fehler der Rechtsanwendung. Dieser betrifft jedoch einen Teilaspekt des Gewichtungsgebotes im Rahmen der Ermessensbetätigung. Er ist daher nach dem Prinzip der „Einheit der Ermessensbetätigung" [193] als Fehler des Ermessensvorganges zu behandeln. Nur wenn die Verkennung der Wertigkeit zu einem wesentlich anderen Gewicht des Belanges führt, als diesem objektiv zukäme, ist der Vorgang der Ermessensausübung fehlerhaft.

(4) Mißt die Einigungsstelle einem Wertungsgesichtspunkt ein Gewicht bei, das ihm nach dem vorliegenden Sachverhalt nicht zukommt, überschätzt sie etwa die Bedeutung eines Gesichtspunkts oder erachtet sie einen letztlich ausschlaggebenden Gesichtspunkt [194] nicht als solchen, so ist das Kernstück des „Gewichtungsspielraums" betroffen. Die Einigungsstelle hat die relevanten Belange des zu entscheidenden Falles in Beziehung zu setzen zu den Wertungsgesichtspunkten der Rechtsordnung. Dabei handelt es sich nicht um eine schlichte „Subsumtion" der Belange unter die Werte, sondern um die Würdigung des Sachverhaltes anhand der Wertungen. Es gilt, das *Maß der Wertentfaltung* einzuschätzen, die mit einer Wertung *im konkreten Sachverhalt* verbunden ist. Diese Einschätzung trifft die Einigungsstelle unter dem Eindruck des Vorbringens von Arbeitgeber und Betriebsrat, deren Einlassungen bei vorausgegangenen Vermittlungsversuchen und der Erörterungen mit den von beiden Seiten entsandten Beisitzern. Diese Entscheidungssituation ist für das Arbeitsgericht, das den Einigungsspruch zu überprüfen hat, nicht wiederholbar und nur bedingt nachvollziehbar. Mit der Zusammensetzung der Einigungsstelle und dem Verfahren vor ihr wird eine betriebsnahe Entscheidung weit eher erzielt, als dies vor der Kammer des Arbeitsgerichts möglich wäre. Die Entscheidung der Einigungsstelle ist daher letztlich unvertretbar.

In Anlehnung an die aus dem öffentlichen Recht bekannte „Einschätzungsprärogative" [195] von unabhängigen, aus verschiedenen Interessenvertretern zusammengesetzten Ausschüssen [196] sollte die *Grenze* des Spielraums auch bei der

---

191 Enthielte die Abfindungsregelung bereits eine „mittelbare Diskriminierung" der weiblichen Arbeitnehmer (dazu Pfarr, NZA 1986, 585 ff.), wäre der Spruch nach § 134 BGB i. V. m. § 75 I BetrVG unwirksam (Näheres unten § 8 III.).

192 Zur abstrakten Rangordnung von Werten vgl. o. 1. b) bb) (3) (a).

193 Vgl. o. aa) a. E.

194 Vgl. aber auch unten § 8 III.

195 Wolff / Bachof, VerwR I, S. 192.

Bestimmung der konkreten Wertgewichte durch die Einigungsstelle dort gezogen werden, wo deren *Einschätzung nicht mehr „vertretbar"* [197] ist. Nach der von Ule entwickelten sog. Vertretbarkeitslehre sind in „Grenzfällen", in denen die Würdigung des Sachverhalts nicht zu einem „eindeutigen Ergebnis" führt, alle „möglichen Entscheidungen ... als vertretbar und damit als rechtmäßig anzusehen" [198]. Demnach kommt ein Fehler des Vorgangs der Ermessensbetätigung erst dann in Betracht, wenn eine konkrete Wertigkeit hinreichend eindeutig feststellbar ist und die Einigungsstelle sie mit ihrer Einschätzung nicht trifft.

cc) Abwägungsgebot

Die Aussage, die Einigungsstelle habe die gewichteten Belange gegeneinander abzuwägen, bedarf hinsichtlich des Vorgangs und des Ergebnisses der Abwägung einer Konkretisierung. Dabei soll zugleich auf Aspekte des Abwägungsspielraums eingegangen werden.

(1) Abwägungsvorgang

Aus dem der Gerechtigkeitsorientierung zu entnehmenden Prinzip der optimalen Werteverwirklichung [199] folgt, daß in die Abwägung nicht schlicht die beiderseitigen Belange, sondern deren konkrete Wertgewichte einzubeziehen sind. [200] Diese sind im Vorgang der Abwägung einander vergleichend gegenüberzustellen. Dafür kommen grundsätzlich zwei Vorgehensweisen in Betracht.

(a) Gesamtabwägung

Nach dem Prinzip der Gesamtabwägung ist auf beiden Seiten eine Summe der Wertgewichte der einzelnen Belange zu bilden. Im Verhältnis dieser Summen zueinander sind dann im Abwägungsergebnis die beiderseitigen Wertgewichte zu verwirklichen.

Beispiel: Die Einigungsstelle soll für das Verkaufspersonal eines Kaufhauses das Ende der Arbeitszeit an den Wochentagen Montag bis Freitag regeln. Sie veranschlagt das Gewicht der Interessen des Arbeitgebers (Ausschöpfung der gesetzlich zulässigen Ladenöffnungszeiten, Vermeidung eines Umsatzrückgangs und einer Verschlechterung der Wettbewerbsposition) mit dem Gesamtgewicht 21 und das Interesse der Arbeitnehmer an einem früheren Feierabend mit dem Wert 1. Dieses

---

196 BVerwG v. 23.1.1961, BVerwGE 12, 26 ff.; BVerwG v. 16.12.1971, BVerwGE 39, 203 f.

197 Für die Grenze der „Vertretbarkeit" im öffentlichen Recht BVerwG v. 16.12.1971, BVerwGE 39, 203; Ule, VerwProzR, S. 10; für die Vertretbarkeitsgrenze bei § 76 V etwa Löwisch, AuR 1987, 100; LAG Baden-Württemberg v. 29.10.1980, ZiP 1981, 531.

198 Ule, VerwProzR, S. 10; ders., GS Jellinek, S. 326.

199 Vgl. o. a) cc) (2) (a).

200 Vgl. Buchner, NZA 1986, 381.

Gewichtsverhältnis setzt sie in eine Regelung um, die in bezug auf 30 Arbeitsminuten pro Monat zu Lasten und in bezug auf 630 Minuten zugunsten der Arbeitgebervorstellungen ausfällt. Sie beschließt, daß das Arbeitszeitende am ersten Montag im Monat auf 18.05 Uhr vorverlegt wird, im übrigen aber bei 18.35 Uhr verbleibt.

(b) Additive Einzelabwägungen

Nach diesem Prinzip werden die beiderseitigen Interessen in einzelne Interessengegensätze aufgeteilt und die damit verbundenen Wertgewichte einander gegenübergestellt. Dem Regelungsvorschlag ist das jeweils gewichtigere Interesse zugrunde zu legen. Anderen Belangen, insbesondere solchen der Gegenseite, ist insoweit zu entsprechen, als dies mit dem vorrangigen Interesse vereinbar ist. Nach dem Prinzip der optimalen Werteverwirklichung kann es aber auch geboten sein, die Umsetzung des gewichtigeren Interesses einzuschränken, wenn durch den damit einhergehenden Verzicht an Wertverwirklichung die Realisierung von mit gegenläufigen Interessen verbundenen, größeren Wertgewichten ermöglicht wird, auf diesem Wege also das Gesamtmaß an Wertverwirklichung erhöht wird.

Nach dieser Vorgehensweise ergibt sich der Inhalt des Regelungsvorschlages aus der Addition der Abwägungsergebnisse bei den einzelnen Interessengegensätzen und der Wertverwirklichung der Interessen, denen kein konträres Interesse gegenübersteht.

(c) Fehler des Abwägungsvorgangs

Unterläßt die Einigungsstelle ein vergleichendes Gegenüberstellen der konkreten Wertgewichte der beiderseitigen Belange, liegt ohne weiteres ein Fehler des Ermessensvorganges vor, da ihr hinsichtlich des „Ob" des Abwägens kein Spielraum zusteht.[201] Andererseits kann darin kein Rechtsfehler erblickt werden, da das verletzte Abwägungsgebot keinen Verfahrensgrundsatz betrifft, sondern Teil der Ermessensausübung ist.

Unterläßt die Einigungsstelle die Einbeziehung einzelner Belange in die vorgenommene Abwägung, so kann nichts anderes gelten als für die Behandlung der parallelen Fehlerquellen beim Gewichtungsgebot.[202] Ein Fehler des Abwägungsvorgangs liegt daher vor, wenn in diesen ein Belang mit gravierendem Wertgewicht nicht einbezogen wird. Aus der Wahl der Vorgehensweise beim Abwägen vermag sich ein Ermessensfehler hingegen nicht zu ergeben. Es sind keine Gerechtigkeitsgesichtspunkte feststellbar, die das eine oder andere Verfahren als per se fehlerhaft erscheinen lassen. Im Ergebnis dürften sich zwischen ihnen auch kaum Unterschiede ergeben. Bei komplexeren Interessenlagen werden allerdings Praktikabilitätserwägungen regelmäßig für ein Vorgehen nach dem Modell der additiven Einzelabwägungen sprechen.

---

201 Vgl. o. a) cc) (1).

202 Vgl. o. bb) (1), (2).

(2) Abwägungsergebnis

(a) Findung des Abwägungsergebnisses

Bei der Findung des Abwägungsergebnisses geht es zunächst einmal darum festzustellen, welche Seite insgesamt oder hinsichtlich des einzelnen Interessengegensatzes mehr Wertgewichte aufzuweisen hat, wem also der Vorrang gebührt. Zum anderen gilt es, die tatbestandsmäßige Handlung, deretwegen die Einigungsstelle zum Tätigwerden und zur Ermessensausübung aufgerufen ist, entscheidend vorzubereiten. Die Einigungsstelle muß daher einen Spruchinhalt kreieren, mit dem, wenn er die Zustimmung der Mehrheit der Mitglieder der Einigungsstelle findet, die Meinungsverschiedenheit in der Sache beigelegt werden kann. Dabei sind die auf dem Spiel stehenden konkreten Wertgewichte so in einen Regelungsvorschlag umzusetzen, daß sie in möglichst großem Umfang verwirklicht werden. Näheres zur Vorgehensweise ist bereits geschildert worden.[203]

(b) Fehler des Abwägungsergebnisses

Gelangt die Einigungsstelle bei der Saldierung der Wertgewichte beider Seiten zu einem objektiv unzutreffenden Ergebnis, wird dies regelmäßig die Folge der Fehleinschätzung der konkreten Wertgewichte sein. Demnach gilt für den Abwägungsspielraum insoweit die Vertretbarkeitsgrenze.[204]

Hinsichtlich des Umgießens des Gewichtssaldos in einen Beschlußvorschlag ist die Zahl der denkbaren Regelungsmöglichkeiten nahezu unbegrenzt, während der Kreis der Ideen, die einer Person in einer konkreten Entscheidungssituation gegenwärtig sind, naturgemäß kleiner ist. Etwaiger „Ideenmangel" der Einigungsstellenmitglieder verstößt jedoch gegen kein dem Ermessen zu entnehmendes Gebot und stellt somit keinen Ermessensfehler dar. Anders könnte es zu beurteilen sein, wenn die Einigungsstelle einen „weitgehend üblichen" Gesichtspunkt, z. B. die Differenzierung der Prämie für einen Verbesserungsvorschlag nach dessen Ausgereiftheit, nicht in eine Regelung der Grundsätze des betrieblichen Vorschlagswesens (§ 87 I Nr. 12) aufnimmt. Das BAG hat mit Recht entschieden, daß auch die Außerachtlassung eines üblichen Regelungsinhaltes „nicht ermessensmißbräuchlich" ist.[205]

Ein Ermessensfehler kommt allerdings in Betracht, wenn die Einigungsstelle eine auf der Hand liegende Regelung nicht trifft,[206] die spürbar sachgerechter wäre als die in dem Spruch enthaltene, die also der optimalen Verwirklichung der auf dem Spiel stehenden Werte deutlich näher käme. Entscheidend ist also

---

203 Vgl. soeben (1).

204 Vgl. o. bb) (4).

205 BAG v. 28.4.1981, AP Nr. 1 zu § 87 Vorschlagswesen, Bl. 6R.

206 Vgl. z. B. LAG Frankfurt v. 1.9.1983, DB 1984, 461 zu einem Einigungsspruch mit „Regelungslücke".

das *Verfehlen der optimalen Werteverwirklichung*, sei es, daß ein kumulativ realisierbarer Belang in dem Spruch keinen Niederschlag findet, sei es, daß bei der Umsetzung eines vorrangigen Belanges gleichwohl zugunsten der Verwirklichung anderer Interessen gebotene Abstriche unterblieben sind.

Da eine optimale Werteverwirklichung allerdings kaum je erreicht werden kann, stünde die Fehlerhaftigkeit der meisten Einigungssprüche bereits fest, ehe sie gefällt würden. Als Antwort auf dieses Dilemma hat der Gesetzgeber der Einigungsstelle einen Ermessensspielraum eingeräumt. Hier liegt der Kern des „Abwägungsspielraumes". Wie beim Kernstück des „Gewichtungsspielraumes"[207] ist die Grenze des Freiraumes daher auch hier bei der Vertretbarkeit zu ziehen. Ein Fehler des Ermessensergebnisses liegt sonach vor, wenn die realisierte die bestmögliche Werteverwirklichung *in nicht mehr vertretbarem Maße* verfehlt.

Dies sei an drei Fallgestaltungen veranschaulicht, in denen ein Fehler des Abwägungsergebnisses in Betracht zu ziehen ist.

(aa) Ermessensfehlerhaft wäre es, wenn die Einigungsstelle in obigem Beispiel[208] den Interessenausgleich einfach *in der Mitte* der Regelungsvorstellungen beider Seiten gesucht hätte.[209] Im Einigungsstellenverfahren gilt das Prinzip der größtmöglichen Verwirklichung der Wertgewichte der Belange.[210] Damit verträgt sich keine schematische Gleichbehandlung beider Seiten, als stünden ihren Belangen gleichgewichtige Werte zur Seite. Da in dem Beispiel den Interessen des Arbeitgebers ein deutlich größeres Gewicht zukommt als denen der Arbeitnehmer, muß eine ermessensfehlerfreie Regelung zugunsten der Arbeitgebervorstellungen ausfallen. M. E. wäre allenfalls ein Spruch, der das Arbeitszeitende an jedem Montag entsprechend den Wünschen der Arbeitnehmer vorverlegte, noch vertretbar.[211]

(bb) Träfe die Einigungsstelle diese Regelung unter anderem deshalb, um dem Betriebsrat vor den anstehenden Betriebsratsneuwahlen einen „Achtungserfolg" zu verschaffen, so läge in der Einbeziehung dieses sachfremden Interesses (sog. *Heranziehungsüberhang)* zwar eine Überschreitung des Berücksichtigungsspielraums,[212] jedoch kein Fehler des Abwägungsergebnisses, denn die Abweichung der Regelung von der bestmöglichen Werteverwirklichung hielte sich noch im Rahmen des Vertretbaren.

---

207 Vgl. o. bb) (4).

208 s. o. (1) (a).

209 Kritisch zu solchen „Mittellösungen" auch Rieble, S. 198.

210 Vgl. o. a) cc) (2).

211 Siehe aber BAG v. 31.8.1982, AP Nr. 8 zu § 87 Arbeitszeit; dort hat das BAG in einem ähnlich gelagerten Fall einen für den Arbeitgeber noch ungünstigeren Einigungsspruch gebilligt (Bl. 7R, 8V).

212 Vgl. o. aa). Zur gerichtlichen Kontrollierbarkeit eines solchen Fehlers siehe unten § 9 II. 2.

(cc) Ein Ergebnisfehler der Ermessensausübung kommt hingegen in Betracht, wenn die Einigungsstelle ihren *Regelungsspielraum nicht ausgeschöpft* hat. Dabei sind drei Konstellationen zu unterscheiden.

Hat die Einigungsstelle einen eigenständigen Teil des Konfliktes gelöst (z. B. über die Verlängerung der Mittagspause um 30 Minuten für die Tage Montag bis Mittwoch entschieden), dann ist die Teilregelung wirksam, sofern sie in sich sachgerecht ist;[213] im übrigen bleibt die Regelungskompetenz der Einigungsstelle bestehen.

Enthält der Spruch keine sinnvolle und in sich geschlossene Teilregelung (z. B. Einführung einer Überwachungseinrichtung für die Tage Montag bis Mittwoch), so ist er unwirksam;[214] die Einigungsstelle ist nicht zuständig, eine Entscheidung zu treffen, deren Aufrechterhaltung nicht sinnvoll ist, da sie in der betreffenden Angelegenheit weder konfliktbereinigende noch ordnende Funktion erfüllen kann. In dem Beschluß über den „verbliebenen" Teil des Regelungsgegenstandes kann allerdings eine Bestätigung der unwirksamen Teilregelung liegen, so daß diese analog § 141 I BGB[215] in die Gesamtregelung Eingang fände.

Am häufigsten wird in der Praxis die dritte Konstellation anzutreffen sein: Die Einigungsstelle trifft eine Entscheidung für die gesamte Meinungsverschiedenheit, ohne jedoch ihren Regelungsauftrag vollständig zu erfüllen, der mit der Zuweisung ihrer Zuständigkeit gleichsam als „Kehrseite" verbunden ist und sich gleichfalls aus den Mitbestimmungstatbeständen des BetrVG ergibt. So hat das BAG einen Einigungsspruch für unwirksam erklärt, mit dem die Festsetzung der Provisionssätze weitestgehend dem Arbeitgeber überlassen werden sollte. Eine solche Regelung stelle keine *gemeinsame* Gestaltung der innerbetrieblichen Lohngerechtigkeit durch Arbeitgeber *und Betriebsrat* dar.[216] Sie widerspreche daher dem Zweck des Mitbestimmungsrechts nach § 87 I Nr. 10 und überschreite die Grenzen des Ermessens der Einiungsstelle.[217]

Der Einordnung der Mißachtung des Mitbestimmungszwecks als Ermessensfehler ist zuzustimmen, denn § 87 I Nr. 10 wird hier nicht als äußere Begrenzung der Entscheidungskompetenz wirksam, sondern als positive Maßgabe, eine Regelung im Sinne des Mitbestimmungszwecks zu finden, also als innere Ermessensschranke.[218] Regelmäßig wird es sich um einen *Gewichtungsfehler* handeln,[219] wenn das Interesse der Arbeitnehmer, das durch das Mitbestimmungsrecht geschützt werden soll, entgegen der darin liegenden Wertung des Gesetzes in dem

---

213 Vgl. o. § 2 IV. 4. b) zur parallelen Problematik der teilweisen Unwirksamkeit von Einigungssprüchen.

214 Vgl. ebenda.

215 Siehe dazu Erman-Brox, § 141 BGB, Rd.-Nr. 2, 4.

216 Hervorhebungen vom Verfasser.

217 BAG v. 17.10.1989, DB 1990, 589 f. m. w. N.; s. auch Rieble, S. 170 f.

218 Zur Terminologie vgl. o. zu Beginn des 3. Teiles.

219 Vgl. o. bb) (4).

Einigungsspruch einen zu geringen Niederschlag findet. In dem vom BAG entschiedenen Fall hat die Einigungsstelle allerdings das Interesse der Arbeitnehmer an der Wahrung der innerbetrieblichen Lohngerechtigkeit und der Durchsichtigkeit des Entlohnungssystems[220] in einem Maße unberücksichtigt gelassen, daß auch das Abwägungsergebnis nicht mehr vertretbar und damit fehlerhaft ist.

dd) Ermessensspielraum nach § 76 V 3 BetrVG

Der mit der Gewährung von Ermessen verbundene Gestaltungsspielraum der Einigungsstelle bezieht sich auf die gesamte Ermessensbetätigung. Er besteht daher bei allen § 76 V 3 zu entnehmenden Geboten. In den Fällen wesentlicher bzw. nicht mehr vertretbarer Verstöße gegen diese Maßgaben kommen Ermessensfehler in Betracht. Die Einzelheiten dazu sind soeben[221] dargelegt worden.

Der hier beschriebene Spielraum des § 76 V 3 mag mit demjenigen übereinstimmen, der nach § 76 V 4 für die gerichtliche Überprüfung des Einigungsstellenermessens gilt. Dies wird jedoch noch eingehend zu prüfen sein,[222] denn beide Freiräume bestimmen sich aus verschiedenen Blickwinkeln: Der Spielraum des § 76 V 3 bezeichnet die Toleranzspanne gegenüber der Nichterfüllung der Anforderungen, die das Gesetz an eine fehler*freie* Ermessensbetätigung stellt; demgegenüber stehen bei der Auslegung des Spielraums nach § 76 V 4 die in dieser Norm enthaltenen Rechtsschutzbeschränkungen im Mittelpunkt.

5. Ergebnisse

§ 76 V 3 gebietet der Einigungsstelle, ihre Beschlüsse, das sind die zur Beilegung der Meinungsverschiedenheit zu treffenden Sachentscheidungen[223], unter angemessener Berücksichtigung der Belange des Betriebes und der betroffenen Arbeitnehmer nach billigem Ermessen zu fassen. Die näheren Maßgaben dieses Gebots werden im wesentlichen bestimmt durch die Angemessenheit, die Billigkeit und das Ermessen. Da die ihnen zu entnehmenden Einzelgebote sich weitgehend überschneiden bzw. decken, ist eine ganzheitliche Interpretation der Norm vorzuziehen; dementsprechend sind die in § 76 V 3 enthaltenen Maßgaben der Norm insgesamt zuzuordnen bzw. zu entnehmen.[224] Im einzelnen enthält § 76 V 3 vier Maßgaben, ein Berücksichtigungs-, ein Gewichtungs- und ein Abwägungsgebot sowie die Gewährung eines Ermessensspielraumes.

---

220 Vgl. zum Zweck des Mitbestimmungsrechts nach § 87 I Nr. 10 BAG v. 17. 10. 1989, DB 1990, 589 f.; BAG v. 8.3.1983, AP Nr. 14 zu § 87 Lohngestaltung, Bl. 3 V; Hess / Schlochauer / Glaubitz, § 87, Rd.-Nr. 408 jeweils m. w. N.

221 Vgl. o. aa) bis cc).

222 Unten § 9.

223 Vgl. o. vor 1.

224 Vgl. o. 4. b).

Die Einigungsstelle hat sämtliche tatsächlich vorhandenen Interessen und Bedürfnisse der in den persönlichen Geltungsbereich des zu treffenden Spruchs fallenden Arbeitnehmer und des Arbeitgebers umfassend zur Kenntnis zu nehmen und auf ihre Bedeutung für die zu treffende Entscheidung hin zu überprüfen.[225] Der Entscheidung zugrunde zu legen sind jedoch nur die Belange, die einen sinnhaften Bezug zu der beizulegenden Meinungsverschiedenheit aufweisen, wie sie von den äußeren Schranken der Regelungskompetenz der Einigungsstelle näher bestimmt wird.[226]

Die danach relevanten Belange sind anhand objektiver[227] Wertungskriterien zu gewichten. Dafür sind sämtliche Wertungen heranzuziehen, die in der Rechtsordnung zum Ausdruck kommen.[228] Für die Feststellung des konkreten Wertgewichts eines Belanges bietet die Rechtsordnung Anhaltspunkte in der abstrakten Rangordnung der Werte, den Prinzipien der Interessenintensität, der Interessen- bzw. Gefahrennähe, der Interessenhäufung und einem personalen Einschlag der Interessenbewertung.[229]

Die konkreten Wertgewichte der beiderseitigen Belange hat die Einigungsstelle vergleichend einander gegenüber zu stellen und als Abwägungsergebnis einen Spruchinhalt zu kreieren, mit dem die Meinungsverschiedenheit in der Sache beigelegt werden kann. Dabei sind die auf dem Spiel stehenden Wertgewichte so in einen Regelungsvorschlag umzusetzen, daß sie in möglichst großem Umfang verwirklicht und möglichst wenig beeinträchtigt werden.[230] Dies ergibt sich aus dem Prinzip der praktischen Wertekonkordanz bzw. der optimalen Werteverwirklichung, einem Gebot der Gerechtigkeit[231], an der sich die Ermessensbetätigung zu orientieren hat.[232]

Nach Wortlaut, Systematik und Zweck der Norm enthält § 76 V 3 eine einheitliche Ermessensvorschrift,[233] die der Einigungsstelle bei ihren Beschlüssen einen Gestaltungsspielraum gewährt. Die Betätigung des Ermessens ist allerdings an dem hinter der Angemessenheit und Billigkeit stehenden Ziel der Verwirklichung von Gerechtigkeit im Einzelfall zu orientieren.[234] Daraus folgt das Gebot, sich um eine optimale Werteverwirklichung zu bemühen.[235]

Der mit der Gewährung des Ermessens verbundene Gestaltungsspielraum besteht hinsichtlich aller dem § 76 V 3 zu entnehmenden Gebote.[236] Seine Grenze

225 Vgl. 1. a).
226 Vgl. o. 1. b) bb) (2).
227 Vgl. o. 4. a) cc) (2) (c).
228 Vgl. o. 1. b) bb) (2).
229 Vgl. o. 1. b) bb) (3).
230 Vgl. o. 4. c) cc).
231 Vgl. o. 4. a) cc) (2) (a).
232 Vgl. o. 4. a) cc) (1).
233 Vgl. o. 4. a).
234 Vgl. o. 4. a) cc) (1).
235 Vgl. o. 4. a) cc) (2) (a).

findet er je nach Fehlerkonstellation, wenn ein wesentlicher bzw. ein nicht mehr vertretbarer Verstoß gegen eine Maßgabe der Ermessensbetätigung festzustellen ist.[237] Die Ermessensbindung nach § 76 V 3 deckt sich im übrigen mit derjenigen, der die Einigungsstelle unterläge, wenn sie schlicht „nach Ermessen" zu entscheiden hätte.[238]

II. § 112 V BetrVG

Plant der Unternehmer eine Betriebsänderung i. S. v. § 111, so hat er mit dem Betriebsrat u. a. „eine Einigung über den Ausgleich oder die Milderung der wirtschaftlichen Nachteile" zu versuchen, „die den Arbeitnehmern infolge der Betriebsänderung entstehen" (§ 112 I 2). Gelingt die Einigung nicht, so können der Unternehmer oder der Betriebsrat die Einigungsstelle anrufen, die erforderlichenfalls selbst die Sachentscheidung über die Aufstellung eines Sozialplanes trifft (§ 112 II 2, IV). Bei dieser Entscheidung hat die Einigungsstelle gemäß § 112 V 1 „sowohl die sozialen Belange der betroffenen Arbeitnehmer zu berücksichtigen als auch auf die wirtschaftliche Vertretbarkeit ihrer Entscheidung für das Unternehmen zu achten". Dabei hat die Einigungsstelle „im Rahmen billigen Ermessens" (§ 112 V 2) im Gesetz ausgeführte „Leitlinien für die Ermessensentscheidung der Einigungsstelle"[239] zu befolgen. Es stellt sich damit die Frage nach dem Verhältnis dieser Norm zu § 76 V. Anschließend soll noch kurz auf drei Einzelfragen eingegangen werden, deren Zuordnung zu den inneren Ermessensschranken zweifelhaft erscheinen könnte.

1. Verhältnis von § 112 V zu § 76 V BetrVG

Um das Verhältnis des § 112 V zu § 76 V bestimmen zu können, bedarf es zunächst einer vergleichenden Betrachtung der Inhalte beider Normen.

a) Vergleich der Inhalte beider Normen

§ 112 V enthält für die Einigungsstelle die Maßgaben, die Belange beider Seiten zu berücksichtigen und „im Rahmen billigen Ermessens" zu entscheiden. Dabei sind die beiderseitigen Interessen abzuwägen und auszugleichen.[240] Dies entspricht den in § 76 V 3 enthaltenen Geboten[241]. Eine solche Gleichsetzung

---

[236] Vgl. o. 4. c) dd).

[237] Vgl. o. 4. c) aa) bis cc).

[238] Vgl. 4. a) cc) (2).

[239] BAG v. 26.5.1988, DB 1988, 2154, 2155; Lorenz / Schwedes, DB 1985, 1081; Bengelsdorf, SAE 1989, 170.

[240] Vgl. die Begründung zum RegE für das BeschFG, BT-Drucks. 10/2102, S. 27; Lorenz / Schwedes, DB 1985, 1081; ArbG Berlin v. 5.2.1975, BB 1975, 421 zu § 112 IV a. F.

[241] Zu diesen o. I. 5.

der Entscheidungsmaßgaben des § 112 V mit denen des § 76 V 3 sollte mit der Aufnahme des Passus, die Einigungsstelle habe „im Rahmen billigen Ermessens" zu entscheiden (§ 112 V 2) ausdrücklich klargestellt werden.[242]

Der Berücksichtigungsgegenstand ist in § 112 V 1 jedoch anders als in § 76 V 3 dahin formuliert, daß lediglich „soziale" Belange der Arbeitnehmer und Gesichtspunkte der „*wirtschaftlichen Vertretbarkeit*" für das Unternehmen in Betracht zu ziehen sind. Diese Abweichungen erklären sich aus dem äußeren Rahmen der Entscheidungskompetenz der Einigungsstelle.

Da es um eine Regelung im Bereich der Mitwirkung des Betriebsrats in wirtschaftlichen Angelegenheiten geht, sind auf Unternehmensseite naturgemäß die wirtschaftlichen Belange zu beachten. Die weitere Eingrenzung der Unternehmensbelange auf die wirtschaftliche „Vertretbarkeit"[243] bedeutet nicht lediglich eine Ausgrenzung „nicht mehr vertretbarer" Sozialplaninhalte. Darin läge eine grundsätzliche Geringschätzung der Interessen des Unternehmers, die der Absicht des Gesetzes widerspräche, den Interessen keiner Seite eine Priorität beizumessen.[244] Die Erwähnung der wirtschaftlichen Vertretbarkeit besagt vielmehr, daß die Fortführung des Unternehmens durch die Sozialplanlasten nicht gefährdet werden darf.[245] Demnach sind Gegenstand des Berücksichtigungsgebotes die hinter der Unternehmensfortführung stehenden bzw. mit ihr verbundenen Gegebenheiten, Erfordernisse und Interessen (Belange).

Auf Arbeitnehmerseite sind lediglich *soziale Belange* zu berücksichtigen. Unter „sozial" ist immer nur das zu verstehen, was der Gesetzgeber zum Wohle der nach seiner Auffassung schutzbedürftigen Personen regelt.[246] Da mit dem Sozialplan per definitionem wirtschaftliche Nachteile der Arbeitnehmer gemildert oder ausgeglichen werden sollen, sind als „soziale Belange" i. S. v. § 112 V 1 die Interessen zu berücksichtigen, die eine wirtschaftlich nachteilige Lage der Arbeitnehmer betreffen, sowie die Tatsachen[247], die den wirtschaftlichen Nachteil der Arbeitnehmer zu begründen oder zu entkräften vermögen.

Diese Einschränkungen des Berücksichtigungsgegenstandes ergeben sich aus der einschlägigen Kompetenznorm (§ 112 IV), ihrem Zweck (vgl. § 112 I 2) sowie ihrem Regelungszusammenhang („wirtschaftliche Angelegenheiten").

---

242 Fitting / Auffarth / Kaiser / Heither, §§ 112, 112a, Rd.-Nr. 33.

243 Zu diesem Begriff GK-Fabricius, §§ 112, 112a, Rd.-Nr. 89 ff.; Galperin / Löwisch, § 112, Rd.-Nr. 99 ff.; ausführlich v. Hoyningen-Huene, RdA 1986, 102 ff.; Drukarczyk, RdA 1986, 115 ff.

244 Rumpff, BB 1972, 329.

245 Vgl. v. Hoyningen-Huene, RdA 1986, 110; Galperin / Löwisch, § 112, Rd.-Nr. 99; ob der wirtschaftlichen Vertretbarkeit „nur eine Korrekturfunktion in Bezug auf den Abfindungsbedarf" zukommt (so v. Hoyningen-Huene, RdA 1986, 103), mag hier dahinstehen.

246 BVerfG v. 19.10.1983, BVerfGE 65, 193; BVerfG v. 18.7.1967, BVerfGE 22, 204; Schnapp, in: v. Münch, GG, Art. 20, Rd.-Nr. 16, 19 m. w. N.

247 Vgl. GK-Fabricius, §§ 112, 112a, Rd.-Nr. 80.

Eben diese Faktoren bestimmen den äußeren Entscheidungsrahmen der Einigungsstelle und damit die „Sache“, auf die ein zu beachtender Belang sinnhaft bezogen sein muß.[248] Die ausgeführten Einschränkungen ergäben sich daher, bestünde § 112 V nicht, gleichfalls im Rahmen des § 76 V 3 bei der Feststellung des Sachbezuges eines Belanges.

Die in *§ 112 V Nr. 1 bis 3* aufgeführten „Grundsätze“, von denen sich die Einigungsstelle bei ihrer Ermessensausübung leiten zu lassen hat, stellen lediglich nicht als abschließend gedachte[249] („insbesondere“) Konkretisierungen dessen dar, was bereits aus der Maßgabe, nach billigem Ermessen zu entscheiden (§ 112 V 2), folgt[250]. Daher bringen die gesetzlichen Leitlinien gegenüber den aus § 76 V 3 zu entnehmenden Anweisungen in der Sache keine grundsätzliche Neuheit. Sie betonen allerdings das besondere Gewicht, das der Gesetzgeber gerade den von ihm selbst in § 112 V Nr. 1 bis 3 angesprochenen Umständen (Gegebenheiten des Einzelfalles, Arbeitsmarktchancen und ihre Nutzung[251], Bestand der nach der Betriebsänderung verbleibenden Arbeitsplätze[252]) beimißt.

Daraus ergibt sich, daß die in § 112 V genannten Bindungen der Struktur nach mit denen aus § 76 V 3 übereinstimmen[253]; die zu § 76 V 3 entwickelte Vier-Elemente-Lehre[254] gilt auch für § 112 V. Es werden lediglich der Gegenstand des Berücksichtigungsgebotes an das wirtschaftliche Beteiligungsrecht des Betriebsrats und damit an die materielle Entscheidungszuständigkeit der Einigungsstelle angepaßt[255] und dieser für die vorzunehmende Gewichtung zusätzliche gesetzliche Wertungen an die Hand gegeben.

b) Verhältnis von § 112 V zu § 76 V 3 BetrVG

§ 112 V regelt die inneren Ermessensleitlinien in einem besonderen Fall der Entscheidungszuständigkeit der Einigungsstelle. Die Norm ersetzt daher als *lex specialis* die allgemeinen Bestimmungen für Ermessensentscheidungen in § 76 V 3.[256]

---

248 Vgl. o. I. 1. b) bb) (2).

249 Vgl. die Begründung zum RegE des BeschFG, BT-Drucks. 10/2102, S. 27.

250 Hess / Schlochauer / Glaubitz, § 112, Rd.-Nr. 114; Otto, ZfA 1985, 78; Lorenz / Schwedes, DB 1985, 1081; Rieble, S. 206.

251 Dies konnte auch nach § 112 IV 2 a. F. berücksichtigt werden, vgl. BAG v. 8.12.1976, AP Nr. 3 zu § 112; BAG v. 25.10.1983, AP Nr. 18 zu § 112.

252 Dies konnte gleichfalls schon nach altem Recht Beachtung finden, vgl. BAG (GrS) v. 13.12.1978, AP Nr. 6 zu § 112, Bl. 7R; LAG Frankfurt v. 15.6.1976, BB 1976, 1463.

253 Becker-Schaffner, BlStSozArbR 1976, 38; Gaul, AiB, S. 693; Jäcker, S. 101; Leipold, FS Schnorr von Carolsfeld, S. 291; Matthes, DB 1972, 290; G. Müller, DB 1973, 76; Schmitt-Rolfes, Diss. iur., S. 171.

254 Dazu o. I. 4. b).

255 Becker-Schaffner, BlStSozArbR 1976, 38.

256 LAG Hamm v. 28.5.1975, EzA Nr. 6 zu § 76, S. 35; Beuthien, FS G. Müller, S. 18; Dütz / Vogg, SAE 1989, 223; Gift, ArbRdGw., Bd. 15, S. 67 jeweils zu § 112 V 2 a. F.

c) Verhältnis von § 112 V zu § 76 V 4 BetrVG

Für die gerichtliche Kontrolle des Ermessens der Einigungsstelle findet § 76 V 4 zumindest sinngemäße Anwendung.[257] Eine Analogie ließe sich folgendermaßen begründen: § 112 enthält keine Regelung über eine gerichtliche Ermessenskontrolle für von der Einigungsstelle aufgestellte Sozialpläne. Daraus kann jedoch nicht der Schluß gezogen werden, der Gesetzgeber habe den Gerichtsschutz gegen Einigungssprüche bei Sozialplänen im Vergleich zu den übrigen Fällen um die dort mögliche Ermessenskontrolle verkürzen wollen. Da § 112 V inhaltsgleich mit § 76 V 3 innere Ermessensbindungen beschreibt, liegt es vielmehr nahe, die auf § 76 V 3 bezogene Bestimmung des § 76 V 4 auf die Parallelnorm § 112 V entsprechend anzuwenden.[258]

Zu einer direkten Anwendung des § 76 V 4 gelangt man, indem man — m. E. überzeugender — argumentiert, daß § 112 in Absatz V lediglich eine Spezialregelung zu § 76 V 3 enthält, so daß die allgemeine Bestimmung des § 76 V 4 mangels sie verdrängender Spezialnorm für den Gerichtsschutz bei Sozialplänen ohne weiteres gilt.

2. Einzelfragen

Nach der Klärung des Verhältnisses von § 112 V zu § 76 V soll noch auf drei inhaltliche Beschränkungen eingegangen werden, deren Einordnung als innere oder äußere Ermessensschranke zweifelhaft sein könnte.

a) Faktische Verhinderung der Betriebsänderung

Grundsätzlich liegt die Bemessung des Gesamtbetrages der Sozialplanleistungen im Ermessen der Einigungsstelle.[259] Diese hat dabei jedoch darauf zu achten, daß der Bestand des Unternehmens und die verbleibenden Arbeitsplätze nicht gefährdet werden (§ 112 V Nr. 3). Eine weitere innere Ermessensmaßgabe könnte dahin gehen, daß die Einigungsstelle in einem Sozialplan nur Belastungen für das Unternehmen vorsehen darf, die es nicht vorteilhafter erscheinen lassen, auf die geplante Betriebsänderung zu verzichten.

In einer Nichtbeachtung dieser Maßgabe, also in einer faktischen Verhinderung der Betriebsänderung, sieht Eich[260] einen Verstoß gegen die Gesamtkonzeption

---

257 BAG v. 26.5.1988, DB 1988, 2155; Bengelsdorf, SAE 1989, 170; Dietz / Richardi, § 112, Rd.-Nr. 176 m. w. N.; Fitting / Auffarth / Kaiser / Heither, §§ 112, 112a, Rd.-Nr. 38; Gaul, AiB, S. 696; GK-Fabricius, §§ 112, 112a, Rd.-Nr. 239; Löwisch, BetrVG, § 112, Rd.-Nr. 39; Matthes, DB 1972, 290; Pünnel, Einigungsstelle, Rd.-Nr. 466; Rumpff, Mitbestimmung in wirtschaftlichen Angelegenheiten, S. 395 f.

258 Gift, ArbRdGw., Bd. 15, S. 67.

259 BAG v. 28.9.1988, BB 1989, 498; BAG v. 30.10.1979, DB 1980, 549; Galperin / Löwisch, § 112, Rd.-Nr. 31.

der Beteiligung des Betriebsrats in wirtschaftlichen Angelegenheiten, also einen Rechtsfehler. In der Tat entspricht es der Systematik der §§ 111 ff., daß das Ob und Wie einer wirtschaftlichen Entscheidung Gegenstand eines freiwilligen Interessenausgleichs ist und nur der Ausgleich der den Arbeitnehmern entstehenden sozialen Nachteile über die Einigungsstelle erzwungen werden kann.[261] Diese gesetzliche Wertung würde mißachtet, wenn durch die Ausgestaltung des erzwingbaren Sozialplans mittelbar in die Entscheidung über das Ob einer Betriebsänderung eingegriffen werden könnte. Die faktische Verhinderung einer Betriebsänderung durch den Umfang der Sozialplanlasten stellt daher eine *Fehlgewichtung* der Arbeitgeberbelange dar. Sie betrifft den inneren Kompetenzrahmen der Einigungsstelle und ist als Ermessensfehler zu qualifizieren.[262]

b) Zumutbarkeit eines Ersatzarbeitsplatzes

Gemäß § 112 V Nr. 2 Satz 2 sollen Arbeitnehmer von Sozialplanleistungen ausgeschlossen werden, die einen zumutbaren Ersatzarbeitsplatz ablehnen. Bei der Anwendung dieser Ermessensrichtlinie kann die Einigungsstelle den unbestimmten Rechtsbegriff der Zumutbarkeit[263] unzutreffend einschätzen. Der Struktur nach handelt es sich dabei um einen Fehler der Rechtserkenntnis. Gleichwohl unterliegt er nicht der Rechts-, sondern der Ermessenskontrolle durch das Arbeitsgericht.[264]

Dies ergibt sich aus der Stellung der Zumutbarkeit im Entscheidungsprozeß der Einigungsstelle. § 112 V Nr. 2 Satz 2 gehört als Konkretisierung des § 112 V zu den inneren Ermessensbindungen und greift Platz im Rahmen der Gewichtung der beiderseitigen Belange.[265] Ist das konkrete Wertgewicht eines Belanges einzuschätzen, so ist — wie bei allen gesetzlichen Wertungen — auch die des § 112 V Nr. 2 Satz 2 in ihrer Tragweite zu erkennen. Die damit verbundene Rechtsanwendung kann jedoch nicht die allgemeine Rechtskontrolle des Einigungsspruchs auslösen, sondern gehört als Teil der Gewichtung wie diese zum Vorgang der Ermessensausübung. Nach dem Grundsatz der „Einheit der Ermessensbetätigung" unterliegt die Gewichtung der Belange in ihrer Gesamtheit der

---

260 In: Jobs / Samland, Personalinformationssysteme, S. 242.

261 Dietz / Richardi, § 112, Rd.-Nr. 10; Hess / Schlochauer / Glaubitz, § 112, Rd.-Nr. 18; Fitting / Auffarth / Kaiser / Heither, §§ 112, 112a, Rd.-Nr. 2, 5.

262 Ebenso Rieble, S. 166 f.; *a. A.* Däubler, DB 1985, 2302, der auch „abschreckend wirkende" Sozialpläne für zulässig hält.

263 Die Einigungsstelle kann Kriterien für die Zumutbarkeit festlegen und so diesen Begriff konkretisieren (s. BAG v. 27.10.1987, NZA 1988, 203 ff.; BAG v. 28.9.1988, BB 1988, 498 f.).

264 Im Ergebnis ebenso BAG v. 27.10.1987, NZA 1988, 205; Dütz / Vogg, SAE 1989, 224; Fitting / Auffarth / Kaiser / Heither, §§ 112, 112a, Rd.-Nr. 35a; v. Hoyningen-Huene, NJW 1985, 1806; wohl auch Löwisch, AP Nr. 47 zu § 112, Bl. 7V; vgl. auch die Begründung zum RegE für das BeschFG, BT-Drucks. 10/2102, S. 27.

265 Vgl. o. 1. a).

Ermessenskontrolle,[266] auch wenn bei dieser Gelegenheit Rechtsbegriffe anzuwenden sind.

c) Sozialplanzweck als Ermessensleitlinie

aa) Grundsatz: Sozialplanzweck als Außenschranke

Grundsätzlich bestimmt der Zweck einer Mitbestimmungsnorm, also hier der Sozialplanzweck, den Umfang der Entscheidungskompetenz der Einigungsstelle mit.[267] Systematisch ist der Zweck des Sozialplans in § 112 I 2 einzuordnen[268], auch wenn zu seiner Herleitung sämtliche Bestimmungen des § 112 heranzuziehen sind. Hielte sich eine Regelung nicht mehr im Rahmen des Sozialplanzwecks, verstieße sie gegen das Gesetz selbst als äußere Schranke des Einigungsstellenermessens.[269]

bb) Praktische Relevanz des Sozialplanzwecks als Außenschranke

Die Bedeutung des Sozialplanzwecks hängt von seinem Inhalt ab. Sie soll anhand eines Beispielfalles über den Abbau von Personal veranschaulicht werden.

(1) Welcher Zweck mit den im Sozialplan zu treffenden Regelungen verfolgt werden soll, wenn im Zuge einer Betriebseinschränkung Personal abgebaut wird, ist umstritten. Das BAG mißt dem Sozialplan sowohl die Funktion der Entschädigung für den Verlust des Arbeitsplatzes und der im Laufe des Arbeitsverhältnisses erworbenen Vorteile[270] bei als auch Überleitungs- und Vorsorgefunktion, damit „möglichst allen von der Entlassung betroffenen Arbeitnehmern eine verteilungsgerechte Überbrückungshilfe bis zu einem ungewissen neuen Arbeitsverhältnis oder längstens bis zum Bezug von Altersruhegeld" ermöglicht werden könne.[271,272]

---

266 Vgl. o. I. 4. c) bb) (3).

267 Vgl. o. I. 1. b) bb) (2).

268 Zutreffend Otto, ZfA 1985, 82.

269 Anders wäre es, wenn die Einigungsstelle sich zwar innerhalb ihrer Entscheidungskompetenz bewegt, den Schutzzweck der Norm, die ihre Zuständigkeit bestimmt, aber nur unzureichend beachtet hätte (vgl. o. I. 4. c) cc) (2) (b) (cc).

270 BAG (GrS) v. 13.12.1978, AP Nr. 6 zu § 112, Bl. 5R; BAG v. 23.4.1985, AP Nr. 26 zu § 112, Bl. 3; ebenso Fitting / Auffarth / Kaiser / Heither, §§ 112, 112a, Rd.-Nr. 19; Richardi, NZA 1984, 182.

271 BAG v. 23.8.1988, DB 1988, 2466; ebenso Wiedemann / Willemsen, AP Nr. 3 zu § 112, Bl. 8 V; Galperin / Löwisch, § 112, Rd.-Nr. 3a; Bengelsdorf, SAE 1989, 173 f.; Willemsen, ZiP 1981, 1059; Löwisch / Bittner, SAE 1985, 326; ablehnend insoweit Hess / Schlochauer / Glaubitz, § 112, Rd.-Nr. 33.

272 Weitere Funktionen und Modifikationen etwa bei Grunsky, RdA 1978, 179 f. („Starthilfefunktion"); Reuter, Sozialplan, S. 17 ff., 21 f. („Steuerungsfunktion"); Beuthien, RdA 1976, 147 ff., 155 („Wiedereingliederungsfunktion"); ähnlich Vogt, BlSt SozArbR 1982, 237.

Im Kern geht es um die Frage, ob mit Sozialplanleistungen vergangenheits- oder aber zukunftsorientierte Nachteile abzugelten sind. Angesichts der Vielfalt der vertretenen Auffassungen und der „gesetzlichen Unausgewogenheit" meint Fabricius[273], die Frage nach dem Sozialplanzweck könne positiv nicht beantwortet werden. Der Einwand, in § 112 V Nr. 2 werde die Zukunftsorientierung des Sozialplanes hinreichend deutlich, ist in der Sache zutreffend, jedoch nicht stichhaltig. Diese Norm belegt in der Tat die Zukunftsbezogenheit, besagt aber nichts über die Vergangenheitsbezogenheit der in § 112 I 2 genannten Nachteile. Vielmehr verbleibt es bei der umfassenden Formulierung des Sozialplanzweckes in § 112 I 2. Einschränkungen der Ausgleichszwecksetzung auf vergangenheits- oder zukunftsbezogene wirtschaftliche Nachteile lassen sich nicht feststellen.[274] Folglich sind *sämtliche* wirtschaftlichen Nachteile ausgleichsfähig, die Arbeitnehmern infolge der Betriebsänderung entstehen.[275]

§ 112 V Nr. 2 Satz 1 verdeutlicht allerdings, welch großes Gewicht der Gesetzgeber den zukunftsorientierten Nachteilen beimißt. Insofern kann man von einer „*primär zukunftsorientierten* Konzeption" des Gesetzes sprechen.[276] Mit den Sozialplanleistungen sollen mithin vor allem zukünftige, aber auch alle sonstigen[277] wirtschaftlichen Nachteile kompensiert werden, die den Arbeitnehmern infolge der Betriebsänderung tatsächlich entstehen.[278]

(2) Ist der Sozialplanzweck derart umfassend zu verstehen, kommt ihm als äußere Ermessensschranke wohl nur geringe praktische Bedeutung zu, wie folgender *Fall* zeigt.

Die Einigungsstelle sieht in einem Sozialplan für zu entlassende Arbeitnehmer Abfindungen vor, die sich lediglich nach dem Monatsverdienst und der Dauer der Betriebszugehörigkeit der Arbeitnehmer richten. So erhält der 25jährige KFZ-Mechaniker A aufgrund seiner 5jährigen Betriebszugehörigkeit eine Abfindung in Höhe von 6.000 DM, sein 52jähriger Kollege B hingegen, der erst ein Jahr in dem Betrieb beschäftigt ist, lediglich den Abfindungsgrundbetrag in Höhe von 1.000 DM.

---

273 GK-Fabricius, § 111, Rd.-Nr. 18.

274 Kreutz, FS E. Wolf, S. 321.

275 Im Ergebnis ebenso BAG (GrS) v. 13.12. 1978, AP Nr. 6 zu § 112; Kreutz, FS E. Wolf, S. 323; Fitting / Auffarth / Kaiser / Heither, §§ 112, 112a, Rd.-Nr. 19; Hanau, ZfA 1974, 103.

276 So Otto, ZfA 1985, 79.

277 Dazu gehört insbesondere der Verlust des Bestandsschutzes des Arbeitsverhältnisses (Kündigungsschutz, nach § 622 II 2 BGB verlängerte Kündigungsfrist). Andererseits ist auch die Entlassung von Arbeitnehmern ohne Kündigungsschutz grundsätzlich sozialplanpflichtig (LAG Düsseldorf v. 1.4.1976, DB 1976, 1824). Die Spezialfrage, ob auch in einem solchen Fall eine vergangenheitsbezogene Entschädigung für den Arbeitsplatz zulässig ist, kann an dieser Stelle nicht geklärt werden.

278 Da die Einigungsstelle nicht sämtliche Nachteile der einzelnen Arbeitnehmer ermitteln und ausgleichen kann, werden Pauschalierungen aus Praktikabilitätsgründen zulässig bleiben. Sie haben sich allerdings nach Faktoren zu bestimmen, die geeignet sind, die typischerweise auftretenden tatsächlichen Nachteile der Arbeitnehmer mit Wahrscheinlichkeit widerzuspiegeln (ähnlich Löwisch, BB 1985, 1205).

Die Anknüpfung der Abfindungsregelung an die Betriebszugehörigkeitsdauer ist durchaus geeignet, vergangenheitsbezogene Nachteile, die mit der Entlassung typischerweise verbunden sind, auszugleichen. Da solche Nachteile an sich ausgleichsfähig sind, liegt ein Verstoß gegen den Zweck des Sozialplans nicht vor.[279]

Verfehlt ist allerdings das innere Verhältnis der Ausgleichsleistungen für vergangenheitsbezogene und für zukunftsbezogene Nachteile. Die Abfindungsformel erfaßt allenfalls mittelbar[280] die Bedeutung, die vom Gesetz den Aussichten der betroffenen Arbeitnehmer auf dem Arbeitsmarkt beigemessen wird (§ 112 V Nr. 2 Satz 1).[281] Dies stellt eine *Fehlgewichtung* der ausgleichsfähigen Nachteile dar, betrifft also ein Element der inneren Ermessensausübung.

cc) Ergebnis

Der Sozialplanzweck ist dogmatisch als äußere Schranke des Einigungsstellenermessens einzuordnen, erlangt angesichts der Weite seines Inhalts jedoch nur selten praktische Bedeutung.

3. Ergebnisse

Innere Schranken des Einigungsstellenermessens finden sich in § 112 V, der als Spezialregelung für die Aufstellung eines Sozialplanes § 76 V 3 ersetzt.[282] Die darin enthaltenen Ermessensbindungen stimmen der Struktur nach mit denen aus § 76 V 3 überein.[283] Soweit der Entscheidungsspielraum der Einigungsstelle von § 112 V enger beschrieben wird als in § 76 V 3, ergibt sich dies aus dem Einfluß des äußeren Kompetenzrahmens auf den inneren Bereich der Ermessens-

---

279 Ein Verstoß gegen § 112 I 2 läge etwa vor, wenn die Einigungsstelle bei der Bemessung einer Abfindung immaterielle Nachteile (z. B. den Verlust eines liebgewonnenen Kollegenkreises) berücksichtigte oder solche, die nicht dem Arbeitnehmer (z. B. Kosten des Arbeitsortswechsels des selbständig tätigen Ehepartners des Arbeitnehmers) oder nicht infolge der Betriebsänderung entstünden.

280 Der Abfindungsbetrag kann den Arbeitsmarktchancen entsprechen, wenn die besonders lange, z. B. 30jährige, Betriebszugehörigkeit notwendig mit einem hohen Alter des Arbeitnehmers, das dessen Aussichten auf dem Arbeitsmarkt mindert, einhergeht.

281 Für die Chancen der Arbeitnehmer, einen neuen Arbeitsplatz zu finden, sind in erster Linie das Alter (vgl. BAG v. 26.7.1988, DB 1988, 2465), die berufliche Qualifikation, der Familienstand, eine etwaige Behinderung sowie die Art der Tätigkeit maßgeblich. Die Betriebszugehörigkeit spielt dabei eine untergeordnete Rolle (Löwisch / Bittner, SAE 1985, 326; Bengelsdorf, SAE 1989, 173 ff. m. w. N.) — In Betriebsempfinden und Sozialplanpraxis hat die Betriebszugehörigkeit demgegenüber seit jeher die dominierende Rolle gespielt. Rechtsnorm und Betriebswirklichkeit in Einklang zu bringen, ist Aufgabe der Rechtspolitik. Zu denken ist etwa an eine generelle Abfindungspflicht bei betriebsbedingten Kündigungen. Daneben sollten von Sozialplänen nur noch konkrete Überbrükkungsnachteile kompensiert werden (z. B. Umzugskosten, Fahrtkosten etc.).

282 Vgl. o. 1. b).

283 Vgl. o. 1. a).

betätigung und gälte daher bei Anwendung des § 76 V 3 auf die Sozialplanerstellung durch die Einigungsstelle gleichermaßen.[284]

Mit der Konkretisierung des billigen Ermessens in § 112 V Nr. 1 bis 3 werden der Einigungsstelle zusätzliche gesetzliche Wertungen an die Hand gegeben, mit denen der Gesetzgeber das besondere Gewicht betont, das er den dort angesprochenen Momenten beimißt.[285] Die Einhaltung der Maßgaben des § 112 V Nr. 1 bis 3 betrifft die Ordnungsmäßigkeit der Gewichtung der relevanten Belange und daher innere Ermessensschranken.[286]

III. § 2 I BetrVG

Der in § 2 I niedergelegte Grundsatz der vertrauensvollen Zusammenarbeit von Arbeitgeber und Betriebsrat besitzt eine zentrale Bedeutung für die gesamte Betriebsverfassung[287], wie schon der Wortlaut der Bestimmung und ihre systematische Stellung zeigen[288]. Die Norm enthält unmittelbar geltendes Recht und wirkt auf die Auslegung und Abgrenzung aller Rechte und Pflichten der Betriebspartner aus dem BetrVG ein.[289]

§ 2 I beinhaltet als Verhaltensmaximen für die Art und Weise der Zusammenarbeit von Arbeitgeber und Betriebsrat[290] das Gebot gegenseitiger Rücksichtnahme[291] sowie die Gebote der Fairness[292], „Ehrlichkeit und Offenheit"[293]. Diese Anordnungen richten sich an die Betriebspartner selbst und kommen im Verfahren vor der Einigungsstelle lediglich in der Verhandlungs- und Vermittlungsphase zur Geltung.[294] Im vorliegenden Zusammenhang können sie daher vernachlässigt werden. *Inhaltliche Grenzen* für Regelungen der Betriebspartner[295] und damit

---

284 Vgl. o. 1. a).

285 Vgl. o. 1. a).

286 Vgl. o. 2. b), c) bb) (2).

287 BAG v. 26.11.1974, AP Nr. 6 zu § 20, Bl. 2R; Fitting / Auffarth / Kaiser / Heither, § 2, Rd.-Nr. 1; Pohle, BetrVG, S. 17; Hunold, DB 1978, 2362; Gamillscheg, ArbR II, S. 238 f. (Nr. 356).

288 Kreutz, BlStSozArbR 1972, 60 f.; GK-Kraft, § 2, Rd.-Nr. 5.

289 BAG v. 21.2.1978, AP Nr. 1 zu § 74, Bl. 7R; Hess / Schlochauer / Glaubitz, § 2, Rd.-Nr. 11; Galperin / Löwisch, § 2, Rd.-Nr. 23; a. A. Weiss, § 2, Rd.-Nr. 2 (lediglich Obstruktionsverbot).

290 Kreutz, Betriebsautonomie, S. 237; Galperin / Löwisch, § 2, Rd.-Nr. 23; GK-Kraft, § 2, Rd.-Nr. 10.

291 Witt, BB 1986, 2194; Dietz, RdA 1969, 7.

292 Gamillscheg, ArbR II, S. 239 (Nr. 356).

293 BAG v. 22.5.1959, AP Nr. 3 zu § 23 BetrVG 1952, Bl. 2R; Dietz, RdA 1969, 2; Pohle, BetrVG, S. 17; GK-Kraft, § 2, Rd.-Nr. 12.

294 G. Müller, DB 1973, 77.

295 Inhaltliche Begrenzungen der Betriebsautonomie will Kreutz, Betriebsautonomie, S. 248, § 2 I entnehmen.

auch für die Einigungsstelle[296] könnten sich aus § 2 I in mehrfacher Hinsicht ergeben.

1. Gebot optimaler Interessenverwirklichung

Das LAG Köln hat entschieden, daß sich der Betriebsrat bei der Abhaltung einer Betriebsversammlung nach dem Grundsatz des § 2 I für die Gestaltungsmöglichkeit zu entscheiden habe, „die objektiv am meisten dem Wohl der Arbeitnehmer und des Betriebes entspricht“[297]. Diese Maßgabe — wollte man sie dem Grundsatz der vertrauensvollen Zusammenarbeit entnehmen — stimmte mit dem in § 76 V 3 enthaltenen Gebot der praktischen Interessen- bzw. Wertekonkordanz (Prinzip der optimalen Interessen- bzw. Werteverwirklichung)[298] überein. Insoweit beträfe § 2 I den inneren Entscheidungsvorgang der Einigungsstelle, die ihm entnommene Maßgabe wäre jedoch speziell für die Einigungsstelle und inhaltlich konkreter[299] in § 76 V 3 normiert. Für eine Anwendung des § 2 I bliebe daneben kein Raum.

2. Verbot einseitiger Interessenverwirklichung

Nicht anders verhält es sich mit der von § 2 I den Betriebspartnern gesetzten „Grenze für eine einseitige Interessenverfolgung“[300].

3. Verbot des Kompetenzmißbrauchs

Der Grundsatz der vertrauensvollen Zusammenarbeit beinhaltet das Verbot, bei der Ausübung einer gegebenen Rechtsmacht mißbräuchlich zu handeln.[301] Diese Schranke greift u. a. ein, wenn einer der Betriebspartner die Belange der anderen Seite nicht angemessen berücksichtigt[302] oder seine Rechte ohne jedes eigene[303] oder ohne hinreichend schützenswertes Interesse verfolgt[304]. Dementsprechend läge ein Mißbrauch der Entscheidungsmacht der Einigungsstelle vor, wenn diese eine Regelung zugunsten einer Seite träfe, ohne die Belange der

296 Die Anwendung von § 2 I auf die Tätigkeit der Einigungsstelle befürworten G. Müller, DB 1973, 76 f.; Galperin / Löwisch, § 2, Rd.-Nr. 6; Dütz, AuR 1973, 369; wohl auch BAG v. 26.11.1974, AP Nr. 6 zu § 20, Bl. 2R.

297 LAG Köln v. 23.10.1985, DB 1986, 387.

298 Vgl. o. I. 5.

299 Eine Konkretisierung des § 2 I durch § 76 V 3 nehmen an G. Müller, FS Barz, S. 497; Fitting / Auffarth / Kaiser / Heither, § 2, Rd.-Nr. 1.

300 Kreutz, Betriebsautonomie, S. 238; ebenso GK-Kraft, § 2, Rd.-Nr. 11.

301 BAG v. 3.10.1978, AP Nr. 14 zu § 40, Bl. 4R; Witt, BB 1986, 2194.

302 BAG v. 3.10.1978, AP Nr. 14 zu § 40, Bl. 4.

303 Witt, BB 1986, 2194.

304 Witt, BB 1986, 2197.

anderen Seite angemessen berücksichtigt zu haben. Ebensowenig darf sie einem Anliegen eines Betriebspartners zum Erfolg verhelfen, mit dem dieser vor der Einigungsstelle kein eigenes oder zumindest kein berechtigtes Interesse verfolgt.

Wird einem Belang ein unzutreffendes Gewicht beigemessen, werden die Gegeninteressen der anderen Seite nicht hinreichend oder unzulässigerweise ein Scheininteresse beachtet, läge der Fehler der Einigungsstelle strukturell in der Ermessensausübung begründet.[305] Er ist daher ausschließlich nach § 76 V zu behandeln. Für § 2 I bleibt kein Raum.

4. Grenze der Unzumutbarkeit

Aus § 2 I, einer speziellen Regelung des allgemein geltenden, in § 242 BGB normierten Grundsatzes von Treu und Glauben[306], wird gefolgert, die Ausübung von Beteiligungsrechten nach dem BetrVG dürfe nicht zu einer unzumutbaren Belastung des Arbeitgebers[307] führen.[308] Für ein mögliches Eingreifen der Unzumutbarkeitsgrenze sind drei Ansatzpunkte zu unterscheiden.

a) Einschränkung des Mitbestimmungsrechts

Die zulässige Ausübung eines gesetzlichen Mitbestimmungsrechts ist nach § 2 I dahin zu beschränken, daß der Arbeitgeber nicht unzumutbar belastet wird.[309] Dies ist eine Frage des Umfanges der Mitbestimmung, die von der Weite des Mitbestimmungstatbestandes bestimmt wird, wobei letzterer im Hinblick auf § 2 I möglicherweise einschränkend auszulegen ist.[310] Der Ansatzpunkt für eine von der Unzumutbarkeit geforderte Restriktion läge im Bereich der materiellen Entscheidungszuständigkeit der Einigungsstelle[311], er beträfe eine *äußere Schranke* des Ermessens.

b) Beschränkung der Belastung durch den Einigungsspruch

Soll der Arbeitgeber von der praktizierten Mitbestimmung nicht unzumutbar belastet werden, so liegt es nahe, auch dem Inhalt eines Einigungsspruchs eine entsprechende Grenze zu ziehen. Ist allerdings eine unzumutbare Belastung einer

305 Vgl. o. I. 4. c).

306 BAG v. 21.4.1983, AP Nr. 20 zu § 40, Bl. 5R; Buchner, DB 1974, 533; Witt, BB 1986, 2194; GK-Wiese, § 40, Rd.-Nr. 10 („Konkretisierung“).

307 Entsprechendes hätte für Belastungen der von der Mitbestimmung betroffenen Arbeitnehmer zu gelten.

308 Witt, BB 1986, 2198; vgl. auch G. Müller, FS Herschel, S. 291 f.

309 BAG v. 27.9.1974, AP Nr. 18 zu § 37, Bl. 4V; BAG v. 3.10.1978, AP Nr. 14 zu § 40, Bl. 4R; BAG v. 21.4.1983, AP Nr. 20 zu § 40, Bl. 5R; Witt, BB 1986, 2198.

310 Dietz / Richardi, § 2, Rd.-Nr. 9; GK-Kraft, § 2, Rd.-Nr. 12; Kreutz, BlStSozArbR 1972, 62; Stege / Weinspach, § 2, Rd.-Nr. 6.

311 Vgl. dazu o. § 6 III. 1.

Seite durch den Spruch der Einigungsstelle zu beanstanden, so ist dies auf eine fehlerhafte, gegen § 76 V 3 verstoßende Interessenverwirklichung zurückzuführen, sei es, daß Belange mißachtet worden sind oder die Entscheidung schlicht „einseitig" ausgefallen ist. Die Unzumutbarkeitsgrenze beträfe also einen besonders eklatanten Fehler der Ermessensbetätigung. Für die Behandlung solcher Mängel gilt das oben[312] bereits Ausgeführte. Nicht § 2 I, sondern § 76 V findet Anwendung.

c) *Begrenzung der Pflichterfüllung*

Den dritten Ansatzpunkt für eine Unzumutbarkeitsgrenze bildet die Erfüllung einer in einem Einigungsspruch festgelegten Verpflichtung. Daß die unzumutbare Leistung nach § 242 BGB verweigert werden darf, ist im Zivilrecht insbesondere für Fälle der Gewissensnot anerkannt,[313] gilt jedoch gleichfalls bei Unzumutbarkeit auf materiellem Gebiet.[314] Denselben Beschränkungen unterliegen prinzipiell auch durch Einigungsspruch begründete Pflichten, die einen Schuldner nicht stärker zu binden vermögen als eine sonstige vertragliche Verpflichtung.

Erkennt man das *Leistungsverweigerungsrecht* aus Unzumutbarkeitsgründen an, so kann dies nicht ohne Rückwirkungen auf das Wie der Ermessensbetätigung bleiben. Der Einigungsstelle wäre es im Hinblick auf ihre Konfliktlösungsfunktion verwehrt, in ihrem Spruch eine Bestimmung vorzusehen, deren Erfüllung für den jeweils Verpflichteten unzumutbar wäre. Mit Hilfe einer solchen Regelung, deren Verwirklichung absehbar ausbleiben wird, kann der Konflikt nicht gelöst werden.

Fraglich ist jedoch, ob § 2 I die rechtliche Grundlage für das Leistungsverweigerungsrecht gegenüber Pflichten aus Einigungssprüchen und damit für die (mittelbare) innere Ermessensschranke der Unzumutbarkeit bildet. Dies anzunehmen erscheint zunächst plausibel, da es einer vertrauensvollen Zusammenarbeit, wie § 2 I sie fordert, kaum förderlich sein dürfte, wenn die eine Seite von der anderen Unzumutbares verlangt[315]. Gleichwohl bestehen Bedenken gegen die Heranziehung von § 2 I. Je nach Unzumutbarkeitskonstellation ist zu unterscheiden:

aa) Auf der Suche nach einer inneren Ermessensschranke der Unzumutbarkeit sind zunächst die Fälle auszusondern, in denen die Unzumutbarkeit auf eine *nachträgliche Veränderung* der Sachlage zurückzuführen ist. Hierbei haben die Unzumutbarkeit und die sie begründenden Faktoren im Zeitpunkt der Entschei-

---

312 Unter 1., 2., 3.

313 BAG v. 20.12.1984, BAGE 47, 374; Bosch / Habscheid, JZ 1954, 214; Medicus, BR, Rd.-Nr. 157; Otto, Personale Freiheit, S. 117 f.; Soergel-Teichmann, § 242 BGB, Rd.-Nr. 50 f. m. w. N.

314 BGH v. 15.12.1955, DB 1956, 301; BGH v. 29.1.1957, DB 1957, 185; vgl. auch BGH v. 29.9.1977, NJW 1977, 2359; Staudinger-Weber, 11. Aufl., § 242 BGB, Rd.-Nr. B 541, B 25 f.

315 Vgl. GK-Wiese, § 23, Rd.-Nr. 118 i. V. m. Rd.-Nr. 140.

dung der Einigungsstelle nicht vorgelegen und deren Ermessensspielraum naturgemäß nicht beeinflussen können. Diese Fälle sind nach den Grundsätzen über den Wegfall der Geschäftsgrundlage[316] zu behandeln.

bb) Begründet sich die Unzumutbarkeit der Pflichterfüllung aus zur Zeit der Entscheidung der Einigungsstelle bestehenden Umständen, so ist zu differenzieren:

(1) Ein Leistungsverweigerungsrecht aus *immateriellen* Gründen (Gewissensnot, Gefährdung von Leib, Leben oder Gesundheit etc.)[317] ist in dem Bereich, in dem die Einigungsstelle zur Entscheidung berufen sein kann, schwer vorstellbar. Allenfalls in der Person eines von dem Einigungsspruch betroffenen Arbeitnehmers könnten solche Gründe einmal vorliegen — da der einzelne Arbeitnehmer jedoch nicht zu den Normadressaten des § 2 I zählt[318], wäre sein Leistungsverweigerungsrecht nicht auf diese Bestimmung zu stützen.

(2) Unzumutbarkeit aus *materiellen* Gründen kann in besonders gelagerten Fällen (Gefährdung des Bestandes des Betriebes, Existenzgefährdung des Arbeitnehmers oder Arbeitgebers) bereits als Verstoß gegen die *äußere* Entscheidungskompetenz der Einigungsstelle[319] zu werten und entsprechend zu behandeln sein. In den übrigen Fällen beruht die Unzumutbarkeit auf einer Mißachtung eines gravierenden Belanges oder einer Verkennung des diesem zukommenden Wertgewichtes. Es handelt sich daher um Mängel der Ermessensbetätigung, die ausschließlich nach § 76 V abzuhandeln sind.

Trotz der Schwere des mutmaßlichen Ermessensfehlers erscheint der Rechtsschutz nach § 76 V 4 hinreichend. Verlangt das Gesetz, daß Ermessensfehler, die sich weniger aufdrängen, binnen zwei Wochen geltend zu machen sind, so muß dies um so mehr für die Berufung auf leichter aufspürbare Fehler gelten. Zudem gibt der Betriebspartner, der nicht innerhalb von zwei Wochen ab Zuleitung des Einigungsspruchs bemerkt, daß ihm Unzumutbares angesonnen wird, zu erkennen, daß die Unzuträglichkeit so schwerwiegend wohl doch nicht sein kann. Daß dem einzelnen Arbeitnehmer der Rechtsweg über § 76 V 4 verschlossen ist, beeinträchtigt ihn nicht, denn er könnte eine etwaige unzumutbare Belastung ohnehin nicht unter Berufung auf § 2 I geltend machen, da er zu dessen Normadressaten nicht gehört.[320]

cc) Aus alledem folgt, daß sich eine innere Ermessensschranke der Unzumutbarkeit nicht auf § 2 I stützen läßt.

---

316 s. dazu Medicus, BR, Rd.-Nr. 151 ff.; Jauernig-Vollkommer, § 242 BGB, V 3., 4.

317 Vgl. Staudinger-Weber, 11. Aufl., § 242 BGB, Rd.-Nr. B 326 ff.

318 BAG v. 13.7.1962, AP Nr. 1 zu § 242 BGB, Bl. 1R; Dietz/Richardi, § 2, Rd.-Nr. 12; Galperin/Löwisch, § 2, Rd.-Nr. 6; GK-Kraft, § 2, Rd.-Nr. 23; Hess/Schlochauer/Glaubitz, § 2, Rd.-Nr. 23; Kreutz, BlStSozArbR 1972, 62; Söllner, DB 1968, 571.

319 Vgl. o. a).

320 Vgl. o. Fn. 318.

5. Ergebnis

Die in Betracht zu ziehenden inneren Schranken für Einigungssprüche aus § 2 I sind bereits § 76 V 3 zu entnehmen, der das Ermessen und seine inneren Bindungen speziell für die Einigungsstelle und inhaltlich konkreter normiert. Daneben bleibt für eine eigenständige Anwendung des § 2 I kein Raum. Auch eine besondere (mittelbare) innere Ermessensschranke der Unzumutbarkeit findet in § 2 I keine Grundlage.

§ 2 I kann jedoch als äußere Ermessensschranke wirksam werden. In besonders gelagerten Fällen ist die Entscheidungskompetenz der Einigungsstelle im Hinblick auf § 2 I einschränkend dahin auszulegen, daß Arbeitgeber und Arbeitnehmer nicht unzumutbar belastet werden.

IV. § 75 BetrVG

§ 75 enthält eine Leitvorschrift der Betriebsverfassung, sowohl für die Auslegung des Gesetzes[321] als auch für die Ausübung der Mitbestimmungsrechte[322]. Die in ihr enthaltenen Grundsätze sollen das gesamte Verhalten von Arbeitgeber und Betriebsrat zueinander und „je für sich im Verhältnis zu den Arbeitnehmern“[323] prägen.[324] Das gilt insbesondere bei der Aufstellung betrieblicher Normen.[325] Nach gefestigter Rechtsprechung sind die in § 75 genannten Grundsätze auch von der Einigungsstelle zu beachten.[326] Dies ergibt sich aus deren Substitutionsfunktion.

Gilt die Norm also auch für die Einigungsstelle, so ist zu prüfen, ob sie deren Ermessen neben einer Außen-[327] auch eine Innenschranke setzt. Dazu ist zunächst ihr Inhalt zu klären.

---

321 Fitting / Auffarth / Kaiser / Heither, § 75, Rd.-Nr. 1; Dietz / Richardi, § 75, Rd.-Nr. 1, 38; v. Hoyningen-Huene, BetrVR, S. 64.

322 Dietz / Richardi, § 75, Rd.-Nr. 1, 39; Fitting / Auffarth / Kaiser / Heither, § 75, Rd.-Nr. 19; Galperin / Löwisch, § 75, Rd.-Nr. 36; Hess / Schlochauer / Glaubitz, § 75, Rd.-Nr. 2; v. Hoyningen-Huene, BetrVR, S. 63.

323 Otto, Personale Freiheit, S. 28.

324 Dietz / Richardi, § 75, Rd.-Nr. 3; Fitting / Auffarth / Kaiser / Heither, § 75, Rd.-Nr. 4; GK-Thiele, 3. Bearbeitung, § 75, Rd.-Nr. 10; Hess / Schlochauer / Glaubitz, § 75, Rd.-Nr. 2; v. Hoyningen-Huene, BetrVR, S. 63; Otto, Personale Freiheit, S. 28.

325 Galperin / Löwisch, § 75, Rd.-Nr. 35.

326 BAG v. 11.3.1976, AP Nr. 11 zu § 242 BGB Ruhegehalt-Unverfallbarkeit, Bl. 2V; BAG v. 29.11.1978, AP Nr. 7 zu § 112, Bl. 2V; BAG v. 18.8.1987, AP Nr. 23 zu § 77, Bl. 9V; BAG v. 27.10.1987, NZA 1988, 206; ebenso Auffarth, AuR 1972, 42; Dütz, AuR 1973, 369; Dütz / Vogg, SAE 1989, 223; Fitting / Auffarth / Kaiser / Heither, § 75, Rd.-Nr. 21; Galperin / Löwisch, § 76, Rd.-Nr. 42; GK-Thiele, 3. Bearbeitung, § 76, Rd.-Nr. 91.

327 Vgl. o. § 6 III. 6.

1. Inhalt des § 75 BetrVG

a) § 75 I BetrVG

Nach § 75 I haben Arbeitgeber und Betriebsrat darüber zu wachen, daß alle im Betrieb tätigen Personen nach den Grundsätzen von Recht und Billigkeit behandelt werden. Die Überwachungspflicht schließt ein, daß Arbeitgeber und Betriebsrat selbst die in § 75 genannten Grundsätze beachten.[328] Inhaltlich ist damit gemeint, daß die Betriebspartner und an ihrer Stelle die Einigungsstelle ihr gesamtes Verhalten in Übereinstimmung mit dem geltenden Recht und den allgemeinen Wertungen der Rechtsordnung[329] und den Geboten der Gerechtigkeit im Einzelfall[330] gestalten. Dabei haben sie auf alle rechtlich geschützten menschlichen, sozialen und wirtschaftlichen Belange Rücksicht zu nehmen.[331]

In besonderem Maße haben sie darauf Wert zu legen, daß keine Person wegen der in § 75 aufgezählten Merkmale benachteiligt wird. Damit erfährt die Beachtung des allgemeinen Gleichheitssatzes (Art. 3 I GG), der schon zu den Grundsätzen von Recht und Billigkeit gehört[332], eine besondere Betonung.

b) § 75 II BetrVG

Gemäß § 75 II sind Arbeitgeber und Betriebsrat verpflichtet, die freie Entfaltung der Persönlichkeit der im Betrieb beschäftigten Arbeitnehmer zu schützen und zu fördern. Damit betont der Gesetzgeber, „daß die vom Grundgesetz gewährleistete Freiheit der Einzelpersönlichkeit und deren Recht auf Selbstbestimmung bei der Gestaltung der betrieblichen Ordnung zu respektieren sind"[333]. Das Gesetz nimmt die umfassende Vorschrift des Art. 2 I GG[334] und damit letztlich auch alle anderen (Freiheits-)Grundrechte in Bezug.[335] Der Schutz über § 75 II findet entsprechend Art. 2 I GG seine Schranken in den Rechten anderer, der verfassungsgemäßen Rechtsordnung und dem Sittengesetz.[336] Im übrigen ist ein Eingriff

---

328 BAG v. 18.8.1987, AP Nr. 23 zu § 77, Bl. 9V; Dietz / Richardi, § 75, Rd.-Nr. 3 m. w. N.; GK-Kreutz, § 75, Rd.-Nr. 9; Hess / Schlochauer / Glaubitz, § 75, Rd.-Nr. 2.

329 GK-Thiele, 3. Bearbeitung, § 75, Rd.-Nr. 15; v. Hoyningen-Huene, BetrVR, S. 63.

330 Zur Billigkeit vgl. o. I. 2.; Dietz / Richardi, § 75, Rd.-Nr. 14; GK-Thiele, 3. Bearbeitung, § 75, Rd.-Nr. 15.

331 Fitting / Auffarth / Kaiser / Heither, § 75, Rd.-Nr. 6; Galperin / Löwisch, § 75, Rd.-Nr. 23.

332 BAG v. 18.8.1987, AP Nr. 23 zu § 77, Bl. 9V.

333 Dietz / Richardi, § 75, Rd.-Nr. 37.

334 Fitting / Auffarth / Kaiser / Heither, § 75, Rd.-Nr. 21; GK-Thiele, 3. Bearbeitung, § 75, Rd.-Nr. 47; Hess / Schlochauer / Glaubitz, § 75, Rd.-Nr. 15; v. Hoyningen-Huene, BetrVR, S. 64.

335 Löwisch, AuR 1972, 360; GK-Thiele, 3. Bearbeitung, § 75, Rd.-Nr. 17.

336 Hess / Schlochauer / Glaubitz, § 75, Rd.-Nr. 15; im einzelnen zu den Schranken des Art. 2 I GG v. Mangoldt / Klein / Starck, Art. 2 GG, Rd.-Nr. 16 ff.

in Persönlichkeitsrechte eines Arbeitnehmers nur zulässig, wenn er „im konkreten Fall bei objektiver Würdigung aufgrund überwiegender betrieblicher Interessen erforderlich ist und sofern dabei der Eingriff nach Inhalt, Form und Begleitumständen das gebotene und schonendste Mittel zur Erreichung eines rechtlich gebilligten Zweckes ist."[337] Hinter dieser Formulierung stehen die Gebote einer Interessenabwägung anhand objektiver Kriterien und einer Verhältnismäßigkeitsprüfung bzw. der Erzielung praktischer Konkordanz der widerstreitenden Belange. § 75 II erweist sich sonach als Einfallstor für ein „betriebsverfassungsrechtliches Übermaßverbot".[338]

2. § 75 BetrVG als „innere Schranke"

a) Einordnung als „innere Schranke"

Im Rahmen der von den Außenschranken zugelassenen Entscheidungsinhalte können in § 75 enthaltene Grenzen des *Wie* der Ermessensbetätigung wirksam werden: Das gilt für das Gebot, eine Interessenabwägung anhand der in der Rechtsordnung enthaltenen Wertungen, einschließlich des von § 75 I betonten Differenzierungsverbotes, vorzunehmen und sich dabei an der Verwirklichung von Gerechtigkeit in der zu entscheidenden Angelegenheit zu orientieren, ebenso wie für die Maßgabe, praktische Konkordanz der von § 75 II in Bezug genommenen Freiheitsbereiche der betroffenen Grundrechtsträger herzustellen. § 75 enthält daher innere Ermessensleitlinien.

b) Verhältnis von § 75 zu § 76 V 3 BetrVG

In seiner Funktion als innere Schranke scheint § 75 mit den Leitlinien des § 76 V 3 weitgehend übereinzustimmen. Nach Wortlaut bzw. Interpretation kommen die „Grundsätze von Recht und Billigkeit" bei § 76 V 3 ebenso zum Tragen[339] wie bei § 75 I 1. Mit beiden Normen ist die Anweisung zu praktischer Interessen- bzw. Wertekonkordanz verbunden.[340] Die Betonung eines Differenzierungsverbotes (§ 75 I) ist im Rahmen des § 76 V 3 als gesetzliche Wertung in gleicher Weise wirksam[341] wie bei der Anwendung des § 75 als Innenschranke.

Allein das § 75 II entnommene betriebsverfassungsrechtliche Übermaßverbot könnte ein zusätzliches Merkmal für die Ermessensbetätigung mit sich bringen. § 76 V 3 bildet jedoch gleichfalls ein Einfallstor für den Verhältnismäßigkeitsgrundsatz.[342] Insofern unterscheiden sich beide Normen also nicht. Geht es um

---

337 Löwisch, AuR 1972, 360, unter Berufung auf Wiese, ZfA 1971, 283; ähnlich auch Fitting / Auffarth / Kaiser / Heither, § 75, Rd.-Nr. 22.

338 Dietz / Richardi, § 75, Rd.-Nr. 41; Jobs, DB 1986, 1124.

339 Vgl. o. I. 5.

340 Vgl. o. 1. b) einerseits und I. 5. andererseits.

341 Vgl. o. I. 5.

Beeinträchtigungen rechtlich geschützter Positionen, stellen die Kriterien der Verhältnismäßigkeit Teilfragen der praktischen Konkordanz dar,[343] die herzustellen § 76 V 3 verlangt.[344] In Anbetracht dessen vermag ein in § 75 II angesiedeltes Übermaßverbot den durch § 76 V 3 gekennzeichneten Handlungsspielraum der Einigungsstelle nicht weiter einzuschränken.[345]

Demnach greifen die inneren Entscheidungsbindungen des § 75 jedenfalls nicht weiter als die des § 76 V 3. Vielmehr beinhaltet die speziell für die Einigungsstelle geltende Vorschrift des § 76 V 3 mit dem Ermessen, dessen Gewährung durch die Anwendung des § 75 nicht beiseite geschoben werden kann, ein zusätzliches Element. § 76 V 3 erweist sich damit im Verhältnis zu den Innenschranken des § 75 als spezieller.

3. Ergebnis

§ 75 beinhaltet zwar Leitlinien für die Ermessensbetätigung der Einigungsstelle, neben der Spezialregelung des § 76 V 3 bleibt die Norm jedoch als innere Schranke des Entscheidungsspielraums ohne eigenständige Bedeutung.

V. § 242 BGB

Als „königlicher Paragraph“[346] kommt § 242 BGB im gesamten Rechtsleben eine überragende Bedeutung zu. Über seinen Wortlaut hinaus verpflichtet er jedermann, also nicht nur den Schuldner, in Ausübung seiner Rechte und Erfüllung seiner Pflichten nach Treu und Glauben zu handeln.[347] Allgemeine Anwendungsvoraussetzung dieses Grundsatzes ist das Bestehen einer rechtlichen Sonderverbindung zwischen den Beteiligten.[348] Zweifelsfrei anwendbar ist § 242 BGB auf die Rechtsbeziehungen zwischen den Parteien der betrieblichen Einigung oder denen des Arbeitsvertrages. Diese Sonderverbindung gestaltet die Einigungsstelle, soweit sie in ihrem Spruch Rechte und Pflichten von Arbeitgeber, Betriebsrat oder Arbeitnehmern vorsieht (§ 77 IV 1). Da der Einigungsstelle im Hinblick auf ihre Konfliktlösungsfunktion verwehrt ist, ein Recht oder eine

342 Blomeyer, in: Rüthers / Hacker, BetrVG auf dem Prüfstand, S. 89.

343 Vgl. Hesse, VerfR, Rd.-Nr. 318: „Die Aufgabe praktischer Konkordanz erfordert die 'verhältnismäßige' Zuordnung von Grundrechten. . .“.

344 Vgl. o. I. 5.

345 Blomeyer, FS BAG, S. 32.

346 Staudinger-Weber, 11. Aufl., § 242 BGB, Rd.-Nr. A 1.

347 Jauernig-Vollkommer, § 242 BGB, I. 1. a; Larenz, AS, S. 131; Palandt-Heinrichs, § 242 BGB, Rd.-Nr. 1; Soergel-Teichmann, § 242 BGB, Rd.-Nr. 4.

348 BGH v. 13.6.1985, BGHZ 95, 288; Jauernig-Vollkommer, § 242 BGB, I. 3. a, III. 1. d; Larenz, AS, S. 127 f.; MK-Roth, § 242 BGB, Rd.-Nr. 53; Palandt-Heinrichs, § 242 BGB, Rd.-Nr. 6; a. A. Staudinger-J. Schmidt, § 242 BGB, Rd.-Nr. 115.

Pflicht zu bestimmen, deren Ausübung bzw. Erfüllung wegen § 242 BGB absehbar ausbleiben wird,[349] wirkt sich § 242 BGB auf die Spruchtätigkeit und den Entscheidungsspielraum der Einigungsstelle aus. Näheres wird die Erörterung des Inhaltes und des Verhältnisses von § 242 BGB zu § 76 V ergeben.

1. Inhalt des § 242 BGB

Als „offener Tatbestand"[350] und „ausfüllungsbedürftige Generalklausel"[351] ist § 242 BGB eine inhaltlich unbestimmte Vorschrift. Infolgedessen haben sich zu ihrer Konkretisierung in Rechtsprechung und Literatur mehrere Fallgruppen herausgebildet.[352] Davon haben bei der Suche nach Schranken des Entscheidungsspielraums der Einigungsstelle diejenigen Fallkonstellationen auszuscheiden, die an nach Beschlußfassung der Einigungsstelle auftretende oder sich verändernde Umstände anknüpfen.[353] Diese Fälle sind nach den Regeln über die Verwirkung oder den Wegfall der Geschäftsgrundlage zu behandeln.

Von Bedeutung ist im vorliegenden Zusammenhang allein die „Schrankenfunktion von Treu und Glauben"[354], die in der Fallgruppe der „unzulässigen Rechtsausübung" bzw. des „Rechtsmißbrauchs" ihren Ausdruck findet. Eine mißbräuchliche Rechtsausübung ist erst dann anzunehmen, wenn sie zu einer „grob unbilligen, mit der Gerechtigkeit nicht zu vereinbarenden"[355] schlechthin unzumutbaren[356] Benachteiligung der Belange einer Seite führen würde.

2. Verhältnis von § 242 BGB zu § 76 V 3 BetrVG

Die Frage der Beschränkung des Ermessensspielraums der Einigungsstelle unter den Gesichtspunkten des Kompetenzmißbrauchs und der Unzumutbarkeit ist bereits im Rahmen von § 2 I erörtert worden.[357] Auf die dortigen Ausführungen kann daher Bezug genommen werden. Eine Restriktion des Mitbestimmungsrechts und damit der äußeren Entscheidungszuständigkeit der Einigungsstelle kommt allenfalls in besonders gelagerten Fällen in Betracht.[358] Stets geht jedoch § 2 I als speziellere Regelung für den Bereich der Betriebsverfassung dem § 242 BGB vor.[359]

---

349 Vgl. o. III. 4. c).

350 Soergel-Teichmann, § 242 BGB, Rd.-Nr. 5.

351 BGH v. 10.4.1980, BGHZ 77, 69.

352 Ausführlich dazu MK-Roth, § 242 BGB, Rd.-Nr. 93 ff.

353 Vgl. o. III. 4. c) aa).

354 Jauernig-Vollkommer, § 242 BGB, I. 2. b.

355 BGH v. 21.4.1971, LM Nr. 48 zu § 387 BGB, Bl. 2R.

356 BGH v. 27.4.1977, BGHZ 68, 304.

357 Vgl. o. III. 3., 4.

358 Vgl. o. III. 4. a), c) bb) (2).

Daneben beinhaltet diese Norm die positive Maßgabe an das Wie der Ermessensbetätigung, grob unbillige Benachteiligungen zu vermeiden und jedem ausschließlich zumutbare Pflichten aufzuerlegen — also eine innere Schranke. Dies bedeutet im Verhältnis zu der Innenschranke des § 76 V 3 eine deutlich geringere Einschränkung des Entscheidungsspielraums. Während nach letzterer Norm angemessene und billige Entscheidungen getroffen werden sollen, grenzt § 242 BGB lediglich grob unbillige und unzumutbare Spruchinhalte aus. § 242 BGB kommt daher neben § 76 V 3 nicht zum Tragen. Das korrespondiert mit der obigen Erkenntnis, daß Fälle des Kompetenzmißbrauchs und der Unzumutbarkeit regelmäßig auf Fehlern der Ermessensausübung beruhen und solche Mängel ausschließlich nach § 76 V zu behandeln sind.[360]

Abweichend von den Erkenntnissen zu § 2 I[361] gehört der einzelne Arbeitnehmer zu den Normadressaten des § 242 BGB, so daß er die Erfüllung einer ihm unzumutbaren Leistung verweigern darf. Über § 242 BGB wird auch der einzelne Arbeitnehmer vor krassen Unzuträglichkeiten in Einigungssprüchen geschützt. Dies unterstreicht, daß die Einigungsstelle bei der Orientierung an der Gerechtigkeit im Einzelfall nicht nur auf den einzelnen kollektiven Regelungstatbestand, sondern gleichfalls auf den einzelnen von dem Spruch betroffenen Arbeitnehmer zu achten hat.

3. Ergebnis

Die in Betracht zu ziehenden inneren Bindungen des Ermessens aus § 242 BGB werden konkreter, weitergehend und speziell für die Einigungsstelle von § 76 V 3 bestimmt. Daneben kommt § 242 BGB als innere Schranke nicht zum Tragen.

VI. Übermaßverbot

Eigenständige Bedeutung als innere Ermessensschranke könnte dem verfassungsrechtlich begründeten Übermaßverbot zukommen, wenn man mit Blomeyer annimmt, daß jenes im Bereich der Betriebsverfassung „schon a priori"[362] und nicht lediglich von § 75 II vermittelt[363] gilt. Dann wären „alle Maßnahmen der Betriebsverfassung, die in die Rechtsstellung einzelner — sei es Arbeitgeber oder Arbeitnehmer — eingreifen, ... nur zulässig, wenn sie erforderlich sind und der Zweck des Eingriffs zum verursachten Nachteil in keinem unangemessenen Verhältnis steht."[364]

---

359 BAG v. 21.4.1983, AP Nr. 20 zu § 40, Bl. 5R; Witt, BB 1986, 2194; Buchner, DB 1974, 533.

360 Vgl. o. III. 3., 4. b), c) bb) (2).

361 Vgl. o. III. 4. c) bb) (1).

362 Blomeyer, FS BAG, S. 26, Fn. 46.

363 Vgl. o. IV. 1. b).

364 Blomeyer, FS Hilger / Stumpf, S. 54.

Das Übermaßverbot wirkt sich letztlich als Ermessensgrenze der Einigungsstelle auf den Regelungsinhalt von Einigungssprüchen aus.[365] In diesem Bereich hat das Gesetz dem Verhältnismäßigkeitsgrundsatz allerdings schon durch die Ermessensbindungen des § 76 V 3 Rechnung getragen.[366] Den dadurch gekennzeichneten Handlungsspielraum soll das Übermaßverbot auch nach der Auffassung von Blomeyer nicht weiter einschränken, sondern lediglich „konkreter und damit praktikabler machen".[367,368]

VII. Allgemeine Billigkeit

Nach ständiger Rechtsprechung[369] unterliegen Betriebsvereinbarungen einer arbeitsgerichtlichen Billigkeitskontrolle.[370,371] Begründet wird dies damit, daß die Gewähr der inhaltlichen Richtigkeit von Betriebsvereinbarungen geringer ausfalle als etwa bei einem Tarifvertrag, da die Mitglieder des Betriebsrats als Arbeitnehmer vom Arbeitgeber abhängig seien und ihnen zur Verfolgung ihrer Interessen das Mittel des Arbeitskampfes gesetzlich verwehrt werde (§ 74 II 1).[372] Daher sei der im übrigen weite[373] Gestaltungsspielraum der Betriebspartner beschränkt durch die Verpflichtung, einen billigen Ausgleich zwischen den Be-

365 Blomeyer, FS BAG, S. 32.

366 Blomeyer, in: Rüthers / Hacker, BetrVG auf dem Prüfstand, S. 89.

367 Blomeyer, FS BAG, S. 32; ähnlich Otto, AR-Blattei, Betriebliche Altersversorgung, Entscheidung 180, unter III 1. der Anm.

368 Für die Beachtung des Gesichtspunktes der Verhältnismäßigkeit im Rahmen des § 76 V 3 aus der Rechtsprechung: LAG Düsseldorf v. 30.4.1984, DB 1984, 2625; BAG v. 27.5.1986, EzA Nr. 16 zu § 87 Kontrolleinrichtung, S. 165.

369 BAG v. 30.1.1970, AP Nr. 142 zu § 242 BGB Ruhegehalt, Bl. 7V; BAG v. 14.2.1984, AP Nr. 21 zu § 112, Bl. 2R; BAG v. 20.11.1987, NZA 1988, 619 f.; BAG v. 26.7.1988, DB 1988, 2465; zustimmend Dietz / Richardi, § 77, Rd.-Nr. 77; Hess / Schlochauer / Glaubitz, § 77, Rd.-Nr. 24.

370 *Ablehnend* mit z. T. überzeugenden Gründen Blomeyer, FS Hilger / Stumpf, S. 51 f.; GK-Kreutz, § 77, Rd.-Nr. 258 ff.; Hammen, RdA 1986, 24; v. Hoyningen-Huene, Billigkeit, S. 163; Jobs, AuR 1986, 147 f.; Konzen, AP Nr. 21 zu § 112, Bl. 5f.; Kreutz, ZfA 1975, 65 ff.; *differenzierend* Löwisch, BetrVG, § 77, Rd.-Nr. 14 (anders noch Galperin / Löwisch, § 77, Rd.-Nr. 54); Otto, RdA 1989, 252 f.

371 Eine *Rechtsgrundlage* für die allgemeine Billigkeitskontrolle wird vom BAG regelmäßig nicht angegeben. Ihre Erörterung im Rahmen des § 75 durch den 5. Senat (BAG v. 9.12.1981, AP Nr. 14 zu § 112, Bl. 2) ist vereinzelt geblieben; anders, als eigenständige Inhaltsschranke, behandelt der 1. Senat (BAG v. 14.2.1984, AP Nr. 21 zu § 112, Bl. 2; BAG v. 26.7.1988, DB 1988, 2465) die Billigkeitskontrolle. Der 3. Senat des BAG hat in einem Beschluß v. 8.12.1981 *§ 315 BGB analog* herangezogen: § 315 BGB sei Ausdruck eines allgemeinen Rechtsgedankens, der im Hinblick auf die §§ 75 I 1, 76 V 3 auch im Betriebsverfassungsrecht Geltung beanspruche (AP Nr. 1 zu § 1 BetrAVG Ablösung, Bl. 4V; ähnlich Dietz / Richardi, § 77, Rd.-Nr. 77).

372 BAG v. 30.1.1970, AP Nr. 142 zu § 242 BGB Ruhegehalt, Bl. 7V; BAG v. 26.7.1988, DB 1988, 2465.

373 BAG v. 30.1.1970, AP Nr. 142 zu § 242 BGB Ruhegehalt, Bl. 7V; BAG v. 26.7.1988, DB 1988, 2465.

triebs- und Belegschaftsinteressen sowie zwischen den Interessen der verschiedenen Belegschaftsteile zu suchen.[374] Es gehe darum, „ob die von den Betriebspartnern vereinbarte Regelung in sich der Billigkeit entspricht oder ob einzelne Arbeitnehmer oder Arbeitnehmergruppen von ihr in unbilliger Weise benachteiligt werden"[375]. Dieser abstrakten Billigkeitskontrolle könne u. U. eine konkrete folgen, wenn die Betriebsvereinbarung zwar insgesamt nicht zu beanstanden und damit in ihrem Inhalt unverändert wirksam sei, jedoch im Einzelfall Wirkungen entfalte, die nach dem Regelungsplan nicht beabsichtigt sein könnten und unbillig erschienen.[376]

Diese „Innenschranken der Betriebsvereinbarung"[377] könnten ebenfalls für die Einigungsstelle wirksam werden,[378] da deren Gestaltungsspielraum nicht über den der Betriebspartner hinausgehen kann[379]. Dagegen bestehen jedoch Bedenken.

Zum einen sind dem Phänomen der Billigkeit im Rahmen der Billigkeitskontrolle keine anderen Maßgaben für die Ermessensbetätigung zu entnehmen als bei § 76 V 3 und § 75 I 1. Zum anderen ist der hier in Rede stehende Gestaltungsspielraum der Betriebspartner, die sich aus freiem Willen auf eine Betriebsvereinbarung einigen, angesichts des Selbstbestimmungsprinzips sogar wesentlich weiter zu ziehen als derjenige, der der Einigungsstelle im Wege der Zwangsschlichtung nach § 76 V 3 zusteht (volenti non fit iniuria).[380] Enthält die allgemeine Billigkeit also weder eine weitergehende noch eine konkretere Entscheidungsbindung als § 76 V 3, so kann der Vorrang dieser speziell für die Einigungsstelle getroffenen Bestimmung nicht in Frage stehen. Dies gilt um so mehr, als mit der Billigkeitskontrolle u. a. die Lücke geschlossen werden soll, die gerade das Fehlen einer § 76 V 3 entsprechenden Vorschrift für frei vereinbarte Betriebsvereinbarungen reißt; nicht umsonst wird der Rechtsgedanke der Billigkeitskontrolle bisweilen u. a. § 76 V 3 entnommen.[381]

Dieses Ergebnis könnte im Hinblick auf die Möglichkeit einer *„konkreten Billigkeitskontrolle"* zu revidieren sein. Die Einbeziehung der individuellen Auswirkungen einer Regelung ist § 76 V 3 jedoch keineswegs fremd. Gegenstand

---

374 BAG v. 11.6.1975, AP Nr. 1 zu § 77 Auslegung, Bl. 3V.

375 BAG v. 9.12.1981, AP Nr. 14 zu § 112, Bl. 2R; BAG v. 26.7.1988, DB 1988, 2465.

376 BAG v. 8.12.1981, AP Nr. 1 zu § 1 BetrAVG Ablösung, Bl. 4V; BAG v. 22.4.1986, AP Nr. 13 zu § 87 Altersversorgung, Bl. 4R; abweichend BAG v. 20.11.1987, NZA 1988, 620; Fitting / Auffarth / Kaiser / Heither, § 77, Rd.-Nr. 97; zu den Irritationen in der Rechtsprechung Otto, RdA 1989, 251 f.

377 BAG v. 26.7.1988, DB 1988, 2465.

378 Auf einen Einigungsspruch angewandt werden die Grundsätze der Billigkeitskontrolle vom LAG Berlin v. 8.3.1983, DB 1983, 1264.

379 Vgl. o. § 6 II.

380 Otto, ZfA 1976, 392 f.; Ehmann, NZA 1986, 660.

381 BAG v. 8.12.1981, AP Nr. 1 zu § 1 BetrAVG Ablösung, Bl. 4V.

der Berücksichtigung und Gewichtung im Rahmen der Ermessensbetätigung nach § 76 V 3 sind die Belange „der betroffenen Arbeitnehmer“, also durchaus auch individuelle Umstände.[382] Dies wird unterstrichen durch den „personalen Einschlag bei der Interessenbewertung“[383]. Mag der Einigungsspruch auch entsprechend seiner Natur als kollektive Regelung grundsätzlich nur an abstrakten Maßstäben zu messen sein,[384] so bedeutet das jedoch nicht, daß die Einigungsstelle individuelle Belange unberücksichtigt lassen darf. Vielmehr hat sie nach dem Gebot optimaler Werteverwirklichung[385] auch Einzelinteressen von Arbeitnehmern genüge zu tun, sofern sich dies mit der Interessenlage und den angestrebten kollektiven Regelungen im übrigen vereinbaren läßt.[386] Ist dies nicht möglich, hat die Einigungsstelle je nach Gewicht des betreffenden Belanges eine Ausnahmeregelung für *„Härtefälle“* zu erwägen. Eine solche Härteklausel[387] ist jedenfalls dann geboten, wenn dem Einzelinteresse ein außergewöhnlich großes Gewicht beizumessen ist, seine Mißachtung dem einzelnen etwa nur schwer zumutbar wäre.

Sind also auch im Rahmen des § 76 V 3 individuelle Auswirkungen der zu treffenden Regelung zu beachten, kann es bei der Anwendung dieser vorrangigen Norm verbleiben; daneben vermag die allgemeine Billigkeit als Innenschranke nicht wirksam zu werden. Ob ein solcher Vorrang gleichfalls für die Beschränkung des Rechtsschutzes nach § 76 V 4 gilt, wird noch in anderem Zusammenhang zu erörtern sein.[388]

VIII. Die Funktionen der Einigungsstelle als Innenschranken

Zu untersuchen bleibt, ob sich aus den Funktionen der Einigungsstelle inhaltliche Begrenzungen für deren Entscheidungen herleiten lassen. Denn der Zweck einer gesetzlichen Vorschrift, der die Grundlage für ihre teleologische Interpretation bildet, kann nur aus ihrer Stellung „in einem größeren Funktionszusammenhang ermittelt werden“.[389] Als Ausdruck der gesetzlichen Stellung der Einigungsstelle beschreiben deren Funktionen den Regelungszusammenhang, in dem jede die Einigungsstelle betreffende Norm steht. Für die Auslegung dieser Normen sind daher letztlich auch die Funktionen der Einigungsstelle von Bedeutung. Zu interpretierende Vorschrift, die eine Bestimmung über die Ermessensausübung

382 Vgl. o. I. 1. a) bb).

383 Vgl. o. I. 1. b) bb) (3) (e).

384 Vgl. BAG v. 20.11.1987, NZA 1988, 620 zu Betriebsvereinbarungen.

385 Vgl. o. I. 5.

386 Vgl. o. I. 4. c) cc) (2) (b).

387 Zur Einfügung einer Härteklausel in eine Betriebsvereinbarung im Wege der gerichtlichen Billigkeitskontrolle s. Otto, RdA 1989, 251 f. m. w. N.

388 s. unten § 10.

389 Henckel, Prozeßrecht und materielles Recht, S. 41; Herschel, AuR 1974, 258.

und deren Grenzen enthält, ist § 76 V 3 (bzw. § 112 V). Etwaige funktionale Maßgaben wären daher als Früchte der *teleologischen Auslegung des § 76 V 3* (bzw. § 112 V) einzuordnen. Bei der nachfolgenden Untersuchung ist wiederum zwischen den rechtlichen und den betriebspolitischen Funktionen zu unterscheiden.

1. Maßgaben der rechtlichen Funktionen

Der Einigungsstelle kommen u. a. Funktionen zu, deren Aussage sich darin erschöpft, die Spruchtätigkeit als „Rechtsetzung"[390] oder das Einigungsstellenverfahren als „Vorverfahren"[391] zu bezeichnen. Aus solchen rein deskriptiven Funktionen lassen sich naturgemäß keine Maßgaben für Entscheidungsinhalte entnehmen. Nicht anders verhält es sich im Ergebnis mit der Hilfs- und Vermittlungsfunktion, deren Erfüllung gerade darin liegt, daß eine Einigung der Betriebspartner erreicht und eine Ermessensentscheidung der Einigungsstelle verhindert wird.[392] Funktionale Begrenzungen des Entscheidungsspielraumes könnten sich demgegenüber aus der Substitutions-, der Schlichtungs-, der Konfliktlösungs-, der Friedens- und der Selbstbestimmungsfunktion ergeben.

a) Maßgaben der Substitutionsfunktion

Aus der „Entscheidungsersatzfunktion" folgert Schmitt=Rolfes, die Einigungsstelle habe so zu entscheiden, „wie wenn die Betriebspartner sich vernünftigerweise geeinigt hätten".[393] Die *hypothetische Einigung* zwischen Arbeitgeber und Betriebsrat als Zielvorgabe bei der Entscheidungsfindung der Einigungsstelle anzusehen, liegt in der Tat nahe, da deren Spruch anstelle der Betriebspartner verbindlich festlegt, wie die Meinungsverschiedenheit zwischen diesen beigelegt wird.[394] Auch vom Gesetz wird der Einigungsspruch regelmäßig als (fingierter) Konsens der Betriebspartner behandelt („Der Spruch der Einigungsstelle ersetzt die Einigung zwischen Arbeitgeber und Betriebsrat").[395] Dies deutet darauf hin, daß Ziel des Verfahrens vor der Einigungsstelle stets die Einigung zwischen Arbeitgeber und Betriebsrat ist; wenn der Regelungsinhalt von der Einigungsstelle zu gestalten ist, fungiert demzufolge der hypothetische Konsens als inhaltliche Zielvorgabe für die Sachentscheidung der Einigungsstelle.

---

390 Zur Rechtsetzungsfunktion o. § 4 II. 2.

391 Zur Vorverfahrensfunktion o. § 4 II. 5.

392 Vgl. o. § 4 I. 2.

393 Schmitt-Rolfes, ArbRdGw., Bd. 19, S. 72; diese Maxime nennen auch Fitting / Auffarth / Kaiser / Heither, § 76, Rd.-Nr. 32; Gnade, AuR 1973, 46; G. Müller, DB 1973, 77.

394 Vgl. o. § 4 I. 3.

395 Vgl. etwa §§ 38 II 5, 39 I 4, 47 V 2, 76 VI 2, 87 II 2, 91 Satz 3, 94 I 3, 95 I 3, 98 IV 2, 112 IV 2.

Auf welche Vereinbarung die Betriebspartner sich „vernünftigerweise geeinigt hätten", ist weder im Einzelfall noch allgemein konkret feststellbar. Die hypothetische Einigung muß jedoch einen für beide Seiten zustimmungsfähigen Regelungsinhalt besitzen, andernfalls wäre eine Übereinkunft auch bei Aufwendung aller Vernunft gescheitert. Konsensfähig ist die Regelung, die von Arbeitgeber und Betriebsrat bei realistischer Betrachtungsweise als optimale Befriedigung ihrer Interessen akzeptiert werden könnte.[396] Dies setzt voraus, daß die auf dem Spiel stehenden Interessen in größtmöglichem Umfang zur Geltung gebracht und möglichst wenig beeinträchtigt werden. Maßgabe ist also wie bei § 76 V 3 die optimale Interessenverwirklichung.[397]

Des weiteren könnte der Zielvorgabe, zu entscheiden, wie die Betriebspartner sich vernünftigerweise geeinigt hätten, entnommen werden, daß sich der Einigungsspruch im *Rahmen der Ausgangsforderungen* beider Seiten zur Beilegung des Konfliktes zu halten hat. Tatsächlich wird es nicht vorkommen, daß in einer Vereinbarung die Interessen der einen Seite weitergehend Berücksichtigung finden, als diese es selbst eingangs gefordert hat. Dies ist auch von Rechts wegen angezeigt, wie sich aus dem personalen Einschlag bei der Interessenbewertung ergibt.[398] Danach ist einem Interesse, auf das der Betroffene im Einzelfall real weniger Wert legt, als von der Rechtsordnung abstrakt vorausgesetzt wird, auch nur ein geringeres Gewicht beizumessen.[399] Eine solche konkrete Minderbewertung kommt darin zum Ausdruck, daß der Träger eines Interesses von vornherein darauf verzichtet, dessen Realisierung in den Katalog seiner Regelungsvorstellungen aufzunehmen. Sollte dahinter weniger die Geringschätzung des betreffenden Interesses als die Annahme stehen, dessen Verwirklichung zu fordern, sei unrealistisch, nicht konsensfähig, so vermag das allenfalls zu unterstreichen, daß die Einigungsstelle die nicht erhobene Forderung bei ihrer Suche nach einer konsensfähigen Regelung außer Betracht zu lassen hat. Damit ergibt sich aus der Substitutionsfunktion für die Einigungsstelle eine Inhaltsschranke des ne ultra petita: Ähnlich der Regelung des § 308 I 1 ZPO darf sie keine anderen und zusätzlichen Interessen befriedigen als die von den Betriebspartnern in ihren Ausgangsforderungen geltend gemachten.

Zweifelhaft könnte erscheinen, ob für die beiderseitigen petita die Ausgangsforderungen maßgebend sind. Typischerweise stellen Arbeitgeber wie Betriebsrat, um eine „Zugeständnismasse" mit in die Verhandlungen zu nehmen, eingangs weiterreichende Forderungen, als sie selbst für durchsetzbar halten. Spräche die Einigungsstelle einem von ihnen gleichwohl die Ausgangsforderung zu, obwohl

---

396 Oben I. 4. a) cc) (2) (b).

397 Vgl. o. I. 4. a) cc) (2).

398 Eine weitergehende Ausrichtung der Interessenbewertung an subjektiven Kriterien kann aus den o. a. Gründen (I. 4. a) cc) (2) (c)) auch hier, zumal innerhalb der Anwendung des § 76 V 3, nicht befürwortet werden.

399 Vgl. o. I. 1. b) bb) (3) (e).

der Betriebspartner dieser im Zuge des weiteren Verfahrens ein minderes Gewicht beigelegt hat, läge darin eine Mißachtung des personalen Einschlags der Interessenbewertung und damit eine Fehlgewichtung des gleichwohl befriedigten Interesses. Dies spricht dafür, auf die Endforderungen, also die Regelungsvorstellungen beider Seiten im Zeitpunkt der Beschlußfassung der Einigungsstelle, abzustellen. Dagegen bestehen jedoch erhebliche Bedenken.

Im Verlaufe der Verhandlungen gemachte Zugeständnisse sind zumindest auf Seiten des Arbeitgebers nicht immer Ausdruck einer geringeren Bewertung eines Interesses, sondern vielfach bestimmt von dem Wunsch, zügig zu einem Einvernehmen zu gelangen, um eine nachteilige Verzögerung der Konfliktbereinigung oder gar ein kostspieliges Einigungsstellenverfahren zu vermeiden.[400] Da die vorgenannten Bedenken auf die Arbeitnehmerseite nicht zutreffen, liegt es nahe zu differenzieren: Hinsichtlich des ne ultra petita könnten beim Arbeitgeber die Ausgangs-, beim Betriebsrat die Endforderungen ausschlaggebend sein. Dies bedeutete, daß der Umstand eines Entgegenkommens auf Arbeitgeberseite ein anderes (geringeres) Gewicht für die Interessenbewertung besäße als auf Arbeitnehmerseite. Eine solche Ungleichbehandlung verstieße gegen das Prinzip der Gleichberechtigung beider Pole in der Betriebsverfassung. Sie könnte nur gerechtfertigt sein, wenn ein Nachgeben des Arbeitgebers typischerweise auf die o. a. Motivationslage zurückzuführen wäre. Dies erscheint jedoch zweifelhaft. So mögen drohende Einigungsstellenkosten einer Vielzahl von Arbeitgebern keinen allzu starken *Zugeständnisdruck* vermitteln, wenn man bedenkt, daß 1986 lediglich 2,8 % der Gesamtkosten der Betriebsverfassung auf die Einigungsstelle entfallen sind und deren Verfahren durchschnittlich 5.000 DM kosten.[401] Auch mag der Arbeitgeber zwischenzeitlich erkennen, daß einem von ihm zunächst überbewerteten Interesse eine geringere Bedeutung zukommt. Die eingangs geschilderte Motivationslage mag daher für einige Fälle plausibel und zutreffend sein, typisch für den Arbeitgeber im Konflikt mit dem Betriebsrat in echten Mitbestimmungsangelegenheiten ist sie nicht. Richtig erscheint es daher, den Arbeitgebern die Realisierung von eingangs geltend gemachten Interessen nicht von vornherein von Rechts wegen abzusprechen, nur weil sie sich im Laufe des weiteren Verfahrens über Gebühr kompromißbereit gezeigt haben. Entscheidend für die Verwirklichung eines Interesses durch die Einigungsstelle ist, daß ihm entsprechende (überwiegende) Wertgewichte zur Seite stehen.[402] Angesichts dessen ist es unschädlich, die inhaltlichen Grenzen gleichermaßen bei den weitergehenden Ausgangsforderungen von Arbeitgeber und Betriebsrat zu setzen. Ein solches Vorgehen besitzt den Vorteil, daß die Einigungsstelle auf die betriebspolitische Situation des Einzelfalles Rücksicht nehmen kann. Für die Anwendung der Innenschranke

---

400 Vgl. o. § 5 I. 2.

401 Vgl. o. § 3 IV.; Knuth / Büttner / Schank vermuten, daß das Kostenargument „allgemein überschätzt" wird (Zustandekommen und Analyse von Betriebsvereinbarungen und praktische Erfahrungen mit Einigungsstellen, S. 337).

402 Vgl. o. I. 4. c) cc).

des ne ultra petita[403] sind mithin beiderseits die Ausgangsforderungen maßgeblich.

Aus der Substitutionsfunktion kann nach alledem gefolgert werden, daß die Einigungsstelle zu entscheiden hat, wie sich Arbeitgeber und Betriebsrat vernünftigerweise freiwillig geeinigt hätten. Sie hat sich dabei im Rahmen der Ausgangsforderungen beider Seiten zu halten und deren darin geltend gemachten Interessen in größtmöglichem Umfang zu verwirklichen.

b) Maßgaben der Schlichtungsfunktion

Der Inhalt der Schlichtungsfunktion wird erschöpfend beschrieben von den Aussagen der Hilfs- und der Substitutionsfunktion.[404] Auf die diesen Funktionen zu entnehmenden Maßgaben kann daher Bezug genommen werden. Die Schlichtungsfunktion beinhaltet mithin das soeben beschriebene Gebot einer optimalen Werteverwirklichung der in den Ausgangsforderungen geltend gemachten Interessen.

c) Maßgaben der Konfliktlösungsfunktion

Ihre Funktion der Konfliktlösung erfüllt die Einigungsstelle, wenn sie in der Meinungsverschiedenheit ersatzweise eine verbindliche Entscheidung trifft.[405] Dies ist grundsätzlich mit jedem wirksamen Spruch der Fall. Der Konfliktlösungsfunktion ist somit das Gebot zu entnehmen, die allgemeinen gesetzlichen Schranken des Einigungsstellenermessens zu wahren. Dann sind aber diese Schranken selbst und nicht das Gebot, sie einzuhalten, die inhaltliche Maßgabe für die Ermessensausübung.

Darüber hinaus vermag der Konflikt auch mit Hilfe einer wirksamen Regelung nicht gelöst zu werden, wenn deren Verwirklichung absehbar ausbleiben wird. Der Einigungsstelle ist es deshalb verwehrt, eine Bestimmung zu treffen, deren Erfüllung für den Verpflichteten unzumutbar wäre, also gemäß § 242 BGB verweigert werden dürfte. Eine solche Inhaltsschranke aus der Konfliktlösungsfunktion i. V. m. § 242 BGB kann jedoch neben den oben unter I. ausgeführten Maßgaben des § 76 V 3 nicht wirksam werden.[406]

---

[403] Das bedeutet keine strenge Bindung der Einigungsstelle an die Anträge der Betriebspartner im Sinne einer zwingenden Verfahrensvorschrift (dafür Heinze, RdA 1990, 274; dagegen mit Recht BAG v. 30.1.1990, SAE 1990, 351 f.), sondern ein Gebot für die Ermessensausübung, dessen Mißachtung nach § 76 V 4 gerichtlich geltend zu machen ist.

[404] s. o. § 4 I. 4.

[405] Vgl. o. § 4 I. 1. c).

[406] Vgl. o. V.

d) *Maßgaben der Friedensfunktion*

Ihre Friedensfunktion erfüllt die Einigungsstelle, indem sie es ermöglicht, den Konflikt auf friedlichem Wege zu bereinigen und so den Arbeitsfrieden zu wahren bzw. wiederherzustellen.[407] Insofern beschreibt die Friedensfunktion die Konfliktlösung lediglich aus einem anderen Blickwinkel, mit der Folge, daß sie wie die Konfliktlösungsfunktion die Inhaltsschranke der Unzumutbarkeit enthält.[408]

Zudem könnte ihr das Gebot zu entnehmen sein, daß die Einigungsstelle eine dauerhaft befriedende Regelung zu treffen hat. In der Tat verdiente deren Tätigkeit kaum das Prädikat, Frieden zu stiften, wenn der Einigungsspruch sich als Quelle neuerlicher Auseinandersetzungen erwiese. Dabei ist es aber weder möglich noch von Rechts wegen geboten, sämtliche Spruchinhalte zu vermeiden, die von einer Seite als einseitig empfunden werden und infolgedessen einen Folgekonflikt auslösen könnten. Ebenso kann nicht jede Gefahr, daß eine auf einem Einigungsspruch beruhende Regelung alsbald gekündigt und so ihrer möglichen Dauerhaftigkeit beraubt werden könnte, den Entscheidungsspielraum der Einigungsstelle einengen. Da das Risiko der Kündbarkeit betrieblicher Regelungen[409] keineswegs einigungsstellenspezifisch ist, sondern jede auf Dauer angelegte Vereinbarung zwischen Arbeitgeber und Betriebsrat betrifft, kann die Einigungsstelle insofern keinen besonderen Bindungen unterliegen. Sie ist angesichts ihrer Friedensfunktion jedoch gehalten, keine Entscheidung zu fällen, die einen Betriebspartner geradezu zur Kündigung der Regelung treibt, da der Spruch für ihn *unzumutbar* ist. Auch im Hinblick auf eine dauerhafte Befriedung ist der Friedensfunktion die Maßgabe zu entnehmen, daß die Einigungsstelle nur zumutbare Spruchinhalte bestimmen darf.

Eine aus der Friedensfunktion hergeleitete Inhaltsschranke der Unzumutbarkeit kommt jedoch aus den o. a. Gründen[410] neben den unter I. dargelegten Maßgaben des § 76 V 3 nicht zum Tragen.

e) *Maßgaben der Selbstbestimmungsfunktion*

Kommt der Einigungsstelle Selbstbestimmungsfunktion zu, erscheint es naheliegend, daß sie der Selbstbestimmung aller von ihrem Spruch Betroffenen zu dienen hat. Um dem zu genügen, müßte sie eine Regelung anstreben, der alle Normunterworfenen im Wege autonomer Rechtsgestaltung zustimmen könnten.[411] Konsensfähig ist der Spruchinhalt, der von den Beteiligten bei realistischer Betrachtungsweise als optimale Befriedigung ihrer Interessen akzeptiert werden

---

407 Vgl. o. § 4 II. 1.

408 Vgl. soeben c).

409 Für die Kündigung von Betriebsvereinbarungen, die auf einem Einigungsspruch beruhen, gilt § 77 V (Fitting / Auffarth / Kaiser / Heither, § 77, Rd.-Nr. 56 m. w. N.).

410 Vgl. o. III. 4. b), c), V.

411 Nur solche Normen wollen Koch / Rüßmann, S. 369, als „gerecht" bezeichnen.

könnte.[412] Danach wäre die Einigungsstelle gehalten, für jede Vertragsbeziehung, auf die ihr Spruch einwirkt, die Interessen der Parteien optimal zu verwirklichen. Soll der Einigungsspruch — wie im Regelfall — Normen für eine Vielzahl von Arbeitsverhältnissen enthalten, müßte also ein Interessenausgleich hinsichtlich jeder betroffenen Individualrechtsbeziehung vorgenommen werden.

Auf diese Weise würde der Spruch jedoch seines kollektiven Charakters entkleidet. Ein solcher Inhalt der Selbstbestimmungsfunktion widerspräche zudem der Konzeption des BetrVG. Danach ist die Wahrung der Selbstbestimmung der Arbeitnehmer dem Betriebsrat als deren Repräsentant zugewiesen. Dieser kann lediglich eine relative Selbstbestimmung der einzelnen Arbeitnehmer erzielen.[413] Da der Einigungsstelle die Selbstbestimmungsfunktion lediglich ersatzweise, in Absicherung der Mitbestimmung des Betriebsrats[414], zukommt, kann sie nicht, mehr als dieser, jedem Arbeitnehmer gleichsam absolute Selbstbestimmung schulden. Sie ist daher nicht gehalten, einen Spruch zu fällen, dem jeder der Regelung Unterworfene zustimmen könnte.

Ihre Selbstbestimmungsfunktion erfüllt die Einigungsstelle bereits dadurch, daß sie in Mitbestimmungsangelegenheiten als effektives Konfliktlösungsinstrument zur Verfügung steht. Eigene Entscheidungsmaßgaben sind der Selbstbestimmungsfunktion nicht zu entnehmen.

2. Maßgaben der betriebspolitischen Funktionen

Wird die Einigungsstelle von den Betriebspartnern zu Alibi- oder Machtprobezwecken[415] eingesetzt, wird sichtbar, daß die Kooperation auf Betriebsebene nicht nur von Rechtsregeln bestimmt wird, sondern auch von betriebspolitischen Gegebenheiten. Den rechtlichen Entscheidungsspielraum der Einigungsstelle vermag deren Einschaltung zu betriebsverfassungsfremden Zwecken allerdings grundsätzlich nicht zu berühren.

Anders könnte es sich mit dem Einsatz der Einigungsstelle als Drohmittel[416] verhalten. Es könnte geboten sein, der Seite, die besonders anfällig ist, einer „Drohung mit der Einigungsstelle" zum Opfer zu fallen, Schutz zuteil werden zu lassen. Die Inkaufnahme des Einigungsstellenverfahrens könnte als Zeichen für das besondere Gewicht gewertet werden, das den Belangen der betreffenden Seite zukommt. Eine Entscheidung der Einigungsstelle läge in einem solchen Fall regelmäßig nur dann innerhalb des ihr zustehenden Gestaltungsspielraumes nach § 76 V 3, wenn sich ihr Spruch von den Regelungsvorstellungen der „drohen-

[412] Vgl. o. I. 4. a) cc) (2) (b).
[413] Vgl. o. § 4 II. 7.
[414] Vgl. o. § 4 II. 7.
[415] Dazu o. § 5 II., III.
[416] Dazu o. § 5 I.

den" Seite erheblich zugunsten der „bedrohten" Seite unterschiede. Dieser Gesichtspunkt der Kooperationsstörung wäre bei der Gewichtung der Belange zu berücksichtigen. Entsprechend den drei Gründen für die Wirksamkeit einer Drohung mit der Einigungsstelle ist zu unterscheiden.

a) Drohung mit der Ungewißheit des Spruchinhaltes

Soweit die Drohung ihre Wirkungskraft aus der Unwägbarkeit der Entscheidungen der Einigungsstelle bezieht,[417] trifft sie Arbeitgeber und Betriebsrat gleichermaßen. Sie verfängt allerdings um so mehr, je weiter die Einschätzung der Gewichte der einschlägigen Belange durch eine Seite von derjenigen Beurteilung abweicht, die sie von der Einigungsstelle erwartet. Am stärksten verfängt die Drohung also gegenüber demjenigen Betriebspartner, der erkennt, daß seine Regelungsvorstellungen in der Schlichtung kaum durchsetzbar sind, aber gleichwohl auf ihnen beharrt. Solchen Starrsinn durch eine besondere Gewichtung der vertretenen Interessen zu honorieren, kann nicht Aufgabe des Betriebsverfassungsrechts sein.

Im übrigen weichen im Regelfall die Einschätzungen beider Betriebspartner von derjenigen der Einigungsstelle ab. Die Fehleinschätzung der einen Seite wird diejenige der anderen Seite kaum in einem solchen Maß übersteigen, daß die Inkaufnahme des Einigungsstellenverfahrens als Zeichen für die Gewichtigkeit der vorgebrachten Belange gewertet werden könnte. Das BetrVG schützt die Betriebspartner weder vor Fehleinschätzungen in Mitbestimmungsangelegenheiten noch vor einer Furcht vor solchen. Die von der Unwägbarkeit der Entscheidung der Einigungsstelle ausgehende Drohwirkung ist bei der Ermessensausübung daher nicht zu berücksichtigen.

b) Drohung mit einem Imageverlust

Liegt das mit der Einschaltung der Einigungsstelle drohende Übel in einem Imageverlust[418], verfängt dies je nach den betrieblichen Umständen einmal eher beim Betriebsrat, ein andermal stärker beim Arbeitgeber: Eher beim Betriebsrat z. B., wenn die Stimmung in der Belegschaft wenig konfliktbereit ist; eher beim Arbeitgeber z. B., wenn im Betrieb ein für Zugeständnisse gegenüber der Arbeitnehmerschaft günstiges Klima herrscht oder der Arbeitgeber in Sachen Arbeitnehmerbeteiligung bereits ein Image besitzt, das keine weitere Verschlechterung verträgt.

Die Gründe für die Furcht eines Betriebspartners vor einem Imageverlust sind also stets situationsbezogen und wirken sich im subjektiven Bereich je nach Empfindlichkeit unterschiedlich aus. Daß die Scheu vor einem Einigungsstellen-

---

417 Dazu o. § 5 I. 1.

418 Dazu o. § 5 I. 3.

verfahren dessen Hinnahme als Probe auf die Gewichtigkeit der Belange eines Betriebspartners erscheinen ließe, wird konkret kaum je hinreichend feststellbar sein. Im übrigen kann nicht jede Furchtsamkeit einer Seite zu einem Startvorteil bei der Ermessensentscheidung der Einigungsstelle führen. Das BetrVG schützt die Mitbestimmungsrechte des Betriebsrats, aber weder die Belegschaft vor einem Repräsentanten, der sich scheut, diese Rechte wirksam wahrzunehmen, noch den Arbeitgeber vor der Furcht, seine eigenen Belange effektiv geltend zu machen. Mithin ist die Drohung mit einem Imageverlust infolge eines Einigungsstellenverfahrens bei der Ermessensbetätigung nicht beachtlich.

c) Drohung mit Einigungsstellenkosten

Den dritten Ansatzpunkt für eine mögliche Wirkung auf die Zugeständnisbereitschaft des anderen Teils stellt die Drohung des Betriebsrats dar, dem Arbeitgeber mittels Anrufung der Einigungsstelle Kosten zu verursachen[419]. Allerdings dürfte dieser Drohung nicht in jedem Fall Erfolg beschieden sein, wenn man sich vergegenwärtigt, daß die Arbeitgeber 1986 lediglich 12,30 DM pro Mitarbeiter und Jahr (= 2,8 % der Gesamtkosten der Betriebsverfassung) für Einigungsstellen aufgewendet haben und je Einigungsverfahren durchschnittlich Kosten in Höhe von 5.000 DM zu veranschlagen sind.[420] Angesichts dessen wird man vielmehr davon auszugehen haben, daß ein Arbeitgeber typischerweise nicht aus Kostengründen genötigt ist, auf die Verfolgung seiner berechtigten Interessen bis vor die Einigungsstelle zu verzichten. Nur im Einzelfall, wenn besonders hohe Kosten zu erwarten sind oder die Wirtschaftskraft des Betriebes ausnehmend gering ist, werden die drohenden Einigungsstellenkosten den Arbeitgeber in der Phase der Verhandlungen mit dem Betriebsrat in hohem Maße zugeständnisbereit machen. Kommt es dann gleichwohl zu keinem Einvernehmen, gibt der Arbeitgeber deutlich zu erkennen, daß er den von ihm vorgetragenen Belangen ein erhebliches Gewicht beimißt.

Dies bei der Gewichtung der Belange von Rechts wegen einfließen zu lassen, begegnet allerdings Bedenken. Darin läge ein möglicherweise ungerechtfertigter *Sondervorteil* der Arbeitgeberseite, wenn der Betriebsrat nicht die Möglichkeit hätte, die Bedeutung der von ihm vorgebrachten Belange seinerseits durch Übernahme der Einigungsstellenkosten zu unterstreichen. Eine in Anbetracht des § 76a ohnehin allenfalls freiwillig zulässige Kostenübernahme seitens des Betriebsrats scheiterte jedoch daran, daß er weder über Vermögen in entsprechender Höhe verfügt noch überhaupt vermögensfähig ist.[421] Auch die einzelnen Betriebsratsmitglieder könnten sich nicht wirksam zur Zahlung der Einigungsstellenkosten verpflichten, da sie insofern um der effektiven Ausübung der Mitbestim-

[419] Dazu o. § 5 I. 2.

[420] Vgl. o. § 3 IV.

[421] BAG v. 24.4.1986, AP Nr. 7 zu § 87 Sozialeinrichtung; Fitting / Auffarth / Kaiser / Heither, § 1, Rd.-Nr. 105; GK-Kraft, § 1, Rd.-Nr. 64, 67 m. w. N.

mungsrechte willen handelten, so daß die Kostenübernahme als in ihrer Amtstätigkeit begründeter Nachteil gegen § 78 Satz 2 verstieße und nichtig wäre (§ 134 BGB).[422] Der hier fragliche Gewichtungsaspekt erwiese sich mithin als Sondervorteil der Arbeitgeberseite.

Ihn anzuerkennen, verstieße gegen den Grundsatz der Gleichberechtigung von Arbeitgeber und Betriebsrat, es sei denn, es ließen sich sachliche Gründe für die ungleiche Behandlung beider Betriebspartner auffinden. Anlaß, über die Bevorzugung der Arbeitgeberseite nachzudenken, geben jedoch nicht etwa Aspekte der beizulegenden Meinungsverschiedenheit, sondern die gesetzliche Regelung über die Tragung der Einigungsstellenkosten (§ 76a) mit ihren im Einzelfall nachteiligen Auswirkungen auf die Verhandlungsposition der Arbeitgeber. Wirkungen eines Gesetzes sind indessen von den Normadressaten grundsätzlich[423] hinzunehmen und können nicht zugleich Begünstigungen zu ihrer Kompensation rechtfertigen. Die Kostentragungspflicht der Arbeitgeber, schon nach bisherigem Recht gängige Praxis[424], ist mit der Einführung des § 76a ausdrücklich bestätigt worden, ohne daß den damit verknüpften Mißlichkeiten abgeholfen worden ist. Damit hat der Gesetzgeber zu erkennen gegeben, daß er die hier behandelten Nachteile der Arbeitgeber in der Verhandlungssituation[425] billigt oder ihnen zumindest kein nennenswertes Gewicht beimißt. Angesichts dessen kann bei der Gewichtung der beiderseitigen Belange eine Sonderbehandlung der Arbeitgeber nicht anerkannt werden.

Eventuelle Nachteile der Arbeitgeber in der Verhandlungssituation sind lediglich insoweit beachtlich, als die Ausgangsforderungen des Arbeitgebers den Rahmen der Interessen bilden, die von der Einigungsstelle verwirklicht werden dürfen.[426] Eine weitergehende, gewichtssteigernde Bedeutung kann der Hinnahme der Kostennachteile nicht zuerkannt werden. Die von den Einigungsstellenkosten ausgehende Drohwirkung ist bei der Ermessensausübung daher außer Betracht zu lassen.

d) Ergebnis

Aus den betriebspolitischen Funktionen der Einigungsstelle lassen sich keine Maßgaben für die Betätigung des Ermessens herleiten.

---

422 Vgl. GK-Kreutz, § 78, Rd.-Nr. 19, 34 ff.; Fitting / Auffarth / Kaiser / Heither, § 78, Rd.-Nr. 7, 9, 14.

423 Anders bei verfassungswidrigen Normen, zu denen § 76a fraglos nicht gehört.

424 Vgl. o. § 2 II. 2. a).

425 Vgl. nochmals o. § 5 I. 2., 3.

426 Vgl. o. 1. a).

IX. Ergebnisse

Die inneren Ermessensschranken werden bei Beschlüssen über Sozialpläne speziell von § 112 V, im übrigen von § 76 V 3 bestimmt. Darin ist neben der Gewährung eines Ermessensspielraumes das Gebot enthalten, die sachbezogenen Belange des Arbeitgebers und der betroffenen Arbeitnehmer umfassend zu berücksichtigen, anhand aller Wertungsgesichtspunkte, die sich in der Rechtsordnung auffinden lassen, zu gewichten und ihre konkreten Wertgewichte gegeneinander abzuwägen.[427] Dabei hat sich die Einigungsstelle an der Gerechtigkeit im Einzelfall zu orientieren[428], die es erfordert, die auf dem Spiel stehenden Wertgewichte der Belange beider Seiten in größtmöglichem Umfang zu verwirklichen.[429] Als Frucht der teleologischen Auslegung des § 76 V 3 (bzw. des § 112 V) ist weiterhin zu beachten, daß sich aus der Substitutions- wie der Schlichtungsfunktion der Einigungsstelle ergibt, daß diese sich mit ihrem Spruch im Rahmen der Ausgangsforderungen von Arbeitgeber und Betriebsrat zu halten hat.[430] Anderen Innenschranken kommt neben § 76 V 3 bzw. § 112 V keine eigenständige Bedeutung zu.[431]

---

427 Vgl. o. I. 5., II. 1.

428 Vgl. o. I. 4. a) cc) (1).

429 Vgl. o. I. 4. a) cc) (2).

430 Vgl. o. VIII. 1. a), b).

431 Vgl. o. III. - VII.

4. Teil

Die fehlerhafte Ermessensausübung der Einigungsstelle

Im 4. Teil der Arbeit gilt es, den Ermessensspielraum der Einigungsstelle negativ abzugrenzen, also die von ihm nicht gedeckten Betätigungen, die Ermessensfehler, aufzuzeigen. Als solche sieht das BetrVG Maßnahmen an, die eine „Überschreitung der Grenzen des Ermessens" darstellen (§ 76 V 4). Welche Grenzen die Einigungsstelle außer acht lassen kann, ist in den §§ 6 und 7 herausgearbeitet worden.

Der Ermessensspielraum der Einigungsstelle könnte mit Hilfe dieser Schranken nur dann hinreichend definiert werden, wenn davon auszugehen wäre, daß sämtliche Verstöße gegen die dort beschriebenen Ge- und Verbote als Ermessensfehler anzusehen wären. Dem ist jedoch nicht so. Vielmehr will das Gesetz, wie aus § 76 V 4 und VII deutlich wird, zwischen Ermessens- und allgemeinen Rechtsfehlern der Einigungsstelle unterschieden wissen.[1,2] Diese kann bei der Ausübung ihres Ermessens also zwei, jede für sich nicht leicht faßbare, Grenzen übertreten, die zwischen ermessensfehlerfreien und -fehlerhaften und die zwischen ermessens- und rechtsfehlerhaften Sprüchen.

Zu beantworten bleiben mithin die Fragen, mit welchen Fehlern die Einigungsstelle eine Grenze „des Ermessens" übertritt und welche Ermessensfehler von der „Überschreitung" der Ermessensgrenzen umfaßt werden.

Abschließend wird noch auf ein Sonderproblem einzugehen sein, das auftritt, wenn ein Makel (z. B. die Fehleinschätzung eines Wertungsgesichtspunktes) sowohl gegen eine Ermessensgrenze (§ 76 V 3) als auch gegen eine Rechtsgrenze (§ 75 II) verstößt. Es ist dann zu fragen, ob wegen desselben Mangels, der die Bestandskraft des Einigungsspruchs nicht gehindert hat, der „Rechtsweg" nach § 76 VII gleichwohl eröffnet bleibt oder ob insoweit Gerichtsschutz ausschließlich gemäß § 76 V 4 in Betracht kommt.[3]

---

1 Gegen diese Unterscheidung Ganslmayer, S. 146 f., ohne überzeugen zu können.

2 Der Ermessensfehler kann, da er stets auch eine Abweichung von der Rechtsordnung bedeutet, als spezieller Fall des Rechtsfehlers im weiteren Sinne angesehen werden — *wenn* damit nicht die gesetzliche Unterscheidung in § 76 verwischt wird.

3 Dazu in § 10.

§ 8 Fehlerhafte Ausübung des Ermessens — zugleich Abgrenzung der Rechtsschutzwege nach § 76 V 4 und VII BetrVG —

In diesem Paragraphen ist zu ermitteln, mit welchen Fehlern die Einigungsstelle gegen eine Grenze „des Ermessens“ und mit welchen sie gegen eine Rechtsschranke verstößt. Dazu sind die festgestellten Grenzen[4] daraufhin zu prüfen, ob sie als Rechts- oder als Ermessensschranke einzuordnen sind (II.). Vorab sind die Kriterien für eine solche Zuordnung zu bestimmen (I.). Schließlich ist noch näher zu konkretisieren, wie die Grenze zwischen Ermessens- und Rechtsfehlerhaftigkeit zu bestimmen ist, falls dieselbe Norm (z. B. § 75) neben (inneren) Ermessensbindungen auch eine allgemeine Rechtsschranke enthalten kann (III.). Aus der Beantwortung dieser Fragen ergibt sich zugleich der Bereich der Ermessensentscheidungen, in dem die Einigungsstelle zwar fehlerhaft handelt, ihr Spruch aber lediglich nach § 76 V 4 überprüft werden und trotz der Mängel in Bestandskraft erwachsen kann.

I. Kriterien zur Abgrenzung von Rechts- und Ermessensfehlern

1. Kriterien für Rechtsfehler

Als Rechtsfehler werden sämtliche Verstöße gegen eine rechtliche Vorschrift angesehen.[5] Nach diesem Kriterium erschienen die Ermessensfehler i. S. v. § 76 V 4 als Rechtsfehler i. S. v. § 76 VII, denn der mißachtete Ermessensspielraum (§ 76 V 3) beruht ebenso wie seine innere oder äußere Begrenzung auf einer gesetzlichen Bestimmung. Eine Abgrenzung zwischen beiden Fehlerarten kann anhand dieses Kriteriums mithin nicht vorgenommen werden. Sie muß von der Ermessensseite her erfolgen.

2. Kriterien für Ermessensfehler

Als Ermessensfehler i. S. v. § 76 V 4 sind aus dem Bereich der Rechtsverstöße diejenigen auszusondern, die eine besondere Nähebeziehung zum Ermessen aufweisen. Dabei sind zwei Aspekte zu beachten.

a) Erfordernis der Ermessensermächtigung

Ein Ermessensfehler kann nur dort auftreten, wo die Einigungsstelle ermächtigt ist, nach eigenem Ermessen zu handeln. Betätigt die Einigungsstelle ein ihr nicht zustehendes Ermessen, so ist ihr Spruch nicht allein wegen der darin liegenden

---

4 §§ 6, 7.

5 Eyermann / Fröhler, VwGO, § 113, Rd.-Nr. 32a.

Ermessensanmaßung (ermessens-)fehlerhaft.[6] Vielmehr kommt es darauf an, ob sie eine nach Recht und Gesetz richtige Entscheidung trifft. Verfehlt sie eine solche,[7] ist der Spruch nicht lediglich ermessens-, sondern rechtsfehlerhaft.

b) Zusammenhang zwischen Ermessensgewährung und -fehler

Wie Ermessensermächtigung und -fehler zusammenhängen, bedarf einer näheren Umschreibung. Hierfür kommen die Merkmale der Ermessensspezifität und der -bezogenheit in Betracht.

aa) Kriterium der „Ermessensspezifität"

Ermessensspezifischen Charakter hat ein Fehler nach Alexy, wenn er nur bei Ermessensentscheidungen vorkommen kann oder nur bei ihm die materielle Rechtswidrigkeit des Gesamtaktes nach sich zieht.[8] Alexy versteht darunter neben der Ermessensunterschreitung[9] alle Mängel, die den „zum Ergebnis führenden Gedanken-, Willens- und Argumentationsprozeß"[10] betreffen („Vorgangsfehler").[11] Keinen ermessensspezifischen Charakter wiesen „Ergebnisfehler" auf.[12] Sie lägen vor, „wenn der Tenor der Ermessensentscheidung inhaltlich gegen geltendes Recht verstößt"[13].

Im Verwaltungsrecht werden solche Mängel, bei denen sich der Entscheidungsinhalt nicht im Rahmen der gesetzlichen Grenzen hält, als Ermessensüberschreitung und damit als Ermessensfehler behandelt.[14] Da sich § 76 V 4 im Wortlaut an § 114 1. Alt. VwGO, die verwaltungsrechtliche Bestimmung zu Ermessensüberschreitungen, anlehnt, wird man davon auszugehen haben, daß auch Ergebnisfehler zu den Ermessensfehlern i. S. v. § 76 V 4 gehören.[15] Dann vermag das Kriterium der Ermessensspezifität die gesuchten Ermessensfehler nur unzureichend zu erfassen und ist als Abgrenzungsmerkmal ungeeignet.

---

6 Vgl. Alexy, JZ 1986, 713.

7 Das ist bei der irrigen Annahme eines Spielraums regelmäßig zu erwarten.

8 Alexy, JZ 1986, 713.

9 Alexy, JZ 1986, 713.

10 Alexy, JZ 1986, 707.

11 Alexy, JZ 1986, 716.

12 Alexy, JZ 1986, 713.

13 Alexy, JZ 1986, 707.

14 Eyermann / Fröhler, VwGO, § 114, Rd.-Nr. 16; Erichsen / Martens, Allg. VerwR, S. 210; Kopp, VwGO, § 114, Rd.-Nr. 7; Maurer, Allg. VerwR, § 7, Rd.-Nr. 12; Wolff / Bachof, VerwR I, S. 199 f.

15 Im Ergebnis unbestritten, vgl. BAG v. 31.8.1982, AP Nr. 8 zu § 87 Arbeitszeit, Bl. 6 f.; BAG v. 11.3.1986, EzA Nr. 15 zu § 87 Kontrolleinrichtung, S. 138; LAG Köln v. 3.5.1984, ZiP 1984, 732; Blomeyer, EzA Nr. 1 zu § 87 Lohn und Arbeitsentgelt, S. 15; Dietz / Richardi, § 76, Rd.-Nr. 104; Fitting / Auffarth / Kaiser / Heither, § 76, Rd.-Nr. 32b; Thiele, BlStSozArbR 1973, 362.

bb) Kriterium der „Ermessensbezogenheit“

Ermessensbezogen ist ein Fehler, der auf einem Verhalten beruht, das entweder zur Ausfüllung des Ermessensspielraums oder zur Einhaltung der Ermessensgrenzen dient. Damit werden sämtliche besonderen Fehlerquellen erfaßt, die eine Ermessensermächtigung mit sich bringt. Die Überschreitung der rechtlichen Beschränkungen des Ermessens sowohl bezüglich des Inhaltes als auch bezüglich der Art und Weise der Findung der Entscheidung führt zur Ermessensbezogenheit des Fehlers und damit zur Ermessensfehlerhaftigkeit i. S. v. § 76 V 4. Für die Abgrenzung der Ermessens- von den Rechtsfehlern erscheint das Kriterium der Ermessensbezogenheit daher als hinreichend umfassend und geeignet.

3. Befund

Ermessensfehler ist jeder Verstoß gegen eine Rechtsvorschrift, der im Rahmen einer Ermessensermächtigung auftritt *und* auf die Ermessensausübung bezogen ist, d. h. auf einem Verhalten beruht, das entweder zur Ausfüllung des Ermessensspielraums oder zur Einhaltung der Ermessensgrenzen dient. Rechtsfehler sind alle übrigen Rechtsverstöße.

II. Einordnung der inneren und äußeren Schranken

Ein Verstoß gegen eine innere oder äußere Schranke beruht auf einem Verhalten, das zur Einhaltung eben dieser Grenze hätte dienen sollen. Das Kriterium der Ermessens*bezogenheit* wäre daher regelmäßig miterfüllt, *wenn* die Mißachtung eine *Ermessens*grenze beträfe. Über die Einordnung der inneren und äußeren Schranken entscheidet mithin, ob hinsichtlich deren Wahrung eine *Ermessensermächtigung* besteht.

1. Verstoß gegen äußere Schranken als fehlerhafte Ermessensausübung

Ein Verstoß gegen eine der äußeren Schranken des Ermessens stellt nur dann eine fehlerhafte Ermessensausübung dar, wenn der Einigungsstelle bezüglich der Einhaltung der Schranke ein Ermessensspielraum zusteht. Weder die Mitbestimmungstatbestände des BetrVG noch die §§ 138 und 306 BGB noch vorrangige Gesetzes- oder Tarifnormen[16] noch geltende Betriebsvereinbarungen enthalten eine Ermächtigung, die ihre Anwendung in das Ermessen der Betriebspartner oder der Einigungsstelle stellt.

16 Ermächtigte ein vorrangiger Tarifvertrag die Betriebspartner bzw. die Einigungsstelle ausdrücklich, nach eigenem Ermessen zu entscheiden, so wäre eine solche „Ermessensentscheidung“ der Einigungsstelle nach Dütz (DB 1972, 389) nicht gemäß § 76 V 4, sondern gemäß § 76 VII gerichtlich zu überprüfen. Dies entspräche dem hier für den Regelfall gefundenen Ergebnis (s. sogleich im Text).

Die in § 76 V 3 enthaltene Ermessensermächtigung als eine solche für alle, also auch die äußeren Inhaltsschranken zu verstehen, erschiene bedenklich. Im Hinblick auf die Substitutionsfunktion der Einigungsstelle gelten für diese die äußeren Grenzen der Betriebsautonomie ohne Abstriche.[17] Wie den Betriebspartnern kein „Ermessensspielraum" bezüglich der Anwendung von Gesetz, Tarifvertrag etc. zusteht, so kann auch die Einigungsstelle in dieser Hinsicht keinen Freiraum besitzen. Etwas anderes könnte nur gelten, wenn es — und zwar mit deutlichem Bezug auf die Außenschranken — gesetzlich so bestimmt wäre. § 76 V 3 kommt hierfür nach dem erklärten Willen des Gesetzgebers jedoch nicht in Betracht.[18] Hinsichtlich der Einhaltung der äußeren Schranken ist der Einigungsstelle daher kein Ermessensspielraum gewährt.

Im übrigen ist die vom Gesetz vorgesehene Beschränkung der gerichtlichen Ermessenskontrolle — als Konsequenz der Qualifikation eines Mangels als Ermessensfehler — nicht sinnvoll, wenn überhaupt kein Spielraum zur wählenden Entschließung besteht, da der Gesetzgeber die Entscheidung oder eine eindeutige Wertung über die Zulässigkeit eines in Frage stehenden Spruchinhalts schon selbst getroffen hat.[19] Da der in der Mißachtung einer Außenschranke bestehende Fehler außerhalb der Entscheidungskompetenz der Betriebspartner liegt, ist insbesondere die personelle Einschränkung der Rechtsschutzmöglichkeiten auf Arbeitgeber und Betriebsrat nicht gerechtfertigt.

Verstöße gegen äußere Schranken werden daher mit Recht von Rechtsprechung und Literatur einhellig als Rechtsfehler i. S. v. § 76 VII behandelt.[20]

2. Verstoß gegen § 76 V 3 BetrVG als fehlerhafte Ermessensausübung

In Rechtsprechung und Literatur ist anerkannt, daß die Übertretung der besonderen Innenschranken des § 76 V 3 als Ermessensfehler i. S. v. § 76 V 4 gerichtlich zu überprüfen ist.[21] Zur Begründung kann einmal auf den systematischen Zusammenhang der Sätze 3 und 4 von § 76 V verwiesen werden. Es ist naheliegend, daß die in § 76 V 3 normierten Schranken dieselben sind wie die im

---

17 Vgl. o. § 6 II.

18 BT-Ausschuß für Arbeit und Sozialordnung, zu BT-Drucks. VI/2729, S. 10.

19 Näheres zur Qualifikation einer Norm als Außenschranke unter III.

20 BAG v. 28.9.1988, BB 1989, 498; BAG v. 16.12.1986, NZA 1987, 569 f.; Dietz / Richardi, § 76, Rd.-Nr. 103; Fitting / Auffarth / Kaiser / Heither, § 76, Rd.-Nr. 33c; Galperin / Löwisch, § 76, Rd.-Nr. 42; Ganslmayer, S. 160; GK-Kreutz, § 76, Rd.-Nr. 120; Hess / Schlochauer / Glaubitz, § 76, Rd.-Nr. 81; Hoffmann, ArbRdGw., Bd. 15, S. 48; Pünnel, Einigungsstelle, Rd.-Nr. 141; Schaub, S. 1491; Schönfeld, NZA 1988, Beilage 4, S. 3.

21 BAG v. 11.3.1986, EzA Nr. 15 zu § 87 Kontrolleinrichtung, S. 138; BAG v. 16.12.1986, NZA 1987, 571; Brecht, § 76, Rd.-Nr. 8; Dietz / Richardi, § 76, Rd.-Nr. 88, 104; Dütz, DB 1972, 389; Fitting / Auffarth / Kaiser / Heither, § 76, Rd.-Nr. 32 ff.; Galperin / Löwisch, § 76, Rd.-Nr. 43; Hess / Schlochauer / Glaubitz, § 76, Rd.-Nr. 82; G. Müller, DB 1973, 77; Otto, ZfA 1976, 392 f.; Pünnel, Einigungsstelle, Rd.-Nr. 142; Sbresny-Uebach, AR-Blattei, Einigungsstelle, H. (8. Forts.-Blatt R).

nachfolgenden Satz angesprochenen „Grenzen des Ermessens", so daß zu den Fehlern i. S. v. § 76 V 4 jedenfalls die Verstöße gegen § 76 V 3 gehören. Zudem offenbart die Entstehungsgeschichte des § 76 V, dem im Verlaufe des Gesetzgebungsverfahrens die Sätze 3 und 4 gemeinsam angefügt worden sind, daß die Anwendung des § 76 V 4 sich auf die Überschreitung des in Satz 3 beschriebenen („dieses") Entscheidungsrahmens beziehen soll.[22] Im übrigen wäre nicht ersichtlich, auf welche Ermessensgrenzen in § 76 V 4 abzustellen wäre, wollte man schon die des Satzes 3 nicht darunter fassen.

Ein Verstoß gegen § 76 V 3 stellt demnach eine fehlerhafte Ermessensausübung i. S. v. § 76 V 4 dar. Dazu sind auch Zuwiderhandlungen gegen die Maßgaben zu zählen, die den Funktionen der Einigungsstelle zu entnehmen sind und im Rahmen der teleologischen Auslegung des § 76 V 3 (bzw. § 112 V) wirksam werden.[23]

3. Verstoß gegen andere Innenschranken als fehlerhafte Ermessensausübung

Für § 112 V als Spezialregelung der Innenschranke des § 76 V 3[24] gilt entsprechendes wie für diesen. Verstöße gegen § 112 V sind daher ebenfalls als Ermessensfehler i. S. v. § 76 V 4[25] anzusehen.

Problematisch ist die Behandlung der übrigen Innenschranken. Die §§ 2 I, 75 BetrVG, 242 BGB, das Übermaßverbot und die allgemeine Billigkeit kommen als Inhaltsschranke neben § 76 V 3 nicht zum Tragen.[26] Verkennt die Einigungsstelle beispielsweise das Gewicht eines Belanges, so schätzt sie diesen nicht einmal im Rahmen des § 76 V 3 fehlerhaft ein und — unabhängig davon — ein zweites Mal bei der Anwendung etwa des § 75. Vielmehr begeht sie lediglich einen einzigen Fehler. Daß sie damit gleichzeitig gegen mehrere Normen verstoßen kann, ändert nichts daran, daß die Verletzung des Gebots, die Fehlgewichtung zu vermeiden, nur einmal möglich ist. Für die praktische Handhabung der Einigungsstelle erweist sich die mehrfache Anordnung desselben Gebotes jedenfalls als bedeutungslos.

Andererseits ist nicht zu verkennen, daß die hier zu erörternden Innenschranken, soweit sie im Bereich des Einigungsstellenverfahrens anwendbar sind,[27] auf rechtlichen Bestimmungen beruhen, die hinsichtlich ihrer Befolgung keinerlei

---

22 Siehe BT-Ausschuß für Arbeit und Sozialordnung, zu BT-Drucks. VI/2729, S. 10.

23 § 7 VIII.

24 § 7 II. 1. b).

25 Zur Anwendbarkeit des § 76 V 4 auf die Kontrolle der Ermessensgrenzen des § 112 o. § 7 II. 1. c).

26 Vgl. o. § 7 III. - VII.

27 Das Übermaßverbot ist als solches im Bereich der Einigungsstellenverfahren nicht anwendbar, da es lediglich eine Konkretisierung des Inhaltes des § 76 V 3 darstellt (vgl. o. § 7 VI.).

Spielraum gewähren. Das spricht dafür, Verstöße gegen diese Schranken als Rechtsfehler i. S. v. § 76 VII einzuordnen. Denkbar wäre es, die Ermessensermächtigung des § 76 V 3 auf die übrigen Innenschranken entsprechend anzuwenden. Dafür sprächen immerhin ihre inhaltlichen Übereinstimmungen. Es macht jedoch wenig Sinn, zunächst zu erklären, § 75 z. B. komme neben § 76 V 3 „voll zur Anwendung", um anschließend den Ermessensspielraum des § 76 V 3 in § 75 hineininterpretieren zu können.

Das Problem liegt in der Normenkonkurrenz, die daraus resultiert, daß dasselbe Ge- bzw. Verbot mehrfach angeordnet wird und seine Einhaltung auf zwei Wegen mit unterschiedlicher Kontrolldichte gerichtlich überprüfbar ist. Die damit verbundenen Ungereimtheiten sind vom Gesetzgeber weder gesehen noch bereinigt worden. Zweckmäßig erscheint es, die Frage der Normenkonkurrenz in jedem Sachzusammenhang, in dem sie auftritt, gesondert zu klären. Hinsichtlich der inhaltlichen Maßgaben ist an dem Vorrang des spezielleren § 76 V 3 festzuhalten. Bedeutsam wird die Konkurrenzfrage unter dem Aspekt, ob eine Zuwiderhandlung gegen eine andere Innenschranke als die des § 76 V 3 nach § 76 VII gerichtlich geltend gemacht werden kann; dies wird noch näher zu untersuchen sein.[28] Für die hier zu treffende Entscheidung, ob Übertretungen der verbliebenen Innenschranken als Mängel der Ermessensausübung einzuordnen sind, gelten die oben gewonnenen Kriterien.[29] Danach können Verstöße gegen die §§ 2 I, 75 BetrVG, 242 BGB und die allgemeine Billigkeit angesichts des Fehlens einer auf diese Schranken bezogenen Ermessensermächtigung nicht als Fehler der Ermessensausübung i. S. v. § 76 V 4 angesehen werden.

4. Ergebnis

Als fehlerhafte Ermessensausübung i. S. v. § 76 V 4 einzuordnen sind Verstöße gegen die besonderen Innenschranken der §§ 76 V 3 und 112 V einschließlich der den Funktionen der Einigungsstelle zu entnehmenden Maßgaben. Nicht darunter fallen, also als Rechtsfehler zu betrachten sind Übertretungen der übrigen inneren (§§ 2 I, 75 BetrVG, 242 BGB, allgemeine Billigkeit) sowie der äußeren Schranken des Ermessens.

III. Grenze zwischen Ermessens- und Rechtsfehlerhaftigkeit

Da für die Verletzung äußerer Schranken der umfassende Rechtsschutz nach § 76 VII offensteht, ist außerordentlich bedeutsam, unter welchen Voraussetzungen die Mißachtung einer Norm als Verstoß gegen eine Außenschranke zu qualifizieren ist. Enthält dieselbe Norm sowohl innere Ermessensbindungen als

---

28 Unten § 10.

29 Vgl. o. I.

auch allgemeine Rechtsgrenzen, ist zu fragen, welche Schranke in der konkreten Fallgestaltung verletzt ist. Näher zu beleuchten ist also die Grenze zwischen einem „nur" i. S. v. § 76 V 3 ermessensfehlerhaften und einem schon i. S. v. § 76 VII rechtsfehlerhaften Einigungsspruch. So evident es ist, daß nicht jeder Abwägungsfehler der Einigungsstelle einen allgemeinen Rechtsfehler darstellt, so schwierig ist es, im Einzelfall die Grenze zwischen Ermessens- und Rechtsfehlerhaftigkeit zu bestimmen.

Wie diese Abgrenzung vorgenommen werden kann, soll am Beispiel des § 75 dargestellt werden. Im Rahmen dieser Norm können die meisten äußeren Beschränkungen des Ermessensspielraums wirksam werden; so gehen in ihr sämtliche gesetzlichen Außenschranken, einschließlich der §§ 2 I BetrVG und 242 BGB, auf. Von den Normen mit inneren und äußeren Ermessensschranken ist § 75 zudem diejenige mit den meisten Innenschranken, die sich mit den Maßgaben des § 76 V 3 überschneiden. Die hiesige Abgrenzungsproblematik tritt daher im Rahmen des § 75 am umfassendsten auf. Dieser kann im Bereich der äußeren Ermessensschranken unter drei Gesichtspunkten wirksam werden.

1. Differenzierungsverbot

§ 75 enthält nicht nur ein allgemein zu verstehendes Verbot unsachlicher Ungleichbehandlung, sondern bestimmt zugleich eine Reihe von Kriterien, auf denen eine objektiv unterschiedliche Behandlung nicht beruhen[30] darf (absolute Differenzierungsverbote).[31] Insoweit besteht für die Betriebspartner und die Einigungsstelle kein Spielraum.

Beispiel: In einem Sozialplan sieht die Einigungsstelle nach Altersgruppen gestaffelt Abfindungen für zu entlassene Arbeitnehmer vor. Der einheimischen A wird nach der namentlichen Abfindungsliste des Sozialplans ein Betrag von 3.000 DM zugewiesen; ihre gleichaltrige, aus der Türkei stammende Kollegin B soll danach 1.000 DM erhalten. Ein sachlicher Grund für die unterschiedlichen Abfindungsbeträge ist nicht zu erkennen. Insbesondere rechtfertigt das von der Einigungsstelle im übrigen verwandte Differenzierungskriterium des Lebensalters die Ungleichbehandlung nicht. Diese kann nur auf die Herkunft bzw. Nationalität der B als Türkin zurückgeführt werden, Kriterien, die nach § 75 I absolut unzulässig sind. Der Sozialplan ist daher die B betreffend rechtsfehlerhaft.

Die Einordnung des Fehlers der Einigungsstelle als Überschreitung einer äußeren Schranke und damit als allgemeiner Rechtsverstoß[32] ist jedoch nicht unproblematisch, denn alle unerwünschten Ungleichbehandlungen lassen sich gleichfalls als Gewichtungsfehler beschreiben.[33] Man wird zu unterscheiden haben: Enthält

---

30 An der Kausalität fehlt es, wenn die Berücksichtigung des verbotenen Merkmals deutlich hinter bestehende sachliche Unterschiede zurücktritt, so daß die festgestellte Ungleichbehandlung auf diese und nicht auf das unzulässige Kriterium zurückzuführen ist (vgl. GK-Kreutz, § 75, Rd.-Nr. 35; Galperin / Löwisch, § 75, Rd.-Nr. 9).

31 GK-Kreutz, § 75, Rd.-Nr. 23, 35.

32 Vgl. o. II. 1., § 2 IV. 3. a), § 6 I.

das Gesetz lediglich die Maßgabe, auf dem Wege zur Findung eines Abwägungsergebnisses eine bestimmte Differenzierung zu unterlassen, dann liegt in der gleichwohl erfolgten Ungleichbehandlung ein Ermessensfehler. Ein Rechtsverstoß ist nur anzunehmen, wenn das Gesetz die Differenzierung von vornherein völlig ausschließen will. Da indessen die Gleichheit der verschieden behandelten Arbeitnehmer, die die Grundlage des Differenzierungsverbots bildet, ihrerseits nicht ohne Rückgriff auf Wertungen festzustellen ist,[34] stellt sich die Frage dahin, ob der Einigungsstelle hinsichtlich der Gleichbehandlung ein Wertungsspielraum verbleiben soll oder ob der Gesetzgeber die Wertung selbst schon eindeutig getroffen hat. Letzteres ist für die in § 75 I genannten absoluten Differenzierungsverbote zu bejahen.[35] Der von einem Verstoß hiergegen betroffene Arbeitnehmer kann seine Gleichbehandlung im Urteilsverfahren unabhängig von den Beschränkungen des § 76 V 4 durchsetzen.[36] Geht man im Beispielsfall davon aus, daß der Sozialplan nur im Verhältnis zu B nach §§ 134 BGB, 75 I BetrVG nichtig, im übrigen aber wirksam ist,[37] dann kann B aus dem Sozialplan i. V. m. dem Gleichbehandlungsgrundsatz den gleichen Abfindungsbetrag verlangen wie A.[38]

Für den Fall, daß der Betriebsrat den Einigungsspruch angreifen will, ist noch auf folgendes hinzuweisen: Sieht das Arbeitsgericht in der Ungleichbehandlung keinen Verstoß gegen § 75 I als äußere Schranke, so prüft es nicht von sich aus das Vorliegen eines Ermessensfehlers. Dies geschieht nur, wenn der Einigungsspruch innerhalb der Frist des § 76 V 4 angegriffen worden ist und aus der Antragsbegründung erkennbar wird, daß Zweifel an der Einhaltung der Grenzen des Ermessens bestehen und aufgrund welchen Sachverhalts dies der Fall ist.[39] Im Hinblick auf die Schwierigkeit, eine unzulässige Differenzierung als Ermessens- oder als Rechtsfehler einzuordnen, sollte die Ungleichbehandlung in der Praxis nicht nur als Verstoß gegen die Außenschranke des § 75, sondern hilfsweise auch als Ermessensfehler gerügt und hierfür die Ausschlußfrist des § 76 V 4 gewahrt werden.

2. Schutz der Freiheitsgrundrechte

Eine äußere Schranke enthält § 75 II i. V. m. einem in Bezug genommenen Freiheitsgrundrecht, soweit dieses der Einigungsstelle eine bestimmte, an sich mögliche Entscheidung, von Rechts wegen verwehrt.[40] Dies scheidet aus, wenn

---

33 Vgl. o. § 7 I. 4. c) bb).

34 Vgl. o. § 7 I. 1. b) bb) (2).

35 Ebenso für die damit weitgehend übereinstimmenden absoluten Differenzierungsverbote des Art. 3 II, III GG.

36 Vgl. o. § 2 IV. 3. a).

37 Es gelten die Regeln über die teilweise Unwirksamkeit von Einigungssprüchen (vgl. o. § 2 IV. 4. b); s. auch nachfolgend 2. a. E.).

38 Zur Umsetzung der Gleichbehandlung vgl. BAG v. 26.7.1988, DB 1988, 2465.

39 BAG v. 26.5.1988, DB 1988, 2154; BAG v. 25.7.1989, DB 1990, 792.

40 Vgl. o. § 6 III. 2. b).

die Mißachtung des Grundrechts lediglich den Bereich der Ermessensbetätigung betrifft, die Einigungsstelle also z. B. die abstrakte oder konkrete Wertigkeit des Grundrechts unzutreffend einschätzt bzw. es übersieht.[41]

Beispiel: Bei der Einrichtung eines Betriebskindergartens beschließt die Einigungsstelle u. a., zur Deckung der Kosten der Sozialeinrichtung sei ein Entgelt in Höhe von monatlich 600 DM für die ganz- bzw. 375 DM für die halbtägige Betreuung zu zahlen. Dieser Betrag werde vom Arbeitgeber (B) aufgebracht, sei diesem jedoch in voller Höhe zu erstatten, wenn der Arbeitnehmer vor Ablauf von drei Jahren nach Inanspruchnahme des Kindergartens aus dem Betrieb aus eigenem Antrieb oder aufgrund seines Fehlverhaltens ausscheide. Die alleinerziehende A, deren Sohn den Betriebskindergarten drei Jahre lang ganztägig besucht hat, will den Betrieb zwei Jahre nach Inanspruchnahme des Kindergartens verlassen, um einen höheren als den von B gezahlten Monatsnettolohn in Höhe von 1.900 DM zu erzielen. B verlangt von A die Erstattung der 21.600 DM.

A wird durch für den Fall ihrer Kündigung eintretende Zahlungspflichten an ihren Arbeitsplatz gebunden. Damit wird ihr Grundrecht berührt, den Arbeitsplatz aufzugeben und zu wechseln (Art. 12 I 1 GG).[42] Ihre Freiheit der Arbeitsplatzwahl ist allerdings nicht verletzt, wenn die faktische Kündigungsbeschränkung vom Standpunkt eines verständigen Betrachters einem begründeten und zu billigenden Interesse des B entspricht und A unter Berücksichtigung aller Umstände des Einzelfalles nach Treu und Glauben zumutbar ist.[43]

B hat ein berechtigtes Interesse daran, daß die freiwillige Bereitstellung eines Kindergartenplatzes und die Übernahme der Betreuungskosten für den Sohn der A durch entsprechende Arbeitsleistung entgolten wird. Eine dreijährige Bindung ist für sich genommen, wiewohl durchaus erheblich, angesichts der gleichlangen Dauer der Begünstigung der A nicht zu beanstanden. Andererseits ist zu beachten, daß B bereits während der drei Jahre der Inanspruchnahme des Kindergartens A's Arbeitskraft voll zur Verfügung stand. Zudem kann das Interesse, A an den Betrieb zu binden, anders als bei der Finanzierung einer Fortbildungsmaßnahme, nicht etwa damit begründet werden, daß A Vorteile erhalten habe, die den Wert und die Attraktivität ihrer Arbeitskraft für andere Arbeitgeber erhöht hätten.

Im Gegensatz zu den von der Rechtsprechung gebilligten Rückzahlungsklauseln[44] ermäßigt sich die zu erstattende Summe nicht mit fortschreitendem Verbleib im Betrieb. Ohne gestaffelte Tilgung stellt eine dreijährige Bindung jedoch eine schwerwiegende Beschränkung des Art. 12 GG dar. Sie ist dennoch zulässig,

---

41 Vgl. o. § 7 I. 4. c) bb).

42 Vgl. BVerfG v. 11.6.1958, BVerfGE 7, 401; BVerfG v. 22.1.1975, BVerfGE 39, 141 f.; Gubelt, in: v. Münch, GG, Art. 12, Rd.-Nr. 24; Jarass / Pieroth-Jarass, Art. 12 GG, Rd.-Nr. 10.

43 Vgl. BAG v. 29.6.1962, AP Nr. 25 zu Art. 12 GG, Bl. 5R; BAG v. 23.2.1983, BAGE 42, 52; BGH v. 5.6.1984, DB 1984, 2456.

44 Vgl. BAG v. 29.6.1962, AP Nr. 25 zu Art. 12 GG; BAG v. 9.11.1972, AP Nr. 45 zu Art. 12 GG; BAG v. 23.2.1983, BAGE 42, 48.

wenn der Rückzahlungsbetrag den wirtschaftlichen Verhältnissen des Arbeitnehmers angepaßt ist.[45] Das sei, so das BAG, im allgemeinen der Fall, wenn die zu zahlende Summe ein Monatsgehalt, das der Arbeitnehmer beim neuen Arbeitgeber erhalte, nicht übersteige.[46] In Anbetracht der Gehaltsstufe der A müßte sie etwa den Lohn eines Jahres aufwenden, um die 21.600 DM zu begleichen. Dies bedeutet einen faktischen Ausschluß der Kündigungsmöglichkeit und damit der Wahrnehmung des Grundrechts aus Art. 12 I GG für die Dauer der Bindung. Der Rückzahlungsbetrag ist den wirtschaftlichen Verhältnissen der A also nicht angepaßt. Der Verzicht auf die Möglichkeit, ihre Einkommenssituation zu verbessern, ist A im Hinblick auf ihre Stellung als alleinerziehende Mutter, ihre bisherige Lohnhöhe und die bereits erwiesene Betriebstreue nicht zuzumuten. Die Regelung des Einigungsspruchs verletzt A in ihrem Grundrecht aus Art. 12 I 1 GG und ist damit jedenfalls nach § 76 V 4 angreifbar.

Nach § 134 BGB nichtig ist die Rückzahlungsklausel nur dann, wenn sich § 75 II i. V. m. Art. 12 I GG als äußere Schranke auf den Entscheidungsspielraum der Einigungsstelle auswirkt. Dies erscheint insofern zweifelhaft, als die Grundrechtsverletzung erst als Ergebnis eines sachgemäßen und verhältnismäßigen Interessenausgleichs festgestellt wird. Die Beschränkung steht daher am Ende desselben Prozesses, den § 76 V 3 für die Ermessensausübung fordert, so daß sie der Einigungsstelle die Betätigung von Ermessen schwerlich von vornherein verschließen kann.[47] Dieser Einwand geht jedoch fehl: Die Außenschranke greift nicht „vor Beginn“ jeglichen auch für die Ermessensbetätigung relevanten Vorgehens ein, sondern grenzt auf der „Rechtsfolgeseite“, bei der Ausfüllung der Regelungszuständigkeit, einzelne, an sich mögliche Spruchinhalte aus.[48] In diesem Stadium des Entscheidungsvorgangs hat die Berücksichtigung, Gewichtung und Abwägung der Belange beider Seiten naturgemäß schon stattgefunden. § 75 II i. V. m. Art. 12 GG kann mithin als Außenschranke zum Tragen kommen.

Wonach sich allerdings bestimmt, ob ein fehlerhafter Interessenausgleich der Einigungsstelle als Verstoß gegen § 76 V 3 oder als allgemeiner Rechtsverstoß gegen eine Außenschranke zu qualifizieren ist, bleibt zu klären. Letzteres kommt nur in Betracht, wenn der Einigungsstelle bei der Erstellung des Spruchinhalts nach dem Willen des Gesetzes kein Spielraum mehr bleibt, weder zur Ausübung von Entscheidungsermessen noch zum Begehen von Ermessensfehlern. Kann die Regelung, die das Grundrecht mißachtet, noch als (fehlerhafte) Ermessensentscheidung angesehen werden, liegt allenfalls ein Ermessensfehler vor. Dies zu beurteilen erweist sich letztlich als Wertungsfrage. Dem entspricht es, das betreffende Grundrecht nur dann als Rechtsschranke zu qualifizieren, wenn seine Wertentfaltung so stark ist, daß sich ein verständiger Kenner des Grundrechts

[45] BAG v. 24.2.1975, AP Nr. 50 zu Art. 12 GG, Bl. 2V.

[46] BAG v. 24.2.1975, AP Nr. 50 zu Art. 12 GG, Bl. 2V.

[47] Zur Definition der „äußeren Schranke“ vgl. o. zu Beginn des 3. Teiles.

[48] Vgl. o. § 6 III. 2. b) a. E.

und des Sachverhalts bereits unmittelbar durch dessen Gehalt an der in Frage stehenden Regelung gehindert sieht.

Im obigen Beispielsfall ist § 75 II i. V. m. Art. 12 I 1 GG m. E. als Außenschranke einzuordnen. Die Rückzahlungsklausel ist daher jedenfalls gegenüber A nichtig. A muß B die 21.600 DM nicht erstatten.

Versteht man den Beispielsfall dahin, daß die zu beanstandende Klausel nur im Verhältnis zu A grundrechtsverletzend wirkt, so läßt sich fragen, ob die Bestimmung gegenüber den anderen Arbeitnehmern aufrechterhalten bleibt oder insgesamt unwirksam ist. Nach den Regeln über die Teilunwirksamkeit eines Einigungsspruchs[49] bleibt die beanstandete Norm bestehen, soweit sie eine zu billigende und sinnvolle Bestimmung darstellt und ihre ordnende Funktion erfüllen kann. Ist dies nicht der Fall, etwa weil die Regelung im Verhältnis zu der Mehrzahl der Betroffenen grundrechtsverletzend wirkt, dann ist sie insgesamt nichtig. Daran schlösse sich die weitere Frage an, ob der Einigungsspruch ohne diese nichtige Bestimmung teilwirksam bleiben könnte. Das bedeutet für den Beispielsfall, daß die Rückerstattungsklausel allgemein erhalten bleibt und nur im Verhältnis zu A keine Wirkung entfaltet. Die entstehende Regelungslücke ist von den Betriebspartnern, ersatzweise von der Einigungsstelle zu schließen.[50]

3. Schutz der Besitzstände

Nicht nur im Bereich der persönlichen Freiheiten, sondern auch auf vermögensrechtlichem Gebiet[51] können schutzwürdige Positionen der Arbeitnehmer beeinträchtigt werden.

Die Schutzwürdigkeit der Ansprüche und Aussichten des Arbeitnehmers auf freiwillige Zuwendungen kann sich aus dem Eigentumsschutz nach § 75 II i. V. m. Art. 14 GG[52] und dem Vertrauensschutzgedanken ergeben. So gehören dem Kreis der Eigentumsrechte i. S. d. Art. 14 I GG auch schuldrechtliche Forderungen an, die einem Rechtssubjekt zustehen.[53] Bloße Erwerbschancen und Verdienstmöglichkeiten genießen demgegenüber keinen Grundrechtsschutz.[54] Ergän-

---

49 s. o. § 2 IV. 4. b).

50 Es gilt das Entsprechende wie zur Ersetzung eines unwirksamen Einigungsspruchteiles (vgl. o. § 2 IV. 6.). Die Entscheidung über die Leistungen einer Sozialeinrichtung fällt auch im Einzelfall in die Zuständigkeit der Betriebspartner (Galperin / Löwisch, § 87, Rd.-Nr. 185; Fitting / Auffarth / Kaiser / Heither, § 87, Rd.-Nr. 102).

51 Der Eigentumsgarantie „kommt im Gefüge der Grundrechte die Aufgabe zu, dem Träger des Grundrechts einen Freiheitsraum im vermögensrechtlichen Bereich zu ermöglichen" (BVerfG v. 1.3.1979, BVerfGE 50, 339).

52 Als Freiheitsgrundrecht gilt Art. 14 GG nach § 75 II auch im Betrieb (vgl. Löwisch, AuR 1972, 359 f.; GK-Thiele, 3. Bearbeitung, § 75, Rd.-Nr. 17; Dietz / Richardi, § 75, Rd.-Nr. 37).

53 BVerfG v. 18.3.1970, BVerfGE 28, 141 f.; BVerfG v. 31.10.1984, BVerfGE 68, 222; Jarass / Pieroth-Jarass, Art. 14 GG, Rd.-Nr. 6; Bryde, in: v. Münch, GG, Art. 14, Rd.-Nr. 11 m. w. N.

zend kann der rechtsstaatliche Grundsatz des Vertrauensschutzes[55] zum Tragen kommen, wenn der Arbeitnehmer zwar noch keinen Anspruch auf die Zuwendung besitzt, aber bereits den größeren Teil der Anspruchsvoraussetzungen erfüllt hat. Verfügt der Arbeitnehmer insofern über eine hinreichend gesicherte Erwerbsposition, steht ihm also eine Anwartschaft auf die Leistung des Arbeitgebers zu, dann erscheint sein Vertrauen, die restlichen Erwerbsbedingungen erdienen zu können, bis zu einem gewissen Grade schutzwürdig.[56]

Soll ein Eingriff in einen solchermaßen geschützten Besitzstand durch eine Regelung in einem Einigungsspruch erfolgen bzw. zugelassen werden, ist der Grundsatz der Verhältnismäßigkeit zu wahren.[57] Demnach muß die Beeinträchtigung, gemessen am Zweck der Maßnahme, geeignet, erforderlich und proportional sein. Gefordert ist regelmäßig[58] eine Abwägung der den Eingriff rechtfertigenden Gründe gegenüber den Bestandsschutzinteressen.[59] Erweist sich der Interessenausgleich der Einigungsstelle als unverhältnismäßig, kann dies nur unter denselben Schwierigkeiten und Voraussetzungen als Verstoß gegen eine Außenschranke qualifiziert werden, wie sie im Zusammenhang mit der Beeinträchtigung der Freiheitsgrundrechte erörtert worden sind.[60] Dementsprechend liegt ein allgemeiner Rechtsverstoß dann vor, wenn die Wertentfaltung des § 75 II i. V. m. Art. 14 I GG und dem Vertrauensschutzgrundsatz[61] so stark ist, daß sich ein verständiger Kenner dieser Wertungen und des Sachverhalts bereits unmittelbar von deren Gehalt an der in Frage stehenden Regelung gehindert sieht.[62]

> *Beispiel:* Im Zuge der Neuordnung der betrieblichen Altersversorgung beschließt die Einigungsstelle,daß künftig nur derjenige Arbeitnehmer eine Versorgungszusage erhalten soll, der eine mindestens 20jährige Betriebszugehörigkeit aufweisen kann und bis zur Vollendung des 65. Lebensjahres im Betrieb beschäftigt ist. Zwei Jahre vor dem Eintritt des Versorgungsfalles wird A, der dem Betrieb 27 Jahre angehört hat, aus betrieblichen Gründen entlassen.

Das betriebliche Ruhegeld stellt die Gegenleistung für erwiesene Betriebstreue dar.[63] Der Einigungsspruch enthält aber mit der „Verbleibebedingung“ eine Be-

---

54 BVerfG v. 8.6.1977, BVerfGE 45, 171; BVerfG v. 31.10.1984, BVerfGE 68, 222; Jarass / Pieroth-Jarass, Art. 14 GG, Rd.-Nr. 7, 17 m. w. N.

55 Vgl. BVerfG v. 15.7.1987, DVBl. 1988, 145: Hinsichtlich der durch Art. 14 I 1 GG geschützten Rechtspositionen werde die Funktion des Vertrauensschutzes allerdings allein von Art. 14 GG erfüllt.

56 Vgl. BAG v. 3.11.1987, EzA Nr. 20 zu § 77, S. 9 f.

57 Vgl. BAG (GrS) v. 16.9.1986, EzA Nr. 17 zu § 77, S. 97.

58 Anders für den — eher theoretischen — Fall einer ungeeigneten Maßnahme.

59 BAG v. 3.11.1987, EzA Nr. 20 zu § 77, S. 9.

60 Vgl. o. 2. nach Fn. 48.

61 Es kommt auf die positiven Wertungen zugunsten eines Besitzstandsinteresses an. Der Grundsatz der Verhältnismäßigkeit enthält solche Wertungen nicht, sondern setzt sie voraus und nimmt sie in sich auf.

62 Vgl. o. 2. nach Fn. 48.

stimmung, die es zuläßt, daß A's Anwartschaft auf eine betriebliche Altersversorgung nach 27jähriger Betriebszugehörigkeit noch verfällt. Die nach der Versorgungsordnung geforderte Betriebstreue hat A zu 27/29 erbracht. Dafür hat er mehr als ein halbes Arbeitsleben eingesetzt, nicht zuletzt in dem Vertrauen, ein betriebliches Ruhegeld zu erwerben. Bei einem neuen Arbeitgeber kann A die Voraussetzungen für den Bezug einer Betriebsrente (vgl. § 1 BetrAVG) nicht mehr erfüllen. In Anbetracht dessen erscheint es völlig unverhältnismäßig, A's erdiente Anwartschaft infolge der betriebsbedingten Kündigung vollständig verfallen zu lassen, zumal der Ausfall der Verbleibebedingung vom Arbeitgeber gesetzt worden ist, ohne daß A hierfür einen Grund gegeben hätte.[64] Die Verfallklausel ist daher nach § 134 BGB i. V. m. § 75 II BetrVG i. V. m. Art. 14 I GG unwirksam. Diese Wertungsentscheidung hat der Gesetzgeber 1974 mit der Regelung des § 1 I BetrAVG bestätigt, wonach Anwartschaften wie die des A unverfallbar gestellt werden.

Eine solche Verengung des Entscheidungsspielraums der Einigungsstelle wird allerdings nicht oft anzunehmen sein, denn die gesetzlichen Wertungen zugunsten eines Besitzstandes fallen regelmäßig zu wenig deutlich aus, als daß damit ein solches Maß an Wertentfaltung erreicht werden könnte, wie es für das Wirksamwerden einer äußeren Rechtsschranke erforderlich wäre. Dies wird dadurch unterstrichen, daß, um für die hier erörterte Fallgruppe ein Beispiel angeben zu können, in dem § 75 eindeutig als Außenschranke eingreift, auf eine Fallkonstellation zurückgegriffen werden mußte, die heute nach § 134 BGB i. V. m. § 1 I BetrAVG zu behandeln ist.

4. Ergebnis

Wie sich gezeigt hat, setzt die Annahme einer äußeren Beschränkung des Entscheidungsspielraums voraus, daß der Gesetzgeber selbst schon eindeutig die Wertung über die Zulässigkeit der in Frage stehenden Regelung getroffen hat. Das ist der Fall, wenn dieser nach der Rechtsordnung eine so starke Wertentfaltung entgegensteht, daß sich ein verständiger Kenner dieser Wertung und des Sachverhalts bereits unmittelbar durch deren Gehalt an der betreffenden Regelung gehindert sieht.

Liegen diese Voraussetzungen vor, ist die Mißachtung einer Norm als Verstoß gegen eine Außenschranke und damit als allgemeiner Rechtsverstoß zu qualifizieren, gegen den der umfassende Rechtsschutz nach § 76 VII offensteht. Auf diese Weise wird gewährleistet, daß die gesetzlichen Grenzen der Betriebsautonomie auch im wertungsabhängigen Bereich für die Einigungsstelle uneingeschränkt

---

[63] BAG v. 10.3.1972, AP Nr. 156 zu § 242 BGB Ruhegehalt, Bl. 4V; BAG v. 3.11.1987, EzA Nr. 20 zu § 77, S. 10; Blomeyer / Otto, Einleitung, Rd.-Nr. 121.

[64] Vgl. BAG v. 10.3.1972, AP Nr. 156 zu § 242 BGB Ruhegehalt, Bl. 5R; BAG v. 11.3.1976, AP Nr. 11 zu § 242 BGB Ruhegehalt-Unverfallbarkeit, Bl. 2.

gelten, also deren Ermessensspielraum nicht über den Gestaltungsspielraum der Betriebspartner bei einer Betriebsvereinbarung hinausreicht.

Verdeutlicht wurde dies an § 75, der nur in besonders gelagerten Fällen als Außenschranke wirksam werden kann. Dies gilt insbesondere, wenn der Spruch gegen ein absolutes Differenzierungsverbot des § 75 I oder Art. 3 II, III GG verstößt, aber auch, wenn er in Freiheitsgrundrechte oder Besitzstände (Ansprüche, Anwartschaften) der Arbeitnehmer unverhältnismäßig eingreift.

IV. Ergebnis

Überschreitet die Einigungsstelle die innere Ermessensschranke des § 76 V 3 (bzw. des § 112 V), verstößt sie gegen eine Grenze „des Ermessens" i. S. v. § 76 V 4.[65] Mißachtet sie eine äußere Schranke, liegt ein Rechtsfehler i. S. v. § 76 VII vor.[66] Eine Norm, die sowohl innere Ermessensbindungen als auch allgemeine Rechtsgrenzen enthält (z. B. § 75), kann in besonders gelagerten Fällen als Außenschranke wirksam werden.[67]

§ 9 Die Ermessensüberschreitung i. S. v. § 76 V 4 BetrVG

In diesem Paragraphen ist zu untersuchen, welche der Mängel, die nach den Feststellungen in § 8 als Ermessensfehler in Betracht kommen, als „Überschreitung der Grenzen des Ermessens" i. S. v. § 76 V 4 zu verstehen sind. Es gilt also, von den Zuwiderhandlungen gegen § 76 V 3 diejenigen auszugrenzen, die keine Ermessensfehler gemäß § 76 V 4 darstellen bzw. nicht als solche, sondern möglicherweise als Rechtsfehler gerichtlich geltend zu machen sind. Dabei geht es insbesondere darum, wie die „Ermessensüberschreitung" i. S. v. § 76 V 4 zu verstehen ist, ob sie mit dem gleichnamigen Phänomen aus dem Verwaltungsrecht übereinstimmt oder welche Fehlerarten sie darüber hinaus umfaßt. Hierzu sind die einzelnen Arten der Ermessensfehler darzustellen (I.) und daraufhin zu untersuchen, ob sie zu denen i. S. v. § 76 V 4 gehören (II.). Schließlich soll noch der Versuch unternommen werden, die Grenze zwischen Ermessensspielraum und -fehlerhaftigkeit näher zu konkretisieren (III.).

---

65 Vgl. o. II. 2., 3.
66 Vgl. o. II. 1.
67 Vgl. o. III.

I. Arten der Ermessensfehler

Bevor geprüft werden kann, welche Mängel der Ermessensüberschreitung i. S. v. § 76 V 4 unterfallen, sind die einzelnen, im öffentlichen Recht entwickelten Arten der Ermessensfehler darzustellen. Trotz z. T. uneinheitlicher Terminologie und verschieden starker Differenzierungen besteht in der Sache weitgehend Einigkeit. Folgende Einteilungen kommen in Betracht.

1. Klassische Dreiteilung

Nach wie vor verbreitet ist die klassische Dreiteilungslehre, die zwischen Ermessensüberschreitung, -unterschreitung und -fehlgebrauch unterscheidet.[1]

Eine Ermessens*überschreitung* liegt danach vor, wenn die entscheidende Stelle „eine nicht mehr im Rahmen der Ermessensvorschrift liegende Rechtsfolge wählt".[2]

Ihr Ermessen *unterschreitet* die Stelle, wenn sie von dem ihr gewährten Ermessen keinen Gebrauch macht.[3]

Ein Ermessens*fehlgebrauch* ist anzunehmen, wenn die Stelle den Zweck der Ermessensermächtigung nicht beachtet oder „die für die Ermessensausübung maßgeblichen Gesichtspunkte nicht hinreichend in ihre Erwägungen einbezieht".[4] Diese Fehlerkategorie wird auch als „Ermessensmißbrauch"[5] bezeichnet.[6]

2. Zweiteilungslehren

In Anlehnung an die beiden in § 114 VwGO und § 40 VwVfG[7] genannten Varianten wird zunehmend eine Zweiteilung der Ermessensfehler vorgenom-

---

1 Maurer, Allg. VerwR, § 7, Rd.-Nr. 12 ff.; Schweickhardt-Bühler, Allg. VerwR, Rd.-Nr. 252 ff.; Steiner-Schenke, Bes. VerwR, II, Rd.-Nr. 41.

2 Maurer, Allg. VerwR, § 7, Rd.-Nr. 12; ebenso Erichsen / Martens, Allg. VerwR, S. 210; Eyermann / Fröhler, VwGO, § 114, Rd.-Nr. 16; Kopp, VwGO, § 114, Rd.-Nr. 7.

3 BVerwG v. 13.11.1981, DVBl. 1982, 304 f.; Maurer, Allg. VerwR, § 7, Rd.-Nr. 13.

4 Maurer, Allg. VerwR, § 7, Rd.-Nr. 14; vgl. auch BVerwG v. 15.12.1981, DVBl. 1982, 307; Kopp, VwVfG, § 40, Rd.-Nr. 12.

5 Im Zusammenhang mit der Einigungsstelle wird dieser Begriff bisweilen mit der Bedeutung Ermessensüberschreitung bzw. -fehler i. S. v. § 76 V 4 verwendet (BAG v. 27.5.1986, EzA Nr. 16 zu § 87 Kontrolleinrichtung, S. 162). Dies irritiert um so mehr, als derselbe Senat den Ermessensmißbrauch in seiner ursprünglichen Wortbedeutung gerade nicht als Ermessensfehler i. S. v. § 76 V 4 ansieht (BAG v. 11.3.1986, EzA Nr. 15 zu § 87 Kontrolleinrichtung, S. 138).

6 Erichsen / Martens, Allg. VerwR, S. 210; Kopp, VwGO, § 114, Rd.-Nr. 8; für das Ermessen der Einigungsstelle Becker-Schaffner, BlStSozArbR 1976, 40; Stege / Weinspach, § 76, Rd.-Nr. 23, 25.

7 § 40 VwVfG lautet: „Ist die Behörde ermächtigt, nach ihrem Ermessen zu handeln, hat sie ihr Ermessen entsprechend dem Zweck der Ermächtigung auszuüben und die gesetzlichen Grenzen des Ermessens einzuhalten."

men.[8] Dabei wird die Ermessensunterschreitung — ohne Unterschied in der Rechtsfolge — einmal der Ermessensüberschreitung[9], ein andermal dem Ermessensfehlgebrauch[10] gleichgestellt.

Nach einer neueren Lehre soll im Hinblick auf die Parallelität von „normalem" und sog. Planungsermessen[11] wie bei diesem zwischen Ergebnis- und Vorgangsfehlern differenziert werden.[12] Danach erscheinen Ermessensunterschreitung und -fehlgebrauch als *Vorgangs-* und die Ermessensüberschreitung als *Ergebnisfehler.*[13]

3. Befund

Es hat sich gezeigt, daß sämtliche Einteilungen der Ermessensfehler sich auf die drei klassischen Fehlerarten zurückführen lassen. Diese dürften zudem hinreichend gesichert und bekannt sein, so daß es zweckmäßig erscheint, den weiteren Ausführungen die Unterscheidung von Ermessensüberschreitung, -unterschreitung und -fehlgebrauch zugrunde zu legen.

II. Arten der Ermessensfehler i. S. v. § 76 V 4 BetrVG

Im folgenden sind die klassischen Ermessensfehlerarten daraufhin zu untersuchen, inwieweit sie als Ermessensüberschreitung i. S. v. § 76 V 4 anzusehen sind.

1. Ermessensüberschreitung i. S. d. § 114 VwGO als Ermessensüberschreitung i. S. v. § 76 V 4 BetrVG

Eine Ermessensüberschreitung liegt vor, wenn die Einigungsstelle sich mit dem Inhalt ihres Spruchs nicht mehr im Rahmen der Ermessensgewährung nach § 76 V 3 hält.[14] Das BAG formuliert: Ob der Spruch der Einigungsstelle die Grenzen des ihr eingeräumten Ermessens beachtet habe, beurteile sich danach, „ob die durch den Spruch getroffene Regelung als solche sich innerhalb dieser

---

[8] BVerwG v. 22.1.1969, BVerwGE 31, 214 f.; Battis, Allg. VerwR, Rd.-Nr. 130; Erichsen / Martens, Allg. VerwR, S. 210 f.; Eyermann / Fröhler, VwGO, § 114, Rd.-Nr. 15 ff.; Schwerdtfeger, Öffentliches Recht, Rd.-Nr. 97 ff.; Wolff / Bachof, VerwR I, S. 199 ff.

[9] Battis, Allg. VerwR, Rd.-Nr. 132; Erichsen / Martens, Allg. VerwR, S. 210; Wolff / Bachof, VerwR I, S. 200.

[10] So zutreffend Eyermann / Fröhler, VwGO, § 114, Rd.-Nr. 20; Schwerdtfeger, Öffentliches Recht, Rd.-Nr. 99.

[11] Vgl. dazu BVerwG v. 5.7.1974, NJW 1975, 70 ff.; BGH v. 11.11.1976, BGHZ 67, 325 f.; BVerwG v. 5.12.1986, BVerwGE 75, 238, 245, 251 ff.

[12] Alexy, JZ 1986, 701 ff.; Schuppert, DVBl. 1988, 1199.

[13] Alexy, JZ 1986, 702.

[14] Vgl. o. I. 1.

Grenzen hält, d.h. nach billigem Ermessen die Belange des Betriebes und der betroffenen Arbeitnehmer angemessen berücksichtigt.“[15]

Daß Fehler im Abwägungsergebnis als Ermessensüberschreitung i. S. v. § 76 V 4 anzusehen sind, ist allgemein anerkannt.[16] Es wäre auch befremdlich, wenn gerade die Fehlergruppe der Ermessensüberschreitung dem gleichnamigen Phänomen des § 76 V 4 nicht unterfiele.

2. Ermessensfehlgebrauch als Ermessensüberschreitung i. S. v. § 76 V 4 BetrVG

Ob Einigungssprüche auf einen Ermessensfehlgebrauch hin überprüft werden können, ist zwischen Rechtsprechung und Literatur nach wie vor umstritten.

a) Rechtsprechung

Das BAG hat diese Frage ausdrücklich verneint und betont, es komme nicht darauf an, durch welche Tatsachen und Annahmen die Einigungsstelle zu ihrem Spruch gekommen sei und ob die diesem zugrunde liegenden Erwägungen folgerichtig seien und eine erschöpfende Würdigung aller Umstände zum Inhalt hätten. Allein das Ergebnis der Tätigkeit der Einigungsstelle unterliege der arbeitsgerichtlichen Kontrolle.[17] Diese Sichtweise findet im Zuge einer sich festigenden Rechtsprechung[18] in der Literatur zunehmend Anhänger.[19]

Danach wäre der gesamte zum Einigungsspruch führende Prozeß der Ermessensbetätigung einer gerichtlichen Kontrolle verschlossen. Mängel bei der Berücksichtigung der Belange, bei deren Gewichtung, im Abwägungsvorgang oder

---

15 BAG v. 31.8.1982, AP Nr. 8 zu § 87 Arbeitszeit, Bl. 6R; BAG v. 11.3.1986, EzA Nr. 15 zu § 87 Kontrolleinrichtung, S. 138.

16 Aus der Literatur statt vieler Dietz / Richardi, § 76, Rd.-Nr. 104 m. w. N.; Fitting / Auffarth / Kaiser / Heither, § 76, Rd.-Nr. 32b; Löwisch, BetrVG, § 76, Rd.-Nr. 18; Stege / Weinspach, § 76, Rd.-Nr. 23 f.

17 BAG v. 31.8.1982, AP Nr. 8 zu § 87 Arbeitszeit, Bl. 6R, 7V; s. auch BVerfG v. 18.10.1987, DB 1987, 2361.

18 BAG v. 28.4.1981, DB 1981, 1882; BAG v. 11.3.1986, EzA Nr. 15 zu § 87 Kontrolleinrichtung, S. 138; BAG v. 16.12.1986, NZA 1987, 571; LAG Berlin v. 8.3.1983, DB 1983, 1264; LAG Köln v. 3.5.1984, ZiP 1984, 732; LAG Hamm v. 25.2.1987, LAGE Nr. 27 zu § 76, S. 66 f.; ArbG Duisburg v. 5.12.1985, NZA 1986, Beilage 2, S. 19; abweichend noch LAG Niedersachsen v. 19.2.1982, AuR 1982, 355; zu Irritationen Anlaß gebend BAG v. 27.5.1986 (s. o. Fn. 5) und LAG Frankfurt v. 17.11.1987, LAGE Nr. 12 zu § 112, das sowohl die Auffassung des BAG (S. 1 f.) als auch die Gegenmeinung Blomeyers für sich in Anspruch nimmt (S. 1). — *Anders* jetzt BAG v. 17.10.1989, DB 1990, 589 f., nach dessen Ansicht die Einigungsstelle die Grenzen ihres Ermessens auch dann überschreite, wenn deren Regelung den Zweck des Mitbestimmungsrechts verfehle (vgl. o. § 7 I. 4. c) cc) (2) (b) (cc) nach Fn. 215).

19 Etzel, HzA, Gruppe 19, Rd.-Nr. 1262; Fitting / Auffarth / Kaiser / Heither, § 76, Rd.-Nr. 32b; Gnade / Kehrmann / Schneider / Blanke / Klebe, Basiskommentar, § 76, Rd.-Nr. 6; GK-Kreutz, § 76, Rd.-Nr. 130; Sbresny-Uebach, AR- Blattei, Einigungsstelle, H. (8. Forts.-Bl. R); Stege / Weinspach, § 76, Rd.-Nr. 25a; wohl auch Martens, RdA 1989, 169.

bei der Kreation des Abwägungsergebnisses blieben von vornherein ohne Bedeutung, es sei denn, sie wirkten sich zugleich auf das Entscheidungsergebnis aus. Im einzelnen können nach der Rechtsansicht des BAG folgende Verstöße gegen die Gebote des § 76 V 3[20] nicht gerichtlich geltend gemacht werden:

— die Nichtberücksichtigung eines einzelnen vorliegenden Belanges,

— die fälschliche Annahme der Sachbezogenheit eines Belanges,

— die Nichtbeachtung eines gravierenden Wertungsgesichtspunkts,

— die Nichtgewichtung eines Belangs, dem ein gravierendes Wertgewicht zukommt,

— die wesentliche Fehleinschätzung der abstrakten Wertigkeit eines Wertungsgesichtspunkts,

— die nicht mehr vertretbare Fehleinschätzung der Wertentfaltung eines Wertungsgesichtspunkts in dem konkreten Sachverhalt,

— das Unterlassen des Abwägens und

— die Nichteinbeziehung eines einzelnen Belangs mit gravierendem Wertgewicht in die Abwägung.

Zur *Begründung* seines Standpunktes verweist das BAG zunächst auf den Wortlaut des § 76 V 4. Wenn die Anfechtung eines Einigungsspruchs nur bei einer Überschreitung der Grenzen des Ermessens möglich sei, so folge daraus, daß § 76 V 3 keine Handlungsanleitung für die Einigungsstelle darstelle, sondern diejenigen Grenzen normiere, die deren Regelung beachten müsse. Damit gehe es um eine Kontrolle des Ergebnisses der Tätigkeit der Einigungsstelle, nicht aber um eine Kontrolle ihrer Tätigkeit selbst. Hinzu komme, daß das BetrVG der Einigungsstelle keine Begründung ihres Spruchs zur Pflicht mache. Ohne eine solche Begründung sei aber eine Überprüfung der Erwägungen der Einigungsstelle nur schwer möglich. Daher spreche auch das Fehlen einer Begründungspflicht dafür, daß allein die im Spruch getroffene Regelung selbst nachprüfbar sei. Schließlich widerspreche es der Intention des Gesetzgebers, alsbald eine Beilegung der Meinungsverschiedenheit zu ermöglichen, wenn eine Regelung, die die Belange der Arbeitnehmer und des Betriebes angemessen berücksichtigt, allein deswegen unwirksam wäre, weil die Einigungsstelle aufgrund fehlerhafter Erwägungen zu diesem Ergebnis gekommen sei.[21]

b) Literatur

Der weit überwiegende Teil der Literatur vertritt die Auffassung, daß die Ermessensüberschreitung i. S. v. § 76 V 4 auch den Ermessensfehlgebrauch bzw. -mißbrauch umfaßt.[22] Ein solcher ist anzunehmen, wenn die Einigungsstelle die

[20] Vgl. o. § 7 I. 4. c).

[21] BAG v. 31.8.1982, AP Nr. 8 zu § 87 Arbeitszeit, Bl. 6R, 7V.

Zielvorstellungen der Ermessensvorschrift oder die für die Ermessensausübung maßgeblichen Gesichtspunkte nicht hinreichend berücksichtigt.[23] Für die Ermessensbetätigung bestimmend sind diejenigen Gesichtspunkte, von denen sich die Einigungsstelle bei der Ermessensausübung leiten zu lassen hat, also die inneren Schranken ihres Ermessens. Zielvorgabe des § 76 V 3 ist es, die beiderseitigen Interessen zu einem sachgerechten und optimalen Ausgleich zu bringen.[24] Wird gegen § 76 V 3 und die einzelnen in ihm enthaltenen Anweisungen verstoßen, liegt darin ein Ermessensfehlgebrauch, soweit der Fehler vom Ermessensspielraum nicht mehr gedeckt und nicht bereits als Ermessensüberschreitung zu klassifizieren ist. Folgte man der Literaturmeinung, wäre die Einhaltung der Maßgaben des § 76 V 3 hinsichtlich des Vorgangs und des Ergebnisses der Ermessensbetätigung gerichtlich überprüfbar.

Zur *Begründung* seiner Ansicht beruft sich Thiele auf den Sinn und Zweck des Gesetzes. Ziel des § 76 V 4 sei die zeitliche Begrenzung der Geltendmachung von Ermessensfehlern, nicht die Begrenzung der Ermessenskontrolle. Daß keine Einschränkung der gerichtlichen Prüfung gemeint sei, ergäbe sich aus dem engen Zusammenhang mit Satz 3, der sonst praktisch gegenstandslos wäre.[25] So befürchtet Löwisch, die Beschränkung der Kontrolle auf das Entscheidungsergebnis könne leicht dazu führen, daß die Einigungsstelle es an der sorgfältigen Anwendung der Maßstäbe des § 76 V 3 fehlen lasse und so Raum für Fehlentscheidungen entstünde.[26] Richardi meint, es käme einer „Quadratur des Kreises" gleich, wollte man für die Feststellung, ob die getroffene Regelung die Grenzen des § 76 V 3 wahre, außer acht lassen, welche Überlegungen die Einigungsstelle angestellt habe und von welchen Tatumständen sie sich bei ihrer Entscheidung habe leiten lassen.[27] Klammerte man den Ermessensfehlgebrauch aus der gerichtlichen Kontrolle aus, käme man nach Blomeyer „zu einer rigorosen und durch nichts gerechtfertigten Einschränkung gerichtlicher Überprüfungsmöglichkeiten, die den allgemeinen Grundprinzipien des Rechtsstaates widerspricht (anders etwa auch § 114 VwGO)".[28]

---

22 Becker-Schaffner, BlStSozArbR 1976, 40; Blomeyer, EzA Nr. 1 zu § 87 Lohn und Arbeitsentgelt, S. 15; Brecht, § 76, Rd.-Nr. 8; Dütz, Gerichtliche Überprüfung, S. 98; Dütz / Vogg, SAE 1989, 223; Eich, in: Jobs / Samland, Personalinformationssysteme, S. 246; Heinze, RdA 1990, 277; v. Hoyningen-Huene, Billigkeit, S. 53; Kaven, S. 104 f.; Klasen, S. 145; Leipold, FS Schnorr von Carolsfeld, S. 290, Fn. 50; Löwisch, BetrVG, § 76, Rd.-Nr. 18; G. Müller, ZfA 1972, 234; Richardi, EzA Nr. 13 zu § 87 Arbeitszeit, S. 102m; Rieble, S. 163; GK-Thiele, 3. Bearbeitung, § 76, Rd.-Nr. 119; Wiedemann / Moll, AP Nr. 1 zu § 87 Auszahlung, Bl. 6V.

23 Vgl. o. I. 1.

24 Vgl. o. § 7 I. 1. b) bb) (4), 5.

25 GK-Thiele, 3. Bearbeitung, § 76, Rd.-Nr. 119.

26 Löwisch, AuR 1987, 101.

27 Richardi, EzA Nr. 13 zu § 87 Arbeitszeit, S. 102m.

28 Blomeyer, EzA Nr. 1 zu § 87 Lohn und Arbeitsentgelt, S. 15.

Löwisch schließlich weist darauf hin, daß in den durch § 76 V 3 abgesteckten Grenzen durchaus verschiedene Regelungen möglich seien, die Einigungsstelle also „ein echtes Ermessen" habe. Dann sei aber „das Bedürfnis unabweisbar, daß derjenige, demgegenüber aufgrund sachfremder Motive oder einer Fehlinterpretation des Ermessensrahmens eine nachteilige Entscheidung getroffen worden ist, Gerichtsschutz genießt"[29]. Arbeitgeber und Betriebsrat hätten nicht nur Anspruch darauf, daß die Einigungsstelle eine gerade noch im Ermessensrahmen liegende Entscheidung trifft. Ihnen müsse die Chance erhalten bleiben, durch eine fehlerfreie Ermessensausübung eine günstigere als die gerade noch vertretbare Entscheidung zu erreichen. Das könne bei der Überprüfung der Ermessensentscheidungen der Einigungsstelle nicht anders sein als bei der Kontrolle eines Ermessensverwaltungsaktes.[30]

c) Kritik und eigene Ansicht

Zunächst soll die Argumentation des BAG, entsprechend ihrer Bedeutung für die Rechtspraxis, einer kritischen Würdigung unterzogen werden. Im Anschluß daran wird die eigene Ansicht in der Streitfrage entwickelt.

aa) Kritische Würdigung der Rechtsprechung

Die Begründung des BAG vermag nicht zu überzeugen. Bei der Folgerung aus dem Wortlaut des § 76 V 4 gibt das BAG diese Norm unzutreffend wieder. Daß nur „der Spruch der Einigungsstelle als solcher" bzw. die von dieser getroffene Regelung angegriffen werden kann, ist dem Gesetzestext nicht zu entnehmen, sondern wäre zu begründen gewesen. Dem Wortlautargument kommt daher keine Beweiskraft zu.

Das BAG bemerkt weiter, § 76 V 3 enthalte keine Handlungsanleitung für die Einigungsstelle. Dies wird verständlich, wenn man davon ausgeht, daß die Handlungen der Einigungsstelle und damit eine etwaige Handlungsanleitung für die gerichtliche Kontrolle ohne Bedeutung sind. Bei dem Befund des BAG handelt es sich also um eine Konsequenz aus dessen Auffassung, daß der Entscheidungsvorgang nicht überprüfbar ist, nicht jedoch um einen Beleg dafür.

Ähnlich verhält es sich mit dem Hinweis auf das Fehlen einer Begründungspflicht für Einigungssprüche. Richtig wäre es, die Frage der Begründungspflicht[31] nicht im Hinblick auf das Fehlen einer gesetzlichen Regelung lapidar zu verneinen[32], sondern aus dem Gesamtzusammenhang der Vorschriften über die Einigungsstelle zu beantworten. Hierzu gehörte auch die Frage, ob § 76 V 4 Gerichts-

---

29 Löwisch, SAE 1983, 143.

30 Löwisch, AuR 1987, 100 f.

31 Dazu o. § 2 III. 2. b) cc).

32 So aber BAG v. 8.3.1977, BAGE 29, 48; BAG v. 30.10.1979, DB 1980, 549.

schutz bei Ermessensfehlgebrauch gewährt. Bejahte man dies, gelangte man — möglicherweise — dazu, daß angesichts der Notwendigkeit und der damit verbundenen Schwierigkeiten, die Erwägungen der Einigungsstelle gerichtlich nachzuprüfen, eine Begründung der Einigungssprüche erforderlich wäre. Die fehlende gesetzliche Regelung stünde der Annahme einer Begründungspflicht wohl kaum entgegen.[33] Entschiede man sich indessen gegen eine Kontrollierbarkeit des Ermessensfehlgebrauchs, wäre die Ablehnung einer Begründungspflicht durchaus folgerichtig, zumindest verständlich. Dann kann aber allenfalls das Ergebnis der hier zu klärenden Frage ein Argument für die Entscheidung hinsichtlich der Begründungspflicht abgeben, nicht jedoch umgekehrt.

Der Hinweis des BAG, der Gesetzgeber habe die Meinungsverschiedenheit „alsbald" beigelegt wissen wollen, geht ins Leere, da die zu diesem Zweck ins Gesetz eingefügte Zwei-Wochen-Frist des § 76 V 4 selbstverständlich auch bei Fehlern des Ermessensvorgangs eingriffe. Im übrigen kann die mit der arbeitsgerichtlichen Überprüfung des Spruchs und dem Wiederaufgreifen des Einigungsverfahrens[34] verbundene und im Interesse des Gerichtsschutzes notwendige Verzögerung der Beilegung der Meinungsverschiedenheit nur derjenige als mißlich empfinden, der bereits davon überzeugt ist, daß dieser Gerichtsschutz unnötig ist, es bei einem nur im Entscheidungsvorgang, nicht aber im Ergebnis fehlerhaften Spruch entscheidend auf die Fehlerfreiheit des Ergebnisses ankommt. Das BAG hätte also, um zu überzeugen, begründen müssen, warum der Ermessensfehlgebrauch nicht einmal binnen der vom Gesetzgeber für eine „alsbaldige" Klärung der Angelegenheit geschaffenen Zwei-Wochen-Frist geltend gemacht werden kann.

bb) Eigene Auffassung

Ob § 76 V 4 den Ermessensfehlgebrauch mitumfaßt, ist im Wege der Auslegung dieser Norm zu ermitteln. In Betracht zu ziehen sind die folgenden Auslegungskriterien.

(1) Wortlaut des § 76 V 4 BetrVG

Einen ersten Ansatzpunkt für die Auslegung bietet der Wortlaut der Norm. Deren Ausdeutung darf den Rahmen ihres möglichen Wortsinns nicht verlassen.[35] In der auszulegenden Passage des § 76 V 4 ist von der „Überschreitung der Grenzen des Ermessens" die Rede. Darunter kann man einmal die Übertretung „der" für die Ermessensbetätigung relevanten Ermessensgrenzen verstehen. Dann erfaßte § 76 V 4 jegliche Zuwiderhandlungen gegen die Ermessensbindungen

---

[33] Vgl. Löwisch, AuR 1987, 101; Rieble, S. 29, 209 f.

[34] Vgl. o. § 2 IV. 6. Zur vorläufigen Geltung des angegriffenen Einigungsspruchs § 2 IV. 4. c).

[35] Larenz, Methodenlehre, 4. Aufl., S. 307, 309.

des § 76 V 3, einschließlich eines Ermessensfehlgebrauchs. Zum anderen kann man den Abschnitt in § 76 V 4 als Ermessensüberschreitung im Sinne der aus dem Verwaltungsrecht geläufigen Unterscheidung deuten. Dann käme lediglich die vom BAG befürwortete Ergebniskontrolle der Einigungssprüche in Betracht. Sowohl die Auslegungsvariante der Literatur als auch die des BAG halten sich also im Rahmen des Gesetzeswortlauts.

Näher liegen mag die Deutung des BAG,[36] denn es widerspräche dem Gesichtspunkt der Einheit der Rechtsordnung, „ohne zwingende Notwendigkeit wortgleichen Begriffen je nach Teilrechtsgebiet andere Bedeutungen beizumessen".[37] Andererseits ist der Gesetzgeber angesichts eines ständig wachsenden Normenbestandes und einer komplizierter werdenden Rechtswirklichkeit[38] zunehmend überfordert, wollte er bei der Abfassung der Gesetze auch auf sämtliche übrigen Bedeutungszusammenhänge der von ihm verwandten Begriffe acht geben. Nicht von ungefähr betont daher die Rechtsprechung, Gesetzesbegriffe seien aus ihrem jeweiligen Funktionszusammenhang heraus auszulegen.[39] So führt das BVerwG zum „Besitz" i. S. v. § 3 I AbfG aus, als wäre dies selbstverständlich: „Der Besitzbegriff des AbfG ist öffentlich-rechtlicher Art und nicht der des BGB"[40]. Dies zeigt, daß im Fall der Mehrdeutigkeit dem Wortlaut einer Norm bei deren Auslegung lediglich eine geringe Bedeutung beizumessen ist.

(2) Wille des Gesetzgebers

Eine weitere Auslegungshilfe ist der Wille des historischen Gesetzgebers. Er ist den Gesetzesmaterialien oder Äußerungen der am Gesetzgebungsverfahren Beteiligten zu entnehmen.[41] Der Bundestagsausschuß für Arbeit und Sozialordnung begründete die von ihm beantragte Einfügung des § 76 V 4 damit, daß im Interesse des betrieblichen Rechtsfriedens die Überschreitung des von § 76 V 3 abgesteckten Entscheidungsrahmens nur binnen einer Ausschlußfrist von zwei Wochen möglich sein solle. Davon nicht betroffen sein sollte die Geltendmachung „anderer Mängel" der Beschlüsse der Einigungsstelle;[42] damit waren Gesetzesverstöße u. a. Rechtsmängel i. S. v. § 76 VII gemeint.

Daraus wird deutlich, daß der Gesetzgeber die Möglichkeiten des Gerichtsschutzes zeitlich beschränken wollte. Dabei sollte für die Anwendung der Zwei-Wochen-Frist zwischen Rechts- und Ermessensfehlern der Einigungssprüche unterschieden werden. An eine Differenzierung der Möglichkeiten einer gerichtli-

---

36 So auch Thiele, BlStSozArbR 1973, 362.

37 Kaven, S. 100.

38 Vgl. Helmrich, ZRP 1987, 208 f.

39 BGH v. 14.3.1985, JZ 1985, 689.

40 BVerwG v. 11.2.1983, BVerwGE 67, 12; BVerwG v. 19.1.1989, NJW 1989, 1296; zustimmend BGH v. 14.3.1985, JZ 1985, 689.

41 Larenz, Methodenlehre, 4. Aufl., S. 316, 319.

42 Zu BT-Drucks. VI/2729, S. 10, 28.

chen Überprüfung nach verschiedenen Ermessensfehlerarten hat der Gesetzgeber nicht gedacht. Daher kann den Gesetzesmaterialien keine Aussage darüber entnommen werden, ob der Gerichtsschutz gegen Einigungssprüche den Ermessensfehlgebrauch beinhalten sollte oder nicht.

Zur weiteren Klärung dieser Frage kann auf die Äußerung eines am Gesetzgebungsverfahren zum BetrVG 1972 beteiligten Parlamentariers zurückgegriffen werden. So berichtete der SPD-Bundestagsabgeordnete Farthmann, noch während der Ausschußberatungen habe die SPD ihrem Koalitionspartner, der FDP, zugestehen müssen, daß „die gerichtliche Nachprüfbarkeit der Entscheidungen der Einigungsstelle im Sinne der herrschenden Rechtslehre ausdrücklich ins Gesetz aufgenommen" werde.[43] Diese befürwortete zum BetrVG 1952 eine gerichtliche Kontrolle der Einigungssprüche auf „Ermessensmißbrauch".[44] Dütz faßte darunter Ermessensfehlgebrauch und -überschreitung.[45] Im übrigen wurde jener Begriff als „offensichtlich abwegige Entscheidung"[46] oder „offenbare Willkür"[47] erläutert. Die darin zum Ausdruck kommende Scheu vor der Verwendung öffentlichrechtlicher Kategorien erklärt sich daraus, daß den Autoren noch die Diskussion um eine — von ihnen abgelehnte — verwaltungsgerichtliche Überprüfung der Einigungssprüche vor Augen stand. Im übrigen waren sie bemüht, den Ermessensmißbrauch als „Frage der Rechtmäßigkeit"[48] und dementsprechend als Rechtsfehler darzustellen, da nach dem BetrVG 1952 — anders als in § 76 V 4 — eine Ermessenskontrolle nicht ausdrücklich vorgesehen war.[49]

Die vom Gesetzgeber in Bezug genommene Rechtslehre erstreckte die Ermessenskontrolle von Einigungssprüchen also auf den Entscheidungsvorgang. An eine ausschließliche Ergebniskontrolle im Sinne des BAG ist zu keiner Zeit der Geltung des BetrVG 1952 wie des Gesetzgebungsverfahrens zum BetrVG 1972 gedacht worden. Der historische Wille des Gesetzgebers spricht daher im Sinne der überwiegenden Literaturmeinung für die Einbeziehung des Ermessensfehlgebrauchs in den Gerichtsschutz nach § 76 V 4.

---

43 Farthmann, Gew. Monatshefte 1972, 6.

44 Bötticher, FS A. Hueck, S. 167 f.; Dietz, BetrVG, 4. Aufl., § 50, Rd.-Nr. 36; Dütz, Gerichtliche Überprüfung, S. 98; Galperin / Siebert, BetrVG, 4. Aufl., § 50, Rd.-Nr. 12b; Hiersemann, BB 1965, 1278; Schnorr von Carolsfeld, ArbR, S. 439, Fn. 3; a. A. Dersch / Volkmar, ArbGG, 6. Aufl., § 1, Rd.-Nr. 92; Fitting / Kraegeloh / Auffarth, BetrVG, 8. Aufl., § 82, Rd.-Nr. 12.

45 Dütz, Gerichtliche Überprüfung, S. 98.

46 Bötticher, FS A. Hueck, S. 168.

47 Galperin / Siebert, BetrVG, 4. Aufl., § 50, Rd.-Nr. 12b; Hiersemann, BB 1965, 1278.

48 Dietz, BetrVG, 4. Aufl., § 50, Rd.-Nr. 36.

49 Hinzu kommen Abweichungen von der hiesigen Terminologie (o. I. 1.). Auch im Verwaltungsrecht wurde „Ermessensmißbrauch" bisweilen als „Willkür" erläutert (vgl. Huber, S. 659).

(3) Bedeutungszusammenhang mit § 76 V 3 BetrVG

Einen wichtigen Hinweis für die Auslegung einer Norm bietet ihr Bedeutungszusammenhang, da davon auszugehen ist, daß innerhalb einer Regelungsmaterie die einzelnen Bestimmungen sachlich aufeinander abgestimmt sind.[50] Ein systematischer Zusammenhang besteht zwischen § 76 V 3 und 4. § 76 V 3 regelt die Ermessensbindungen der Einigungsstelle[51], § 76 V 4 die gerichtliche Überprüfung der Einhaltung dieser Grenzen. Letztere Norm ist daher so auszulegen, daß sie mit der Regelung und Ratio des § 76 V 3 harmoniert.

§ 76 V 3 betont die Bindung des Einigungsstellenermessens. In diesem Sinne läge es, wenn die Einhaltung der Gebote des § 76 V 3 umfassend gerichtlich nachgeprüft werden könnte. Wollte man — mit dem BAG — die Kontrolle auf die Maßgaben beschränken, die das Entscheidungsergebnis betreffen, dann liefen die übrigen Gebote des § 76 V 3 unter Umständen leer, sie könnten jedenfalls ohne die Möglichkeit einer Abhilfe mißachtet werden.[52] Es stünde zu fürchten, daß die Einigungsstelle es an der sorgfältigen Anwendung dieser Maßstäbe fehlen läßt und damit Raum für Fehlentscheidungen entsteht.[53] Es wüchse die Gefahr, daß die Einigungsstelle mit ihrem Spruch das Ziel der optimalen Werteverwirklichung häufiger und weiter verfehlte, als wenn sie mit einer gerichtlichen Überprüfung auch ihres Entscheidungsvorgangs rechnen müßte. Damit führte die Ablehnung einer Kontrolle des Vorgangs der Ermessensbetätigung gleichzeitig zu fehlerhaften Ergebnissen, selbst wenn man das Gebot, nach billigem Ermessen zu entscheiden, mit dem BAG nur auf den Spruch als solchen beziehen wollte. Dessen Auffassung vermag daher sogar dem selbstgesetzten Ziel der Ausschaltung von Ergebnisfehlern weniger zu dienen als die Gegenmeinung.

Hinzu kommt, daß die in § 76 V 3 enthaltenen Ermessensbindungen mit denen des an § 114 VwGO orientierten „schlichten Ermessens" der Sache nach übereinstimmen.[54] Daher widerspräche es der Betonung des Gebundenseins der Einigungsstelle in § 76 V 3, wollte man zu § 76 V 4 eine Kontrolldichte der Einigungssprüche annehmen, die geringer wäre, als wenn der Gesetzgeber auf die Bestimmung des § 76 V 3 verzichtet hätte.

---

50 Vgl. Larenz, Methodenlehre, 5. Aufl., S. 313.

51 Vgl. o. (2). Daher bleibt bei der Einigungsstelle für eine analoge Heranziehung der in §§ 114 VwGO, 40 VwVfG festgelegten Ermessensbindungen kein Raum. Im übrigen erweisen sich die Entscheidungssituationen von Verwaltungsbehörde und der Einigungsstelle als nicht vergleichbar (a. A. Dütz, Gerichtliche Überprüfung, S. 98, 93): Beim Erlaß hoheitlicher Akte ist der von der Regelung betroffene Bürger im Entscheidungskörper nicht mit Beisitzern seines Vertrauens vertreten und besitzt keine Informations- und Einflußmöglichkeiten hinsichtlich der Sachentscheidung, wie Arbeitgeber und Arbeitnehmer sie vor der Einigungsstelle genießen (Schroeder-Printzen, ZiP 1983, 265 f.; Beuthien, FS G. Müller, S. 23).

52 In diesem Sinne wohl GK-Thiele, 3. Bearbeitung, § 76, Rd.-Nr. 119.

53 Löwisch, AuR 1987, 101.

54 Vgl. o. § 7 I. 4. a) cc) (2).

Aus alledem ergibt sich, daß nach der Ansicht des BAG die Einhaltung der Maßgaben des § 76 V 3 in einem Maße ohne Bedeutung für den Gerichtsschutz gegen Einigungssprüche wäre, das dem Sinn und Zweck des Gesetzes nicht entspricht. Die Auslegung des § 76 V 4 durch das BAG paßt daher nicht in den Bedeutungszusammenhang des § 76 V 3. Mit diesem harmoniert hingegen die Auslegungsvariante der h. L., derzufolge die Gebote des § 76 V 3 nach § 76 V 4 einer umfassenden gerichtlichen Nachprüfung unterliegen.

(4) Objektiv-teleologische Aspekte

Als weiteres Auslegungskriterium kann der objektive Gesetzeszweck herangezogen werden. Da das Gesetz im Zweifel eine der Sache angemessene Regelung bezweckt, ist diejenige Deutung der Norm als zutreffend anzusehen, die im Hinblick auf die Regelungsmaterie am sachgemäßesten ist.[55]

(a) Regelungsmaterie Gerichtsschutz

§ 76 V 4 betrifft als Regelungsmaterie die gerichtliche Überprüfung von Ermessensakten. Gerichtsschutz ist, soweit er von Verfassungs wegen gewährleistet wird, *effektiv* auszustatten.[56] Dies erfordert eine „grundsätzlich umfassende tatsächliche und rechtliche Prüfung des Streitgegenstandes“[57]. Im Interesse der Effektivität des Gerichtsschutzes läge es mithin, den Ermessensfehlgebrauch in die Nachprüfung der Einigungssprüche einzubeziehen.

Im übrigen erscheint fraglich, ob die Auffassung der Rechtsprechung meßbare und *verläßliche*[58] Ergebnisse zu liefern vermag, da unklar bleibt, nach welchem Maßstab das BAG die von ihm befürwortete Ergebniskontrolle vornehmen will[59]. Die Feststellung, ob eine Regelung ermessensfehlerhaft ist oder nicht, kann nur anhand eines (möglichst konkreten) Vergleichsergebnisses getroffen werden. Ein solches läßt sich erzielen, wenn man die einzelnen Schritte der Ermessensausübung möglichst fehlerfrei nachzuvollziehen versucht. Meint das BAG, dies bei der Ermessenskontrolle entbehren zu können, versucht es Unmögliches[60] bzw. verzichtet auf einen verläßlichen Vergleichsmaßstab für seine Entscheidung. Der Voraussehbarkeit und Meßbarkeit der Ermessenskontrolle durch die Rechtsprechung dient diese Vorgehensweise nicht. Die Auffassung des BAG erweist sich

---

55 Larenz, Methodenlehre, 5. Aufl., S. 319 f. Dieses Auslegungsmittel ist unentbehrlich, wenngleich verfassungsrechtlich nicht unbedenklich, da es dem Richter die Handhabe bietet, „mißglückte Gesetze“ nachträglich „sachgemäß“ umzugestalten.

56 Jarass / Pieroth-Jarass, Art. 20 GG, Rd.-Nr. 65; Maunz / Dürig - Schmidt-Aßmann, Art. 19 IV GG, Rd.-Nr. 183 m. w. N.

57 BVerfG v. 11.6.1980, BVerfGE 54, 291.

58 Zum Gebot der Meßbarkeit und Verläßlichkeit staatlichen Handelns vgl. Maunz / Dürig - Herzog, Art. 20 GG, VII., Rd.-Nr. 57 ff.

59 Vgl. auch die Kritik von Söllner, DB 1984, 1246.

60 In diesem Sinne Richardi, EzA Nr. 13 zu § 87 Arbeitszeit, S. 102m.

mithin als weniger sachgemäße Deutung des vom Gesetz angeordneten Gerichtsschutzes gegenüber Einigungssprüchen.

(b) Regelungsmaterie Einigungsstelle

Die Regelung des § 76 V 4 bezieht sich auf Entscheidungen der Einigungsstelle. Ihre Deutung muß daher mit den zentralen Funktionen der Einigungsstelle, der Konfliktlösungs- und der Substitutionsfunktion, im Einklang stehen.

(aa) Konfliktlösungsfunktion

Die Funktion, betriebliche Konflikte zu lösen, wird erfüllt, wenn die Meinungsverschiedenheit durch den Einigungsspruch endgültig beigelegt wird. Dies könnte für die Auslegungsvariante des BAG sprechen, nach der die Entscheidung der Einigungsstelle in größerem Umfang unangreifbar wäre.

Es wäre jedoch ein Irrtum zu glauben, mit Hilfe einer Beschränkung der Gerichtsschutzmöglichkeiten könnten betriebliche Konflikte gelöst werden. Erscheint einer Seite die Austragung eines Konflikts unerläßlich, wird sie hierfür rechtlich nicht verschlossene Wege finden[61], z. B. in Streitigkeiten über Probleme der Umsetzung des Einigungsspruchs[62] oder seine Einhaltung. Sinnvoller ist es, mag dies auf den ersten Blick auch widersinnig erscheinen, den Gerichtsschutz umfassend zu gewähren, damit die Betriebspartner sich vor Gericht gegen möglichst viele Unzuträglichkeiten wehren können. Wird eine solche Rechtsmacht unbestreitbar eingeräumt, so verstärkt dies nicht selten die Bereitschaft, auf ihre Ausübung zu verzichten, auch wenn dies mit Nachteilen verbunden ist[63] — ein Aspekt, der nicht nur zur Konfliktbereinigung beiträgt, sondern auch betriebspolitisch einsetzbar ist. Demnach erscheint es nicht sinnvoll, um der Erfüllung der Konfliktlösungsfunktion willen eine Beschränkung des Gerichtsschutzes im Sinne des BAG zu befürworten.

(bb) Substitutionsfunktion

Bei der Behandlung von Zweifelsfragen im Zusammenhang mit der Einigungsstelle hat sich deren Substitutionsfunktion als wertvolle Erkenntnisquelle erwiesen.[64] Sie besagt, daß die Kontrolle des Inhalts eines Einigungsspruchs nicht weniger umfassend erfolgen darf, als wenn sich Arbeitgeber und Betriebsrat freiwillig geeinigt hätten.

[61] Vgl. o. § 5 IV.

[62] Vgl. BAG v. 28.9.1988, EzA Nr. 30 zu § 87 Arbeitszeit.

[63] Beispielsweise machen die Arbeitgeber gegenüber Arbeitnehmern Schadensersatzansprüche nur selten und bei gravierendem Fehlverhalten geltend (Otto, DJT-Gutachten, E 24), wenden sich jedoch gegen die Festschreibung eines Haftungssystems, daß ihnen weitergehende Ansprüche nähme (Wisskirchen, Sitzungsbericht zum 56. DJT, N 69 f.).

[64] Vgl. etwa o. § 2 IV. 4. a), § 6 II., § 7 VIII. 1. a).

Hätten die Betriebspartner ein Einvernehmen erzielt, unterläge aus der Sicht eines betroffenen Arbeitnehmers lediglich die Regelung als solche einer inhaltlichen Überprüfung. Dies scheint für eine Ergebniskontrolle im Sinne des BAG zu sprechen. Die auszulegende Bestimmung des § 76 V 4 gewährt jedoch nicht denen Gerichtsschutz, die der Regelung unterworfen wären, sondern denjenigen, deren *Willensbildung* die Einigungsstelle ersetzt: Der Einigungsspruch kann nach § 76 V 4 ausschließlich von Arbeitgeber und Betriebsrat angegriffen werden. Diese könnten im Falle eines Einvernehmens nicht nur die vereinbarte Regelung als solche vom Arbeitsgericht überprüfen lassen, sondern auch sachfremde Einflüsse bei ihrer Entschließung (Irrtum, Täuschung oder Drohung)[65] geltend machen.

Ihrer Willensbildung entspricht bei Sprüchen der Einigungsstelle der Vorgang des Erwägens und der Entschließung der Einigungsstellenmitglieder, die anstelle der Betriebspartner den Inhalt der zu treffenden Regelung gestalten. Daher erscheint es angezeigt, denjenigen, deren Willensbildung von der Einigungsstelle ersetzt wird, die Berufung auf Willensmängel der Einigungsstellenmitglieder zu gestatten, so wie sie im Falle einer gütlichen Einigung eigene Willensmängel geltend machen könnten.

Hierfür kommt zum einen der Gerichtsschutz im Wege der Kontrolle des Ermessensvorgangs nach § 76 V 4 in Betracht; dies wäre nach der Ansicht des BAG in der vorliegenden Streitfrage jedoch ausgeschlossen. Zum anderen wäre daran zu denken, den Betriebspartnern den Rechtsweg nach § 76 VII für eine *Anfechtung* der von dem Willensmangel beeinflußten *Stimmabgabe* des Einigungsstellenmitgliedes zu eröffnen. Die Berechtigung hierzu[66] wäre mit der Substitutionsfunktion der Einigungsstelle zu begründen: Da die Stimmabgabe die Zustimmung des Arbeitgebers bzw. des Betriebsrats zu dem Regelungsvorschlag (teilweise) ersetzt, kann sie wie diese von den Betriebspartnern selbst angefochten werden.[67] Auf diese Weise wird in der Hand der Betriebspartner die materielle Betroffenheit von dem Einigungsspruch mit der Anfechtungsberechtigung sinnvoll vereinigt. Mit diesem Gerichtsschutzweg sind sowohl die Auffassung der h. L. als auch die des BAG vereinbar. Nach beiden Ansichten kann eine der Substitutionsfunktion widersprechende Verringerung der Kontrolldichte der Einigungssprüche vermieden werden.

Für die zu klärende Streitfrage läßt sich daher aus der Substitutionsfunktion der Einigungsstelle kein Hinweis gewinnen.

---

[65] Fitting / Auffarth / Kaiser / Heither, § 77, Rd.-Nr. 64 m. w. N.

[66] Grundsätzlich ist nur derjenige anfechtungsberechtigt, von dem die Erklärung stammt, auf die der fragliche Willensmangel sich ausgewirkt hat (Medicus, AT, Rd.-Nr. 716).

[67] Dem betreffenden Mitglied der Einigungsstelle wäre die gerichtliche Geltendmachung seines Willensmangels bei der Stimmabgabe verwehrt, weil es von dem Spruch nicht materiell betroffen wäre (vgl. o. § 2 IV. 2.).

(c) Fazit

Unter objektiv-teleologischen Auslegungsgesichtspunkten hat sich ergeben, daß die Auffassung der h. L. die sachgemäßere Deutung des vom Gesetz angeordneten Gerichtsschutzes darstellt.

(5) Zusammenfassung der Auslegungsergebnisse

Bei der Auslegung des § 76 V 4 hat sich gezeigt, daß der historische Wille der am Gesetzgebungsverfahren Beteiligten für die Deutung der h. L.[68], der Wortlaut der Norm eher für die des BAG[69] spricht. Beide Erkenntnisse stehen jedoch auf wenig gesichertem Boden, so daß ihnen lediglich geringe Bedeutung für die Streitentscheidung beigemessen werden kann. Dem objektiven Gesetzeszweck entspricht eher die Auffassung der h. L. Legt man sie zugrunde, wird der in § 76 V 4 angeordnete Gerichtsschutz gegen Ermessensakte der Einigungsstelle im Vergleich zur Gegenansicht sachgemäßer, insbesondere effektiver und verläßlicher verwirklicht.[70] Die Auslegungsvariante des BAG paßt nicht in den Bedeutungszusammenhang mit § 76 V 3. Durch die mit ihr verbundene Beschränkung des Gerichtsschutzes nach § 76 V 4 würde die Bedeutung der Regelung des § 76 V 3 in einem Maße relativiert, wie es dem Sinn und Zweck des § 76 V 3 nicht entsprechen kann.[71]

cc) Streitentscheidung

Die Auslegung hat ein deutliches Überwiegen der Gesichtspunkte für die Deutung der h. L. ergeben. Da sich zudem die Begründung des BAG als nicht überzeugend erwiesen hat, ist der h. L. zu folgen. Demnach ist die gerichtliche Ermessenskontrolle nicht auf die in dem Einigungsspruch getroffene Regelung als solche beschränkt, sondern erstreckt sich auch auf Fehler des Ermessensvorgangs, wie sie in der Kategorie des Ermessensfehlgebrauchs zusammengefaßt sind.

d) Ergebnis

Der Ermessensfehlgebrauch bildet einen Unterfall der Ermessensüberschreitung i. S. v. § 76 V 4.

---

68 Vgl. o. (2).

69 Vgl. o. (1).

70 Vgl. o. (4) (a).

71 Vgl. o. (3).

3. Ermessensunterschreitung als Ermessensüberschreitung i. S. v. § 76 V 4 BetrVG

Angesichts der ausdrücklichen Bestimmung des § 76 V 3 erscheint es schwer vorstellbar, daß eine Einigungsstelle irrig annimmt, keinen Ermessensspielraum zu besitzen. Denkbar ist allerdings, daß die Einigungsstelle den Rahmen, der ihrer Ermessensbetätigung durch die äußeren Schranken gesetzt ist, fälschlich für enger, sich also für weitergehend gebunden hält.[72] Unterschätzt die Einigungsstelle den ihr zustehenden Entscheidungsspielraum, liegt darin kein Verstoß gegen die verkannte Außenschranke — ein solcher läge nur bei einer *Über*schreitung des Entscheidungsspielraums vor —, sondern ein Defizit an Ermessensbetätigung, eine Ermessensunterschreitung hinsichtlich eines Teilbereichs der zu entscheidenden Angelegenheit. Ob dies als Ermessensüberschreitung i. S. v. § 76 V 4 gerichtlich nachgeprüft werden kann, ist bisher offengeblieben.

In der Literatur wird die Überprüfbarkeit der Ermessensunterschreitung bejaht,[73] da es keinen sachlich einleuchtenden Gesichtspunkt gäbe, „der es erklären oder rechtfertigen könnte, die arbeitsgerichtliche Ermessenskontrolle auf eine bestimmte Ermessensfehlerart zu beschränken"[74]. Aus der Rechtsprechung ist mit einem solchen Fall bisher lediglich das LAG Hamm beschäftigt worden,[75] das die Ermessensunterlassung durch die Einigungsstelle als „Sonderfall der Ermessensüberschreitung" nach § 76 V behandelt hat.[76]

In der Konsequenz der Rechtsprechung zum Ermessensfehlgebrauch hätte es allerdings gelegen, die Nachprüfung der Ermessensunterschreitung ebenfalls zu verneinen, denn die Einigungsstelle wird trotz einer Ermessensunterschreitung regelmäßig[77] zu einem fehlerfreien Ergebnis gelangen[78]. Dies verdeutlicht, daß die Frage der Ermessenskontrolle für die Ermessensunterschreitung nicht anders entschieden werden kann als für den Ermessensfehlgebrauch. Dort konnte der vom BAG befürworteten Beschränkung des Gerichtsschutzes auf eine Ergebniskontrolle nicht gefolgt werden. Auch der Ermessensvorgang hat sich als gericht-

---

72 *Beispiel:* Die Einigungsstelle lehnt die Einführung einer „Kontostunde" ab, da diese nicht die „Art der Auszahlung der Arbeitsentgelte" i. S. v. § 87 I Nr. 4 betreffe. Nach BAG v. 20.12.1988, NZA 1989, 565, hätte es jedoch im Ermessen der Einigungsstelle gestanden, eine solche vorzusehen.

73 Beuthien, FS G. Müller, S. 25; Etzel, HzA, Gruppe 19, Rd.-Nr. 1257; Moll, Entgelt, S. 209; Pünnel, Einigungsstelle, Rd.-Nr. 145; Rieble, S. 160, 169 f.; Stege / Weinspach, § 76, Rd.-Nr. 24; Schneider, Quelle 1972, 359.

74 Beuthien, FS G. Müller, S. 25.

75 In dem der Entscheidung zugrundeliegenden Sachverhalt hatte die Einigungsstelle irrtümlich angenommen, aus Rechtsgründen nicht anders entscheiden zu können, als den Antrag des Arbeitgebers auf Einführung von Sonntagsarbeit abzulehnen.

76 LAG Hamm v. 16.1.1990, NZA 1990, 500.

77 Anders allerdings im Fall des LAG Hamm, in dem infolge der Ermessensunterlassung eine Sachentscheidung der Einigungsstelle ganz unterblieben ist.

78 Vgl. Alexy, JZ 1986, 702.

lich überprüfbar erwiesen. Dann ist kein Grund ersichtlich, warum die Ermessensunterschreitung als anerkannte[79] Kategorie eines Ermessensvorgangsfehlers davon ausgenommen sein soll. Sie unterliegt daher der gerichtlichen Kontrolle und bildet einen Unterfall der Ermessensüberschreitung i. S. v. § 76 V 4.

4. Ergebnis

Die „Überschreitung der Grenzen des Ermessens" in § 76 V 4 umfaßt jede der drei klassischen Ermessensfehlerarten (Ermessensfehlgebrauch[80], -unterschreitung[81] und -überschreitung[82]). Sie ist daher — über den verwaltungsrechtlichen Sprachgebrauch hinaus — generell als Ermessensfehlerhaftigkeit zu verstehen.

III. Grenze des Ermessensspielraums

Im folgenden soll der Versuch unternommen werden, die Grenze zwischen Ermessensspielraum und -fehlerhaftigkeit näher zu konkretisieren.

In der Rechtsprechung findet sich bisweilen die Bemerkung, der Arbeitgeber habe nicht vorgetragen, er könne die mit dem Einigungsspruch verbundenen Belastungen „wirtschaftlich nicht verkraften"[83]. Damit wird jedoch nicht die Grenze bezeichnet, bis zu der dem Arbeitgeber ermessensfehlerfrei jede Last aufgebürdet werden kann. Vielmehr soll — nicht immer glücklich — zum Ausdruck gebracht werden, daß das Gericht sich nicht veranlaßt sieht, von seiner Einschätzung abzugehen, den Belangen der Arbeitgeber ein relativ geringes Gewicht beizumessen.

Im Hinblick auf § 76 V 3, der die Einigungsstelle zu einer Entscheidung nach „billigem Ermessen" verpflichtet und deren Bindungen bei der Ermessensausübung besonders betont, erscheint es nicht gerechtfertigt, die Grenze des Ermessensspielraums erst bei der „groben"[84] oder „offenbaren Unbilligkeit"[85] zu ziehen.[86] Dementsprechend wird die Ermessensausübung überwiegend nur so weit als fehlerfrei angesehen, als die Zuwiderhandlung gegen eine Maßgabe der inneren Ermessensschranke „noch vertretbar ist"[87].

---

79 Vgl. BVerwG v. 13.11.1981, DVBl. 1982, 304 f.

80 Oben 2.

81 Oben 3.

82 Oben 1.

83 ArbG Frankfurt v. 3.8.1982, BetrR 1983, 429; ähnlich BAG v. 20.12.1988, NZA 1989, 565.

84 V. Hoyningen-Huene, Billigkeit, S. 53; Etzel, HzA, Gruppe 19, Rd.-Nr. 1255.

85 Pünnel, Einigungsstelle, Rd.-Nr. 143.

86 Zum „freien Ermessen" vgl. o. § 7 I. 4. a) cc) (2) (c) (aa).

87 LAG Baden-Württemberg v. 29.10.1980, ZiP 1981, 531; Thiele, BlStSozArbR 1973, 363; Löwisch, AuR 1987, 100; Rieble, S. 162; wohl auch Bischoff, S. 157.

Im Zusammenhang mit den Einzelheiten der Gebote des § 76 V 3 wurde für den „Kernbereich der Ermessensbetätigung" gleichfalls vorgeschlagen, den Spielraum bis zur Unvertretbarkeit zu erstrecken.[88] Dies wurde mit Besonderheiten der Entscheidungssituation begründet, die für das Arbeitsgericht nicht wiederholbar und nur bedingt nachvollziehbar ist.[89] Daneben wurde die „Wesentlichkeit" eines Fehlers als Grenze herangezogen, wenn es der Einigungsstelle immerhin möglich gewesen wäre, „die" richtige Entscheidung zu treffen, da der Mangel seiner Struktur nach auf einer fehlerhaften Rechtsanwendung beruhte. In solch einem Fall erscheint bereits eine „wesentliche" Abweichung von der Sollentscheidung als „nicht mehr vertretbar", ist doch die Toleranz der Rechtsordnung gegenüber Rechtsanwendungsfehlern, die im Rahmen einer einheitlichen Ermessensausübung auftreten können[90], geringer als gegenüber Einschätzungsfehlern[91,92]. Die Wesentlichkeitsgrenze stellt sich der Sache nach als besondere, der Grundstruktur des Ermessensfehlers angepaßte Erscheinungsform der Vertretbarkeitsgrenze dar.

Mit der vorherrschenden Ansicht ist anzunehmen, daß die „Vertretbarkeit" die Grenze zwischen Ermessensspielraum und -fehlerhaftigkeit bildet. Sie ist bei Ermessensfehlern, die auf eine Rechtsanwendung zurückzuführen sind, bereits überschritten, wenn die Einigungsstelle von einer Maßgabe der inneren Ermessensschranke „wesentlich" abweicht.

IV. Ergebnis

Die „Überschreitung der Grenzen des Ermessens" in § 76 V 4 umfaßt — über den verwaltungsrechtlichen Sprachgebrauch hinaus — alle klassischen Ermessensfehlerarten.[93] Der Ermessensspielraum ist überschritten, wenn die Einigungsstelle von einer Maßgabe der einschlägigen inneren Ermessensschranke (§ 76 V 3 bzw. § 112 V) in nicht mehr vertretbarem Maße[94] abweicht.

---

88 Oben § 7 I. 4. c) bb) (4), cc) (2) (b).

89 Vgl. o. § 7 I. 4. c) bb) (4).

90 Sie sind dann als Ermessensfehler zu behandeln (vgl. o. § 7 I. 4. c) aa) a. E.).

91 Z. B. die Einschätzung des konkreten Wertgewichtes eines Belanges (dazu o. § 7 I. 4. c) bb) (4).

92 Dieses Prinzip tritt nicht zuletzt in der Unterscheidung des Gerichtsschutzes nach § 76 V 4 und VII zutage.

93 Vgl. o. II.

94 Vgl. o. III.

§ 10 Fehlerhafte Ermessensausübung und Rechtsschutz nach § 76 VII BetrVG

I. Problemstellung

Die Abgrenzung der Gerichtsschutzwege nach § 76 V 4 und VII hat ergeben, daß die Einhaltung der äußeren Ermessensschranken nach § 76 VII und die der inneren Schranken des § 76 V 3 (bzw. des § 112 V) nach § 76 V 4 gerichtlich kontrolliert werden kann.[1]

Die anderen Innenschranken (§§ 75, 2 I BetrVG, 242 BGB; „allgemeine Billigkeit") werden, da ihre Maßgaben denen des § 76 V 3 entsprechen[2], im Rahmen der Ermessenskontrolle nach § 76 V 4 mitüberprüft.[3] Ob sie darüber hinaus einer eigenständigen Nachprüfung unterzogen werden können, ist offen geblieben.[4] Hierfür käme der Weg über § 76 VII in Betracht, da in der Mißachtung dieser Schranken weder ein Fehler „des Ermessens" i. S. v. § 76 V 4[5] noch ein solcher Rechtsanwendungsfehler läge, der als Teil einer einheitlichen Ermessensbetätigung nach § 76 V 4 zu überprüfen wäre.[6] Damit stellt sich die Frage, ob Verstöße gegen Maßgaben, die sowohl § 76 V 3 als auch einer anderen Innenschranke entnommen werden können, zusätzlich zu der Ermessenskontrolle nach § 76 V 4 der Rechtskontrolle gemäß § 76 VII unterliegen können.

Eine solche Erweiterung des Gerichtsschutzes in personeller und zeitlicher Hinsicht erscheint problematisch, da dasselbe Ge- bzw. Verbot, mag es auch mehrfach angeordnet sein, von der Einigungsstelle nur einmal eingehalten bzw. mißachtet werden kann.[7] Zudem wäre es befremdlich, gerade die Innenschranken als Schlüssel zu einer uneingeschränkten gerichtlichen Nachprüfung heranzuziehen, deren Maßgaben für die Entscheidung der Einigungsstelle neben § 76 V 3 keine eigenständige Bedeutung zukommt. Auf diese Weise könnte z. B. jeder Arbeitnehmer, der sich von dem Einigungsspruch benachteiligt fühlt, gemäß § 76 VII noch nach Monaten[8] eine nicht hinreichende Beachtung des Gleichbehandlungsgrundsatzes[9] geltend machen, obwohl der darin möglicherweise liegende Gewichtungsfehler[10] bereits an der nach § 76 V 4 eingetretenen Bestandskraft des Spruchs teilhat.[11]

---

1 Vgl. o. § 8 II. 1., 2.

2 Vgl. o. § 7 III., IV., V., VII.

3 Anders, wenn die §§ 75, 2 I BetrVG, 242 BGB als *Außen*schranke wirksam werden (vgl. o. § 8 III.).

4 Vgl. o. § 8 II. 3.

5 Vgl. o. § 8 II. 3.

6 Vgl. o. § 9 III., § 7 I. 4. c) aa), bb) (3).

7 Vgl. o. § 8 II. 3.

8 Bis zur Grenze der Verwirkung des Gerichtsschutzes (vgl. o. § 2 IV. 3. c) m. w. N.).

9 Diesen Aspekt enthalten sowohl § 75 I als auch die „allgemeine Billigkeit" (vgl. nur BAG v. 26.7.1988, DB 1988, 2464 f.).

10 Vgl. o. § 7 I. 4. c) bb) (4).

II. Lösungsmöglichkeiten

Das Verhältnis des § 76 VII zu V 4 läßt sich auf dreierlei Weise bestimmen:

(1) Die Rechtsschutzmöglichkeiten nach § 76 V 4 und VII bestehen selbständig nebeneinander. Sie können unabhängig voneinander nach den jeweils für sie geltenden Regeln beschritten werden.

(2) § 76 V 3 und 4 enthalten spezielle Regelungen für die inneren Schranken des Einigungsstellenermessens und deren gerichtliche Kontrollierbarkeit. Verstöße gegen andere Innenschranken können daneben nicht auf dem Weg des § 76 VII geltend gemacht werden.

(3) Beide Rechtswege bestehen grundsätzlich nebeneinander, die Beschränkungen des § 76 V 4 werden jedoch analog auf den Rechtsschutz nach § 76 VII angewandt, soweit damit Maßgaben kontrolliert werden sollen, deren Überprüfung nach § 76 V 4 möglich wäre bzw. gewesen wäre.

Die beiden letzten Sichtweisen unterscheiden sich lediglich in der Konstruktion, nicht aber im praktischen Ergebnis. In der Sache geht es darum, daß die Gerichtsschutzbeschränkungen des § 76 V 4 immer dann gelten sollen, wenn dem § 76 V 3 entnehmbare Maßgaben kontrolliert werden — gleichviel, ob sie nach dem Vortrag des Klägers bzw. Antragstellers von der Einigungsstelle dem § 76 V 3 oder einer anderen Innenschranke „entnommen" werden. Lehnte man dies ab, wäre das erstgenannte Deutungsmodell als zutreffend anzusehen.

III. Meinungsstand

Weder Rechtsprechung noch Literatur haben sich bisher zu der beschriebenen Problemstellung und den aufgezeigten Lösungsmöglichkeiten geäußert.

IV. Lösungsfindung

Auf der Suche nach dem Lösungsvorschlag, der das Verhältnis der Rechtswege von § 76 V 4 und VII zutreffend beschreibt, ist für die Betriebspartner, den einzelnen Arbeitnehmer und den Arbeitgeber im Individualrechtsschutzverfahren gesondert zu untersuchen, ob für sie der Weg über § 76 VII grundsätzlich eröffnet ist und dabei die Zwei-Wochen-Frist zu wahren ist. Der Gesamtschau der einzelnen Befunde über das Eingreifen der Rechtsschutzbeschränkungen des § 76 V 4 läßt sich dann das passende Deutungsmodell entnehmen.

---

[11] Anders nur, wenn das Differenzierungsverbot des § 75 I als Außenschranke wirksam wird (vgl. o. § 8 III. 1.).

1. Rechtsschutz der Betriebspartner nach § 76 VII BetrVG, § 2a ArbGG

a) Ausgangspunkt: Garantie des Rechtsschutzes

Gegen jegliche Einschränkungen des Gerichtsschutzes spricht die verfassungsrechtliche Garantie umfassenden Rechtsschutzes (Art. 19 IV GG), die als Ausprägung rechtsstaatlicher Prinzipien auch im Privatrecht gilt.[12] Dies wird in § 76 VII einfach-rechtlich nochmals hervorgehoben.[13]

Andererseits besitzt der Gesetzgeber einen weiten Spielraum, das Rechtsschutzverfahren nach seinen Zweckmäßigkeitsvorstellungen im einzelnen auszugestalten.[14] Maßgebend ist daher stets die konkrete gesetzliche Regelung und deren Auslegung — hier also § 76 V 4, der den Rechtsschutz nach § 76 VII beeinflussen könnte.

b) Auslegung des § 76 V 4 BetrVG

Bei der Interpretation des § 76 V 4 sind vornehmlich die Aspekte der gesetzgeberischen Regelungsabsicht und des objektiven Normzwecks von Bedeutung.

aa) Regelungsabsicht des Gesetzgebers

Der Bundestagsausschuß für Arbeit und Sozialordnung begründete die von ihm vorgeschlagene Einfügung des § 76 V 4 in das BetrVG 1972 damit, die Überschreitung des Entscheidungsspielraums des § 76 V 3 solle „im Interesse des betrieblichen Rechtsfriedens nur binnen einer Ausschlußfrist von zwei Wochen nach Zuleitung beim Arbeitsgericht geltend gemacht werden können“[15]. Von der Frist nicht betroffen sein solle die Berufung auf „andere Mängel“ des Spruchs, „etwa die Verkennung der Zuständigkeit oder die fehlerhafte Besetzung der Einigungsstelle oder die Unvereinbarkeit ihres Spruchs mit höherrangigen Normen, wie Tarifvertrag oder Gesetz“[16]. Dem ist der Wille des Gesetzgebers zu entnehmen, die Angreifbarkeit der Einigungssprüche hinsichtlich einer gewissen Gruppe von Mängeln nach relativ kurzer Zeit auszuschließen. Dieser Regelungszweck und die damit verfolgte baldige Herstellung des betrieblichen Rechtsfriedens würde unterlaufen, stünde den Betriebspartnern über § 76 VII eine weitere, zeitlich unbegrenzte Möglichkeit zur Verfügung, sich auf die Mängel i. S. v. § 76 V 4 zu berufen.

---

[12] BVerfG v. 11.6.1980, BVerfGE 54, 291; Dütz, Gerichtsschutz, S. 105 ff., 113 (mit näherer Begründung); Jarass / Pieroth- Jarass, Art. 20 GG, Rd.-Nr. 65; Nipperdey, DB 1977, 1093; Isensee / Kirchhof - Schmidt-Aßmann, § 24, Rd.-Nr. 71.

[13] Dütz, SAE 1983, 250.

[14] Vgl. BVerfG v. 11.6.1980, BVerfGE 54, 291.

[15] BT-Ausschuß für Arbeit und Sozialordnung, zu BT-Drucks. VI/2729, S. 28.

[16] BT-Ausschuß für Arbeit und Sozialordnung, zu BT-Drucks. VI/2729, S. 28.

Zu klären ist daher, ob ein Verstoß gegen eine andere Innenschranke als § 76 V 3 zu den Fehlern gehört, deren Geltendmachung nach dem Willen des Gesetzgebers den Beschränkungen des § 76 V 4 unterliegen soll. Formal betrachtet ist das nicht der Fall, denn die Maßgaben, um deren Einhaltung es geht, sind gerade nicht § 76 V 3, sondern beispielsweise § 75 entnommen worden. Inhaltlich stimmen sie jedoch mit denen des § 76 V 3 überein,[17] so daß ihre Beachtung von der Kontrolle im Verfahren nach § 76 V 4 mitumfaßt wird. Die Eröffnung des Rechtsweges nach § 76 VII erschiene insofern als Verdoppelung des Gerichtsschutzes.

Aus den Gesetzesmaterialien läßt sich ersehen, daß dem Gesetzgeber eine Trennung des Rechtsschutzes nach § 76 V 4 und VII vorschwebte. Die Gruppe von Mängeln, für deren Geltendmachung § 76 V 4 keine Anwendung finden soll, wird nicht formal nach der Herkunft der mißachteten Maßgabe, sondern inhaltlich beschrieben als „Verkennung der Zuständigkeit"[18] etc. Als Beispiele für Fehler, deretwegen der Einigungsspruch gemäß § 76 VII angegriffen werden kann, werden ausschließlich Verstöße gegen äußere Ermessensschranken genannt.[19] Daraus ergibt sich folgende Konzeption des Gesetzgebers: Welche Mängel nach § 76 V 4 und welche nach § 76 VII geltend zu machen sind, ist nach materiellen Gesichtspunkten zu entscheiden. Die Einhaltung des äußeren, jeder Ermessensbetätigung vorgegebenen Entscheidungsrahmens, „das Fehlen der gesetzlichen Grundlagen für die von der Einigungsstelle beanspruchte Regelungskompetenz"[20], ist nach § 76 VII zu kontrollieren. Rechtsschutz nach § 76 V 4 wird gewährt, wenn sich einer der Betriebspartner auf einen Verstoß gegen ein Gebot des § 76 V 3 oder gegen eine damit übereinstimmende Maßgabe einer anderen Innenschranke beruft.

Nach der Konzeption des Gesetzgebers können Verstöße gegen innere Ermessensschranken von den Betriebspartnern ausschließlich unter Wahrung der Frist des § 76 V 4 geltend gemacht werden.

bb) Objektiver Normzweck

Dem objektiven Gesetzeszweck entspricht diejenige Deutung des § 76 V 4, die im Hinblick auf dessen Regelungsmaterie am sachgemäßesten ist.[21]

Im Sinne des Rechtsschutzes erscheint es geboten, daß Verstöße gegen geltende Normen wie §§ 75, 2 I BetrVG, 242 BGB der gerichtlichen Kontrolle unterliegen.

---

[17] Vgl. o. I. Daß § 76 V 3 als zusätzliches Normelement eine Ermessensgewährung enthält, berührt die Maßgaben an den Entscheidungsprozeß nicht und deutet allenfalls auf die Spezialität des § 76 V 3 hin (vgl. etwa o. § 7 IV. 2. b) a. E.).

[18] BT-Ausschuß für Arbeit und Sozialordnung, zu BT-Drucks. VI/2729, S. 28.

[19] BT-Ausschuß für Arbeit und Sozialordnung, zu BT-Drucks. VI/2729, S. 28.

[20] BAG v. 26.5.1988, DB 1988, 2154.

[21] Vgl. o. § 9 II. 2. c) bb) (4).

Dies der zeitlichen Beschränkung des § 76 V 4 zu unterwerfen, weil die Einigungsstelle mit ihrem Fehler gleichfalls § 76 V 3 verletzt hat, leuchtet schwerlich ein. Bestehen für die Wahrnehmung von Rechten, die aus demselben Sachverhalt hergeleitet werden, unterschiedliche Fristen, können sie grundsätzlich unabhängig voneinander nach den für sie bestimmten Regeln geltend gemacht werden.

Dieses Phänomen tritt vornehmlich im Zivilrecht auf, beispielsweise beim Zusammentreffen ungleicher Verjährungsfristen nach Vertrags- und Deliktsrecht.[22] Dort wird von dem Grundsatz der Anspruchskonkurrenz dann abgewichen und der deliktische Ersatzanspruch der regelmäßig kürzeren vertraglichen Verjährungsfrist unterstellt, wenn die Vertragsverletzung typischerweise gleichzeitig eine unerlaubte Handlung beinhaltet und die Anwendung des § 852 BGB den Zweck der vertraglichen Verjährungsfrist aushöhlen würde.[23]

Im vorliegenden Zusammenhang stellt die Verletzung des § 76 V 3 stets zugleich einen Verstoß gegen eine andere Innenschranke dar. Ließe man die Geltendmachung dieses Fehlers zeitlich unbeschränkt zu, würde der Regelungszweck des § 76 V 4 unterlaufen. Das gilt jedenfalls insoweit, als die Beteiligten in den Rechtsschutzverfahren nach § 76 V 4 und VII übereinstimmen und *materiell derselbe Mangel* beanstandet wird.[24] Lassen die Betriebspartner die Zwei-Wochen-Frist verstreichen, geben sie zudem zu erkennen, daß sie den Eintritt der Bestandskraft des Einigungsspruchs nicht um der Mängel i. S. v. § 76 V 4 willen unterbinden wollen. Ihnen gleichwohl weiterhin Rechtsschutz nach § 76 VII zuzubilligen, erscheint entbehrlich und wenig sachgemäß.

Das oben unter aa) gefundene Auslegungsergebnis erscheint mithin auch unter dem Gesichtspunkt des Rechtsschutzes als sachgemäße Regelung.

cc) Zwischenergebnis

Die Auslegung des § 76 V 4 hat ergeben, daß die Betriebspartner Verstöße gegen innere Ermessensschranken lediglich unter Wahrung der Frist des § 76 V 4 geltend machen können.

c) Grundlage: Bestandskraftfähigkeit des Spruchs

Bei den bisherigen Ausführungen wurde stillschweigend vorausgesetzt, daß der Einigungsspruch trotz Verletzung einer inneren Ermessensschranke mit Ablauf der Ausschlußfrist des § 76 V 4 in Bestandskraft erwachsen kann. Dies könnte bei entsprechender Anwendung der Regeln des Verwaltungsrechts dann

---

22 Vgl. BGH v. 24.5.1976, BGHZ 66, 319; Staudinger-Schäfer, vor §§ 823 ff., Rd.-Nr. 32 ff. m. w. N.

23 BGH v. 4.3.1971, BGHZ 55, 398 f.; BGH v. 28.11.1984, BGHZ 93, 67; Fikentscher, S. 715; Larenz, BS, S. 691 f.; Staudinger-Schäfer, § 852, Rd.-Nr. 149.

24 Vgl. o. aa).

ausgeschlossen sein, wenn der Spruch i. S. v. § 44 VwVfG nichtig wäre. In diesem Sinne nichtig sind Verwaltungsakte, die an einem besonders schwerwiegenden und offenkundigen Fehler leiden (§ 44 I VwVfG). Damit sind Mängel gemeint, die in einem so gravierenden Widerspruch zur geltenden Rechtsordnung und den ihr zugrundeliegenden wesentlichen Wertvorstellungen der Gemeinschaft stehen, daß es unerträglich wäre, wenn der Verwaltungsakt die mit ihm verfolgten Rechtswirkungen entfaltete.[25] Diese Fehlerhaftigkeit muß für einen verständigen Beobachter ohne weiteres ersichtlich sein.[26] Als Beispiele für solche Fehler werden Verstöße gegen zwingende gesetzliche Ge- oder Verbote, Formvorschriften, Zuständigkeitsbestimmungen, Verfahrensregelungen etc. angeführt.[27]

Wie diese Fallbeispiele zeigen, setzen grundlegende und unerträgliche Verstöße gegen die geltende Rechtsordnung regelmäßig eine Mißachtung zwingenden Rechts voraus.[28] Bei Einigungssprüchen läge darin eine Überschreitung des äußeren Ermessensrahmens. Diese stünde nach den verwaltungsrechtlichen Kriterien der Bestandskraft des Spruchs nur entgegen, wenn sie überdies[29] offensichtlich und besonders schwerwiegend wäre. Daraus wird ersichtlich, daß die äußeren Ermessensschranken den Entscheidungsspielraum der Einigungsstelle regelmäßig enger beschränken als eine an § 44 VwVfG orientierte Grenze. Die Bestandskraft eines fehlerhaften Einigungsspruchs ist daher unabhängig von verwaltungsrechtlichen Kriterien zu bestimmen. Ihrem Eintritt steht nur die Übertretung einer äußeren Schranke,[30] nicht jedoch eine Verletzung innerer Ermessensgrenzen entgegen.

Reicht das Feld der bestandskraftfähigen Entscheidungen bei Verwaltungsakten regelmäßig weiter — bis zur Grenze des § 44 VwVfG — als bei Einigungssprüchen, so bedeutet dies im übrigen, daß nicht sämtliche Fehler, die im Verwaltungsrecht eine Ermessensüberschreitung darstellten, *Ermessens*fehler i. S. v. § 76 V 4 wären. Der Begriff der „Ermessensüberschreitung“ im Sinne dieser Norm ist also einerseits weiter als derjenige i. S. v. § 114 VwGO, indem er den Ermessensfehlgebrauch und die Ermessensunterschreitung mitumfaßt,[31] andererseits aber auch *enger*, da *sämtliche* Verstöße gegen äußere Schranken ausgenommen sind.

---

25 BVerwG v. 22.2.1985, DVBl. 1985, 624; Kopp, VwVfG, § 44, Rd.-Nr. 5.

26 Kopp, VwVfG, § 44, Rd.-Nr. 9; Maurer, Allg. VerwR, § 10, Rd.-Nr. 32.

27 Vgl. Kopp, VwVfG, § 44, Rd.-Nr. 7, 11, 14, 20 ff.; Wolff / Bachof, VerwR I, S. 430 ff.

28 Vgl. Kopp, VwVfG, § 44, Rd.-Nr. 7, 12, 16, 21; Wolff / Bachof, VerwR I, S. 430 ff.

29 Anders verhielte es sich nur bei Verstößen gegen § 306 BGB oder § 138 BGB (vgl. § 44 II Nr. 4, 6 VwVfG).

30 Die §§ 75, 2 I BetrVG und § 242 BGB können nicht nur — wie hier — als innere, sondern gleichfalls als äußere Schranke wirksam werden (vgl. o. § 6 III. 6., § 7 III. 4., V. 2.).

31 Vgl. o. § 9 II.

d) Ergebnis

Die Betriebspartner können Verstöße gegen innere Ermessensschranken nur mit der zeitlichen Beschränkung des § 76 V 4 geltend machen.

2. Rechtsschutz des einzelnen Arbeitnehmers nach § 76 VII BetrVG

Ob der Gerichtsschutz eines von einem Einigungsspruch betroffenen Arbeitnehmers Beschränkungen unterliegt, ist der Auslegung des § 76 V 4 zu entnehmen. Anschließend ist noch speziell auf die Frage einer „allgemeinen Billigkeitskontrolle" einzugehen.

a) Auslegung des § 76 V 4 BetrVG

Bei der Interpretation des § 76 V 4 sind der gesetzgeberische Regelungswille und der objektive Normzweck von Bedeutung.

aa) Regelungsabsicht des Gesetzgebers

Zum Gerichtsschutz des Arbeitnehmers gegenüber Einigungssprüchen hat sich der Gesetzgeber nicht geäußert. Er hat allerdings die Geltendmachung einer gewissen Gruppe von Mängeln — den Verstößen gegen innere Ermessensschranken — nach § 76 V 4 beschränken wollen.[32] Dies betrifft namentlich die Anwendung der Zwei-Wochen-Frist.[33] Daß für die in § 76 V 4 enthaltene personelle Gerichtsschutzbeschränkung etwas anderes gelten soll, ist nicht ersichtlich. Man kann insofern von einem „bewußt begrenzten Anfechtungsrecht des einzelnen Arbeitnehmers"[34] sprechen. Nach dem Willen des Gesetzgebers können Einigungssprüche wegen der Verletzung innerer Ermessensschranken lediglich von den Betriebspartnern angegriffen werden.

bb) Objektiver Normzweck

Dem Normzweck entspricht diejenige Deutung des § 76 V 4, die dem geregelten Sachbereich am ehesten gemäß ist.

Im Hinblick auf den Gerichtsschutz erscheint es sinnvoll, dem einzelnen Arbeitnehmer im Individualrechtsschutzverfahren nicht nur die Berufung auf die Übertretung äußerer, sondern auch die Geltendmachung einer Mißachtung innerer Ermessensschranken zu gestatten. Denn letztere Fehler kann der Arbeitnehmer

---

32 Vgl. o. 1. b) aa).

33 BT-Ausschuß für Arbeit und Sozialordnung, zu BT-Drucks. VI/2729, S. 10, 28.

34 Otto, RdA 1989, 251.

nicht in einem Verfahren nach § 76 V 4 zu Gehör bringen. Fraglich erscheint jedoch, ob eine solche Anfechtungsmöglichkeit mit der *Konzeption der Betriebsverfassung* im allgemeinen und der Einigungsstelle im besonderen harmoniert.

Das BetrVG vertraut darauf, daß der Betriebsrat die Interessen der Arbeitnehmer auf der kollektiven Ebene in geeigneter Weise vertritt und Arbeitgeber und Betriebsrat gemeinsam die betrieblichen Angelegenheiten „richtig" ordnen können.[35] Gewährte man jedem Arbeitnehmer das Recht, die Arbeit der Betriebspartner inhaltlich überprüfen zu lassen, stellte man das Modell der Mitbestimmung und der innerbetrieblichen Normsetzung nach dem BetrVG insgesamt in Frage.[36]

Innerhalb der äußeren Grenzen der Betriebsautonomie[37] sind die Betriebspartner daher frei, kollektive Regelungen zu erzielen und gelten zu lassen.[38] Dazu gehört, daß die gerichtliche Kontrolle, ob die Betriebspartner die Maßgaben zur Ausfüllung ihres Verhandlungsspielraums (z. B. §§ 75, 2 I) eingehalten haben, nur von Arbeitgeber oder Betriebsrat angestrengt werden kann.[39] Nichts anderes gilt für die Geltendmachung von Verstößen gegen die Innenschranken, wenn die kollektive Regelung ersatzweise von der Einigungsstelle getroffen worden ist. Ein Recht des einzelnen Arbeitnehmers, kollektive Regelungen in Einigungssprüchen wegen der Verletzung innerer Ermessensschranken anzufechten, erscheint als mit der Konzeption des BetrVG nicht vereinbar. Individualrechtsschutz ist erst zulässig, wenn der Gesetzgeber hinreichend deutlich zu erkennen gibt, daß die Kompetenz der Betriebspartner zu eigenverantwortlicher Entscheidung, also eine Außenschranke der Betriebsautonomie, überschritten ist.[40]

Bei Betriebsvereinbarungen ist zudem zu beachten, daß in *Analogie zu § 9 TVG* die Rechtskraft einer zwischen den Betriebspartnern ergangenen Entscheidung über die Wirksamkeit oder den Inhalt der Betriebsvereinbarung im Individualprozeß um deren Anwendung ebenfalls Bindungswirkung entfalten kann.[41] Dahinter steht die Überlegung, daß Kollektivverträge mit normativer Wirkung einheitlich anzuwenden und voneinander abweichende Entscheidungen über deren Inhalt und Reichweite zu verhindern sind.[42] Die Rechtskrafterstreckung gilt

---

35 V. Hoyningen-Huene, Billigkeit, S. 165; GK-Thiele, 3. Bearbeitung, § 77, Rd.-Nr. 69; Hammen, RdA 1986, 24; Jobs, AuR 1986, 148.

36 Blomeyer, FS Hilger / Stumpf, S. 52; v. Hoyningen-Huene, Billigkeit, S. 165; GK-Thiele, 3. Bearbeitung, § 77, Rd.-Nr. 71; Kreutz, ZfA 1975, 78.

37 Bei der Einigungsstelle sind das die äußeren Ermessensschranken (o. § 6).

38 Schulin, SAE 1982, 49; im Ergebnis ebenso BAG v. 17.12.1981, AP Nr. 11 zu § 112, Bl. 5V: „Es ist Sache des Betriebsrats, mit dem Unternehmer den Sozialplan und den entsprechenden finanziellen Gesamtrahmen auszuhandeln".

39 Vgl. Löwisch / Bittner, SAE 1985, 325; Otto, RdA 1989, 253.

40 Vgl. dazu oben § 8 III.

41 Kraft, AP Nr. 11 zu § 112, Bl. 7V; Otto, RdA 1989, 252 f.; Dütz, ArbRdGw., Bd. 20, S. 51 ff. m. w. N.; *a. A.* Wiedemann / Stumpf, § 9, Rd.-Nr. 3; Hanau, RdA 1989, 211.

42 Kraft, AP Nr. 11 zu § 112, Bl. 7V; vgl. auch BAG v. 14.10.1960, AP Nr. 10 zu Art. 9 GG Arbeitskampf, Bl. 4V (gegen das BAG Stein / Jonas-Leipold, § 325 ZPO, Rd.-Nr. 102 m. w. N.).

für Gerichtsentscheide über Betriebsvereinbarungen gleichviel, ob diese auf einem Konsens der Betriebspartner oder einem Einigungsspruch beruhen.[43]

Entsprechend ist zu verfahren, wenn der Einigungsspruch durch das Verstreichenlassen der Frist des § 76 V 4 in Bestandskraft erwachsen ist. Er ist dann hinsichtlich etwaiger Verstöße gegen innere Ermessensschranken auch im Verhältnis zwischen Arbeitgeber und Arbeitnehmer als fehlerfrei zu behandeln. Denn soweit der Einzelarbeitsvertrag unter der normativen Wirkung des Einigungsspruchs steht, kann dieser nur so angesehen werden, wie die Betriebspartner ihn aufgrund der Rechts- oder Bestandskraft gelten zu lassen gebunden sind.[44] Deren Bindung an eine ausschließlich ihrer Regelungszuständigkeit unterfallende Norm kann nicht weiter reichen als die eines normunterworfenen Arbeitnehmers. Bei normativ wirkenden Einigungssprüchen, die den äußeren Rahmen der Betriebsautonomie einhalten, findet daher eine Rechts- bzw. eine *Bestandskrafterstreckung* auf den Individualprozeß statt, derzufolge ein Arbeitnehmer zwar auf die im Verfahren nach § 76 V 4 festgestellte Unwirksamkeit des Spruchs verweisen, die Verletzung innerer Ermessensschranken jedoch nicht selbst geltend machen kann.

Für die Geltung einer Betriebsvereinbarung ist im übrigen die Zustimmung eines von ihr betroffenen Arbeitnehmers ohne Belang. Nichts anderes gilt, wenn anstelle der Betriebspartner die Einigungsstelle eine solche Regelung trifft. Dies folgt aus deren Substitutionsfunktion. Die damit verbundene Fremdbestimmtheit des Arbeitnehmers beruht auf der Konzeption des BetrVG und der normativen Wirkung von Betriebsvereinbarungen (§ 77 IV) bzw. Einigungssprüchen, nicht auf dem Einsatz der Einigungsstelle. Diese nimmt weder Tätigkeiten anstelle des Arbeitnehmers wahr, noch fingiert sie dessen Willen. Als Konsequenz der Substitutionsfunktion kann jedoch nur derjenige die Einhaltung von Maßgaben für das Wie der Entscheidung überprüfen lassen, dessen Regelungsfindung und -wille von der Einigungsstelle ersetzt wird. Dies ist nicht der einzelne Arbeitnehmer, der folglich Verstöße gegen die inneren Entscheidungsschranken nicht vor dem Arbeitsgericht geltend machen kann.

Es hat sich gezeigt, daß es weder mit der Substitutionsfunktion der Einigungsstelle noch mit der Konzeption der Betriebsverfassung im Einklang stünde, dem einzelnen Arbeitnehmer zu gestatten, sich im Individualrechtsschutzverfahren auf die Übertretung innerer Ermessensschranken zu berufen. Dem geregelten Sachbereich entspricht eher eine Deutung des § 76 V 4, derzufolge solche Fehler lediglich von den Betriebspartnern geltend gemacht werden können.

---

43 Otto, RdA 1989, 253.

44 Vgl. RAG v. 26.10.1930, ARS 11, 104, das eine Bindungswirkung für das Tarifrecht auch ohne gesetzliche Grundlage (jetzt § 9 TVG) anerkannt hat.

b) Insbesondere: Allgemeine Billigkeitskontrolle

Die von der Rechtsprechung befürwortete „Allgemeine Billigkeitskontrolle" von Betriebsvereinbarungen[45] erfolgt im Individualprozeß zweistufig.[46]

Zunächst sollen die Normen einer Betriebsvereinbarung (bzw. eines Einigungsspruchs) ihrer Natur als kollektiver Regelung entsprechend an einem „verallgemeinernden Maßstab"[47] gemessen werden (*„abstrakte Billigkeitskontrolle")*. Einer solchen Inhaltskontrolle stehen die soeben ausgeführten Bedenken[48] in gleicher Weise entgegen. Sie läuft der Bestandskrafterstreckung analog § 9 TVG zuwider und ist weder mit der Substitutionsfunktion der Einigungsstelle noch mit der Konzeption der Betriebsverfassung zu vereinbaren.

Bleiben die Normen einer Betriebsvereinbarung allgemein unbeanstandet, soll der einzelne Arbeitnehmer gleichwohl geltend machen können, daß die Regelung in seinem Fall unbillige Wirkungen entfalte (*„konkrete Billigkeitskontrolle")*[49]. Ob es sachgerecht ist, bei Einigungssprüchen entsprechend zu verfahren, erscheint nach den bisherigen Ausführungen fraglich.

Löwisch und Otto erachten jedenfalls die konkrete bzw. individuelle Billigkeitskontrolle für zulässig.[50] Der Bereich der konkreten Billigkeitskontrolle bleibe, so Otto, von einer Rechtskrafterstreckung analog § 9 TVG unberührt, da im Beschlußverfahren über die Gültigkeit einer Betriebsvereinbarung deren Auswirkungen in besonders gelagerten Einzelfällen nicht Gegenstand der richterlichen Prüfung und Erkenntnis seien.[51] Dieser verfahrensrechtliche Aspekt läßt sich bei Einigungssprüchen nicht nutzbar machen, resultiert die hiesige Problemstellung doch gerade daraus, daß die Maßgaben der allgemeinen Billigkeit mit denen des § 76 V 3 übereinstimmen[52], die Gesichtspunkte der konkreten Billigkeit also im Beschlußverfahren nach § 76 V 4 mitzuüberprüfen sind.[53] Die Rechts- oder die Bestandskrafterstreckung kann daher uneingeschränkt Platz greifen.[54]

---

45 Vgl. o. § 7 VII. m. N. zum Streitstand.

46 BAG v. 8.12.1981, AP Nr. 1 zu § 1 BetrAVG Ablösung, Bl. 4V; BAG v. 17.3.1987, AP Nr. 9 zu § 1 BetrAVG Ablösung, Bl. 6R.

47 BAG v. 14.2.1984, AP Nr. 21 zu § 112, Bl. 2R; Fitting / Auffarth / Kaiser / Heither, § 77, Rd.-Nr. 97.

48 Vgl. o. a) bb).

49 BAG v. 17.3.1987, AP Nr. 9 zu § 1 BetrAVG Ablösung, Bl. 6R; a. A. Fitting / Auffarth / Kaiser / Heither, § 77, Rd.-Nr. 97, die lediglich eine „abstrakte Billigkeitskontrolle" befürworten.

50 Löwisch, BetrVG, § 77, Rd.-Nr. 14; Otto, RdA 1989, 252.

51 Otto, RdA 1989, 253, unter Bezug auf eine entsprechende, vom BAG (v. 8.12.1981, AP Nr. 1 zu § 1 BetrAVG Ablösung, Bl. 4V) vorgenommene Einschränkung des Prüfungsgegenstandes im Beschlußverfahren.

52 Vgl. o. § 7 VII.

53 Vgl. o. I.

54 Vgl. o. a) bb).

Allgemein wird die Billigkeitskontrolle damit begründet, daß dem Betriebsrat die effektive Stärke und Unabhängigkeit zur kraftvollen Wahrnehmung der Arbeitnehmerinteressen fehle.[55] Daß diese Gründe die Entscheidungssituation der Einigungsstelle treffen, erscheint — unabhängig davon, ob sie die Stellung des Betriebsrats richtig beschreiben[56] — zweifelhaft.

Eine *Abhängigkeit* der Einigungsstellenmitglieder vom Arbeitgeber konnte bisher nicht festgestellt werden.[57] Etwaige Gefahren einer Paritätsstörung infolge sozialer Abhängigkeit der betriebsangehörigen Beisitzer der Arbeitnehmerseite können angesichts der Freiheit des Betriebsrats, Beisitzer seines Vertrauens auch von außerhalb des Betriebes zu bestellen[58], gebannt werden. Der Betriebsrat ist nicht darauf angewiesen, jemanden als Beisitzer der Arbeitnehmerseite in die Einigungsstelle zu entsenden, bei dem zu fürchten steht, er werde möglicherweise nicht unter sachlichen Gesichtspunkten, sondern infolge einer besonderen sozialen Abhängigkeit für Vorschläge der Arbeitgeberseite votieren.

Im übrigen besteht ein grundlegender Unterschied zu der Situation bei einvernehmlichen Betriebsvereinbarungen: Anders als bei einer solchen hängt die Geltung eines Einigungsspruchs nicht vom Willen des Arbeitgebers ab. Ohne die Rechtsmacht, eine Regelung verhindern zu können[59], fehlt dem Arbeitgeber jedoch die Grundlage für die erfolgversprechende Ausübung unsachlichen Zugeständnisdrucks auf die Beisitzer der Arbeitnehmerseite.

Aus demselben Grund wird die *Effektivität* der Vertretung der Arbeitnehmerinteressen vor der Einigungsstelle durch das Bestehen des betrieblichen Arbeitskampfverbots (§ 74 II) nicht gemindert: Da für die zu treffende Regelung eine Zustimmung der Arbeitgeberseite nicht erforderlich ist, sind die Arbeitnehmer nicht auf den Streik als einigungsförderndes Druckmittel angewiesen. Als ultima ratio der Konfliktlösung tritt an die Stelle des Arbeitskampfes im Rahmen der Betriebsverfassung die Zwangsschlichtung durch die Einigungsstelle.[60] Diese gesetzliche Konzeption ist zu respektieren.

Eine Billigkeitskontrolle von Einigungssprüchen läßt sich in Anbetracht der Entscheidungssituation der Einigungsstelle nicht mit einer mangelnden Unabhängigkeit und Effektivität der Vertretung der Arbeitnehmerinteressen begründen.

Aufrechtzuerhalten ist eine Billigkeitskontrolle allenfalls unter dem Aspekt der *Fremdbestimmtheit* der einzelnen Arbeitnehmer.[61] Dabei handelt es sich um

---

55 Vgl. o. § 7 VII. m. w. N.

56 Kritisch dazu mit beachtlichen Argumenten v. Hoyningen-Huene, Billigkeit, S. 164 f.; Konzen, AP Nr. 21 zu § 112, Bl. 6R; Kreutz, ZfA 1975, 71 ff.

57 Zur „Abhängigkeit" des Arbeitgebers vom Wohlwollen des Einigungsstellenvorsitzenden vgl. o. § 2 II. 2. a) m. w. N.

58 Vgl. dazu GK-Kreutz, § 76, Rd.-Nr. 39 ff.

59 Der Arbeitgeber kann den Einigungsspruch nur verhindern, wenn er den Regelungsvorstellungen des Betriebsrats zustimmt.

60 Kreutz, ZfA 1975, 79; Dietz / Richardi, § 76, Rd.-Nr. 15 m. w. N.

ein Problem jeder repräsentativen (und damit per se unvollkommenen) Selbstbestimmung. Das BetrVG sieht die Berechtigung der Betriebspartner vor, Verträge mit kollektiver Normenwirkung zu schließen, und impliziert damit ein gewisses Maß an Fremdbestimmung der Arbeitnehmer.[62] Dies ist bei der Anwendung des geltenden Rechts hinzunehmen; eine Änderung könnte wirksam nur durch die Beseitigung der kollektiven Regelungsmacht der Betriebspartner, also mittels einer Gesetzesänderung, erreicht werden. Immerhin verspricht die Einschaltung des Betriebsrats und der Einigungsstelle ein Mehr an Verwirklichung des Willens des einzelnen Arbeitnehmers, als dieser in einer Individualregelung gegenüber dem Arbeitgeber selbst durchsetzen könnte.[63]

Nach alledem ist eine allgemeine abstrakte und konkrete Billigkeitskontrolle von Einigungssprüchen de lege lata nicht zulässig.

c) Ergebnis

Der einzelne Arbeitnehmer ist nicht befugt, einen Spruch der Einigungsstelle wegen der Verletzung innerer Ermessensschranken anzugreifen.

3. Rechtsschutz des Arbeitgebers nach § 76 VII BetrVG, § 2 ArbGG

Im Individualprozeß kann der Arbeitgeber eine Überschreitung innerer Ermessensgrenzen ebensowenig geltend machen wie der einzelne Arbeitnehmer. Dies gilt um so mehr, als er, anders als dieser, solche Mängel in einem Verfahren nach § 76 V 4 zu Gehör gebracht hat[64] bzw. hätte bringen können.

V. Ergebnis

Weder Arbeitgeber noch Betriebsrat noch der einzelne Arbeitnehmer können auf dem Weg des § 76 VII kontrollieren lassen, ob die Einigungsstelle die Innenschranken der §§ 75, 2 I BetrVG, 242 BGB und der „allgemeinen Billigkeit"[65] eingehalten hat. Dies geschieht im Verfahren nach § 76 V 4. Insoweit ist § 76 V 4 gegenüber § 76 VII als Spezialregelung anzusehen, deren Gerichtsschutzbeschränkungen nicht lediglich analog auf den Rechtsschutz nach § 76 VII angewendet werden.[66]

---

61 Rüthers spricht von einer „Bedrohung des Individuums durch sein eigenes Repräsentationskollektiv" (Mitbestimmung und Individualbereich, S. 40).

62 Vgl. o. § 4 II. 7. nach Fn. 80.

63 Vgl. o. § 4 II. 7. nach Fn. 86.

64 Ebenso Otto, RdA 1989, 253, unter dem Gesichtspunkt der Rechtskrafterstreckung analog § 9 TVG.

65 Angesichts der gewonnenen Ergebnisse (o. § 7 VII., § 10 IV. 2. b) liegt es nahe, die Existenz einer Innenschranke „allgemeine Billigkeit" überhaupt zu verneinen.

66 Vgl. die konstruktiven Lösungsmöglichkeiten o. II.

5. Teil

Schlußbetrachtung

§ 11 Zusammenfassung der Ergebnisse

I. Allgemeines

1. Die Rechtsstellung der Einigungsstellenmitglieder ist dazu angetan, die Sachbezogenheit der Entscheidungen der Einigungsstelle zu fördern und deren Verantwortung für die Einhaltung des Ermessensspielraums hervorzuheben.[1] Zugleich ist gewährleistet, daß Arbeitgeber und Betriebsrat diejenigen Beisitzer in die Einigungsstelle entsenden können, von denen sie sich eine möglichst effektive Vertretung ihrer Interessen versprechen.[2]

2. In der Betriebspolitik spielt die Einigungsstelle bisweilen eine ihrer gesetzlichen Konzeption fremde Rolle. Arbeitgeber oder Betriebsrat drohen mit ihrer Anrufung oder bedienen sich ihrer zu Alibi- oder Machtprobezwecken.[3] Erkenntnisse für die Ermessensbetätigung lassen sich aus den betriebspolitischen Funktionen der Einigungsstelle nicht gewinnen.[4]

3. Von Rechts wegen erfüllt die Einigungsstelle vornehmlich Hilfs-, Substitutions-, Konfliktlösungs- und Schlichtungsfunktionen.[5] Für die Auslegung des Ermessensspielraums ist insbesondere die Substitutionsfunktion von Belang.[6]

4. Rechtstatsächlich halten Ermessensentscheidungen der Einigungsstelle einer gerichtlichen Überprüfung weit überwiegend stand. Dies deutet auf einen eher weiten Ermessensspielraum hin.[7]

II. Die äußeren Ermessensgrenzen

Das Ermessen kann nur innerhalb eines gewissen rechtlichen Rahmens betätigt werden. Dieser bestimmt sich nach der Regelungszuständigkeit der Einigungsstelle und etwaigen Regelungsschranken.

---

1 Vgl. o. § 2 II. 2.
2 Vgl. o. § 2 II. 1. a).
3 Vgl. o. § 5.
4 Vgl. o. § 7 VIII. 2.
5 Vgl. o. § 4.
6 Vgl. o. § 7 VIII. 1.
7 Vgl. o. § 3 VI.

1. Inwieweit die Einigungsstelle zur Entscheidung berufen ist, bemißt sich nach formellen (Antrag, Bedarf etc.) und materiellen Kriterien. Inhaltlich ist die Regelungszuständigkeit beschränkt auf die konkret beizulegende Meinungsverschiedenheit mit den ihr zugrundeliegenden tatsächlichen Gegebenheiten (tatsächlicher Aspekt) und bestimmt sich nach dem Umfang der Mitwirkungsrechte des Betriebsrats in dieser Angelegenheit (rechtlicher Aspekt).[8]

2. Trotz thematisch gegebener Entscheidungskompetenz besitzt die Einigungsstelle keinen Regelungsspielraum, soweit

— eine geltende betriebliche Regelung existiert,

— ein einschlägiger Tarifvertrag besteht bzw. üblicherweise geschlossen wird, der die zu entscheidende Angelegenheit abschließend und zwingend normiert(e) oder

— diese zwingend gesetzlich geregelt ist.[9]

3. Der Regelungsspielraum kann weiter eingeschränkt sein, indem der Einigungsstelle das Treffen einzelner aus der Bandbreite möglicher Entscheidungsinhalte durch Gesetz (einschließlich §§ 306, 138 I BGB[10]), Tarifvertrag, betriebliche Regelung oder Ausstrahlungen der Grundrechte verwehrt ist.[11]

4. Enthält eine Norm sowohl innere Ermessensbindungen als auch allgemeine Rechtsgrenzen, setzt die Annahme einer äußeren Beschränkung des Entscheidungsspielraums voraus, daß der Gesetzgeber selbst schon eindeutig die Wertung über die Zulässigkeit der in Frage stehenden Regelung getroffen hat. Das ist der Fall, wenn dieser nach der Rechtsordnung eine so starke Wertentfaltung entgegensteht, daß sich ein verständiger Kenner dieser Wertung und des Sachverhalts bereits unmittelbar durch deren Gehalt an der betreffenden Regelung gehindert sieht.[12]

Auf diese Weise wird gewährleistet, daß die gesetzlichen Grenzen der Betriebsautonomie auch im wertungsabhängigen Bereich für die Einigungsstelle uneingeschränkt gelten, also deren Ermessensspielraum nicht über den Gestaltungsspielraum der Betriebspartner hinausreicht.

5. Die Entscheidungskompetenz der Einigungsstelle besteht nur im Rahmen der Zumutbarkeit: Ein Spruch, der Arbeitgeber oder Arbeitnehmer unzumutbar belastet, überschreitet den im Hinblick auf § 2 I einschränkend auszulegenden Bereich der materiellen Zuständigkeit.[13]

---

8 Vgl. o. § 6 III. 1.

9 Vgl. o. § 6 III. 2. a), 3., 4.

10 Vgl. o. § 6 III. 5. c), d).

11 Vgl. o. § 6 III. 2.-4.

12 Vgl. o. § 8 III.

13 Vgl. o. § 7 III. 4. a), c) bb) (2).

III. Die Ermessensausübung nach § 76 V 3 BetrVG

1. § 76 V 3 enthält eine einheitliche Ermessensvorschrift, die der Einigungsstelle bei ihren zur Beilegung der Meinungsverschiedenheit zu treffenden Sachentscheidungen einen Gestaltungsspielraum gewährt.[14] Die Ermessensbetätigung hat sich allerdings an dem hinter den unbestimmten Rechtsbegriffen Angemessenheit und Billigkeit stehenden Ziel der Verwirklichung von Gerechtigkeit im Einzelfall zu orientieren.[15] Demgemäß hat die Einigungsstelle eine optimale Verwirklichung der Wertgewichte der Belange beider Seiten anzustreben.[16]

2. Im Wege einer ganzheitlichen Interpretation der Norm sind § 76 V 3 vier Elemente zu entnehmen (Vier-Elemente-Lehre): Ein Berücksichtigungs-, ein Gewichtungs- und ein Abwägungsgebot sowie die Gewährung eines Ermessensspielraums.[17]

a) Die Einigungsstelle hat sämtliche tatsächlich vorhandenen Interessen und Bedürfnisse der unter den persönlichen Geltungsbereich des zu treffenden Spruchs fallenden Arbeitnehmer und des Arbeitgebers umfassend zur Kenntnis zu nehmen und auf ihre Bedeutung für die Entscheidung zu überprüfen.[18]

Dieser zugrunde zu legen sind die Belange, die einen sinnhaften Bezug zu der beizulegenden Meinungsverschiedenheit aufweisen, wie sie von den äußeren Schranken der Regelungskompetenz der Einigungsstelle bestimmt wird.[19]

b) Die danach relevanten Belange hat die Einigungsstelle anhand objektiver[20] Wertungskriterien zu gewichten. Dafür sind sämtliche Wertungen heranzuziehen, die in der Rechtsordnung zum Ausdruck kommen.[21] Für die Feststellung des konkreten Wertgewichts eines Belangs bietet die Rechtsordnung Anhaltspunkte in der abstrakten Rangordnung der Werte, den Prinzipien der Interessenintensität, der Interessen- bzw. Gefahrennähe, der Interessenhäufung und einem personalen Einschlag der Interessenbewertung.[22]

c) Die konkreten Wertgewichte der beiderseitigen Belange hat die Einigungsstelle vergleichend einander gegenüberzustellen und einen Spruchinhalt zu erstellen, mit dem die auf dem Spiel stehenden Wertgewichte in möglichst großem Umfang verwirklicht werden.[23]

---

[14] Vgl. o. § 7 I. 4. a).
[15] Vgl. o. § 7 I. 4. a) cc) (1).
[16] Vgl. o. § 7 I. 4. a) cc) (2).
[17] Vgl. o. § 7 I. 4. b).
[18] Vgl. o. § 7 I. 1. a), b) aa).
[19] Vgl. o. § 7 I. 1. b) bb) (2).
[20] Vgl. o. § 7 I. 4. a) cc) (2) (c).
[21] Vgl. o. § 7 I. 1. b) bb) (2).
[22] Vgl. o. § 7 I. 1. b) bb) (3).
[23] Vgl. o. § 7 I. 4. c) cc).

d) Die Einigungsstelle besitzt einen Gestaltungsspielraum bezüglich der Einhaltung aller dem § 76 V 3 zu entnehmenden Gebote.[24]

IV. Die inneren Ermessensbindungen

Innerhalb des Bereichs von Rechts wegen zulässiger Entscheidungsinhalte wird das Wie der gesollten Ermessensbetätigung von Ermessensleitlinien näher beschrieben und so der Ermessensspielraum von innen her begrenzt.[25]

1. Die inneren Ermessensbindungen werden bei Einigungssprüchen regelmäßig von den Maßgaben des § 76 V 3 bestimmt. Für Beschlüsse über Sozialpläne gilt als lex specialis § 112 V.[26]

Dabei hat sich der Einigungsspruch im Rahmen der Ausgangsforderungen von Betriebsrat und Arbeitgeber zu halten.[27] Dies folgt aus der Substitutions- und der Schlichtungsfunktion der Einigungsstelle, die als Frucht der teleologischen Auslegung des § 76 V 3 (bzw. § 112 V) wirksam werden.

2. Neben den inhaltlich konkreter und speziell für die Einigungsstelle normierten §§ 76 V 3 und 112 V bleiben §§ 2 I, 75 BetrVG, 242 BGB, sowie das Übermaßverbot und die allgemeine Billigkeit als innere Schranke ohne eigenständige Bedeutung.[28]

V. Die Ermessensfehler der Einigungsstelle

1. Das Gesetz unterscheidet zwischen Rechts- und Ermessensfehlern der Einigungsstelle (§ 76 VII, V 4).

2. Ermessensfehlerhaft sind Verstöße gegen Maßgaben, die den inneren Ermessensschranken § 76 V 3 bzw. § 112 V einschließlich der Einigungsstellenfunktionen zu entnehmen sind.[29]

3. Die „Überschreitung der Grenzen des Ermessens" in § 76 V 4 umfaßt sämtliche klassischen Ermessensfehlerarten (Ermessensfehlgebrauch, -unterschreitung und -überschreitung), also nicht nur diejenigen, die das Ergebnis, sondern auch diejenigen, die den Vorgang der Ermessensausübung betreffen.[30] Der Begriff der „Ermessensüberschreitung" i. S. v. § 76 V 4 ist daher weiter als derjenige i. S. v. § 114 VwGO, andererseits aber auch enger, da sämtliche Verstöße gegen äußere Schranken ausgenommen sind.[31]

---

24 Vgl. o. § 7 I. 4. b), c) dd).
25 Vgl. o. 3. Teil zu Beginn.
26 Vgl. o. § 7 II.
27 Vgl. o. § 7 VIII. 1. a), b).
28 Vgl. o. § 7 III. - VII.
29 Vgl. o. § 8 II.
30 Vgl. o. § 9 II.

4. Der Ermessensspielraum ist überschritten, wenn die Einigungsstelle eine Maßgabe der einschlägigen Innenschranke (§ 76 V 3 bzw. § 112 V) oder einer ihrer Funktionen in nicht mehr vertretbarem Maße außer acht läßt. Dies ist bei Mängeln, die auf einer im Rahmen der Ermessensbetätigung vorzunehmenden Rechtsanwendung zurückzuführen sind, bereits anzunehmen, wenn die Einigungsstelle von dem Gebot der inneren Ermessensschranke „wesentlich" abweicht.[32] Im übrigen ist es nicht mehr vertretbar, wenn die konkret gebotene Ermessensbetätigung hinreichend deutlich feststellbar ist und die Einigungsstelle dem gleichwohl nicht entspricht.[33]

5. Im einzelnen können der Einigungsstelle folgende Ermessensfehler unterlaufen:

— die Nichtberücksichtigung eines ihr vorliegenden Belangs,[34]

— die fälschliche Annahme der Sachbezogenheit eines Belangs,[35]

— das Übersehen eines Wertungsgesichtspunktes,[36]

— das Unterlassen der Gewichtung eines Belangs,[37]

— die Fehlbeurteilung der abstrakten Wertigkeit eines Wertungsgesichtspunktes,[38]

— die Fehleinschätzung des konkreten Gewichtes eines Wertungsgesichtspunktes im vorliegenden Sachverhalt,[39]

— das Unterlassen, die konkreten Wertgewichte der Belange beider Seiten einander vergleichend gegenüberzustellen,[40]

— die Nichteinbeziehung eines Belangs in den Abwägungsvorgang,[41]

— die unzutreffende Feststellung des Unterschiedsbetrags der konkreten Wertgewichte beider Seiten,[42]

— das Verfehlen der bestmöglichen Werteverwirklichung bei der Ausarbeitung des zu beschließenden Entscheidungsinhalts, indem die Einigungsstelle eine Regelung zur Umsetzung eines vorrangigen, kumulativ realisierbaren oder nach dem Prinzip der praktischen Interessenkonkordanz sonst mitzuverwirklichenden Belangs nicht aufnimmt,[43]

---

31 Vgl. o. § 8 II. 1.
32 Vgl. o. § 9 III.
33 Vgl. o. § 7 I. 4. c) bb) (4).
34 Vgl. o. § 7 I. 4. c) aa).
35 Vgl. o. § 7 I. 4. c) aa).
36 Vgl. o. § 7 I. 4. c) bb) (1).
37 Vgl. o. § 7 I. 4. c) bb) (2).
38 Vgl. o. § 7 I. 4. c) bb) (3).
39 Vgl. o. § 7 I. 4. c) bb) (4).
40 Vgl. o. § 7 I. 4. c) cc) (1) (c).
41 Vgl. o. § 7 I. 4. c) cc) (1) (c).
42 Vgl. o. § 7 I. 4. c) cc) (2) (b).

— die Mißachtung des durch die Ausgangsforderungen von Arbeitgeber und Betriebsrat gezogenen Entscheidungsrahmens.[44]

VI. Die Gerichtsschutzmöglichkeiten

1. Fehler der Ermessensbetätigung können ausschließlich auf dem Weg des § 76 V 4 — von Arbeitgeber oder Betriebsrat unter Wahrung der Zwei-Wochen-Frist — geltend gemacht werden, auch wenn die mißachteten, mit denen des § 76 V 3 (bzw. § 112 V) übereinstimmenden Ermessensleitlinien einer anderen Innenschranke entnommen sein sollten.[45]

2. Der einzelne Arbeitnehmer kann sich lediglich auf die Übertretung des äußeren Ermessensrahmens berufen (§ 76 VII).[46] Ein solcher Fehler kann sich in besonders gelagerten Fällen auch aus individuellen Umständen ergeben, und zwar wenn der Einigungsspruch den Arbeitnehmer unzumutbar belastet oder § 75 als Außenschranke (s. o. II. 4.) wirksam wird.[47] Der Individualrechtsschutz ist also immer, aber auch nur dann gegeben, wenn der Gesetzgeber hinreichend deutlich zu erkennen gibt, daß die Kompetenz der Einigungsstelle zu eigenverantwortlicher Entscheidung überschritten ist.

§ 12 Schlußbemerkung

Die Einigungsstelle ist eingebettet in die Selbstbestimmungsordnung der betrieblichen Mitbestimmung. Als ultima ratio der Konfliktlösung bildet sie den Prüfstein für die Verwirklichung einer angemessenen Berücksichtigung der Arbeitnehmerbelange im Betrieb. Sie ist „Schule" der Sachbezogenheit der Argumentation, der Wertebezogenheit der Interessenverwirklichung und der Toleranz gegenüber berechtigten Interessen anderer. Sie leistet einen wichtigen Beitrag zu den Erfahrungen der Arbeitnehmer mit der Kultur der Konfliktbereinigung in einem demokratischen und sozialen Rechtsstaat.[1]

Die Einigungsstelle soll einem nach objektiven Maßstäben gerechten Interessenausgleich zwischen Arbeitnehmer- und Arbeitgeberseite zum Durchbruch verhelfen. Angesichts der Fülle der dabei zu beachtenden Gesichtspunkte wird sie dieses Ziel kaum je erreichen können. Das Prinzip einer kampffreien und

43 Vgl. o. § 7 I. 4. c) cc) (1) (b), (2) (b).

44 Vgl. o. § 7 VIII. 1. a), b).

45 Vgl. o. § 10 IV.

46 Vgl. o. § 2 IV. 3., § 10 IV. 2.

47 Vgl. o. § 7 III. 4. c) bb) (2), § 8 III.

1 Vgl. o. § 4 II. 8. a. E.

sachbezogenen Konfliktlösung stünde auf dem Spiel, wollte man Entscheidungen der Einigungsstelle erst dann anerkennen, wenn „der gerechte“ Interessenausgleich tatsächlich erreicht ist. Das Gesetz gewährt der Einigungsstelle daher einen Ermessensspielraum, innerhalb dessen alle Beschlüsse als inhaltlich richtig angesehen werden.

Wie weit dieser Spielraum reicht und wie er auszufüllen ist, sollte mit dem vorliegenden Beitrag beleuchtet werden. Insbesondere galt es aufzuzeigen, welche Strukturen die Einigungsstelle bei ihrem Spruch zu beachten hat, welchen äußeren und inneren Bindungen ihre Ermessensbetätigung unterliegt und welche Fehler, die ihr dabei unterlaufen können, als Ermessensfehler i. S. v. § 76 V 4 anzusehen sind. Die einzelnen Erkenntnisse und Vorschläge stehen nunmehr zur Diskussion.

Literaturverzeichnis

Achterberg, Norbert: Allgemeines Verwaltungsrecht, 2. Auflage, Heidelberg 1986

Adomeit, Klaus: Thesen zur betrieblichen Mitbestimmung nach dem neuen Betriebsverfassungsgesetz, in: BB 1972, S. 53 ff.

Alexy, Robert: Ermessensfehler, in: JZ 1986, S. 701 ff.

Anschütz, Gerhard / *Thoma*, Richard (Hrsg.): Handbuch des Deutschen Staatsrechts, Band II, Tübingen 1932

Auffarth, Fritz: Das neue Betriebsverfassungsgesetz, in: AuR 1972, S. 33 ff.

Bachof, Otto: Neue Tendenzen in der Rechtsprechung zum Ermessen und zum Beurteilungsspielraum, in: JZ 1972, S. 641 ff.

Badura, Peter: Die Verfassung als Auftrag, Richtlinie und Grenze der wirtschafts- und arbeitspolitischen Gesetzgebung, in: WiR 1974, S. 1 ff.

Battis, Ullrich: Allgemeines Verwaltungsrecht, 1. Auflage, Heidelberg 1985

Bauer, Jobst-Hubertus / *Röder*, Gerhard: Problemlose Einigungsstellenkosten?, in: DB 1989, S. 224 ff.

Becker, Friedrich u. a.: Gemeinschaftskommentar zum Kündigungsschutzrecht und zu sonstigen kündigungsschutzrechtlichen Vorschriften, 3. Auflage, Neuwied 1989

Becker-Schaffner, Reinhard: Rechtsfragen zum Mitbestimmungsrecht des Betriebsrats bei der Aufstellung von Sozialplänen, in: BlStSozArbR 1976, S. 33 ff.

Behrens, Detlev: Die Nachprüfbarkeit zivilrechtlicher Ermessensentscheidungen, Berlin 1979

Bengelsdorf, Peter: Die Vergütung der Einigungsstellenmitglieder, in: NZA 1989, S. 489 ff.

— Gemeinsame Anmerkung zu BAG v. 26.7.1988, DB 1988, 2464 f. und BAG v. 23.8.1988, SAE 1989, 165 ff., in: SAE 1989, S. 168 ff.

Beuthien, Volker: Interessenausgleich und Sozialplan im Konkurs, in: RdA 1976, S. 147 ff.

— Sozialplanzwangsschlichtung und Konkursgläubigerschutz, in: Festschrift für Gerhard Müller (1981), S. 13 ff.

— Anmerkung zu BAG v. 8.12.1981, SAE 1984, S. 192 ff.

Biedenkopf, Kurt Hans: Grenzen der Tarifautonomie, Karlsruhe 1964

Birk, Rolf: Gemeinsame Anmerkung zu BAG v. 22.5.1979, v. 22.5.1979, v. 15.10.1979, AP Nr. 3-5 zu § 111, in: AP Nr. 5 zu § 111, Bl. 3 ff.

Bischoff, Hans-Jürgen: Die Einigungsstelle im Betriebsverfassungsrecht, Berlin 1975

Blomeyer, Wolfgang: Anmerkung zu LAG Düsseldorf v. 27.2.1975, EzA Nr. 1 zu § 87 Lohn und Arbeitsentgelt, in: EzA, ebenda, S. 9 ff.

— Das Übermaßverbot im Betriebsverfassungsrecht, in: 25 Jahre Bundesarbeitsgericht (1979), S. 17 ff.

— Der Bestandsschutz der Ruhegeldanwartschaften bei einer Einschränkung der betrieblichen Altersversorgung, in: Festschrift für Marie Luise Hilger und Hermann Stumpf (1983), S. 41 ff.

— Die Tätigkeit des Betriebsrats: Kosten ohne Ende, in: Rüthers/Hacker (Hrsg.), Das Betriebsverfassungsgesetz auf dem Prüfstand, S. 83 ff.

Blomeyer, Wolfgang / *Otto*, Klaus: Gesetz zur Verbesserung der betrieblichen Altersversorgung, 1. Auflage, München 1984

Bötticher, Eduard: Die Zuständigkeit der Einigungsstelle des § 70 Abs. 2 BetrVG in rechtsstaatlicher Sicht, in: Festschrift für Alfred Hueck (1959), S. 149 ff.

Boewer, Dietrich: Das Initiativrecht des Betriebsrats in sozialen Angelegenheiten, in: DB 1973, S. 522 ff.

Bosch, Friedrich Wilhelm / *Habscheid*, Walther: Vertragspflicht und Gewissenskonflikt, in: JZ 1954, S. 213 ff.

Brecht, Hans-Theo: Kommentar zum Betriebsverfassungsgesetz nebst Wahlordnung, 1. Auflage, Herne 1972

Brill, Werner: Die Einigungsstellen nach dem Betriebsverfassungsgesetz, in: BB 1964, S. 1343 ff.

Buchner, Herbert: Kooperation als Leitmaxime des Betriebsverfassungsrechtes, in: DB 1974, S. 530 ff.

— Arbeitszeitregelungen im Spannungsfeld zwischen Tarifvertrag und Betriebsvereinbarung, in: NZA 1986, S. 377 ff.

Bullinger, Martin: Das Ermessen der öffentlichen Verwaltung, in: JZ 1984, S. 1001 ff.

Coing, Helmut: Die obersten Grundsätze des Rechts, Heidelberg 1947

— Grundzüge der Rechtsphilosophie, 4. Auflage, Berlin 1985

Creifelds, Carl (Hrsg.): Rechtswörterbuch, 8. Auflage, München 1986

Däubler, Wolfgang: Arbeitsrecht und betriebliche Interessenvertretung, in: Der Betriebsrat 1982, S. 389 ff.

— Interessenausgleich und Sozialplan bei der Einführung von Bildschirmgeräten, in: DB 1985, S. 2297 ff.

Dersch, Hermann / *Volkmar*, Erich: Arbeitsgerichtsgesetz, 6. Auflage, Berlin 1955

Dietz, Rolf: Betriebsverfassungsgesetz, 4. Auflage, München 1967

— § 49 BetrVG und seine Bedeutung für die Zusammenarbeit im Betrieb — vor allem in bezug auf die Beteiligungsrechte, in: RdA 1969, S. 1 ff.

Dietz, Rolf / *Richardi*, Reinhard: Betriebsverfassungsgesetz, Band 2, 6. Auflage, München 1982

Drukarczyk, Jochen: Zum Problem der „wirtschaftlichen Vertretbarkeit" von Sozialplänen, in: RdA 1986, S. 115 ff.

Dütz, Wilhelm: Die gerichtliche Überprüfung der Sprüche von betriebsverfassungsrechtlichen Einigungs- und Vermittlungsstellen, Bielefeld 1966

— Rechtsstaatlicher Gerichtsschutz im Privatrecht, Bad Homburg 1970

— Zwangsschlichtung im Betrieb, Kompetenz und Funktion der Einigungsstelle nach dem BetrVG 1972, in: DB 1972, S. 383 ff.

— Einstweiliger Rechts- und Interessenschutz in der Betriebsverfassung, in: ZfA 1972, S. 247 ff.

— Strukturen des Betriebsverfassungsrechts, in: JuS 1972, S. 685 ff.

— Verwirkung des Rechts auf Anrufung der Gerichte, in: NJW 1972, S. 1025 ff.

— Verfahrensrecht der Betriebsverfassung, in: AuR 1973, S. 353 ff.

— Kollektivrechtliche Fragestellungen im Arbeitsgerichtsverfahren, in: Arbeitsrecht der Gegenwart, Band 20, S. 33 ff.

— Anmerkung zu BAG v. 24.11.1981, SAE 1983, 246 ff., in: SAE 1983, S. 249 ff.

— Arbeitsrecht, 1. Auflage, München 1990

Dütz, Wilhelm / *Vogg,* Stefan: Anmerkung zu BAG v. 28.9.1988, BB 1989, 498, in: SAE 1989, S. 222 ff.

Ehmann, Horst: Anmerkung zu BAG v. 6.12.1983, EzA Nr. 1 zu § 87 Bildschirmarbeitsplatz, in: EzA, ebenda, S. 53 ff.

— Arbeitnehmerüberwachung durch elektronische Datenerhebung und Datenverarbeitung, in: SAE 1985, S. 181 ff.

— Arbeitnehmerüberwachung mittels nicht beurteilungsrelevanter Datenverarbeitung?!, in: SAE 1985, S. 273 ff.

— Grenzen des Mitbestimmungsrechts bei der Arbeitnehmer-Datenverarbeitung, in: NZA 1986, S. 657 ff.

— Anmerkung zu BAG v. 18.2.1986, EzA Nr. 14 zu § 87 Kontrolleinrichtung, in: SAE 1986, S. 255 ff.

— Über Datenverarbeitung zur Generalklausel betrieblicher Mitbestimmung, in: ZfA 1986, S. 357 ff.

Eich, Rolf-Achim: Verfahrensrechtliche Fragen bei der Einführung und dem Betrieb von Personalinformationssystemen, in: Jobs/Samland, Personalinformationssysteme in Recht und Praxis, Stuttgart 1984, S. 221 ff.

— Der SPD-Entwurf zur Änderung des Betriebsverfassungsgesetzes, in: DB 1985, S. 1993 ff.

Engels, Gerd / *Natter,* Eberhard: Die geänderte Betriebsverfassung, in: BB 1989, Beilage 8, S. 1 ff.

Enneccerus, Ludwig: Allgemeiner Teil des Bürgerlichen Rechts, Erster Halbband, 15. Auflage, Tübingen 1959

Erdmann, Ernst-Gerhard: Rechtliche und rechtspolitische Probleme des Betriebsverfassungsgesetzentwurfes der Bundesregierung, in: BlStSozArbR 1971, S. 241 ff.

Erichsen, Hans-Uwe / *Martens,* Wolfgang: Allgemeines Verwaltungsrecht, 8. Auflage, Berlin 1988

Erman, Walter: Handkommentar zum Bürgerlichen Gesetzbuch, 1. Band, 8. Auflage, Münster 1989

Etzel, Gerhard: Betriebsverfassungsrecht, in: Handbuch zum Arbeitsrecht (HzA), Gruppe 19, Neuwied, Stand April 1990

Eyermann, Erich / *Fröhler*, Ludwig / *Kormann*, Joachim: Verwaltungsgerichtsordnung, 9. Auflage, München 1988

Fabricius, Fritz / *Kraft*, Alfons / *Thiele*, Wolfgang / *Wiese*, Günther: Betriebsverfassungsgesetz (Gemeinschaftskommentar), Band II, 3. Bearbeitung, Neuwied, Stand November 1982

Fabricius, Fritz / *Kraft*, Alfons / *Thiele*, Wolfgang / *Wiese*, Günther / *Kreutz*, Peter: Betriebsverfassungsgesetz (Gemeinschaftskommentar), Band I, 4. Auflage, Neuwied 1987, Band II, 4. Auflage, Neuwied 1990

Falkenberg, Rolf-Dieter: Ausgewählte Probleme aus dem Betriebsverfassungsgesetz 1972, in: DB 1972, S. 774 ff.

Farthmann, Friedhelm: Grundzüge der neuen Betriebsverfassung, in: Gewerkschaftliche Monatshefte 1972, S. 4 ff.

Fikentscher, Wolfgang: Schuldrecht, 7. Auflage, Berlin 1985

Fitting, Karl / *Auffarth*, Fritz / *Kaiser*, Heinrich / *Heither*, Friedrich: Betriebsverfassungsgesetz, 16. Auflage, München 1990

Fitting, Karl / *Kraegeloh*, Walter / *Auffarth*, Fritz: Betriebsverfassungsgesetz, 8. Auflage, Berlin 1968

Galperin, Hans: Betriebsverfassungsrecht im Umbruch, in: DB 1971, S. 1305 ff.

— Der Regierungsentwurf eines neuen Betriebsverfassungsgesetzes, Düsseldorf 1971

Galperin, Hans / *Löwisch*, Manfred: Kommentar zum Betriebsverfassungsgesetz, Band 2, 6. Auflage, Heidelberg 1982

Galperin, Hans / *Siebert*, Wolfgang: Kommentar zum Betriebsverfassungsgesetz, 4. Auflage, Heidelberg 1963

Gamillscheg, Franz: Arbeitsrecht, Band I: Individualarbeitsrecht, 7. Auflage, München 1987

— Arbeitsrecht, Band II: Kollektives Arbeitsrecht, 6. Auflage, München 1984

— Die Grundrechte im Arbeitsrecht, Berlin 1989

Gamp, Lothar: Anmerkung zu BAG v. 22.10.1981, SAE 1982, 228 ff., in: SAE 1982, S. 230 f.

Ganslmayer, Anton: Die gerichtliche Überprüfung der Sprüche von Einigungsstellen nach dem Betriebsverfassungsgesetz 1972, Diss. iur., Augsburg 1974

Gast, Wolfgang: Perspektiven des Arbeitsrechts, in: BB 1986, S. 1513 ff.

Gaul, Dieter: Die betriebliche Einigungsstelle, 2. Auflage, Freiburg 1980

— Zur Gebührenberechnung bei Einigungsstellenverfahren, in: DB 1983, S. 1148 f.

— Das Arbeitsrecht im Betrieb, Band II, 8. Auflage, Heidelberg 1986

Gaul, Dieter / *Bartenbach*, Kurt: Die Beanstandung der Ermessensüberschreitung durch die betriebliche Einigungsstelle, in: NZA 1985, S. 341 ff.

Gester, Heinz / *Isenhardt*, Udo: Das Initiativrecht des Betriebsrats zur Regelung materieller Lohnbedingungen, in: RdA 1974, S. 80 ff.

Gift, Emil: Der Sozialplan, in: Arbeitsrecht der Gegenwart, Band 15, S. 51 ff.

Glaubitz, Werner: Die Kosten von Einigungsstellenverfahren nach § 76 BetrVG, in: DB 1983, S. 555 ff.

Gnade, Albert: Die Einigungsstelle nach dem neuen Betriebsverfassungsgesetz, in: AuR 1973, S. 43 ff.

Gnade, Albert / *Kehrmann*, Karl / *Schneider*, Wolfgang / *Blanke*, Hermann: Betriebsverfassungsgesetz, 2. Auflage, Köln 1983

Gnade, Albert / *Kehrmann*, Karl / *Schneider*, Wolfgang / *Blanke*, Hermann / *Klebe*, Thomas: Betriebsverfassungsgesetz (Basiskommentar), 4. Auflage, Köln 1990

Göbel, Jürgen: Das neue Betriebsverfassungsrecht (III), in: BlStSozArbR 1972, S. 45 ff.

Grunsky, Wolfgang: Sozialplan und Konkurs des Arbeitgebers, in: RdA 1978, S. 174 ff.

— Anmerkung zu BAG v. 24.11.1981, AP Nr. 11 zu § 76, in: AP, ebenda, Bl. 4 f.

— Arbeitsgerichtsgesetz, 6. Auflage, München 1990

Hammen, Horst: Die „richterliche Inhaltskontrolle" von Betriebsvereinbarungen (Sozialplänen) durch das Bundesarbeitsgericht insbesondere aus revisionsrechtlicher Sicht, in: RdA 1986, S. 23 ff.

Hanau, Peter: Probleme der Mitbestimmung des Betriebsrats über den Sozialplan, in: ZfA 1974, S. 89 ff.

— Probleme der Ausübung des Mitbestimmungsrechts des Betriebsrats, in: NZA 1985, Beilage 2, S. 3 ff.

— Rechtswirkungen der Betriebsvereinbarung, in: RdA 1989, S. 207 ff.

Hanau, Peter / *Adomeit*, Klaus: Arbeitsrecht, 9. Auflage, Frankfurt am Main 1988

Heinze, Meinhard: Die betriebsverfassungsrechtlichen Aufgaben des Konkursverwalters, in: NJW 1980, S. 145 ff.

— Anmerkung zu BAG v. 6.12.1983, SAE 1985, 225 ff. (= EzA Nr. 1 zu § 87 Bildschirmarbeitsplätze), in: SAE 1985, S. 245 ff.

— Inhalt und Grenzen betriebsverfassungsrechtlicher Rechte, in: ZfA 1988, S. 53 ff.

— Verfahren und Entscheidung der Einigungsstelle, in: RdA 1990, S. 262 ff.

Helmrich, Herbert: Die Innenseite der Rechtspolitik, in: ZRP 1987, S. 204 ff.

Henckel, Wolfram: Prozeßrecht und materielles Recht, Göttingen 1970

Henkel, Heinrich: Einführung in die Rechtsphilosophie, 2. Auflage, München 1977

Herschel, Wilhelm: Entwicklungstendenzen des Arbeitsrechts, in: RdA 1956, S. 161 ff.

— Bemerkungen zum Recht der Einigungsstelle, in: AuR 1974, S. 257 ff.

— Die Einigungsstelle und ihre Kosten, in: DB 1982, S. 1984 f.

Hess, Harald / *Schlochauer*, Ursula / *Glaubitz*, Werner: Kommentar zum Betriebsverfassungsgesetz, 3. Auflage, Darmstadt 1986

Hesse, Konrad: Grundzüge des Verfassungsrechts der Bundesrepublik Deutschland, 17. Auflage, Heidelberg 1990

Hexel, Dietmar: Die Chance steht 50:50, Die Einigungsstelle als Mittel gewerkschaftlicher Interessenpolitik, in: Der Betriebsrat 1980, S. 493 ff.

Hiersemann, Walter: Die Befugnisse der Einigungsstelle, in: BB 1965, S. 1274 ff.

Hilger, Marie Luise: Mitbestimmungsrecht und Mitbeurteilungsrecht des Betriebsrats, in: BB 1956, S. 10 ff.

Hill, Hermann: Verfahrensermessen der Verwaltung, in: NVwZ 1985, S. 449 ff.

Hinrichs, Werner: Anmerkung zu BAG v. 18.2.1986 und BAG v. 11.3.1986, EzA Nr. 14 und 15 zu § 87 Kontrolleinrichtung, in: AuR 1986, S. 285 ff.

Hoffmann, Rudolf: Das Unternehmenswohl bei den mitbestimmten Unternehmen und die angemessene Berücksichtigung der Belange des Betriebs und der Arbeitnehmer im Betriebsverfassungsgesetz, in: Arbeitsrecht der Gegenwart, Band 15, S. 37 ff.

von Hoyningen-Huene, Gerrick: Die Billigkeit im Arbeitsrecht, München 1978

— Betriebsverfassungsrecht, 2. Auflage, München 1990

— Das neue Beschäftigungsförderungsgesetz 1985, in: NJW 1985, S. 1801 ff.

— Gemeinsame Anmerkung zu BAG v. 31.1.1984, SAE 1985, 290, und BAG v. 28.2.1984, SAE 1985, 293, in: SAE 1985, S. 298 ff.

— Die wirtschaftliche Vertretbarkeit von Sozialplänen, in: RdA 1986, S. 102 ff.

— Streitschlichtung im Betrieb, in: NZA 1987, S. 577 ff.

von Hoyningen-Huene, Gerrick / *Meier-Krenz*, Ulrich: Mitbestimmung trotz Tarifvertrages?, in: NZA 1987, S. 793 ff.

Huber, Ernst Rudolf: Wirtschaftsverwaltungsrecht, Zweiter Band, 2. Auflage, Tübingen 1954

Hubmann, Heinrich: Grundsätze der Interessenabwägung, in: AcP 155 (1956), S. 85 ff.

Hueck, Alfred / *Nipperdey*, Hans Carl: Lehrbuch des Arbeitsrechts, Zweiter Band: Kollektives Arbeitsrecht, 6. Auflage, Berlin 1957

— Lehrbuch des Arbeitsrechts, Zweiter Band: Kollektives Arbeitsrecht, Erster Halbband, 7. Auflage, Berlin 1967, Zweiter Halbband, 7. Auflage, Berlin 1970

Hunold, Wolf: Bildung und Kosten der Einigungsstelle nach dem BetrVG, in: DB 1978, S. 2362 ff.

Isensee, Josef / *Kirchhof*, Paul (Hrsg.): Handbuch des Staatsrechts, Band I: Grundlagen von Staat und Verfassung, 1. Auflage, Heidelberg 1987

Jäcker, Hans: Die Einigungsstelle nach dem Betriebsverfassungsgesetz 1972, Köln 1974

Jahnke, Volker: Anmerkung zu BAG v. 8.6.1982, SAE 1983, 144, in: SAE 1983, S. 145 ff.

Janzen, Karl-Heinz: Die Einigungsstelle nach dem Betriebsverfassungsgesetz, 2. Auflage, Frankfurt am Main 1974

Jarass, Hans Dieter / *Pieroth*, Bodo: Grundgesetz für die Bundesrepublik Deutschland, 1. Auflage, München 1989

Jauernig, Othmar u. a.: Bürgerliches Gesetzbuch, 5. Auflage, München 1990

Jobs, Friedhelm: Gerichtliche Billigkeitskontrolle bei abändernden Betriebsvereinbarungen?, in: AuR 1986, S. 147 f.

— Die Betriebsvereinbarung als kollektives Regelungsrecht zur Änderung von arbeitsvertraglichen Individual- und Gesamtzusagen, in: DB 1986, S. 1120 ff.

Jobs, Friedhelm / *Samland*, Jürgen (Hrsg.): Personalinformationssysteme in Recht und Praxis, Stuttgart 1984

Joost, Detlev: Betrieb und Unternehmen als Grundbegriffe im Arbeitsrecht, München 1988

Kaven, Michael: Das Recht des Sozialplans, Berlin 1977

Kehrmann, Karl: Das Verfahren vor der Einigungsstelle und die gerichtliche Überprüfbarkeit ihres Spruchs, in: Mitbestimmungsgespräch 1975, S. 208 ff.

Klasen, Klaus: Tarifvorrang und Mitbestimmung in sozialen Angelegenheiten, Diss. iur., Münster 1982

Knöpfel, Gottfried: Billigkeit und Schmerzensgeld, in: AcP 155 (1956), S. 135 ff.

Knuth, Matthias: Betriebsverfassungsgesetz und betriebliche Normsetzung, in: Nutzinger (Hrsg.), Mitbestimmung und Arbeiterselbstverwaltung, S. 345 ff.

— Voll angenommen, in: BABl. 1983, Heft 9, S. 8 ff.

Knuth, Matthias / *Büttner*, Reinhardt / *Schank*, Gerd: Zustandekommen und Analyse von Betriebsvereinbarungen und praktische Erfahrungen mit Einigungsstellen, Forschungsbericht im Auftrag des Bundesministers für Arbeit und Sozialordnung, Band 1, Saarbrücken 1983

Knuth, Matthias / *Schank*, Gerd: Die Einigungsstelle: Grenzbereich von Kooperation und Konflikt in der betrieblichen Mitbestimmung, in: Nutzinger (Hrsg.), Mitbestimmung und Arbeiterselbstverwaltung, S. 375 ff.

— Einigungsstelle und Sozialpartnerschaft, in: Mitbestimmungsgespräch 1981, S. 292 ff.

Koch, Hans-Joachim / *Rüßmann*, Helmut: Juristische Begründungslehre, 1. Auflage, München 1982

Köhler, Helmut: Möglichkeiten richterlicher Monopolpreiskontrolle, in: ZHR 137 (1973), S. 237 ff.

Konzen, Horst: Privatrechtssystem und Betriebsverfassung, in: ZfA 1985, S. 469 ff.

— Anmerkung zu BAG v. 14.2.1984, AP Nr. 21 zu § 112, in: AP Nr. 21 zu § 112, Bl. 5 ff.

Kopp, Ferdinand: Verwaltungsgerichtsordnung, 8. Auflage, München 1989

— Verwaltungsverfahrensgesetz, 4. Auflage, München 1986

Kornblum, Udo: Die Rechtsnatur der Bestimmung der Leistung in den §§ 315-319 BGB, in: AcP 168 (1968), S. 450 ff.

Krack, Jürgen / *Strauss-Fehlberg*, Gerlinde: Der Wirtschaftsausschuß als Teil gewerkschaftlicher Interessenvertretung, Teil B: Kennziffern und gewerkschaftliche Betriebspolitik, in: Der Betriebsrat 1981, S. 96 ff.

Kraft, Alfons: Anmerkung zu BAG v. 17.2.1981, AP Nr. 11 zu § 112, in: AP, ebenda, Bl. 5 ff.

Kreutz, Peter: Grundsätze der Zusammenarbeit zwischen Arbeitgeber und Betriebsrat nach dem neuen Betriebsverfassungsgesetz, in: BlStSozArbR 1972, S. 60 ff.

— Kritische Gedanken zur gerichtlichen Billigkeitskontrolle von Betriebsvereinbarungen, in: ZfA 1975, S. 65 ff.

— Grenzen der Betriebsautonomie, München 1979

— Anmerkung zu BAG v. 22.1.1980, AP Nr. 7 zu § 111, in: SAE 1982, S. 224 ff.

— Grenzen der Sozialplangestaltung, in: Festschrift für Ernst Wolf (1985), S. 309 ff.

Kronke, Herbert: Zu Funktion und Dogmatik der Leistungsbestimmung nach § 315 BGB, in: AcP 183 (1983), S. 113 ff.

Küttner, Wolfdieter / *Schlüpers Oehmen*, Reinhold / *Rebel*, Wolfgang: Rechtsprobleme der Tarifverträge über Arbeitszeitverkürzung und Arbeitszeitflexibilisierung, in: DB 1985, S. 172 ff.

Küttner, Wolfdieter / *Schmidt*, Uwe: Einseitige Anordnung von Überstunden durch den Arbeitgeber im Arbeitskampf?, in: DB 1988, S. 704 ff.

Larenz, Karl: Methodenlehre der Rechtswissenschaft,
4. Auflage, Berlin 1978, 5. Auflage, Berlin 1983

— Lehrbuch des Schuldrechts, Erster Band: Allgemeiner Teil, 14. Auflage, München 1987

— Lehrbuch des Schuldrechts, Zweiter Band: Besonderer Teil, 12. Auflage, München 1981

— Allgemeiner Teil des deutschen Bürgerlichen Rechts, 7. Auflage, München 1989

Leipold, Dieter: Die Einigungsstelle nach dem neuen Betriebsverfassungsgesetz, in: Festschrift für Ludwig Schnorr von Carolsfeld (1972), S. 273 ff.

Lepke, Achim: Zur Rechtsstellung der betrieblichen Einigungsstelle, insbesondere im arbeitsgerichtlichen Beschlußverfahren, in: BB 1977, S. 49 ff.

Löwisch, Manfred: Schutz und Förderung der freien Entfaltung der Persönlichkeit der im Betrieb beschäftigten Arbeitnehmer (§ 75 II BetrVG 1972), in: AuR 1972, S. 359 ff.

— Anmerkung zu BAG v. 31.8.1982, AP Nr. 8 zu § 87 Arbeitszeit, in: SAE 1983, S. 141 ff.

— Anmerkung zu BAG v. 31.5.1983, AP Nr. 2 zu § 95, in: AP, ebenda, Bl. 4 f.

— Das Beschäftigungsförderungsgesetz 1985, in: BB 1985, S. 1200 ff.

— Fragen der Mitbestimmung bei der Einführung neuer Techniken, in: AuR 1987, S. 96 ff.

— Betriebsverfassungsgesetz, 2. Auflage, Heidelberg 1989

— Anmerkung zu BAG v. 28.9.1988, BB 1989, 498, in: AP Nr. 47 zu § 112, Bl. 6 f.

— Die gesetzliche Regelung der Einigungsstellenkosten (§ 76a BetrVG n. F.), in: DB 1989, S. 223 f.

Löwisch, Manfred / *Bittner*, Claudia: Anmerkung zu BAG v. 14.2.1984, SAE 1985, 321 ff., in: SAE 1985, S. 324 ff.

Löwisch, Manfred / *Röder*, Gerhard: Anmerkung zu BAG v. 22.1.1980, AP Nr. 7 zu § 111, in: AP, ebenda, Bl. 5R, 6

Lorenz, Martin / *Schwedes*, Rolf: Das Beschäftigungsförderungsgesetz, in: DB 1985, S. 1077 ff.

von Mangoldt, Hermann / *Klein*, Friedrich / *Starck*, Christian: Das Bonner Grundgesetz, Band 1: Präambel, Artikel 1 bis 5, 3. Auflage, München 1985

Martens, Klaus-Peter: Unternehmerische Mitbestimmung mit den Mitteln des Betriebsverfassungsrechts?, in: RdA 1989, S. 164 ff.

Matthes, Hans-Christoph: Das Mitbestimmungsrecht des Betriebsrats bei Betriebsänderungen, in: DB 1972, S. 286 ff.

— Zur Antragstellung im Beschlußverfahren, in: DB 1984, S. 453 ff.

Maunz, Theodor: Selbstbindung der Verwaltung, in: DÖV 1981, S. 497 ff.

Maunz, Theodor / *Dürig*, Günter u. a.: Grundgesetz, Kommentar, Band II, München 1990

Maurer, Hartmut: Allgemeines Verwaltungsrecht, 7. Auflage, München 1990

Medicus, Dieter: Allgemeiner Teil des BGB, 4. Auflage, Heidelberg 1990

— Bürgerliches Recht, 14. Auflage, Köln 1989

Michaelis, Hans Peter: Die Praxis der Einigungsstelle nach dem BetrVG 1972, in: Der Betriebsrat 1980, S. 453 ff.

Moll, Wilhelm: Die Mitbestimmung des Betriebsrats beim Entgelt, Berlin 1977

— Anmerkung zu BAG v. 22.1.1980, AP Nr. 3 zu § 87 Lohngestaltung, in: AP, ebenda, Bl. 6 ff.

— Telefondatenerfassung und betriebliche Mitbestimmung, in: DB 1982, S. 1722 ff.

Müller, Gerhard: Zur Stellung der Verbände im neuen Betriebsverfassungsrecht, in: ZfA 1972, S. 213 ff.

— Rechtliche Konzeption und soziologische Problematik der Einigungsstelle nach dem BetrVG 72, in: DB 1973, S. 76 ff.

— Einigungsstelle und tarifliche Schlichtungsstelle nach dem Betriebsverfassungsgesetz 1972, in: Festschrift für Carl Hans Barz (1974), S. 489 ff.

— Die betriebsverfassungsrechtliche Maxime der vertrauensvollen Zusammenarbeit in der Rechtsprechung des Bundesarbeitsgerichts, in: Festschrift für Wilhelm Herschel (1982), S. 269 ff.

von Münch, Ingo: Grundgesetz-Kommentar, Band 1, 3. Auflage, München 1985, Band 3, 2. Auflage, München 1983

Nause, Helmut: Die Grenzen der Regelungsbefugnis von Arbeitgeber und Betriebsrat gegenüber dem einzelnen Arbeitnehmer bei Abschluß von Betriebsvereinbarungen, Diss. iur., Göttingen 1982

Nef, Hans: Gleichheit und Gerechtigkeit, Zürich 1941

Neumann-Duesberg, Horst: Gerichtliche Ermessensentscheidungen nach §§ 315 ff. BGB, in: JZ 1952, S. 705 ff.

— Betriebsverfassungsrecht, Berlin 1960

Niedenhoff, Horst-Udo: Praxis der betrieblichen Mitbestimmung, Köln 1979

— Kosten der Mitbestimmung, Köln 1987

Nipperdey, Peter: Grundlagen des Beurteilungsspielraums bei unbestimmten Rechtsbegriffen im Betriebsverfassungsrecht, in: DB 1977, S. 1093 ff.

— Gesetzliche Regelung der Einigungsstellenkosten — kein Bedürfnis?, in: DB 1982, S. 1321 ff.

Nitschki, Jürgen: Mitbestimmungsmöglichkeiten des Betriebsrats beim Arbeitsschutz, in: Der Saarl. Arbeitnehmer 1986, S. 29 ff.

Nutzinger, Hans G. (Hrsg.): Mitbestimmung und Arbeiterselbstverwaltung, Frankfurt am Main 1982

Obermayer, Klaus: Verfassungsrechtliche Bedenken gegen den Regierungsentwurf eines Betriebsverfassungsgesetzes, in: DB 1971, S. 1715 ff.

Oechsler, Walter A.: Einigungsstellenverfahren im Rahmen der Betriebsverfassung — Funktionsweise und praktische Erfahrungen, in: Personalwirtschaft 1983, S. 272 ff.

Oechsler, Walter A. / *Kerzel,* Michael: Die Bedeutung von Einigungsstellen im Rahmen der Betriebsverfassung, Teil I: Theoretische Grundlagen, Bamberg 1984

Oechsler, Walter A. / *Schönfeld,* Thorleif: Die Bedeutung von Einigungsstellen im Rahmen der Betriebsverfassung, Teil II: Ergebnisse empirischer Untersuchungen, Bamberg 1985

Oehmann, Werner / *Dieterich,* Thomas (Hrsg.): Arbeitsrechtsblattei, Stuttgart, Stand September 1988

Olderog, Hans-Hermann: Probleme des einstweiligen Rechtsschutzes im Bereich der sozialen Mitbestimmung, in: NZA 1985, S. 753 ff.

Otto, Hansjörg: Die Rechtsprechung des Bundesarbeitsgerichts im Jahre 1975, in: ZfA 1976, S. 369 ff.

— Personale Freiheit und soziale Bindung, München 1978

— Anmerkung zu BAG v. 13.7.1977, SAE 1979, 145 ff., in: SAE 1979, S. 149 ff.

— Anmerkung zu BAG v. 20.10.1983, BAGE 43, 357, in: SAE 1985, S. 218 ff.

— Der Sozialplan als Gegenstand neuer gesetzgeberischer Initiativen, in: ZfA 1985, S. 71 ff.

— Ist es erforderlich, die Verteilung des Schadensrisikos bei unselbständiger Arbeit neu zu ordnen?, Gutachten E für den 56. Deutschen Juristentag, München 1986

— Anmerkung zu BAG v. 22.4.1986, AR-Blattei Betriebliche Altersversorgung, Entscheidung 180, in: AR-Blattei, ebenda.

— Entscheidungsharmonie, Verfahrensökonomie und rechtliches Gehör bei Streitigkeiten mit kollektivem Bezug, in: RdA 1989, S. 247 ff.

Palandt, Otto u. a.: Bürgerliches Gesetzbuch, 50. Auflage, München 1991

Pfarr, Heide: Mittelbare Diskriminierung von Frauen, in: NZA 1986, S. 585 ff.

— Quoten und Grundgesetz, Baden-Baden 1988

Pohle, Ekhard: Das Betriebsverfassungsgesetz in der betrieblichen Praxis, Wiesbaden 1979

Pünnel, Leo: Praktische Probleme des Einigungsstellenverfahrens nach dem BetrVG 1972, in: AuR 1973, S. 257 ff.

— Die Einigungsstelle des BetrVG 1972, 3. Auflage, Neuwied 1990

Radbruch, Gustav: Vorschule der Rechtsphilosophie, Göttingen 1965

Ramm, Thilo: Die Schlichtung innerbetrieblicher Konflikte, in: Das Recht der Arbeit 1973, S. 153 ff.

Rath-Glawatz, Michael: Anmerkung zu BAG v. 31.8.1982, AP Nr. 8 zu § 87 Arbeitszeit, in: AP, ebenda, Bl. 8 ff.

Rebmann, Kurt / *Säcker*, Franz Jürgen (Hrsg.): Münchener Kommentar zum Bürgerlichen Gesetzbuch, Band 2: Schuldrecht, Allgemeiner Teil, 2. Auflage, München 1985

Reuss, Hermann: Vom Wesen des Richtens, in: DVBl. 1955, S. 311 ff.

Reuter, Dieter: Anmerkung zu BAG v. 14.11.1974, SAE 1976, 14 f., in: SAE 1976, S. 15 ff.

— Die Mitbestimmung des Betriebsrats über die Lage der Arbeitszeit von Ladenangestellten, in: ZfA 1981, S. 165 ff.

— Der Sozialplan, Bielefeld 1983

Richardi, Reinhard: Kollektivgewalt und Individualwille bei der Gestaltung des Arbeitsverhältnisses, München 1968

— Anmerkung zu BAG v. 31.8.1982, AP Nr. 8 zu § 87 Arbeitszeit, in: EzA Nr. 13 zu § 87 Arbeitszeit, S. 102a ff.

— Der Anspruch auf den Sozialplan bei Betriebsänderungen, in: NZA 1984, S. 177 ff.

Rieble, Volker: Die Kontrolle des Ermessens der betriebsverfassungsrechtlichen Einigungsstelle, Heidelberg 1990

Rossmanith, Gerhard: Betriebliche Mitbestimmung — Beschlußverfahren — Rechtsschutzinteresse, in: AuR 1982, S. 339 ff.

Rüthers, Bernd: Betriebsverfassungsrechtliches Mitbestimmungsrecht und Individualbereich, in: Rüthers/Boldt, Zwei Arbeitsrechtliche Vorträge, München 1970

— Rechtsprobleme des Zeitlohnes an taktgebundenen Produktionsanlagen, in: ZfA 1973, S. 399 ff.

— Zehn Jahre Betriebsverfassungsgesetz — bewährt oder reformbedürftig?, in: Rüthers/Hacker (Hrsg.), Das Betriebsverfassungsgesetz auf dem Prüfstand, S. 1 ff.

Rüthers, Bernd / *Boldt*, Gerhard: Zwei Arbeitsrechtliche Vorträge, München 1970

Rüthers, Bernd / *Hacker*, Wolfgang (Hrsg.): Das Betriebsverfassungsgesetz auf dem Prüfstand, Stuttgart 1983

Rumpff, Klaus: Die Mitwirkung der Arbeitnehmervertretungen in wirtschaftlichen Angelegenheiten, in: BB 1972, S. 325 ff.

— Mitbestimmung in wirtschaftlichen Angelegenheiten, 3. Auflage, Heidelberg 1990

Rupp, Hans Heinrich: Ermessensspielraum und Rechtsstaatlichkeit, in: NJW 1969, S. 1273 ff.

Sack, Rolf: Das Anstandsgefühl aller billig und gerecht Denkenden und die Moral als Bestimmungsfaktoren der guten Sitten, in: NJW 1985, S. 761 ff.

Säcker, Franz Jürgen: Gruppenautonomie und Übermachtkontrolle im Arbeitsrecht, Berlin 1972

Sahmer, Heinz: Betriebsverfassungsgesetz, Frankfurt am Main, Stand Oktober 1990

Sbresny-Uebach, Barbara: Die Einigungsstelle, in: Oehmann/Dieterich (Hrsg.), AR-Blattei (D), Einigungsstelle I Übersicht, Stuttgart 1988

Schank, Gerd: Die Einigungsstelle als Möglichkeit innerbetrieblicher Konfliktaustragung, in: Der Saarl. Arbeitnehmer 1981, S. 307 ff., 317 ff.

— Die Praxis der Einigungsstelle, Eine Untersuchung aus dem Saarland, in: Arbeitsrecht im Betrieb 1981, S. 117 ff.

Schaub, Günter: Arbeitsrechts-Handbuch, 6. Auflage, München 1987

Schlochauer, Ursula: Die betriebliche Einigungsstelle: Ein zunehmendes Ärgernis?, in: Rüthers / Hacker (Hrsg.), Das Betriebsverfassungsgesetz auf dem Prüfstand, S. 99 ff.

Schlüter, Wilfried: Anmerkung zu BAG v. 6.11.1973, SAE 1975, 155, in: SAE 1975, S. 158 ff.

Schmid, Hans Dieter: Grundzüge des Arbeitsrechts, 1. Auflage, München 1981

Schmitt-Rolfes, Günter: Die Stellung der Verbände im Betriebsverfassungsrecht unter besonderer Berücksichtigung des betriebsverfassungsrechtlichen Einigungsverfahrens, Diss. iur., Köln 1977

— Das betriebsverfassungsrechtliche Schlichtungswesen, in: Arbeitsrecht der Gegenwart, Band 19, S. 69 ff.

Schneider, Wolfgang: Einigungsstelle ist ein Organ der Mitbestimmung, in: Die Quelle 1972, S. 358 ff.

— Das neue Betriebsverfassungsgesetz aus der Sicht des DGB, in: BABl. 1972, S. 292 ff.

— Aufgaben und Befugnisse der Einigungsstelle nach dem Betriebsverfassungsgesetz, in: Mitbestimmungsgespräch 1975, S. 191 ff.

— Institutionelle Konfliktregelung, in: Mitbestimmungsgespräch 1981, S. 291

Schnorr von Carolsfeld, Ludwig: Arbeitsrecht, 2. Auflage, Göttingen 1954

Schönfeld, Thorleif: Das Verfahren vor der Einigungsstelle, Pfaffenweiler 1988

— Grundsätze der Verfahrenshandhabung der Einigungsstelle, in: NZA 1988, Beilage 4, S. 3 ff.

— Die Person des Einigungsstellenvorsitzenden, in: DB 1988, S. 1996 ff.

Schönke, Adolf / *Schröder*, Horst: Strafgesetzbuch, 23. Auflage, München 1988

Scholz, Rupert: Verdeckt Verfassungsneues zur Mitbestimmung?, in: NJW 1986, S. 1587 ff.

Schroeder-Printzen, Günther: Zur Erforderlichkeit der schriftlichen Begründung des Spruchs der Einigungsstelle, in: ZiP 1983, S. 264 ff.

Schulin, Bertram: Anmerkung zu BAG v. 17.2.1981, AP Nr. 11 zu § 112, in: SAE 1982, S. 47 ff.

Schuppert, Gunnar Folke: Self-restraints der Rechtsprechung, in: DVBl. 1988, S. 1191 ff.

Schwarze, Roland: Der Betriebsrat im Dienst der Tarifvertragsparteien, Diss. iur., Göttingen 1990

Schweickhardt, Rudolf (Hrsg.): Allgemeines Verwaltungsrecht, 5. Auflage, Stuttgart 1987

Schwerdtfeger, Gunther: Öffentliches Recht in der Fallbearbeitung, 8. Auflage, München 1986

Seidel, Heinz: Der soziale Konflikt — Ursachen, Probleme, Regelung, in: Mitbestimmungsgespräch 1970, S. 159 ff.

Simitis, Spiros / *Weiss*, Manfred: Zur Mitbestimmung des Betriebsrats bei Kurzarbeit, in: DB 1973, S. 1240 ff.

Sinzheimer, Hugo: Grundzüge des Arbeitsrechts, 2. Auflage, Jena 1927

Söllner, Alfred: Betrieb und Menschenwürde, in: RdA 1968, S. 437 ff.

— Zur vertrauensvollen Zusammenarbeit zwischen Betriebsvertretung und Arbeitgeber, in: DB 1968, S. 571 ff.

— Mitbestimmung als Mitgestaltung und Mitbeurteilung, in: 25 Jahre Bundesarbeitsgericht (1979), S. 605 ff.

— „Schlichten ist kein Richten", in: ZfA 1982, S. 1 ff.

— Zur Beteiligung des Betriebsrats und zur Zuständigkeit der Einigungsstelle bei Einführung und Anwendung von Personalinformationssystemen, in: DB 1984, S. 1243 ff.

— Grundriß des Arbeitsrechts, 9. Auflage, München 1987

Soergel, Hans Theodor / *Siebert*, Wolfgang: Bürgerliches Gesetzbuch, Band 1, Allgemeiner Teil, 12. Auflage, Stuttgart 1987, Band 2, Schuldrecht I, 12. Auflage, Stuttgart 1990, Band 4, Schuldrecht III, 11. Auflage, Stuttgart 1985

Sommer, Dieter: Strittige Fragen entscheidet die Einigungsstelle, in: Der Gewerkschafter 1972, S. 70 f.

Staudinger, Julius von: Kommentar zum Bürgerlichen Gesetzbuch, II. Band, Recht der Schuldverhältnisse, Teil 1 b, § 242, 11. Auflage, Berlin 1961
Zweites Buch: Recht der Schuldverhältnisse, §§ 241, 242, 12. Auflage, Berlin 1983, §§ 255-327, 12. Auflage, Berlin 1979, §§ 823-832, 12. Auflage, Berlin 1986, §§ 833-853, 12. Auflage, Berlin 1986

Stege, Dieter / *Weinspach*, Friedrich Karl: Betriebsverfassungsgesetz, 6. Auflage, Köln 1990

Stein, Friedrich / *Jonas*, Martin: Kommentar zur Zivilprozeßordnung, Zweiter Band, Teilband 2, 20. Auflage, Tübingen 1989

Steiner, Udo (Hrsg.): Besonderes Verwaltungsrecht, 3. Auflage, Heidelberg 1988

Stern, Klaus: Verwaltungsprozessuale Probleme in der öffentlichrechtlichen Arbeit, 6. Auflage, München 1987

Thiele, Wolfgang: Die Einigungsstelle, in: BlStSozArbR 1973, S. 353 ff.

Ule, Carl Hermann: Verwaltungsprozeßrecht, 9. Auflage, München 1987

— Zur Anwendung unbestimmter Rechtsbegriffe im Verwaltungsrecht, in: Gedächtnisschrift für Walter Jellinek (1955), S. 309 ff.

Vogt, Aloys: Personalabbaumaßnahmen und neues Sozialplanrecht nach dem Beschäftigungsförderungsgesetz 1985, in: BB 1985, S. 2328 ff.

Weber, Hansjörg: Anmerkung zu BAG v. 22.1.1980, SAE 1981, 109 ff. (= AP Nr. 3 zu § 87 Lohngestaltung), in: SAE 1981, S. 114 ff.

Weiss, Manfred: Betriebsverfassungsgesetz, 2. Auflage, Baden-Baden 1980

— Zu den Kosten der Betriebsverfassung, insbesondere der Einigungsstelle, in: Arbeitsrecht der Gegenwart, Band 22, S. 37 ff.

Wiedemann, Herbert / *Moll*, Wilhelm: Anmerkung zu BAG v. 8.3.1977, AP Nr. 1 zu § 87 Auszahlung, in: AP, ebenda, Bl. 4 ff.

Wiedemann, Herbert / *Stumpf*, Hermann: Tarifvertragsgesetz, 5. Auflage, München 1977

Wiedemann, Herbert / *Willemsen*, Heinz-Josef: Anmerkung zu BAG v. 8.12.1976, AP Nr. 3 zu § 112, in: AP Nr. 3 zu § 112 , Bl. 4 ff.

Wiese, Günther: Der Persönlichkeitsschutz des Arbeitnehmers gegenüber dem Arbeitgeber, in: ZfA 1971, S. 273 ff.

— Das Initiativrecht nach dem Betriebsverfassungsgesetz, Neuwied 1977

Willemsen, Heinz-Josef: Zulässigkeit und Grenzen von Sozialplanabfindungen, in: ZiP 1981, S. 1058 ff.

Wisskirchen, Alfred: Das neue Betriebsverfassungsgesetz aus der Sicht der Arbeitgeber, in: BABl. 1972, S. 288 ff.

Witt, Carsten: Die Beteiligungsrechte des Betriebsrats und das Verbot des Rechtsmißbrauchs, in: BB 1986, S. 2194 ff.

Wlotzke, Otfried: Die Änderungen des Betriebsverfassungsgesetzes und das Gesetz über Sprecherausschüsse der leitenden Angestellten (I), in: DB 1989, S. 111 ff.

Wolf, Ernst / *Hammen*, Horst: Anmerkung zu BAG v. 9.12.1981, SAE 1982, 299 ff., in: SAE 1982, S. 301 ff.

Wolf, Manfred: Rechtsgeschäftliche Entscheidungsfreiheit und vertraglicher Interessenausgleich, Tübingen 1970

Wolff, Hans Julius / *Bachof*, Otto: Verwaltungsrecht I, 9. Auflage, München 1974

Zachert, Ulrich: Konfliktregulierung in der Betriebsverfassung, in: Das Mitbestimmungsgespräch 1975, S. 187 ff.

— Betriebliche Mitbestimmung, Köln 1979

Zippelius, Reinhold: Rechtsphilosophie, 2. Auflage, München 1989

Zöllner, Wolfgang: Arbeitsrecht, 3. Auflage, München 1983

FSC
www.fsc.org
MIX
Papier | Fördert gute Waldnutzung
FSC® C083411

Kolibri 360 GmbH
Ferdinand-Jühlke-Straße 7
99095 Erfurt, Deutschland
produktsicherheit@kolibri360.de

Druck:
CPI Druckdienstleistungen GmbH
im Auftrag der
Kolibri 360 GmbH
Ferdinand-Jühlke-Str. 7
99095 Erfurt